Francisco Cervantes de Salazar

Crónica de la Nueva España

Tomo II
Edición de Manuel Magallón

Créditos

Título original: Crónica de la Nueva España II.

© 2023, Red ediciones S.L.

e-mail: info@linkgua.comm

Diseño de cubierta: Michel Mallard.

ISBN rústica: 978-84-9816-885-3.
ISBN ebook: 978-84-9953-026-0.

Cualquier forma de reproducción, distribución, comunicación pública o transformación de esta obra solo puede ser realizada con la autorización de sus titulares, salvo excepción prevista por la ley. Diríjase a CEDRO (Centro Español de Derechos Reprográficos, www.cedro.org) si necesita fotocopiar, escanear o hacer copias digitales de algún fragmento de esta obra.

Sumario

Créditos _____ 4

Brevísima presentación _____ 25
   El poder _____ 25
   La crónica _____ 25

Libro IV. Continuación _____ 27
   Capítulo LXXIII. Cómo Sandoval vino a Tapaniquita, don de Cortés estaba, y de cómo vinieron los cempoaleses a quejarse de Narváez, y lo que sobre ello pasó ___ 27
   Capítulo LXXIV. Cómo antes que esto pasase tornó Narváez a enviar otros mensajeros a Cortés a requerirle con las provisiones, y de lo que sobre ello pasó ___ 28
   Capítulo LXXV. Cómo, sabiendo Narváez que Cortés se acercaba, salió al campo y ordenó su gente, y de la plática que estando a caballo hizo a los suyos _____ 30
   Capítulo LXXVI. Cómo Narváez se volvió a su alojamiento y de lo que de su plática sintieron y dijeron los suyos _____ 31
   Capítulo LXXVII. Cómo Cortés partió de Tapaniquita y pasó un río, y del peligro que en él hubo y cómo de la otra parte oían las escopetas y tiros del real de Narváez 32
   Capítulo LXXVIII. Cómo, diciendo a Narváez que Cortés venía ya dos leguas de Cempoala, le salió al encuentro una legua de camino, y como no le topó se tornó a sus aposentos _____ 33
   Capítulo LXXIX. El razonamiento que Cortés hizo a los suyos después que Juan Velázquez de León llegó, persuadiéndoles a que muriesen primero que perdiesen lo ganado y viniesen en sujeción_____ 35
   Capítulo LXXX. Cómo Cortés, llegando cerca de Cempoala, casi a la media noche, prendió a Carrasco, espía, y lo que con él pasó _____ 37
   Capítulo LXXXI. La plática y razonamiento que Cortés hizo a los suyos y de lo que fraile Bartolomé de Olmedo hizo y dijo _____ 39
   Capítulo LXXXII. Cómo Hurtado, espía, entró dando arma en el real de Narváez, el cual se apercibió aunque no lo creía _____ 41
   Capítulo LXXXIII. Cómo Cortés dio mandamiento a Sandoval para prender a Narváez y cómo ordenó sus haces y les dio apellido _____ 42

Capítulo LXXXIV. Cómo Cortés preguntó a Carrasco cómo estaba ordenado el real de Narváez, y cómo, creyendo que no decía la verdad, le mandó guindar, y de otras cosas _____44

Capítulo LXXXV. Cómo Cortés acometió a Narváez y lo rompió y prendió, y lo que sobre ello pasó _____45

Capítulo LXXXVI. Cómo después de preso Narváez, [Cortés] se mandó pregonar por capitán general, y cómo acometió con la artillería a trescientos de los de Narváez que no se querían dar, y de lo que unas mujeres dijeron_____47

Capítulo LXXXVII. Cómo después de amanecido, Cortés hizo alarde de los suyos y cuántos murieron, y lo que al jurar Cortés pasó con Carrasco, y lo, que Guidela el negro dijo_____50

Capítulo LXXXVIII. Cómo el señor de Cempoala con todos los principales que a la mira habían estado dieron a Cortés la enhorabuena de la victoria y de cómo la hizo saber a Moctezuma por pintura _____52

Capítulo LXXXIX. Cómo Cortés se pasó a las casas de doña Catalina y de los regalos que le hicieron, y cómo estando allí vinieron ocho mil hombres de guerra chinantecas con el capitán Barrientos, y de cómo envió a Diego de Ordás con trescientos españoles a Guazaqualco _____53

Capítulo XC. El recaudo que Cortés mandó poner en los navíos y hacienda de Diego Velázquez, y de cuán caro costó la venida a Pánfilo de Narváez y a los indios de Cempoala y su comarca_____55

Capítulo XCI. Cómo los mexicanos se levantaron contra Pedro de Alvarado y lo que sobre ello Hernando Cortés hizo _____57

Capítulo XCII. La plática que Cortés hizo a todos los del ejército, queriendo partirse en socorro de Alvarado y cómo volvió las armas, y lo que le respondieron___58

Capítulo XCIII. Cómo Cortés se aprestó para su partida y de lo que en ella hizo _____60

Capítulo XCIV. Lo que Alonso de Ojeda y Juan Márquez hicieran, y de cómo Cortés prosiguió su camino _____61

Capítulo XCV. Cómo Cortés, aunque de paso, entró en Tlaxcala y de lo que con los señores de ella pasó _____62

Capítulo XCVI. Cómo Ojeda prosiguió su camino y cómo llegó de Tlaxcala su compañero Juan Márquez y de lo que más les avino_____63

Capítulo XCVII. Cómo saliendo de entre los indios Diego Moreno y Alonso de Ojeda, conocidos por los de a caballo, se holgaron mucho y caminaron adelante, y de lo que más les aconteció _____65

Capítulo XCVIII. Cómo quedando de los españoles los más cansados descansado, los demás partieron con la artillería hacia Tlaxcala _____66

Capítulo IC. Cómo Cortés partió de Tezcuco para México, y cómo parando en Tepeaquilla halló ruines señales, y cómo, partiendo de allí, entró en México _____67

Capítulo C. Cómo llegado Cortés, Moctezuma salió al patio a recibirle y se disculpó de lo pasado, y de la contradicción que en esto hay_____69

Capítulo CI. Las razones y causas por qué los mexicanos se levantaron contra Pedro Alvarado _____70

Capítulo CII. Cómo se llamaba este baile y cómo se hacía, y si Pedro de Alvarado acometió [a] los indios por codicia o por deshacer la liga, y lo que después se supo de las ollas _____72

Capítulo CIII. Lo que Cortés, descubiertas las causas de la rebelión, dijo a los señores y principales, y de cómo otro día se comenzaron a descubrir para tornar a ella _____73

Capítulo CIV. Cómo los mexicanos, pidiendo tianguez a Cortés, alzaron por señor al hermano de Moctezuma, y de lo que aconteció a Antón del Río, que fue la primera señal de la segunda rebelión_____74

Capítulo CV. Cómo se vieron más señales de la rebelión y del primer combate que los mexicanos dieron a Cortés _____76

Capítulo CVI. El segundo rebato que los indios dieron a Cortés y de cuán reñida fue la batalla _____77

Capítulo CVII. El tercer recuentro y cómo salió Cortés con los de caballo y tomó la calle de Tacuba y de lo que pudiera hacer si quisiera _____78

Capítulo CVIII. El cuarto combate que los indios dieron y de cómo Cortés tomó el cu de Uchilobos, adonde trescientos señores se habían fortalecido, y de lo que más pasó _____80

Capítulo CIX. Cómo otro día más indignados que nunca, con nuevas maneras de pelear, acometieron a los nuestros los indios, y de lo que un tlaxcalteca hizo _____82

Capítulo CX. Cómo un tiro sin cebarle disparó, y de lo que los indios dijeron de Nuestra Señora y de Santiago _____83

Capítulo CXI. Otro combate que se dio a los nuestros y cómo Cortés por su persona tomó otro cu y cómo ganó siete puentes. Cómo le enviaron a llamar los señores mexicanos y lo que con ellos pasó _____ 85

Capítulo CXII. Cómo tornado a seguir los enemigos a Cortés, tornó atrás, mató muchos, y hallando desembarazada la puente, pasó con gran dificultad. Cómo Marina habló a Moctezuma y él a los suyos y cómo lo hirieron _____ 88

Capítulo CXIII. Cómo Moctezuma un día antes que muriese envió a llamar a Cortés y de las palabras que le dijo y de lo que Cortés le respondió _____ 91

Capítulo CXIV. La muerte de Moctezuma y de lo que Cortés mandó hacer de su cuerpo y donde los indios lo enterraron _____ 93

Capítulo CXV. Quién fue Moctezuma y de su condición y costumbres _____ 95

Capítulo CXVI. Cómo Cortés envió a llamar a los señores mexicanos y de lo que con ellos pasó _____ 96

Capítulo CXVII. Cómo Cortés otro día de mañana salió con tres ingenios de madera y cómo aprovecharon poco _____ 97

Capítulo CXVIII. Cómo Cortés pidió treguas a los mexicanos y no se las quisieron conceder _____ 99

Capítulo CXIX. Cómo determinó Cortés de salir aquella noche de la ciudad y de lo que Botello le dijo y lo demás que Cortés hizo _____ 101

Capítulo CXX. Cómo Cortés ordenó su gente e hizo una puente de madera para pasar los ojos de las acequias, y a quién la dio, y lo que luego pasó _____ 103

Capítulo CXXI. Cómo al poner de la puente en el primer ojo los españoles fueron sentidos y las velas tocaron al arma, y de la gente que por las calles y en canoas luego acudió _____ 104

Capítulo CXXII. El salto que dicen de Pedro de Alvarado, y de cómo Cortés tornó a recoger la gente que atrás quedaba _____ 106

Capítulo CXXIII. Cómo los españoles, pasado aquel ojo, llegaron a tierra firme y cómo los indios los siguieron hasta Tacuba, y cómo después de la puente reparó un poco Cortés y de lo que aconteció a un español _____ 107

Capítulo CXXIV. Cómo en aquella parte donde murieron los más de los españoles, después de tomada la ciudad, un Juan Tirado hizo una capilla donde se dijo misa por los muertos _____ 108

Capítulo CXXV. Cómo Cortés y los que escaparon de aquel peligroso paso fueron peleando hasta Tacuba, y de lo que allí les pasó _____ 109

Capítulo CXXVI. Cómo Cortés se mostró sobre una quebrada a los de la retroguarda, con que los animó mucho, y lo que les dijo, y cómo todos se hicieron fuertes en un cu _____ 110

Capítulo CXXVII. Cómo Cortés hizo alarde de su gente y la puso en orden y salió, para no ser sentido, de noche, y de lo que en el camino le aconteció_____ 112

Capítulo CXXVIII. Cómo prosiguiendo Cortes su camino le dieron una pedrada en la cabeza, y cómo Alonso de Ávila dio una lanzada a un español y por qué, y lo que más sucedió_____ 114

Capítulo CXXIX. Cómo yendo el ejército adelante salió un indio al camino a desafiar los españoles, y cómo los mexicanos, hecho sacrificio en México de los españoles, vinieron a Otumba, y del razonamiento que Cortés hizo a los suyos____ 115

Capítulo CXXX. Cómo se dio la memorable batalla que se dice de Otumba, y cómo Cortés mató al general de los mexicanos, y de otras cosas señaladas _____ 117

Capítulo CXXXI. Cómo vencida esta memorable batalla, el ejército español pasó adelante, y de lo que más sucedió después _____ 119

Capítulo CXXXII. Cómo Magiscacín y Xicotencatl y otros señores vinieron a aquel pueblo a visitar a Cortés, y de la plática que Magiscacín le hizo _____ 121

Capítulo CXXXIII. Lo que Cortés respondió a Magiscacín y a los otros señores, y de las joyas que les dio, y de lo que más pasó _____ 123

Capítulo CXXXIV. Las nuevas que Magiscacín dio a Cortés de Juan Juste y sus compañeros, y de cómo pidieron licencia para salir a correr la tierra con algunos españoles, donde andaban mexicanos _____ 125

Libro V _____ **127**

Capítulo primero. Cómo Cortés y sus compañeros otro día entraron en Tlaxcala y del solemne recibimiento que en ella le hicieron, y de las palabras que Magiscacín dijo a Cortés _____ 127

Capítulo II. Cómo Cortés halló en Tlaxcala a Juan Páez, capitán, y de lo que con él había pasado Magiscacín, y Cortés después le dijo_____ 129

Capítulo III. Cómo Cortés, sabiendo de Ojeda lo que Xicotencatl y los de su parcialidad decían, se mandó velar, y del gran peligro de morir en que estuvo _____ 130

Capítulo IV. El descontento que los españoles tenían, y de cómo requirieron a Cortés se fuese, y de lo que él les respondió _____ 132

Capítulo V. Lo que Cortés respondió y del razonamiento que les hizo _____ 134

Capítulo VI. Cómo los mexicanos enviaron sus embajadores a los tlaxcaltecas, prometiéndoles perpetua amistad si mataban a los españoles _____ 136

Capítulo VII. Cómo, hechas sus ceremonias, los embajadores mexicanos propusieron su embajada, y de lo que Magiscacín respondió, mandándolos salir ___ 137

Capítulo VIII. La consulta de los señores tlaxcaltecas y de cómo Magiscacín defendió la parte de los españoles y echó de las gradas abajo a Xicotencatl_____ 139

Capítulo IX. Cómo Cortés dio las gracias a Magiscacín sobre lo que había pasado y cómo Xicotencatl pidió se hiciese guerra a los de Tepeaca _____ 141

Capítulo X. Cómo Xicotencatl volvió a hablar a Cortés sobre la guerra de Tepraca, y de cómo primero que la comenzase envió sus mensajeros, y lo que los de Tepeaca respondieron_____ 144

Capítulo XI. Lo que la señoría de Tlaxcala respondió, y de cómo Cortés salió a hacer la guerra _____ 146

Capítulo XII. Cómo después de haber salido Cortes salió la demás gente, las devisas que los señores llevaban y la extraña manera con que al hijo de Magiscacín armaron caballero _____ 147

Capítulo XIII. Cómo aquel día dieron en la tierra de Zacatepeque, y del duro y bravo recuentro que allí hubo con los de Tepeaca_____ 149

Capítulo XIV. Cómo Cortés fue a Tepeaca y entró en ella sin resistencia, y de lo que más sucedió _____ 150

Capítulo XV. Cómo estando Cortés en Tepeara, los mexicanos tentaron de matar con traición a los cristianos y cómo les descubrió, y el castigo que hubo _____ 152

Capítulo XVI. Cómo en el entretanto que Cortés estaba en Tepeaca, indios de México publicaron que Cortés y los suyos eran muertos, y cómo mataron a Saucedo y otras desgracias acaecidas a españoles_____ 153

Capítulo XVII. Cómo Diego de Ordás fue sobre Guacachula, la guerra que hizo y la presa que trajo _____ 155

Capítulo XVIII. Cómo el señor de Guacachula envió secretamente a darse de paz a Cortés y con qué condición, y lo que respondió _____ 156

Capítulo XIX. Cómo Cortés envió a Diego de Ordás y a Alonso de Ávila con doscientos españoles, y cómo se engañaron creyendo que los de Guacachula les trataban traición _____ 157

Capítulo XX. Cómo Cortés se partió con los mensajeros de Guacachula, y de lo que en el camino le aconteció_____ 158

Capítulo XXI. Cómo los indios de Guacachula, desmintiendo las velas, cercaron a los capitanes mexicanos y cómo pelearon con ellos y a la mañana los ayudó Cortés 159

Capítulo XXII. Cómo Cortés desde Guacachula se fue a Yzucar y echó de allí las guarniciones mexicanas que había, y de cómo allí, eligió por señor del pueblo a un muchacho que fue el primero que en las Indias se bautizó _____ 161

Capítulo XXIII. El asiento y fertilidad de Yzucar y de cómo Cortés mandó llamar y algunos vecinos que se habían huido _____ 163

Capítulo XXIV. Cómo Cortés volvió a Tepeaca y de allí envió a sus capitanes, unos a asegurar el camino de la Veracruz, y otros a pacificar otros pueblos, y de un nuevo modo de crueldad con que mataban a los nuestros _____ 164

Capítulo XXV. Lo que un indio de los que así prendieron, antes que le justiciasen, confesó cerca de lo pasado, y de otras cosas _____ 166

Capítulo XXVI. Cómo el cacique de aquel pueblo entró con cierta gente en aquellos aposentos y salió sin ser sentido, y de otras cosas que acaecieron _____ 167

Capítulo XXVII. Cómo Cortés desde Tepeaca despachó mensajeros a la Veracruz, y de las nuevas que tuvo de Barrientos _____ 168

Capítulo XXVIII. Tepeaca dio viruelas en los indios, y cómo como poco antes que Cortés saliese de fundó una villa que llamó Segura de la Frontera _____ 169

Capítulo XXIX. Cómo Cortés desde la nueva villa de Segura despachó [a un hidalgo] con cuatro navíos de Narváez a Santo Domingo, y cómo vino a ver a Cortés el señor de Chinantla_____ 170

Capítulo XXX. Cómo Cortés se partió para Tlaxcala y lo que pasó con Martín López, y cómo le envió adelante a cortar la madera _____ 171

Capítulo XXXI. Cómo Cortés entró en Tlaxcala y del recibimiento que se le hizo, y de una plática que un señor al entrar en la ciudad le hizo, y de lo que Cortés respondió_____ 173

Capítulo XXXII. El sentimiento que Cortés hizo por la muerte de su amigo Magiscacín, y cómo eligió señores, y entre ellos un hijo de su amigo_____ 175

Capítulo XXXIII. En el cual se da cuenta cómo Magiscacín antes de su muerte pidió el bautismo, y de otras señales que mostró de cristiano, y cómo Cortés puso luto por él_____ 176

Capítulo XXXIV. Cómo Cortés entendió en dar prisa cómo la madera se cortase, y procuró saber de los negocios de México _____ 178

Capítulo XXXV. Cómo Guatemuza se aderezó para la guerra, y de las cosas que hizo y dijo para contra los cristianos _____ 179

Capítulo XXXVI. El razonamiento que Guatemuza hizo a los mexicanos y a los otros sus amigos, animándolos contra los nuestros _____ 180

Capítulo XXXVII. La repuesta que dieron los señores a Guatemuza _____ 182

Capítulo XXXVIII. Cómo Cortés se rehizo y se aprestó para venir sobre México _____ 184

Capítulo XXXIX. Cómo Cortés hizo alarde de los suyos, y de una solemne plática que les hizo _____ 185

Capítulo XL. El alarde y reseña que otro día, a imitación de los nuestros, los tlaxcaltecas hicieron _____ 188

Capítulo XLI. Los navíos y personas señaladas que en ellos vinieron en ayuda de Cortés _____ 189

Capítulo XLII. Las ordenanzas que Cortés hizo y mandé pregonar para la buena gobernación del ejército, y cómo castigó a algunos que las quebrantaron _____ 190

Capítulo XLIII. El razonamiento que Cortés hizo a los tlaxcaltecas al tiempo de su partida _____ 192

Capítulo XLIV. Cómo Cortés salió de Tlaxcala y de lo que más sucedió _____ 193

Capítulo XLV. Cómo Cortés prosiguió su camino, y lo que en él le pasó _____ 194

Capítulo XLVI. Cómo Cortés subió a la cumbre de aquel monte, y cómo desde él señoreó la tierra, y de la refriega que hubo con los enemigos _____ 196

Capítulo XLVII. Lo que Cortés respondió a los embajadores y cómo se fue a Quatichán, y de lo que más sucedió _____ 197

Capítulo XLVIII. Cómo, subiendo ciertos españoles a las azoteas, vieron cómo los vecinos de Tezcuco desamparaban la ciudad, y lo que sobre ello Cortés proveyó _____ 199

Capítulo IL. Cómo desde a tres días comenzaron algunos pueblos a venir de paz, y de lo que más sucedió _____ 200

Capítulo L. La conjuración que hubo entre algunos españoles contra Cortés y cómo se supo, y del castigo que hizo en Villafaña _____ 202

Capítulo LI. Cómo Cortés otro día mandó llamar a todos los suyos y del razonamiento que, leídos los nombres del papel, les hizo _____ 203

Capítulo LII. Cómo Cortés tuvo ciertos recuentros con los de Iztapalapa, y de un gran peligro en que se vio _____ 205

Capítulo LIII. La congoja que Cortés tuvo aquella noche, y de cómo otro día se le ofrecieron de paz ciertos pueblos _____ 207

Capítulo LIV. Cómo Cortés envió a Gonzalo de Sandoval con doscientos hombres de a pie y veinte de a caballo a dos cosas muy importantes, que se dirán _____ 209

Capítulo LV. Cómo Gonzalo de Sandoval fue a Chalco y de la refriega que con los mexicanos hubo, y de cómo los de Chalco vinieron a ver a Cortés _____ 210

Capítulo LVI. Lo que Cortés respondió a los señores de Chalco y de cómo mandó a Sandoval volviese con ellos y de allí se llegase a Tlaxcala _____ 212

Capítulo LVII. Cómo, llegando don Hernando el indio, Cortés lo eligió por señor de Tezcuco, y de la gente que luego vino a esta nueva_____ 213

Capítulo LVIII. La plática que Cortés hizo a los ciudadanos y nuevo señor de Tezcuco, y de cómo ellos le juraron por señor _____ 214

Capítulo LIX. Cómo los señores de Guatinchán y Guaxuta vinieron a decir a Cortés cómo todo el poder de Culhúa venía sobre él y de lo que él respondió e hizo _____ 216

Capítulo LX. Cómo Cortés dio sobre aquellos pueblos y ellos le pidieron perdón, y lo que sobre esto hizo _____ 218

Capítulo LXI. Cómo los de Chalco pidieron socorro a Cortés y de lo que respondió y de cómo le vinieron mensajeros de tres provincias_____ 219

Capítulo LXII. Lo que Cortés respondió a los mensajeros y cómo confederó e hizo amigos a los de Chalco con ellos _____ 220

Capítulo LXIII. Cómo Cortés supo que los bergantines estaban hechos y que había llegado un navío al puerto, y del hecho que hizo un español_____ 221

Capítulo LXIV. Cómo Cortés envió a Sandoval por los bergantines y de lo que más le mandó y él hizo _____ 222

Capítulo LXV. La traición con que los del pueblo morisco prendieron y mataron tantos españoles _____ 223

Capítulo LXVI. Cómo Sandoval se partió y de un rétulo que vio, y del castigo que en el pueblo hizo _____ 224

Capítulo LXVII. Cómo en el entretanto que Sandoval caminaba, los españoles salieron con la tablazón de los bergantes_____ 225

Capítulo LXVIII. Cómo Sandoval topó con los que traían los bergantines y el orden con que venían _____ 226

Capítulo LXIX. Donde se prosigue el orden y concierto con que iban los indios hasta llegar a Tezcuco_____ 227

Capítulo LXX. Cómo, entrando, por los términos de México, se trocó el orden, y de lo que dijo el capitán que llevaba la delantera _____ 227

Capítulo LXXI. Cómo llegada la tablazón y ligazón de los bergantines, vino socorro de españoles y caballos que habían venido de Santo Domingo, y de lo que Cortés les dijo y ellos respondieron _____229

Capítulo LXXII. Cómo se armaron los bergantines y de la manera cómo se echaron al agua y con cuánta devoción y solemnidad _____231

Capítulo LXXIII. Cómo Cortés envió [a] Alonso de Ojeda a la Villa Rica por dos tiros y de lo que le sucedió en el camino, y cómo a la vuelta Cortés le encargó la gente Tlaxcalteca _____233

Capítulo LXXIV. Cómo Cortés, sin decir adónde iba, salió otro día con mucha [gente] a bojar la laguna, y de lo que le sucedió _____234

Capítulo LXXV. Cómo otro día los tlaxcaltecas saquearon la ciudad, y cómo Cortés estuvo allí seis días escaramuzando, siempre con los enemigos_____237

Capítulo LXXVI. Las cosas que los mexicanos decían a los españoles y de lo que Cortés les dijo y ellos respondieron _____238

Capítulo LXXVII. Cómo Cortés, volviendo a Tezcuco, siguiéndole los mexicanos, les puso celadas y mató muchos de ellos_____239

Capítulo LXXVIII. Lo que demás de lo contenido en el capítulo pasado Ojeda dice en su Relación _____240

Capítulo LXXIX. Cómo Ojeda y Juan Márquez cataron a los indios tlaxcaltecas, y del oro que les hallaron, y cómo por esto muchos de ellos se ausentaron _____242

Capítulo LXXX. Lo que Ojeda escribe que acaeció a Cortés en Tacuba cuando se subió a un alto, y de la gracia que Pedro de Ircio dijo a su alférez_____243

Capítulo LXXXI. Cómo Cortés entró en Tezcuco y del regocijo con que fue recibido 244

Capítulo LXXXII. Cómo los tlaxcaltecas se despidieron de Cortés, y cómo vinieron mensajeros de Chalco a pedir socorro _____245

Capítulo LXXXIII. Cómo Sandoval llegó a Chalco y allí ordenó lo que había de hacer, y de un bravo recuentro que hubo con los mexicanos _____246

Capítulo LXXXIV. Cómo Sandoval fue a Acapistla, donde requirió a los mexicanos se diesen de paz, y de la batalla que con ellos hubo _____247

Capítulo LXXXV. Cómo ido Sandoval, los mexicanos revolvieron sobre los de Chalco, y cómo antes que allá fuese Sandoval los de Chalco habían vencido_____249

Capítulo LXXXVI. El socorro que vino a Cortés, y cómo de los prisioneros envió dos a los mexicanos _____250

Capítulo LXXXVII. Cómo los mexicanos revolvieron sobre los de Chalco, y
haciéndolo saber a Cortés, respondió que él quería ir al socorro _____ 251

Capítulo LXXXVIII. Cómo otro día partió Cortés de allí, y cómo halló un peñol muy
fuerte, y de la manera que tuvo en acometerle _____ 252

Capítulo LXXXIX. Cómo Cortés combatió otro peñol, y cómo ambos se le dieron
de paz, y de lo que le dijeron y él les dijo _____ 254

Capítulo XC. Do se prosigue cómo los de este peñol se dieron de paz y con ellos
los del otro, y lo que más pasó _____ 255

Capítulo XCI. Cómo Cortés partió para Guastepec y de cómo allí fue recibido, y de
la frescura de este pueblo, y cómo de allí pasó a Yautepec _____ 256

Capítulo XCII. Cómo Cortés fue a Quaunauac, fuerte y grande pueblo, y cómo por
el ánimo de un indio tlaxcalteca vino a ser señor de él _____ 257

Capítulo XCIII. Cómo Cortés fue a Xochimilco, y del trabajo que en el camino pasó,
y de la guerra que hizo a los del pueblo _____ 259

Capítulo XCIV. Do se prosigue la batalla y se trata de un caso extraño que sucedió
a Cortés _____ 260

Capítulo XCV. Un bravo y soberbio razonamiento que Guautemucín, señor de
México, hizo a los suyos, persuadiéndolos y exhortándolos a que de improviso
diesen sobre Cortés en Xochimilco _____ 261

Capítulo XCVI. Lo mucho que los mexicanos se encendieron contra los nuestros
con el razonamiento de su señor, y de cómo luego pusieron por obra lo que les dijo 263

Capítulo XCVII. Cómo se trabó la batalla y cómo la vencieron los nuestros _____ 264

Capítulo XCVIII. Cortés salió de Xochimilco y cómo todavía los enemigos le
seguían, y cómo revolvió sobre ellos hasta que le dejaron y cómo entró en
Cuyoacán _____ 266

Capítulo IC. Cómo Cortés fue a Tacuba y de los recuentros que tuvo con los
vecinos de la ciudad, y de cómo le llevaron dos españoles vivos _____ 267

Capítulo C. Cómo Cortés prosiguió su camino y aquella noche fue a dormir a
Tezcuco, y de cuán bien fue recibido _____ 269

Capítulo CI. Lo que pasó a Cortés, y cómo fueron tratados en Chinantla Barrientos
y Heredia, y de la astucia de Barrientos, con que se hizo temer _____ 270

Capítulo CII. Cómo los de Chinantla enviaron dos indios, y con ellos la carta de
Barrientos, y de lo que más sucedió _____ 272

Capítulo CIII. Cómo el capitán que estaba en Tepeaca, recibió la carta y la envió a Cortés, y de lo que con ella se holgó _____272

Capítulo CIV. Cómo Cortés, después de haber vuelto a Tezcuco entendió en acabar de aprestar los bergantines para la guerra _____273

Capítulo CV. Cómo Cortés hizo alarde de la gente que tenía y eligió capitanes para los bergantines _____274

Capítulo CVI. Cómo, hecho el alarde y elegidos capitanes, mandó pregonar de nuevo, las ordenanzas, y de las armas falsas que hizo dar_____275

Capítulo CVII. Cómo Cortés envió a Alonso de Ojeda a Cholula a cierto negocio, y de ahí a que apercibiese a los de Tlaxcala y a los demás amigos para ir sobre México_____277

Capítulo CVIII. Lo que Xicotencatl, en nombre de toda la señoría de Tlaxcala, respondió a Ojeda _____278

Capítulo CIX. Cómo Ojeda entendió en recoger la gente y de lo que con ella le aconteció _____279

Capítulo CX. Cómo entró Ojeda con los tlaxcaltecas y Cortés los salió a recibir ____280

Capítulo CXI. Una solemne plática que Cortés hizo a los suyos antes que cercasen a México _____281

Capítulo CXII. El público consentimiento, y alegría con que Cortés fue oído y de lo que muchos, unos a otros, se dijeron_____283

Capítulo CXIII. Cómo Cortés ordenó su ejército, y cómo primero salieron todos los españoles en orden a la plaza con los indios amigos_____285

Capítulo CXIV. Cómo se partieron los maestros de campo, y de ciertas diferencias que hubo entre ellos _____286

Capítulo CXV. Cómo los dos capitanes fueron a quitar el agua dulce a México y aderezaron algunos malos pasos, y de otras cosas que hicieron _____287

Capítulo CXVI. Cómo otro día de mañana salió Cristóbal de Olid a dar una vista, y de lo que le sucedió _____288

Capítulo CXVII. La consulta que Guautemucín tuvo en México con los de su reino sobre la guerra, y de una plática que les hizo pidiéndoles su parecer _____288

Capítulo CXVIII. La respuesta de los capitanes y señores mexicanos y de la diversidad de pareceres que entre ellos hubo _____290

Capítulo CXIX. Cómo Guautemuza sacrificó cuatro españoles y cuatro mil indios, y cómo se determinó de seguir la guerra _____290

Capítulo CXX. Lo que los tlaxcaltecas respondieron, y de lo que siente Motolinía acerca de la repuesta de los dioses _____292

Capítulo CXXI. Cómo Xicotencatl, capitán de sesenta mil infantes, se volvió a Tlaxcala, de donde le trajeron; y traído, le mandó Cortés ahorcar_____293

Capítulo CXXII. Cómo Cortés quiso ahorcar a Piltechtl y cómo riñó ásperamente a Ojeda cuando supo lo que había pasado _____294

Capítulo CXXIII. Cómo Cortés se embarcó, y de una notable victoria que en el peñol hubo_____295

Capítulo CXXIV. Otra muy señalada victoria que Cortés hubo de los mexicanos por el agua _____296

Capítulo CXXV. Otra tercera victoria que Cortés hubo de los mexicanos_____297

Capítulo CXXVI. Como Cortés saltó en tierra y sacó tres tiros gruesos, y de lo que con ellos hizo_____298

Capítulo CXXVII. Cómo aquella noche, fuera de su costumbre, los enemigos dieron sobre Cortés _____299

Capítulo CXXVIII. La brava refriega que otro día Cortés tuvo con los mexicanos, y de cómo les ganó una puente y un albarrada_____299

Capítulo CXXIX. La refriega que Sandoval hubo, y de la industria que Cortés tuvo para que pasase la gente _____300

Capítulo CXXX. Cómo Cortés envió a Sandoval a que acabase de cercar a México, y lo que sobre esto pasó _____301

Capítulo CXXXI. Cómo Cortés determinó de entrar por la ciudad adentro, y de las victorias que aquel día alcanzó _____302

Capítulo CXXXII. Cómo Cortés ganó una torre y una puente muy fuertes _____303

Capítulo CXXXIII. La brava refriega que en este paso hubo, y cómo Cortés ganó otros pasos hasta llegar a la entrada de la plaza _____304

Capítulo CXXXIV. Cómo Cortés entró en la plaza y huyeron los enemigos y revolviendo luego sobre los nuestros los hicieron retirar _____306

Capítulo CXXXV. Cómo los enemigos fueron siguiendo a Cortés y cómo a otra parte pelearon Sandoval y Alvarado_____307

Capítulo CXXXVI. Cómo don Fernando, señor de Tezcuco, acudiendo con mucha gente en favor de Cortés hizo una plática a sus hermanos, y lo que respondió el mayor de ellos _____308

Capítulo CXXXVII. Cómo Cortés recibió al general y a los otros capitanes sus hermanos, y de lo que más pasó _____309

Capítulo CXXXVIII. Cómo vinieron los de Xochimilco y otros amigos, y de lo que a Cortés dijeron, y él les respondió _____311

Capítulo CXXXIX. Cómo Cortés repartió los bergantines para el combate de la ciudad, y de la plática que hizo a los suyos antes que la combatiese _____312

Capítulo CXL. Cómo pasados los dos días, Cortés comenzó el combate, y de lo que aquel día pasó _____314

Capítulo CXLI. Cómo Cortés, por consejo del general de Tezcuco, quemó muchas casas, y de lo que le movió a ello _____315

Capítulo CXLII. Cómo Cortés volvió otro día al combate, y del trabajo que pasó en tornar a cegar lo que los enemigos habían abierto _____317

Capítulo CXLIII. Donde se dice qué fue la causa por qué Cortés, tomadas y cegadas las puentes, no llevaba el real adelante, volviéndose siempre a su puesto __318

Capítulo CXLIV. La mucha gente de los pueblos de la laguna, que vino en favor de Cortés, y de cómo formó un grueso ejército de indios amigos, y lo que hicieron _____319

Capítulo CXLV. Cómo Cortés determinó de combatir la ciudad por tres o cuatro partes, para que se les diese de paz, y de lo que sobre esto pasó _____321

Capítulo CXLVI. La victoria que otro día tuvieron los reales españoles y de la porfía grande de Guautemuza _____322

Capítulo CXLVII. La desgracia que a Pedro de Alvarado aconteció por quererse aventajar y señalar _____322

Capítulo CXLVIII. Cómo Cortés supo esta desgracia, y de lo que con Alvarado pasó 323

Capítulo CIL. Algunas entradas que Cortés hizo, y de lo que respondió al tesorero Alderete, que le importunaba se metiese más en la ciudad _____325

Capítulo CL. Cómo otro día Cortés dio orden en lo que se había de hacer para dar el combate _____326

Capítulo CLI. El razonamiento que Cortés hizo a los suyos y del orden que dio en el combate _____327

Capítulo CLII. Cómo Cortés acometió con su gente y del bravo y peligroso combate de aquel día _____328

Capítulo CLIII. El gran riesgo y peligro en que Cortés se vio, por no estar bien ciega una puente _____329

Capítulo CLIV. Do se prosigue y dice el peligro que de ser preso o muerto Cortés tuvo, y de cómo Olea murió defendiéndole, y de lo que hizo Cortés sobre esto____330

Capítulo CLV. Cómo Alvarado y Sandoval pelearon este día, y de lo que sucedió con el bergantín de Flórez, y cuánto ayudó el capitán Mota _____332

Capítulo CLVI. Cómo Cortés salió a la calle de Tacuba peleando, y de lo que envió a decir a los otros capitanes de su compañía, y de lo que los enemigos hicieron____333

Capítulo CLVII. Las alegrías que los enemigos hicieron y de las palabras que dijeron y recaudos que enviaron a otras provincias_____335

Capítulo CLVIII. Cómo sabido el desbarato de los españoles por la comarca, los indios de Marinalco y otros se rebelaron, y cómo Cortés envió contra ellos al capitán Andrés de Tapia, el cual los venció, y de la confederación de sus veinte compañeros_____337

Capítulo CLIX. Cómo vinieron a Cortés mensajeros de los otomíes, quejándose de los de Matalcinco, y cómo determinó de enviar a ello a Sandoval_____338

Capítulo CLX. Lo que los españoles sintieron esta partida, y cómo Sandoval venció 340

Capítulo CLXI. Cómo otro día por la mañana, queriendo Sandoval combatir la fuerza, no halló a nadie, y de lo que más sucedió _____341

Capítulo CLXII. Cómo los tlaxcaltecas, después de venido Sandoval, pelearon sin los españoles con los mexicanos, y de una plática que su general antes hizo, y de cómo los mexicanos acometieron a los nuestros de súbito_____343

Capítulo CLXIII. El peligro en que se vieron algunos bergantines y de lo bien que lo hizo Martín López, y de la muerte del capitán Pedro Barba _____345

Capítulo CLXIV. Cómo estando la guerra en estos términos Cortés envió a Ojeda y a Juan Márquez a Tlaxcala por bastimentos, y del gran Peligro en que se vieron al salir de México _____347

Capítulo CLXV. Cómo prosiguiéndose el combate, una Isabel Rodríguez curaba, y de lo que aconteció a un Antonio Peinado _____348

Capítulo CLXVI. La muerte de Magallanes y de lo que sucedió al Tesorero Alderete, y del ánimo y esfuerzo de Beatriz de Palacios _____349

Capítulo CLXVII. Lo que otro día sucedió, y del desafío de un indio y de cómo le mató Hernando de Osma _____351

Capítulo CLXVIII. Cómo la guerra andaba tan encendida que hasta los niños y mujeres de los mexicanos peleaban y de lo que pasaron con Castañeda y Cristóbal de Olid, y del esfuerzo de Cristóbal Corral, alférez _____352

Capítulo CLXIX. Cómo viniendo los españoles huyendo, Beatriz Bermúdez salió a ellos y los avergonzó, y volviendo, vencieron _____354

Capítulo CLXX. Cómo los mexicanos tomaron a un español, y de lo que hicieron con él y con otros, y de la batalla que se trabó por tomar el cuerpo de un señor que Martín López mató_____355

Capítulo CLXXI. Cómo Cortés, hecha consulta con ciertos capitanes, por muchas partes acometió la ciudad, y de cómo se señalaron algunos de ellos _____356

Capítulo CLXXII. Cómo determinó Cortés de combatir otro día la ciudad por dos partes, y de lo que también este día se señalaron algunos capitanes_____358

Capítulo CLXXIII. Do se prosigue lo que Cortés hizo y cómo se señalaron algunos otros capitanes _____360

Capítulo CLXXIV. Cómo Cortés se retiró y de lo que hizo Pedro Dircio y de lo que Andrés de Tapia trabajó _____361

Capítulo CLXXV. Cómo Cortés determinó de asolar la ciudad y del socorro que para esto le vino _____363

Capítulo CLXXVI. Cómo pasados cuatro días de esta determinación, combatió Cortés la ciudad, y de cómo se entretenían los mexicanos, y del ardid que usaron __364

Capítulo CLXXVII. Cómo otro día tornó Cortés a combatir la ciudad y se subió a una torre para que los enemigos le viesen, y de un hazañoso hecho que hizo Hernando de Osma _____366

Capítulo CLXXVIII. Lo que otro día hizo Cortés, poniendo celada a los enemigos, y de lo que hallaron los españoles en una sepultura, y de lo mucho que la celada atemorizó a los mexicanos _____368

Capítulo CLXXIX. Cómo primero que los nuestros se retrajesen, los enemigos enviaron espías y los nuestros las tomaron, y de lo que se supo de una señora muy principal que Juan Rodríguez Bejarano prendió, y lo que de ciertos indios se entendió_____369

Capítulo CLXXX. Do se prosigue lo que resta del pasado _____371

Capítulo CLXXXI. Cómo Cortés al cuarto del alba dio sobre los enemigos, poniendo primero espías, y cómo derrocó con los bergantines muchos de los tablados que tenían hechos _____373

Capítulo CLXXXII. Cómo Cortés tornó otro día al combate y cómo se acabó de ganar la calle de Tacuba, y quemó las casas de Guatemuza y lo demás _____373

Capítulo CLXXXIII. Cómo otro día Cortés ganó a los enemigos una gran calle y de cómo revolvieron sobre Cortés y de lo que decían a los indios amigos_____375

Capítulo CLXXXIV. Cómo Alvarado ganó ciertas torres cerca del mercado, y el peligro en que se vieron los de a caballo, y lo que Cortés hizo _____377

Capítulo CLXXXV. Cómo Cortés entró en la plaza y Alvarado, por otro camino, vino a ella, y del placer que los unos con los otros recibieron, y cómo Cortés, de piedad, entretuvo el combate _____378

Capítulo CLXXXVI. Lo que Cortés envió a decir a los de la ciudad y de lo que ellos respondieron _____379

Capítulo CLXXXVII. Cómo Cortés mandó hacer un trabuco por falta de pólvora y cómo se erró, y de lo que pasó con los mexicanos _____381

Capítulo CLXXXVIII. Lo que los mexicanos respondieron y del bravo combate que les dieron Cortés y Alvarado_____383

Capítulo CLXXXIX. Cómo otro día Cortés volvió a la ciudad y de cómo los enemigos le llamaron, y de lo que le dijeron_____384

Capítulo CXC. Cómo Cortés envió un principal mexicano que tenía preso a la ciudad, y de lo que le dijo, que hiciese, y cómo los suyos le sacrificaron _____385

Capítulo CXCI. Cómo otro día entró Cortés en la ciudad, y de lo que dijo a ciertos principales de ella y de lo que ellos, llorando, le respondieron _____387

Capítulo CXCII. Cómo Cortés salió a lo puesto y Guautemucín no vino, y de lo que envió a decir y Cortés respondió, y de las demás cosas que pasaron_____388

Capítulo CXCIII. Cómo, volviendo, aquellos señores, dijeron a Cortés se viniese a ver con Guautemucín, y de cómo volvió a faltar, y cómo Cortés combatió unas albarradas y de la gran matanza que en los enemigos hizo _____390

Capítulo CXCIV. Cómo otro día Cortés volvió a la ciudad, como lo tenía ordenado, y cómo un gran señor que se decía Ciguacoacín hablé a Cortés, y de lo que él proveyó para que los indios amigos no hiciesen estrago en los que se daban _____392

Capítulo CXCV. Cómo Cortés, vista la rebeldía de los mexicanos, los combatió, y cómo Garci Holguín prendió a Guautemucín y al gobernador y de lo que más pasó _393

Capítulo CXCVI. Cómo Garci Holguín llevó preso a Guautemucín a Cortés y de lo que entre los dos pasó _____394

Capítulo CXCVII. En qué día se tomó México y cuánto duró el cerco de ella, y de la memoria que hoy se hace de su victoria, y de otras cosas _____396

Capítulo CXCVIII. Cómo Cortés mandó guardar los bergantines, y de los pronósticos que precedieron de la destrucción de México _____ 398

Libro VI _____ **401**

Capítulo I. Un extraño caso que a Moctezuma acaeció estando determinado de salirse de México _____ 401

Capítulo II. La diligencia que puso Cortés en saber del tesoro de México, y de otras cosas _____ 403

Capítulo III. Lo que se hubo del despojo de México, y de lo que cupo al emperador de su quinto _____ 404

Capítulo IV. Lo que con los procuradores escribió Cortés al emperador, y de lo que de Cortés le escribió el Cabildo de México _____ 405

Capítulo V. Cómo fue preso Alonso de Ávila y llevado a Francia, y del gran ánimo que tuvo un año entero con una fantasma que de noche se echaba en su cama _____ 406

Capítulo VI. Lo que más sucedió, y cómo Alonso de Ávila fue rescatado _____ 408

Capítulo VII. Cómo ganada México, no teniendo Cortés pólvora para conquistar las demás provincias, envió diversas personas por azufre, y de lo que con Montaño y Mesa pasó _____ 409

Capítulo VIII. Cómo Montaño y Mesa y otros compañeros se aderezaron para subir al volcán, y de lo que al principio les sucedió _____ 411

Capítulo IX. Cómo prosiguiendo la subida del volcán, uno de los compañeros cayó en un ramblazo, y cómo otro de ellos se quedó en el camino desmayado, y cómo esperaron allí hasta que vino el día _____ 412

Capítulo X. Cómo Montaño entró siete veces en el volcán, y la cantidad de azufre que sacó, y cómo entró otro y asimismo sacó azufre, y cómo el Montaño anduvo buscando por dónde pudiesen todos descender _____ 413

Capítulo XI. Cómo por gran ventura toparon con el compañero, que había quedado desmayado, y del gran contento que él y ellos en toparse recibieron, y cómo acabaron de descender, y del espanto de los indios _____ 414

Capítulo XII. La orden y diligencia que Cortés tuvo y puso para asegurar lo que había ganado, y saber lo que quedaba por ganar _____ 416

Capítulo XIII. Cómo un español acaso descubrió la provincia de Michoacán, y de cómo Cortés envió a Montaña con otros españoles allá _____ 418

Capítulo XIV. Lo que Montaño y los demás respondieron a Cortés, y cómo se despacharon y partieron _____ 420

Capítulo XV. Cómo a cabo de cuatro días llegaron a un pueblo que se dice Taximaroa, en la raya de Michoacán y de la cerca del pueblo, y del recibimiento que los de él les hicieron, y de la matanza que en un tiempo los de Michoacán en él hicieron en los mexicanos _____ 422

Capítulo XVI. Cómo aquel día los cuarto españoles con la demás gente se partieron en demanda de la ciudad de Michoacán, y cómo en ella fueron recibidos _ 424

Capítulo XVII. Cómo el Cazonci salió otra vez a ver a los nuestros y ellos lo salieran a recibir, y de lo que les dijo y ellos respondieron _____ 426

Capítulo XVIII. Cómo el Cazonci mandó guardar a los nuestros de noche y de día y con dos señores les envió a decir no saliesen sin su mandado, y del temor que tuvieron de ser muertos _____ 428

Capítulo XIX. Cómo aquellas españoles industriaron a los indios, y del recelo con que en el entretanto quedaron _____ 430

Capítulo XX. Cómo de allí a tres horas, viniendo de montería el Cazonci, fue a visitar aquellos españoles y cómo les dio la caza, y de lo que por la lengua les dijo __ 432

Capítulo XXI. Cómo otro día muy de mañana vinieron muchos señores, y del gran presente que trajeron, y de lo que a los nuestros dijeron cerca del tratamiento de los señores que con ellos iban _____ 434

Capítulo XXII. Cómo ya que los españoles querían salir, el Cazonci les envió a pedir el lebrel, y lo que pasó en dárselo, y cómo lo sacrificó _____ 436

Capítulo XXIII. Cómo hasta llegar do Cortés estaba, los españoles se velaban cada noche, y de cómo le escribieron y de cómo los salió a recibir, y de lo que pasó con ellos _____ 438

Capítulo XXIV. Lo que más pasé con aquellos españoles y de la alegría que con su venida hubo en el real, y de la embajada de aquellos señores, y cómo Cortés les respondió _____ 440

Capítulo XXV. Cómo Cortés hizo señor del pueblo de Xocotitlán al indio intérprete para tenerle grato en las cosas de Michoacán, y de cómo un hermano del Cazonci vino a ver a Cortés y de lo que pasó con él _____ 442

Capítulo XXVI. Lo que otro día se hizo y de cómo Cortés mostró a este capitán los bergantines y la destrucción de México, y lo mucho que de ello se espantó _____ 444

Capítulo XXVII. Cómo el hermano del Cazonci se despidió de Cortés y llegado do su hermano estaba, contándole lo que había visto, le hizo venir _____446

Capítulo XXVIII. Cómo el Cazonci fue a ver a Cortés y cómo de él fue recibido, y de su muerte algunos años después _____448

Capítulo XXIX. Las provincias que Gonzalo de Sandoval conquistó y pobló _____451

Capítulo XXX. Cómo Gonzalo de Sandoval salteó de noche un pueblo y prendió una señora, y de cómo ganó y conquistó otras provincias _____453

Capítulo XXXI. Cómo Cortés envió a descubrir la mar del Sur por otro camino, y tenida relación envió a Pedro de Alvarado, y de cómo se dio de paz el señor de Teguantepec _____454

Capítulo XXXII. Cómo Alvarado se volvió y los vecinos se mudaron, y Cortés envió a Diego de Ocampo, y de lo que aconteció a la vuelta a Pedro de Alvarado con un señor de indios chontales _____456

Capítulo XXXIII. Cómo Cortés envió a la mar del Sur a hacer dos bergantines y cómo envió a Juan Rodríguez de Villafuerte, y Sandoval fue a Upilcingo y a Zacatula y de lo que más pasó _____457

Libros a la carta _____**459**

Brevísima presentación

El poder

Francisco Cervantes de Salazar (Toledo, ¿1514?-México, 1575). España.

Estudió en Salamanca y fue profesor en la Universidad de Osuna (1546). Pasó a México, entonces Nueva España, en 1551. Allí fue Catedrático y después rector de la recién fundada Universidad de México y murió siendo canónigo.

Francisco Cervantes de Salazar escribió el *Túmulo imperial de la gran ciudad de México*, en que se refieren las ceremonias en memoria de Carlos V y se le atribuye también la autoría del *Lazarillo de Tormes*.

La crónica

La *Crónica de la Nueva España* fue escrita por encargo del Rey de España. Esta obra destaca por sus datos sobre las culturas indígenas autóctonas, de gran valor antropológico, y por la visión que ofrece sobre la conquista y la gesta de Hernán Cortés. Además de su cercanía con la cultura mexicana, Cervantes de Salazar tuvo como referencias para este libro las *Cartas de relación*, del propio Cortés, y la *Crónica* de Francisco López de Gómara.

Libro IV. Continuación

Capítulo LXXIII. Cómo Sandoval vino a Tapaniquita, don de Cortés estaba, y de cómo vinieron los cempoaleses a quejarse de Narváez, y lo que sobre ello pasó

En el entretanto que estas cosas pasaban, el campo de Cortés, marchando poco a poco, vino a Cotastla, donde estuvo tres días padeciendo gran necesidad de comida, porque sin los indios de servicio y otros muchos que acompañaban el campo, los españoles eran doscientos y más, y comieron solamente ciruelas, que a ser de otra nación, se corrompieran y murieran los más. De allí, nada hartos, partieron para Tapaniquita, donde hallaron algún refrigerio, porque hallaron un poco de maíz que comer. Detuviéronse allí cuatro días, así por esperar a Gonzalo de Sandoval, que andaba huyendo por la sierra arriba con la gente de la Villa que había quedado en la mar, como por rehacerse del trabajo y hambre que en el pueblo antes habían padecido. Al cabo de los cuatro días, a toda prisa, llegaron unos indios con cartas de Sandoval, las cuales contaban cómo había desamparado la Villa por no juntarse con Narváez, y las demás particularidades que cerca de ello acaecieron, y que aquella noche sería con su Merced. Estuvo Sandoval y los suyos casi un día en pasar el río. Holgóse mucho Cortés con las cartas, subió luego a caballo con otros algunos caballeros y salió a recibir a Sandoval, así porque lo merecía, como porque hacía mucho al caso su venida, para salir con la demanda que llevaba. Llegó bien tarde Sandoval, abrazólo Cortés, holgóse por extremo con él, que era valiente y de buen seso; fue hasta entrar en el pueblo, preguntándole muchas cosas, cenaron luego, aunque no, eran menester muchos cocineros para aderezar la cena, que era poca y ruin.

Otro día, a las ocho o las nueve de la mañana vinieron muchos indios con dos principales: el uno se decía Teuche, y el otro Arexco, los cuales, en nombre de los demás que con ellos venían, se quejaron a Cortés gravemente de Narváez y de los suyos, diciendo que era tabalilo, que quiere decir en su lengua «malo» porque no hacía justicia a ellos ni a los demás indios que de los suyos se quejaban, por las fuerzas y robos que les hacían, no dejándoles pato, gallina ni conejo que no se lo robasen, y que lo que más sentían era que les tomaban las hijas y mujeres, usando de ellas a su voluntad, haciéndolos trabajar por fuerza, y que a esta causa se habían ido muchos del pueblo, y que si él no lo remediaba, presto se irían todos los demás; que viese lo que más convenía, porque ellos no harían más de lo que él mandase, pues le tenían por señor y no conocían a otro que a él.

Cortés sintió mucho el mal tratamiento de los cempoaleses, aunque justificaba mucho su causa, condoliéndose de ellos, lo que ellos tuvieron en mucho; dioles las gracias; rogóles se volviesen a Cempoala y que comunicando el negocio con sus deudos y amigos, se saliesen del pueblo para cuando él llegase, porque había de echar fuego a las casas y a los españoles que en ellas estaban, por ser malos y de mal corazón y que no eran de su casta y generación, sino de otra que ellos llamaban vizcaínos.

Los indios, con esta repuesta, dándole muchas gracias y besándole las manos, se volvieron muy contentos, diciendo que saldrían del pueblo luego que supiesen su venida y que le ayudarían con todas sus fuerzas, viniendo a las manos con Narváez, a quien deseaban ver fuera de su tierra por los malos tratamientos que les hacía y había hecho.

Capítulo LXXIV. Cómo antes que esto pasase tornó Narváez a enviar otros mensajeros a Cortés a requerirle con las provisiones, y de lo que sobre ello pasó

Primero que esto sucediese, como Narváez vio la burla que Cortés había hecho de él en prenderle los primeros mensajeros, entró en consejo con la Justicia, regidores y Oficiales de Su Majestad y con algunos otros caballeros y personas principales, y con mucha indignación dijo cosas de Cortés que ni cabían en él ni, aunque cupieran, eran para caber en boca de persona tan principal; finalmente, después de haberle ido a la mano en esto, se determinó que fuesen tres personas hábiles y de confianza con unos treslados de las Provisiones reales a requerir a Cortés. Los que enviaron fueron Bernardino de Quesada, Andrés de Duero y, por escribano, Alonso de Mata, que es hoy regidor en la ciudad de Los Ángeles. Otros dicen que fueron Andrés de Duero y Juan Ruiz de Guevara, clérigo, con el mismo Alonso de Mata, los cuales toparon con Hernando Cortés cerca de un pueblo que se dice Chachula. Entonces Alonso de Mata, conforme a la instrucción que llevaba, comenzó a requerir a Cortés, el cual, llegándose a él, le prendió luego y le tomó los recaudos sin que pudiese leellos; y porque los otros, ora fuesen Juan Ruiz de Guevara y Andrés de Duero, ora Andrés de Duero y Bernardino de Quesada, porque eran muy sus amigos, aunque los detuvo consigo tres o cuatro días marchando, nunca les hizo mal tratamiento; antes Alonso de Mata, según la información que él me dio, presumió que había entre ellos trato doble contra Narváez. Pasados estos días los envió a todos y con ellos a dos personas muy principales de su real, que fueron Alonso de Ávila y Juan Velázquez de León, para requerir a Narváez que, pues no quería venir en ningún buen concierto y hacía mal tratamiento a los indios y alteraba la tierra, que so pena de la vida, con todos los suyos se saliese de ella, los cuales, como eran valerosos y sabían que tenían muchos de su parte en el real de los contrarios, hicieron el requerimiento a Narváez sin que osase ofenderlos en cosa.

En el entretanto que estas cosas pasaban, iban y venían espías, entrando en el real de Narváez algunos españoles, que ya eran lenguas, en hábitos de indios, tomando aviso de otros sus amigos de todo lo que en el real pasaba, que no poco daño hizo a Narváez, aunque mucho mayor se lo hizo su gran escasez y ruin condición, de la cual, por ser tan contrario, Cortés, no solamente sustentó los amigos, pero allegó y atrajo a sí a los enemigos, a los cuales se fue acercando poco a poco hasta llegar a Tapaniquita, adonde un Juan de León, clérigo, y Andrés de Duero, hablaron a Cortés no se sabe qué, más de que los despidió con buena gracia y muy contentos.

Prosiguiendo adelante el camino, salieron otros dos españoles del campo de Narváez, que también, según dice Mata, que se halló presente, pareció que trataban más el negocio de Cortés que el de Narváez, y como esto vio Mata, cuando se halló con Narváez, le dijo que mirase por sí y no se descuidase punto, porque algunos de los suyos le trataban traición, y que Cortés era muy sagaz y artero, afable y dadivoso, y que a esta causa sabía salir con negocios que otros no osaban intentar, y que no convenía se metiese, en casas y cues, sino que con su gente puesta en orden esperase a su enemigo en el campo, donde, pues tenía tanta más gente que él, podría ser señor y hacer lo que quisiese. No pareció bien a Narváez este aviso, porque pensaba que todo se lo sabía, y porque el que está acostumbrado a oír lisonjas, no le sabe bien la verdad, especialmente dicha por el inferior con alguna reprehensión.

Capítulo LXXV. Cómo, sabiendo Narváez que Cortés se acercaba, salió al campo y ordenó su gente, y de la plática que estando a caballo hizo a los suyos

Entendiendo Narváez que Cortés se venía acercando, y la determinación que traía, aunque le tenía en poco, por la pujanza de su ejército, salió al campo con toda la gente, y no para tomar el parecer de Mata y de otros, que deseaban la victoria, sino para tomar contento y presunción con la vista de los suyos; pues sabía que los más eran buenos caballeros y que Cortés, aunque los traía tales, entre todos no traía más de doscientos y cincuenta hombres. Ordenando, pues, su gente y haciendo alarde de ella, halló que traía novecientos y tantos hombres de guerra, de los cuales eran los ciento (según algunos dicen) de a caballo, y según otros, ochenta. Halló que traía muchos escopeteros, y ballesteros y algunos buenos tiros, y finalmente, todos muy bien aderezados, y a lo que parecía (aunque después se vio lo contrario) todos deseosos de venir a las manos con los enemigos; y cuando los tuvo puestos en concierto y orden de batalla, haciendo señal de que con atención le oyesen, desde el caballo les habló de esta manera:

> Valientes caballeros, escogidos entre muchos para tan próspera jornada: Ya veis la sinrazón que Cortés tiene y usó con Diego Velázquez desde que salió del Puerto de Santiago de Cuba, alzándosele con todas las preeminencias que a él como a adelantado y gobernador pertenecían. Vosotros sois muchos más en número y no menos valientes en esfuerzo que nuestros contrarios; traemos muchos más caballos, más escopetas y más tiros, y no solamente somos más poderosos contra ellos, pero contra todos los indios que en su favor saliesen. Viendo yo esto, no he querido venir en ningún partido de los que Cortés me ha ofrecido, porque no es bien que el criado parta peras con su señor, y porque sería flaqueza y pusilanimidad que de lo que no es suyo nos diese parte, y que nosotros, viniendo a ser señores y a hacer justicia por los desaguisados que ha hecho, nos hagamos sus iguales, haciéndonos particioneros de sus delitos, pues los encubrimos; y porque sé que me podríades decir lo que muchas veces algunos de vosotros me habéis dicho que, en tierra tan grande, tan extraña y tan poblada, no conviene que vengamos en rompimiento con los de nuestra nación, porque vendremos a ser menos, y por consiguiente menos poderosos contra los indios: respondiéndoos a esto, digo que viniendo

en concierto, adelante no han de faltar disensiones, porque el mandar no admite igual, y vosotros, porque venís, y ellos porque estaban, habéis de tener pendencias y contiendas, y así será peor la discordia y envidia interior, que el rompimiento de presente, cuanto más que ellos son tan pocos y tan mal proveídos de armas, que sin mucha sangre los podemos tomar a manos y hacer de ellos lo que quisiéremos. Quedará un caudillo y uno que os honre y favorezca y ellos no tomarán más de lo que vosotros les diéredes, reconociendo para siempre vuestro poder y autoridad.

No tengo más para qué esforzaros, pues cada uno de vosotros puede ser tan buen capitán como yo y animar a otros, y no es menester esfuerzo donde sobra la razón. La ventaja está conocida y la victoria delante de los ojos; si queréis, no hay quien nos ofenda, y tampoco creo que hay entre vosotros hombre de tan mal conocimiento ni tan desleal, que quiera más para Cortés que para sí. Y porque en esto estoy desengañado, concluyo con deciros que vuestro es este negocio más que mío. Dios nos favorezca y ayude, y con tanto nos volvamos a nuestros aposentos.

Capítulo LXXVI. Cómo Narváez se volvió a su alojamiento y de lo que de su plática sintieron y dijeron los suyos

Hecho este razonamiento, que era hacia la tarde, sin esperar más respuesta. Narváez mandó hacer señal de que todos se recogiesen a sus alojamientos, aunque algunos de los principales que a caballo estaban con Narváez le dijeron que, pues se acercaba Cortés, que era mejor esperarle en el campo que no en los aposentos. Narváez les respondió: «¡Anda, y hase de atrever Cortés a acometer en el campo ni en poblado, aunque ha hecho fieros!; él debe de venir como el que no puede más, a ofrecerse a lo que yo quisiere». Con esto, andando hacia los aposentos, la gente le siguió, la cual después que estuvo en los alojamientos, como suele acaecer donde hay muchos, tuvo diversos pareceres. Unos que deseaban lisonjear a Narváez, que eran de su parecer y condición, decían que había hablado muy bien y que tenía razón en todo lo que había dicho, porque todo pasaba al pie de la letra como él lo había tratado, y que con cuatro gatos, en el campo, ni en poblado, por muy atrevido que fuese Cortés, no osaría emprender negocio tan dificultoso. Otros que mejor entendían las cosas, contradiciendo a éstos, decían: «Mal entendéis los negocios y mal conocéis vosotros a Hernando Cortés; él y los suyos han trabajado y están hechos a los trabajos; han usado de todos buenos comedimientos, y para echarlos de su casa es menester mucho, y así, como aquellos que vienen a defenderla, pelearán como leones desatados, y suelen los pocos, ayudados de razón y justicia, las más veces vencer a los muchos que lo contradicen».

Hernando Cortés ha hecho lo que ningún capitán en las Indias; es muy sabio y muy valiente, muy liberal y muy afable y el que primero se pone a trabajos; y si algún pleito malo tenía, él lo ha hecho bueno por justificar tanto su causa; y si del ave que él ha cazado no le quieren dar una pierna, bien es que la defienda toda, y veréis cómo cuando no nos catemos, ha de dar sobre nosotros, de manera que no nos demos a manos para defendernos, cuanto más para ofenderle, y esto será así por lo que barrunto de los amigos que en este real tiene y porque siempre he visto, que el soberbio cae a los pies del humilde y reportado. Otros hablaban otras cosas, poniendo en duda los negocios; otros, sin hablar, mirándose, se entendían; otros por corrillos hablaban de secreto, y los que tenían gana de vencer a Cortés y gozar de lo que él había trabajado a voces decían a Narváez: «Señor, salgamos al campo y pongámonos en orden, que para tan pocos, o contra muchos mejor estaremos allí que no metidos en casas, donde no seremos señores de nuestros caballos».

Toda esta confusión y variedad de pareceres había en el real de Narváez, y lo más de lo que pasaba sabía Cortés y ayudábales mucho para lo que luego hizo. Narváez a la boca del patio de sus aposentos mandó poner los tiros gruesos para defender la entrada si acaso Cortés viniese de repente; envió sus espías dobles, ordenó su gente, la que de pie era menester, en sus aposentos; la de a caballo puso, como después diremos, en otras partes; y así, aunque con sus velas, comenzaron a reposar la noche, y en el entretanto, que todas estas cosas pasaban, hacía Cortés lo que diré.

Capítulo LXXVII. Cómo Cortés partió de Tapaniquita y pasó un río, y del peligro que en él hubo y cómo de la otra parte oían las escopetas y tiros del real de Narváez

Muy en orden iba marchando Cortés, cuando llegó a un río que dicen de Canoas, el cual, como iba crecido y no se sabía el vado, dio bien que hacer a los de Cortés, porque unos buscando el vado, otros haciendo balsas, se ahogaron dos españoles, de que no poco pesar recibió Cortés por la falta de que, siendo tan pocos, le podían hacer; pero como era muy cuerdo y cristiano, conformándose con la voluntad de Dios, mandó que ninguno entrase en el río sin que él estuviese presente, y así, después que se hubieron hecho algunas balsas y sobre ellas anduvieron algunos mirando el río, y otros con palos largos entraban por diversas partes de la orilla, tentando hasta bien abajo donde el río se tendía mucho y no podía ir recogido, hallaron un muy buen vado, aunque no tan bajo que no les llegase en muchas partes el agua a más de los pechos. de esta manera, los unos en balsas, y los otros por el vado, pasaron el río, y estando pasando el río, que casi la mitad de la gente estaba de la otra parte, vieron venir por unos medanos de arena dos hombres. Creyeron ser espías de Narváez. Canela, el tambor, tocó al arma, y así, en son de guerra, salieron a ellos algunos, y acercándoseles conocieron que eran Juan Velázquez de León y Antón del Río, los mensajeros que Cortés había enviado a Cempoala, los cuales, ya que Cortés con la demás gente estaba de la otra parte, le dieron la repuesta de Narváez, diciendo que por ninguna vía quería conciertos; que le tenía en poco y hacía burla de él, viéndose pujante, aunque en el real le hacían saber había muchos, y de los principales, que le eran aficionados; díjole otras cosas aparte, en secreto.

A aquello y a lo demás, en público, dijo Cortés: «Ahora, pues Narváez no quiere ningún medio, o morirá el asno o quien le aguija; que bien es primero perder la vida que la honra y la hacienda, habiendo lo uno y lo otro ganado con tanto sudor y trabajo». Con esto, haciendo alto de la otra parte del río, oyeron los tiros y escopetas del campo de Narváez.

Capítulo LXXVIII. Cómo, diciendo a Narváez que Cortés venía ya dos leguas de Cempoala, le salió al encuentro una legua de camino, y como no le topó se tornó a sus aposentos
Como los indios de su natural condición son noveleros y siempre en lo que dicen añaden o quitan de la verdad, y aquella tierra estaba muy poblada de ellos, no se meneaba Cortés que Narváez no lo supiese, ni Narváez sin que Cortés lo entendiese, el cual, como había hecho alto en el río, que estaba tres leguas de Cempoala, los indios espías de Narváez, a gran prisa, le dijeron cómo Cortés estaba ya una legua y menos del pueblo. Narváez, creyendo ser así, y por hacer lo que muchos de sus amigos le habían aconsejado, determinó de salir a buscar a su enemigo. Dicen algunos, entre los cuales Motolinía, que

delante de Juan Velázquez de León y Antón del Río, mensajeros de Cortés, hizo alarde de la gente, para que llevando la nueva de lo que habían visto, atemorizasen a Cortés; y que después de hecho el alarde, poco antes que mandase hacer señal de partir, volviéndose a Juan Velázquez, le dijo: «Señor Juan Velázquez: Muchas veces os he dicho que por ser deudo de Diego Velázquez, y por vuestra persona, deseo que sigáis lo más seguro; ved, pues, ahora cómo os podréis defender, siendo tan pocos, de nosotros que somos tantos». Juan Velázquez le respondió: «Señor: No puedo ya perder más que la vida, y no dando vuestra Merced algún concierto, no puedo dejar a Cortés. Dé Dios la victoria al que tiene justicia, pues Dios es sobre todo».

Con esto dicen que Narváez despidió a Juan Velázquez y a su compañero, mandando luego, que ellos lo oyesen, dar un pregón, diciendo que daría muy buenas albricias al que le trajese muerto o preso a Hernando Cortés. Dado el pregón, hizo un caracol con los infantes, escaramuzó con los caballos, hizo tirar el artillería, y éste era el ruido que Cortés y los suyos oyeron a la pasada del río. Esto hizo por dos fines: el uno por que Cortés se rindiese si venía tan cerca como le decían, oyendo el mucho espacio de tiempo que había durado el disparar del artillería y escopetería, y el otro, atemorizar los indios de la comarca, que nunca habían oído tan gran ruido ni visto tanta gente barbuda armada, por lo cual el gobernador que en aquella provincia tenía Moctezuma le dio un presente de mantas y joyas de oro en nombre del gran señor, ofreciéndosele mucho para todo su servicio; y no contento con esta manera de lisonja, con ciertos indios, por la posta, envió pintado a Moctezuma el alarde que Narváez había hecho, diciendo cómo salía al encuentro a Cortés, que no poco contento dio, a Moctezuma y a los mexicanos, pareciéndole, como era, que peleando los unos con los otros, no podían ser muy poderosos contra ellos.

Narváez, hecha señal de partir, comenzó muy en orden a marchar con su ejército, andando con el maestre de campo de una parte a otra poniendo en concierto la gente, diciéndoles palabras de amor, dándoles esperanza de victoria; pero como hubo marchado una legua y Cortés estaba dos de ellos, creyendo ser burla lo que los indios habían dicho y que Cortés estaba más lejos y no se osaría acercar sin que primero le enviase más mensajeros, en orden se tornó a sus aposentos, casi ya de noche, proveyendo espías dobladas, media legua del real y que las centinelas por sus cuartos de ciento en ciento velasen la noche. Hecho esto, los demás se descuidaron como los que no pensaban que el enemigo había de dar aquella noche sobre ellos.

Capítulo LXXIX. El razonamiento que Cortés hizo a los suyos después que Juan Velázquez de León llegó, persuadiéndoles a que muriesen primero que perdiesen lo ganado y viniesen en sujeción

Después de pasado el río y que todos hubieron sesteado, viendo Cortés que la gente estaba algo descansada, aunque el día antes había marchado diez leguas, ya que de Juan Velázquez habían sabido todos, o los más, la mala intención de Narváez, su ruin condición y mucha escasez y que en su real los mejores estaban aficionados a su parte, sentados todos, Cortés desde un altillo, les habló en esta manera:

> Señores y amigos míos que hasta la hora presente habéis conmigo tan valerosamente peleado, que de cada uno de vosotros se podrían decir tan grandes cosas como de afamados capitanes, pues siendo tan pocos en número habéis sido, mediante el favor de Dios, tantos en virtud y esfuerzo, que diez mil de vuestra nación no se os han igualado, como parece claro por este nuevo mundo que atrás y adelante de nosotros hemos rendido y sujetado a la Corona real de Castilla, alanzando de él poco a poco al demonio, príncipe de las tinieblas: Razón será que pues tan buenos principios y medios hemos tenido en todo, que ahora que se llega el fin (el cual, siendo adverso, lo que Dios no quiera, ha de oscurecer vuestras hazañas, y siendo próspero, como espero, las ha de ilustrar y hacer inmortales), estéis con nuevo ardid y coraje para contra vuestros enemigos, los cuales, aunque son españoles como nosotros y muchos más en número, más bien artillados, con muchos más caballos y más munición, no defienden razón ni justicia, que es la que a nosotros ha de valer, están entre sí divisos, y muchos de ellos desean que venzamos por mudar capitán y gozar de lo que con más liberalidad nosotros les daremos. Ya, como veis, sin grande afrenta nuestra, ni podemos volver las espaldas ni debemos, como rendidos, pedir partido, porque si lo primero hacemos, los de atrás y los de adelante han de ser nuestros enemigos y nos han de correr como a liebres; si hacemos lo segundo, hemos siempre de ser ultrajados, y los amigos que desean

que venzamos, esos mismos, como los demás, nos tendrán en menos. La vida es breve, la muerte cierta, el bien vivir es bueno, pero el bien morir glorioso, porque toda la vida que atrás queda honra y ennoblece si vencemos. Ayudémonos de los amigos que desean nuestra victoria, y con buenas obras haremos de los enemigos amigos y así quedaremos pujantes y verán los indios que no solo contra ellos, pero contra los de nuestra nación, hemos sido fuertes y valerosos; y si acaso, como es siempre dudosa la fortuna de la guerra, somos vencidos, los que muriéremos concluiremos con morir honrosamente, haciendo nuestro deber, y los que viviéremos, si los contrarios tuvieren valor, tendránnos en mucho, por habernos mostrado tan valientes y esforzados, y así querrán tenernos por amigos. De manera, señores y amigos míos, que según lo dicho, por todas vías nos está bien, no solamente defendernos, pero acometer para que el contrario pierda el ánimo, y así, si os parece, porque no estoy muy seguro de los que en el real de Narváez tenemos por amigos, estoy determinado de que, yendo poco a poco, vamos a anochecer hoy a Pascua, dos leguas de aquí, para que a la media noche o al cuarto del alba, demos sobre nuestros enemigos, que dormidos y soñolientos, tomados de sobresalto, no serán parte para que primero que vuelvan sobre sí, no los tengamos rendidos. Esto es lo que me parece; ahora vosotros, señores, decid si os parece otra cosa, porque siendo mejor la seguiré yo.

Cosa fue maravillosa el contento grande que este razonamiento a todos dio y el nuevo aliento y esfuerzo que con él cobraron, y así Alonso de Ávila, tomando la mano por los demás, como era valiente y esforzado, encendido con tan buenas palabras, le respondió brevemente de esta manera:

Muy valeroso y muy digno capitán nuestro: En el semblante de nuestros rostros, podéis entender lo que yo en nombre de todos debo responder. Lo que habéis dicho es lo que nos conviene; donde peleáredes pelearemos y donde muriéredes queremos morir; no queremos vida sin la vuestra, ni queremos más de lo que quisierdes, pues siempre (según de tan atrás hemos entendido), nunca habéis querido sino nuestro adelantamiento, honra y provecho, y para esto habéis tenido tan buenos medios que en lo presente no podemos dejar de pensar que será así lo que nos prometéis, como ha sido en lo pasado. Partamos luego de aquí y a la hora que decís demos sobre los enemigos, porque aunque todos lo sean y muchos más, se me figura que en vuestra ventura y en la justicia que llevamos seremos vencedores.

Dichas estas pocas y tan buenas palabras, Cortés lo abrazó, haciendo lo mismo, a otros principales, y mandando hacer señal, comenzó en buen paso a marchar.

Capítulo LXXX. Cómo Cortés, llegando cerca de Cempoala, casi a la media noche, prendió a Carrasco, espía, y lo que con él pasó

Aquella noche, luego que anocheció, supo Narváez cómo Cortés estaba cerca de su real tres leguas, y aunque creyó, como era de creer, que habiendo caminado el día antes diez leguas, aquella noche reposara allí, mandó llamar a Gonzalo Carrasco, que era hombre de hecho y confianza, para que con un criado suyo, que se decía Hurtado, aquella noche, una legua del real, estuviese en vela y diese aviso de lo que pasase. Fue Carrasco con el criado de la media noche abajo, y estando haciendo su vela, los corredores que Cortés traía un cuarto de legua siempre delante de sí, vieron blanquear la ropa de Carrasco, y él, como sintió que le habían sentido, a la pasada de un río fuese hacia un ciruelo a mudarse la ropa, pero los corredores de Cortés fueron tan avisados, que sin hacer bullicio, escondiéndose detrás del árbol adonde él iba, le tomaron luego. Los corredores eran Jorge de Alvarado, Gonzalo de Alvarado, su hermano; Francisco de Solís, Diego Pizarro, Francisco Bonal y Francisco de Orozco, y luego que fue preso, habló recio, que era señal para el criado de Narváez, que venía detrás de él, para que se volviese, y si él, con un silbo llamase, se acercase a él. El Hurtado por la quebrada del río se fue sin que los corredores le pudiesen tomar, aunque le sintieron huir, los cuales esperaron hasta que Cortés llegó. Presentáronle a Carrasco las manos atadas atrás. Díjole Cortés, riéndose con él: «Compadre, ¿qué desdicha ha sido ésta?; ¿dónde estaba vuestra ligereza, que así os han cazado?». Riéronse allí un rato con el Carrasco, aunque él no estaba para ello, dando en albricias una rica cadena de oro a los primeros que le tomaron, que traía sobre las armas. Pararon todos allí un rato, porque no estaban más de media legua de Cempoala. Preguntó Cortés a Carrasco que a qué había venido. Respondióle que a buscar una india que aquella noche le habían hurtado, y que temiendo que la habían llevado a los navíos, había salido por allí. Cortés, riéndose mucho, le replicó: «Compadre, gran mentira es ésa; ¿quién era el otro hombre que con vos venía, que se huyó?». Respondióle: «Señor, era un criado mío, que se dice Hurtado». Tornóle a decir Cortés: «Mejor usó de su nombre que vos; decidme la verdad, si no, miraré al compadrazgo». Afirmóse Carrasco en lo que había dicho, pero preguntado qué orden tenía Narváez en su real, dijo todo lo que pasaba, y más por espantar a Cortés que por avisarle, diciendo cómo ya Narváez tenía nueva como venía y que otro día sería con él, y que por esto tenía muy grande guarda, velando cada cuarto de la noche cien hombres y rondando cincuenta de a caballo y que el artillería estaba asestada por aquella parte donde se pensaba que él había de venir, y toda la demás gente muy apercibida, y que no sabía a qué iba, sino a la carnicería; porque de muerto o preso no podía escapar y que era, como dicen, dar coces contra el aguijón, porque el poder de Narváez, ahora le tomasen de día, ahora de noche, era tan grande que, si quisiese, no quedaría hombre de ellos vivo, y que como compadre y servidor, le rogaba y suplicaba se volviese o se pusiese en sus manos, porque hacer otra cosa era locura.

Cortés, nada alterado con tan justos temores, dijo a Carrasco: «Compadre, por todo cuanto hay en el mundo, y aunque perdiese muchas vidas si tantas tuviese, no volveré atrás ni iré adelante, para hacer la bajeza que me aconsejáis. Bien veo que somos pocos, pero como hombres que defendemos razón y vamos determinados de morir, haremos más que muchos, y pues yo no tengo miedo, no me le pongáis, porque os certifico que de esta vez ha de morir el asno o quien lo aguija, ni tampoco me han de mentir mis amigos». De donde Carrasco sospechó que debía de tener algunas firmas de algunos del real de Narváez y aun de los principales, e hizo bien, aunque algunos sienten lo contrario, porque contra el enemigo, especialmente si es más poderoso, como no sea rompiéndole palabra, cualquier ardid y engaño es necesario y justo.

Dichas estas palabras, atadas las manos, le entregó a tres españoles, que con cuidado le guardasen, y comenzó a marchar, y al apartarse dijo a voces el Carrasco, que le oyeron muchos: «Yo juro a Dios que vais a la carnicería y que no daría esta noche mi parte por 1.000 pesos»; y esto dijo por las cadenas y collares de oro que llevaban los de Cortés, el cual, volviéndose con el caballo a él, riéndose, le dijo: «Andad acá, compadre; que la barba mojada toma a la enjuta en la cama»; y esto entendió Carrasco que lo decía porque llovía aquella noche, y él no lo dijo sino porque el que madruga halla más veces la ventura que busca.

Llegando, pues, tres tiros o cuatro de ballesta de Cempoala, en una quebrada que allí se hace, mandó Cortés esconder los tiros y otras cosas que llevaba, que no eran menester y eran embarazosas para pelear. Detúvose allí para esperar el fardaje y el oro y plata que muchos indios traían, el cual con los indios y tres o cuatro españoles dejó allí hasta ver en qué paraban los negocios.

Capítulo LXXXI. La plática y razonamiento que Cortés hizo a los suyos y de lo que fraile Bartolomé de Olmedo hizo y dijo
En el entretanto que el fardaje llegaba, que quedaba un poco atrás, Cortés ordenó su gente en tres haces, y puesto en parte de donde de todos podía ser bien oído, les dijo:

> Señores míos, para quien más que para mí (pues no soy más de uno) deseo toda prosperidad y contento: Ya veis cuán cerca estamos de nuestros enemigos y que ésta es la hora que los más reposan, y nosotros debemos tener más ánimo y esfuerzo; encomendaos muy de veras a Dios, pues el peligro y riesgo de las vidas está tan cierto que yo espero en su bondad nos dará victoria. Ya, como dicen, no hay que mostrar cara de perro en el peligro que no se puede excusar; el ánimo y esfuerzo es el que le vence. Considerad que antes de tres horas, o acabaremos todos muriendo por nuestra honra y hacienda, que sin estas dos cosas el bueno no debe desear la vida, o, como confío en Dios, saldremos victoriosos, confirmándonos y perpetuándonos y aun adelantándonos en nuestra honra y hacienda. Aprestaos, pues, señores, como los que por vuestra vida, honra y hacienda habéis de pelear; acometamos con denuedo y cantemos luego la victoria, porque los enemigos, sobresaltados y divididos, la tendrán por cierta, y así los unos, creyendo que los otros son vencidos, se rendirán fácilmente. Gente tan valerosa como vosotros sois, caballeros tan esforzados como conmigo venís, varones tan prudentes y animosos como sois los que siempre en tan arduas cosas me habéis seguido; no habéis menester, en el acometer mayores negocios que éste, palabras de capitán, que os animen, porque cada uno de vosotros lo puede ser mejor que yo, ni habéis menester perseverancia para

salir con lo que emprendierdes, pues hasta aquí habéis padecido sin desmayar punto tantos trabajos; ni conocimiento y humildad en la victoria conseguida, pues siempre con los rendidos os habéis habido más como padres que atemorizan sus hijos, que como soldados vengativos. Todas estas cosas, mediante el favor divino, han de ser parte para que mañana, antes de las diez, seamos señores del campo de nuestros enemigos y espero que se les ha de volver el sueño y lo que piensan al revés; y porque dos cosas suelen inflamar y encender el ánimo generoso para que con más avilanteza acometa y salga con mayores empresas que ésta (que son el premio y prez de la honra y defender la razón), puestos los ojos en Dios, digo que al primero que rindiere, prendiere o matare a Narváez le daré 3.000 castellanos, y al segundo que a su persona llegare 1.500 y al tercero 1.000, y así racta por cantidad, hasta veinte soldados. La otra, que es la defensa de la razón, poniendo vuestro corazón en solo Dios, ésta de vuestro la tenéis, por lo cual, hincados todos las rodillas delante de esta santa cruz y de la imagen de Nuestra Señora, cada uno haga oración, tomando por abogada a la Madre de Dios, que ella será en nuestro ánimo y defensa.

Dichas estas palabras, que a todos maravillosamente movieron, se hincó de rodillas con gran devoción, las manos levantadas al cielo, suplicando a Dios le diese victoria, pues su enemigo no quería concierto ninguno, y que pues a menos gente que ellos había dado victorias contra grandes ejércitos, se la diese a ellos, pues en solo su poder estaba el vencer y sujetar los contrarios. Diciendo estas palabras, con gran devoción todos los demás adoraron la cruz, perdonáronse los unos a los otros, abrazáronse y diéronse paz como los que deseaban, si la muerte viniese, acabar en gracia. Luego fraile Bartolomé de Olmedo, sin que nadie se levantase, hizo decir a todos la confesión general, protestar la Fe, pedir perdón a los injuriados y perdonar a los ofensores y prometer la enmienda de la vida de si Dios les diese victoria. Hecho esto, mandóles que rezasen una avemaría a Nuestra Señora; hízoles la forma de la absolución dep[r]ecativa, diciéndoles luego palabras dignas de su profesión y religión, concluyendo con decirles que Dios les daría victoria para que con mayor pujanza se volviesen a México, alanzando el demonio de él, predicando con obra y palabra el sacro Evangelio hasta los fines y términos de este nuevo mundo.

Capítulo LXXXII. Cómo Hurtado, espía, entró dando arma en el real de Narváez, el cual se apercibió aunque no lo creía
Como Hurtado, la espía, se desacabulló de manera que no le pudieron tomar, aunque rodeó por no ir por lo llano por donde los corredores le pudiesen seguir, anduvo cuanto pudo, y llegando al real entró por él dando, voces, diciendo: «¡Arma, arma, que vienen los enemigos. ¡Arma, arma, que ya está cerca Cortés!». Dando voces entró muy alterado donde Narváez estaba. Díjole cómo los corredores de Cortés habían tomado a su amo Carrasco, y que él, como siempre quedaba atrás un tiro de piedra, se escapó por una quebrada, de que no le alcanzasen, y no supo decir más que esto, porque hacía oscuro y no había podido ver cuántos fuesen, más de que por el ruido le parecía que eran más de ocho.

Mucho se alteraron algunos del real; unos decían que no era posible que tan noche y lloviendo caminase Cortés. Narváez le dijo: «Hijo Hurtado, no lo creyas, que no es posible que ahora venga Cortés; íos a dormir, que antojarse os hía, o por ventura lo soñastes». Diciendo esto, pidió de beber a un paje, y Hurtado sin responder cosa alguna se salió y subió en un cu que dicen de Nuestra Señora, aposento que era de Juan Bono y de todos los de su camarada, y allí les dijo: «Cortés viene, y Carrasco, mi amo, queda preso y Narváez no lo cree, y os digo, señores, que lo ha de venir a creer cuando le pese y no lo pueda remediar. Dice que lo debo de haber soñado y yo cuando lo vi estaba tan despierto como ahora, si no hay fantasmas por esta tierra, pero gente de a caballo me pareció y voces españolas oí». Juan Bono que no debía de pesarle, dijo: «Calla, Hurtado, que no estaba loco Cortés, que de noche y lloviendo había de venir, quebrándose los ojos para no ver lo que ha de hacer». Entonces Hurtado, como vio que todos hacían burla de él, diciendo que no era posible sino que, o se le antojaba, o que lo había soñado, dijo: «A cuerpo de Dios yo rebuznaré, pues tantos me hacen asno, y juro a Dios que ni lo soñé ni se me antojó, ni aun estaba borracho; que días ha hartos que no he probado gota de vino, y si Cortés no diere sobre nosotros antes que amanezca, yo quedaré por lo que vosotros decís». Con todo esto no lo creyeron o, a lo menos, no lo quisieron creer.

Capítulo LXXXIII. Cómo Cortés dio mandamiento a Sandoval para prender a Narváez y cómo ordenó sus haces y les dio apellido
Ya que era tiempo de dar sobre los enemigos, Cortés, para justificar más su causa y negocio, ante todas cosas, llamando a Gonzalo de Sandoval, su alguacil mayor, le dio mandamiento para prender a Pánfilo de Narváez, cuyo tenor era el que sigue:

> Yo, Hernando Cortés, capitán general y Justicia mayor en esta Nueva España por la Majestad del emperador de los Romanos Carlos V, rey de las Españas, caballeros y soldados que debajo de mi mando y bandera residen, etc. A vos, Gonzalo de Sandoval, mi alguacil mayor: Sabed cómo he sido informado que a esta Nueva España ha llegado Pánfilo de Narváez con gran ejército y gente de armas, caballos, artillería y municiones; y sin darme aviso, de la causa de su venida, como era obligada, siendo, como todos somos, vasallos de un rey, ha comenzado a entrar de guerra por la tierra, que yo tenía pacífica, y la ha alterado y ha publicado muchas cosas de que los naturales de esta tierra se han alborotado, y ha hecho gran deservicio a Dios nuestro Señor y a Su Majestad; y aunque por mi parte ha sido requerido muchas veces, como consta por los requerimientos que le fueron hechos, que entrase de paz, sin rumor ni alteración, y que me diese aviso del poder o provisiones que traía de Su Majestad, porque yo estaba presto de cumplirlas y obedecerlas, no ha querido mostrármelas ni advertirme de cosa alguna, antes siempre ha ido aumentando, escándalos y alborotos; ni tampoco, siéndole por mi parte movidos y pedidos muchos partidos convenibles y razonables, los ha querido aceptar, sino seguir en todo su voluntad y propósito, de que en hacerlo así y darle lugar a ello, como dicho es, sería gran deservicio de Dios y de Su Majestad, por estorbar, como estorba, la conquista de tan grandes tierras y nuevo mundo, tan poblado de gentes sujetas al demonio y tan ricas y prósperas para el patrimonio de la Corona real; todo lo cual cesaría estorbando al dicho Pánfilo de Narváez lo que ha comenzado. Por tanto, atento las causas dichas y otras muchas que a ello me mueven bastantísimas, vos mando que con la gente de guerra que os pareciere ser necesaria, vais al real y ejército del dicho Pánfilo de Narváez y le prended el cuerpo, y preso y a buen recaudo; le traed ante mí, para que provea sobre ello lo que de justicia convenga; y si el dicho Pánfilo de Narváez, al tiempo que le queráis prender se os resistiere e hiciere fuerte, le matad, que para todo vos doy comisión

y poder bastante, cual de derecho en tal caso se requiere; y mando a los capitanes, caballeros y soldados de mi gobernación, que para lo susodicho vos den todo el favor y ayuda necesaria; que es hecho, &.

Dado este mandamiento, ordenó sus haces en tres escuadras. La primera dio al dicho Gonzalo de Sandoval (que era el que, como su alguacil mayor, había de prender a Narváez), el cual llevaba hasta sesenta caballeros hijosdalgo, tales cuales convenía para tan arduo negocio, algunos de los cuales eran Jorge de Alvarado, Gonzalo de Alvarado, su hermano, Alonso de Ávila, Juan Velázquez de León, Juan de Limpias, Juan Núñez Mercado. La segunda dio a Cristóbal de Olid, que era maestre de campo, y a Rodrigo Rangel y a Bernardino Vázquez de Tapia, que a la sazón era factor del rey, y [a] Andrés de Tapia, y a Juan Jaramillo y a otras personas de valor y calidad. La tercera escuadra tomó para sí; los principales que en ella iban eran los dos hermanos Francisco Álvarez Chico y Rodrigo Álvarez Chico, hombres de seso y valor; Diego de Ordás, Alonso de Grado, Domingo de Alburquerque, Cristóbal Martín de Gamboa, Diego Pizarro y otros hijosdalgo, poniendo en cada escuadra en la vanguardia y retroguarda los más escogidos.

Repartió a todas tres escuadras setenta picas, más largas que treinta y ocho palmos, con hierros de a xeme, que de encina las había mandado hacer, con las cuales, más que con otra arma, hizo la guerra y alcanzó la victoria. Dioles apellido «Espíritu Santo», por consejo y parecer de fraile Bartolomé de Olmedo, a quien él mucho amaba y respectaba, porque el Espíritu Santo los rigiese y alumbrase. Mandó que los piqueros de la primera escuadra, que llevaba Gonzalo de Sandoval, entrasen delante al aposento de Narváez, y la otra escuadra fuese a la casa del cacique y prendiese a todos los que le velaban, porque Narváez le había mandado velar, por que no se fuese a quejar a Cortés, y que cincuenta soldados con un capitán fuesen a la posada de Juan Juste, alcalde, y le prendiesen con su compañero y con los demás regidores y Oficiales de la república. Mandó a Cristóbal de Olid, porque era hombre muy animoso y de grandes fuerzas, que con la mayor presteza que pudiese tomase el artillería y que él con su gente les guardaría las espaldas a todos para que nadie de los que estaban en los otros alojamientos pudiese estorbarles cosa alguna. Iba una escuadra de otra trecho de un tiro de piedra, y por esta orden comenzando a caminar. Cortés se paró a hablar con Carrasco, con quien pasó lo que se sigue.

Capítulo LXXXIV. Cómo Cortés preguntó a Carrasco cómo estaba ordenado el real de Narváez, y cómo, creyendo que no decía la verdad, le mandó guindar, y de otras cosas

Ya que el ejército de Cortés comenzaba a marchar, Cortés, que había mandado que con el demás fardaje los caballos, porque eran pocos y ruines, se quedasen, embrazada una adarga, con una lanza en la mano y su espada en la cinta, a pie iba ordenando su ejército; llegó adonde Carrasco iba, atadas las manos, y mandando hacer alto le dijo: «Compadre, por vuestra vida, que me digáis de qué manera está ordenado el real de Narváez; cata que sí no me decís la verdad no bastará el amistad vieja para dejar de mandaros guindar de dos picas». Carrasco, dijo lo que había dicho y que aquello era la verdad y que aunque le ahorcase no diría otra cosa. Cortés le replicó: «Pues así queréis vos, moriréis», y él lo dijo burlando y aínas saliera de veras, porque los que le llevaban le guindaron de dos picas, que a no arremeter Rangel con su caballo, aunque dice el mismo Carrasco que iban otros de a caballo con él, y a no trompellarlos, muriera luego allí. Estuvo de esto Carrasco cuatro o cinco días tan malo de la garganta que no podía tragar bocado, aunque, según después se dirá, se vengó bien del uno de ellos que más mal le trató.

Caminando, pues, todos hacia el pueblo, llegaron a un camino que se repartía en dos, en el uno de los cuales estaba una cruz, a que todos se hincaron de rodillas, y hecha muy devotamente oración fraile Bartolomé de Olmedo los consoló a todos y animó, diciéndoles: «Caballeros: El Espíritu Santo, a quien habéis tomado por vuestro apellido, os alumbre, favorezca y dé esfuerzo para que, como soléis, peleéis valerosamente y salgáis con la victoria, de la cuál depende vuestra vida, vuestra hacienda, vuestra honra, vuestra libertad, y, lo que más es, el servicio de Dios y de Su Majestad; y pues de una hora de trabajo, que espero no será más, ha de proscender tanto bien y descanso, venda cada uno lo más caramente que pudiere su vida, poniéndose a mayores cosas; que el que esto hace con esfuerzo y cordura las más veces sale con ellas». Luego, dichas estas palabras, Hernando Cortés les dijo: «Ea, señores y amigos míos, que ahora es el tiempo en que habéis de dar cima ni mayor hecho que españoles han emprendido, y de donde, si salimos con él, vuestro nombre y fama se extenderá por todo el mundo en los siglos venideros».

Aquí todos pararon un poco a vestirse los escaupiles, por entrar más descansados, y a la pasada de un riachuelo, como Ojeda dice, dejaron en guardia de un español tres o cuatro caballos que llevaban. Ya que todos estuvieron armados de los escaupiles y otras armas que de nuevo tomaron, como leones hambrientos, deseosos de la presa, viendo lo mucho que importaba el vencer, en buen paso y concierto, sin bullicio alguno para que no fuesen sentidos, se fueron acercando a las casas del pueblo, donde Juan Velázquez de León, viendo una lumbre alta, dijo a Cortés: «Señor, donde está aquella lumbre más levantada es el aposento de Narváez». Cortés le dijo: «Huélgome de que con la lumbre nos alumbra, para que no vamos a ciegas».

Capítulo LXXXV. Cómo Cortés acometió a Narváez y lo rompió y prendió, y lo que sobre ello pasó

No perdiendo Cortés de vista la lumbre que estaba en el aposento de Narváez, mandó a Gonzalo de Sandoval que con la mayor parte de los piqueros guiase hacia allá, mandando a los otros capitanes que con su gente (para que a Narváez no acudiese socorro) cercasen las tres torres donde estaban los demás; estaban todas cubiertas de paja. Sandoval, tomó al tambor Canillas por delante, avisándole que no tocase hasta que acometiesen. Cortés que andaba sobre todo, entrando ya por las casas del pueblo, dijo a las escuadras, especialmente a la que había de acometer a Narváez: «Señores, abríos unos por una acera y otros por otra, porque el artillería pase de claro sin hacer daño, que está asestada contra nosotros». No se pudo hacer esto tan calladamente que no dijesen a Narváez que ya entraba Cortés, el cual se vistió una cota y dijo a los que le dieron la nueva: «No tengáis pena, que me viene a ver». Mandó tocar los atabales y dicen que de las otras torres ninguno le acudió. En esto hay dos opiniones la una es que se hicieron sordos y que holgaron de que Cortés entrase; la otra es, y más verdadera, que no pudieron salir, porque se hallaron cercados, y aunque algunos se holgaron de ello, muchos, como adelante parecerá, recibieron pesar.

Llegando, pues, Gonzalo de Sandoval al principio del alojamiento de Narváez, las velas que estaban al pie de la primer escalera que entraba al patio, comenzaron a dar voces: «¡Arma, arma, que entra Cortés!». Sandoval, viendo que era sentido, mandó tocar a su tambor, y Cortés a grandes voces comenzó a decir: «¡Cierra, cierra, Espíritu Santo! ¡Espíritu Santo, y a ellos!». Así subieron por aquella primera escalera, y dando en el patio toparon con un cu pequeño, donde estaban aposentados unos negros; salió uno de ellos al ruido, con una lumbre en la mano, y asomándose sobre el andén del cu, le dieron dos o tres picazos, de que cayó muerto abajo; luego, prosiguiendo adelante, haciéndose pedazos, los atabales de Narváez y el tambor de Canillas tocando arma, fueron derechos al cu de Narváez, y subidas de él cuatro o cinco gradas que tenía, en el llano hallaron puesta la artillería. Disparó el artillero un tiro y mató a dos de los de Cortés; la demás artillería no pudo disparar, por la prisa y ímpetu de los de Cortés, o porque no se pudo dar fuego por estar los cebaderos atapados con sebo o cera con unas tejuelas encima, por lo mucho que llovía. Dicen algunos que en lugar de pólvora estaba puesta arena, pero si esto fuera así no matara el primer tiro dos hombres, como está dicho. Dio luego Cortés con la artillería de las gradas abajo, y pasando adelante, subió cinco o seis gradas para entrar al aposento donde estaba Narváez, y con él hasta cuarenta o cincuenta hombres, todos bien armados. Requirió el Gonzalo de Sandoval a Narváez que se diese, porque traía mandamiento de Hernando Cortés, capitán general y Justicia mayor, para prenderle por alborotador de la tierra, y que si se defendiese le mataría.

Mucho burló de esto Narváez, y así comenzó a pelear valientemente con los que con él estaban; pero como los piqueros de Cortés venían tan determinados y las picas eran tan largas y tan gruesas, las lanzas y partesanas de Narváez no pudieron resistir tanto, aunque todavía se defendían valerosamente.

Visto esto por Martín López, que fue el que hizo los bergantines, como era alto de cuerpo, tomando un tizón, le pegó a la paja que cubría la torre, la cual emprendida con el fuego y humo, hizo salir a Narváez y a los que dentro estaban. A este tiempo dieron un picazo a Narváez que le quebraron un ojo, hiriéndole malamente. Dicen algunos conquistadores que a esto dio más lugar la traición de un camarero suyo, que se llamaba Avilés, que le abrazó por detrás.

Huyendo del fuego, salió mal herido Diego de Rojas, el alférez de Narváez, que ora muy valiente caballero, con la bandera en la mano, y dándole a la salida otras heridas, cayendo con la bandera, dijo recio: «¡Oh, válame Nuestra Señora!». Respondióle Cortés: «Ella te valga y ayude» y no quiso que le acabasen de matar, por que tuviese lugar de confesarse, que aun hasta aquel tiempo se mostró Cortés clemente y piadoso.

Fuera ya del aposento Narváez, como estaba tan mal herido, cerró con él un soldado que se llamaba Pero Sánchez Farfán, y luego Gonzalo de Sandoval le dijo: «Sed preso»; y así por aquellas gradas abajo le llevaron arrastrando hasta echarle prisiones y llevarle al aposento donde ya Cortés se había recogido, como el que tenía el juego ya ganado.

Puesto Narváez delante de Cortés, le dijo: «Señor Cortés: Tened en mucho la ventura que hoy habéis habido en tener presa mi persona». Cortés, deshaciéndole su presunción, que hasta aquel tiempo no le faltó, le respondió: «Lo menos que yo he hecho en esta tierra es haberos prendido»; y sin hacerle ningún mal tratamiento ni decirle palabra que le pesase, le mandó poner a recaudo y que ninguno se le descomidiese. No le curaron aquella noche por la revuelta que andaba, hasta el otro día, como a las diez; enviole luego preso a la Villa Rica, donde le tuvo cuatro años.

Capítulo LXXXVI. Cómo después de preso Narváez, [Cortés] se mandó pregonar por capitán general, y cómo acometió con la artillería a trescientos de los de Narváez que no se querían dar, y de lo que unas mujeres dijeron

Preso Narváez, rendidas las armas de todos los que con él estaban y de los demás que acudieron, Hernando Cortés, con pífaro y tambor se mandó pregonar en nombre de Su Majestad por capitán general y Justicia mayor de todo el ejército, así de los de Narváez como de los suyos. El pregón decía:

> Yo, Hernando Cortés, capitán general y Justicia mayor en esta Nueva España por la Majestad del emperador de los romanos Carlos V, rey de las Españas, elegido y nombrado por los capitanes, caballeros y soldados que debajo de mi bandera

militan, etc. A todos los capitanes, caballeros y soldados del ejército que hasta ahora ha sido del ejército de Narváez, generalmente, y a cada uno en particular: Os hago saber cómo el dicho Pánfilo de Narváez, por mi mandamiento, está preso por causas bastantes que a ello me movieron, y mayormente porque al servicio de Dios y de Su Majestad no convenía que en este nuevo mundo hubiese dos generales discordes; atento a lo cual, vos mando, de parte de Su Majestad y de la mía requiero, que luego como a vuestra noticia llegue esta voz y mando, vengáis y parezcáis ante mí a jurarme y recibirme por vuestro capitán general, lo cual así haced y cumplid, como dicho es, so pena de la vida y de perdimiento de bienes al que lo contrario hiciere.

Dado este pregón, muchos, de su voluntad, y otros porque no pudieron hacer más, juraron a Cortés por capitán general y Justicia mayor. En el entretanto que esta se hacía, los de Cortés andaban derramados por el real, robando a los vencidos lo que podían, y trescientos de los de Narváez se hicieron fuertes en un cu que decían de Nuestra Señora, a los cuales dijo Carrasco, el espía: «Señores, ahora es tiempo de dar sobre Cortés, porque los que le han jurado están sin armas y los suyos andan derramados robando las tiendas y alojamientos. Vosotros todos estáis bien aderezados y sin duda haréis lo que quisierdes». No pareció mal esto a muchos de los que en el cu estaban, pero como no tenían cabeza y cada uno lo quería ser y entre ellos, había algunos que eran aficionados a Cortés, no se hizo nada, mas de cuanto se estuvieron quedos hasta que viniese el día, y entonces viesen con la claridad lo que más les convenía hacer. Fue a ellos Cristóbal de Olid, de parte de Cortés, a rogarles y requerirles que hiciesen lo que los demás habían hecho, y que Cortés, lo haría con ellos harto mejor que lo hiciera Narváez si venciera. Los más de ellos le respondieron desabridamente, apellidando «Diego Velázquez y Pánfilo de Narváez: Diego Velázquez, nuestro gobernador, y Narváez, nuestro general por Su Majestad. ¡Viva el rey!».

Cristóbal de Olid, acabada la grita, les tornó a decir: «Vosotros haréis por fuerza lo que no queréis de grado, y así después se os agradescerá mal lo que hicierdes». «No vendrá ese tiempo», replicaron ellos. En el entretanto, que Cristóbal de Olid volvió a do Cortés estaba, Carrasco tornó a decir a los compañeros: «Vamos, pues hay hartos caballos, a do Cortés dejó el fardaje y el oro y plata que consigo traía; tomallo hemos todo, porque yo sé dónde está y no tiene defensa, y embarquémonos con ello y vamos a Cuba a dar noticia a Diego Velázquez de lo que pasó. Nosotros iremos ricos y darle hemos parte de lo que lleváremos, para que pueda descansadamente hacer otra armada y vengarse de Cortés».

También, aunque pareció bien esto, por la variedad de los pareceres y por los inconvenientes que algunos pusieron, se dejó de intentar. Carrasco solo se fue adonde el fardaje estaba, donde no había otra guarda sino Marina, la lengua, y Juan de Ortega, paje de Cortés. Tomó un caballo y una lanza y no osó llegar a otra cosa hasta ver en qué paraban los negocios. Cabalgó y volvió a la gente, la cual halló toda junta como la había dejado, aunque a unos de ellos alegres y a otros tristes.

Cortés, que deseaba tener su negocio concluso, antes que amaneciese mandó llevar el artillería de Narváez a la parte do estaban los que no se querían rendir, y asestada contra ellos, dijo al oído a Mesa, artillero mayor, que disparase un tiro y que fuese por alto, para espantar y no matar, diciéndoles Cristóbal de Old «¡Ea, caballeros, daos, que mejor es que no morir!». Ellos respondieron: «¡Viva el rey y Diego Velázquez!». Visto que no aprovechaba el buen consejo y amenazas, enojado Cortés, dijo: «Ea, pues, artillero mayor, pues no quieren hacer el deber, haceldes todo mal». Asestó luego Mesa un tiro y disparólo; mató dos hombres; disparó luego otro y llevó los muslos a un soldado e hizo daño a otros que cabo él estaban. Viendo el pleito que andaba de mal arte y que les era necesario rendirse o morir, aunque había algunos muy obstinados, determinaron de decir: «¡Viva el rey y Hernando Cortés, nuestro capitán general y Justicia mayor!», repitiendo luego el apellido cortesano «Espíritu Santo, Espíritu Santo». Bajaron por la escalera del cu, entregaron las armas a Cortés; y otros que quedaron arriba tiraban ballestas y escopetas, renovando la guerra. Todo andaba confuso, no se entendían con las voces y ruido del artillería, hasta que finalmente, después que los más entregaron las armas, los otros, ya cansados y que les faltaba la munición, hicieron lo que los primeros. Recogidas todas las armas, mandó Cortés a Alonso de Ojeda y a Juan Márquez, como a hombres de secreto y confianza que, sin que persona otra los sintiese, escondiesen todas las armas en un silo, para darlas después, cuando fuesen menester, a sus dueños, o repartillas como le pareciese. Ya, cuando esto se había hecho, comenzaba a quebrar el alba, y unas mujeres, que la una se decía Francisca de Ordaz y la otra Beatriz de Ordaz, hermanas o parientas, asomándose a una ventana, sabiendo que Narváez estaba preso y los suyos rendidos y sin armas, a grandes voces dijeron: «¡Bellacos, dominicos, cobardes, apocados, que más habíades de traer ruecas que espadas; buena cuenta habéis dado de vosotros; por esta cruz, que hemos de dar nuestros cuerpos delante de vosotros a los criados De éstos que os han vencido, y mal hayan las mujeres que vinieron con tales hombres!». Los caballeros de Cortés las apaciguaron y dijeron que la justicia y ardid de los de Cortés habían dado la victoria y que no era nuevo en el mundo pocos vencer a muchos con maña y con razón. Ellas, aunque no les faltó qué responder, acabándose de vestir, fueron a besar las manos a Hernando Cortés; dijéronle palabras de más que mujeres, alabándole el valor, esfuerzo y prudencia con que había tratado aquellos negocios.

Capítulo LXXXVII. Cómo después de amanecido, Cortés hizo alarde de los suyos y cuántos murieron, y lo que al jurar Cortés pasó con Carrasco, y lo, que Guidela el negro dijo
Poco antes que amaneciese, los demás que quedaban juraron a Cortés por su capitán general y Justicia mayor, según y como se había pregonado; llegó el postrero de todos, ya que ninguno había que no hobiese entregado las armas y caballo, Gonzalo Carrasco, el cual, como venía en el caballo que había tomado en el fardaje, Cortés le dijo: «Compadre, ese caballo es mío, apeaos de él». Carrasco le respondió que no sabía si era suyo, y que a él le habían llevado el que tenía y que tendría aquel hasta que le volviesen el suyo. Cortés, sonriéndose, le dijo: «Apeaos ahora, compadre, que después yo os hará volver vuestro caballo con lo demás». Apeado, le dijo que le jurase como todos los demás habían hecho. Carrasco, o porque estaba muy confiado del compadrazgo que con Cortés tenía, o porque era muy de Diego Velázquez y le pesaba grandemente de lo sucedido, respondió que le mandase otra cosa, pero que juramento no lo haría. Cortés, entonces, enojado, le mandó prender y echar un pierdeamigo, donde estuvo tres días hasta que de su voluntad vino a hacer lo que todos los demás habían hecho. Venido el día, apoderado Cortés en la pólvora, artillería, armas y caballos y recibido de los de Narváez

por capitán general, pedido el testimonio de ello, hizo alarde de su gente, para ver los que faltaban. Haciéndose el alarde, vieron que no eran más de doscientos y cincuenta hombres y que no parecía el ejército grande de indios tlaxcaltecas, que los de Narváez creyeron estar en guarda y defensa de los cortesanos, y los vieron con solas sesenta picas, sin coseletes, sin caballos, con muy pocas cotas, pocas lanzas, pocas ballestas, las espadas maltratadas, solamente armados de unos escaupiles a manera de sayos. Quedaron muy corridos y afrentados, y los más de ellos, que eran hombres de suerte, se pelaban las barbas, diciendo: «¿Cómo ha sido esto, que estos hombres, siendo tan pocos, con sus albardillas nos hayan puesto debajo de su yugo? Mal haya Narváez, que tan buena maña se ha dado». Cortés entendió este dolor y pesar; recatóse de que no supiesen dónde estaban las armas, y los caballos diolos a los suyos, hasta que poco a poco fue diciendo tan buenas palabras a los de Narváez y hacerles tan buenas obras, que vino a asegurarlos, aunque por entonces él no estuvo seguro, temiéndose que, como eran muchos y gente de presunción, no le hiciesen alguna gresgeta. De los suyos se halló que no habían muerto más de los dos que había muerto el tiro y otro herido; de los de Narváez fueron once los muertos y de ellos dos de los que de Cortés se habían pasado a Narváez; hubo algunos heridos. Dice Carrasco y otros conquistadores que de los que se presumió que habían hecho traición a Narváez escaparon pocos o ninguno cuando después con Hernando Cortés salieron huyendo de México.

 Estando todo en este punto, Guidela, negro, hombre gracioso, aplaudiendo y lisonjeando a Cortés, como hacen los tales en semejante tiempo con los vencedores, riéndose muy de propósito y dando palmadas, se vino a do Cortés estaba. Díjole: «Estéis enhorabuena, Hernando Cortés, merecido capitán nuestro; buena maña os habéis dado con aquesos enalbardados; bien os ha dicho la suerte; dad gracias a Dios que si fuérades vencido como sois vencedor, no sé cómo os fuera, ni aun si os trataran como habéis tratado a los vencidos. A Fe que sois hombre de bien y que no en balde acá y en Cuba decían que sabíades mucho; y por que veáis que no solo vos sois el que lo sabéis todo, os diré lo que hice cuando a media noche acometistes con tanta furia, diciendo: "¡Cierra, cierra", con vuestras palas de horno. Eché a huir, diciendo: "No sacaréis pan de mi horno", y no como el otro majadero de mi color, que quiso volar sin tener alas"; subíme sobre un árbol, el más alto que hallé y más acopado, en el cual he estado toda esta noche como cuervo, y no graznaba porque [a] alguno de los vuestros no se le antojase cazar a la media noche; estábame el corazón haciendo tifi, tafe, y, finalmente, estaba esperando cuál habrá de ser el más ruin; pero como os vi acometer con tanto esfuerzo, dije: "Éste es un gallo", y ha sido así, y no es bien que en un muladar cante más de un gallo».

Cortés se holgó con el chocarrero, diole una rica corona de oro que (según dice Ojeda) pesaba más de 600 pesos. El negro se la puso, bailó un rato, dijo muchas cosas, y entre otras: «capitán: Tan bien habéis hecho la guerra con esto como con vuestro esfuerzo y valentía; si me echáredes en cadenas sean de éstas, que a Fe que a los que echáredes en ellas no se suelten tan presto».

Capítulo LXXXVIII. Cómo el señor de Cempoala con todos los principales que a la mira habían estado dieron a Cortés la enhorabuena de la victoria y de cómo la hizo saber a Moctezuma por pintura

Después que todos, así los de Cortés como los de Narváez, hubieron reposado dos o tres horas de la mala noche pasada, aunque Cortés por aquel poco de tiempo no se descuidó con las guardas que tenía, de mirar por sí y por los suyos, vino el señor de Cempoala con todos los demás principales, cargados de guirnaldas y rosas y ramilletes. Entraron donde Cortés estaba, y después de haberle echado collares de rosas a los hombros y puesto guirnaldas en la cabeza y dado ramilletes en las manos, dieron de lo mismo a los otros capitanes y personas principales que conocían, y luego, con grandes muestras de alegría, aunque no para Moctezuma y los mexicanos, haciendo primero muchas ceremonias de comedimientos y reverencias, dijo a Cortés: «Gran señor, muy valiente y muy esforzado capitán: No puede ser sino que tú eres, como todos los tenemos creído, hijo del Sol, a quien nosotros adoramos por nuestro principal dios, porque nos calienta, alumbra y mantiene, haciendo que la tierra lleve fruto y los hombres nazcan y las demás criaturas sean producidas. Muy favorecido debes ser de tu Dios, pues de día y de noche peleas y eres siempre victorioso. ¡Quién pensara que contra tantos y más bien armados barbudos, tan bien como los tuyos, fueras tan poderoso que sin ayuda otra en tres horas de la noche, los hayas vencido y sujetado. Y a nosotros vengado de las injurias y agravios que ellos y su capitán (como te envié a decir) nos hacían. Verdaderamente parece que traes la victoria en tu mano, y que naciste para ser señor de los tuyos y de los nuestros. Tu Dios, en que crees, te ayude siempre y favorezca, y nosotros te suplicamos te sirvas de nosotros como de esclavos en tu casa, y si me quieres hacer merced, pásate luego a otras casas que tengo muy principales y allí te huelga, porque te queremos servir mejor que nunca».

Cortés le abrazó muy amorosamente y lo mismo hizo a los otros principales; dio al señor unas joyuelas de Castilla, que él tuvo en mucho. Díjole: «Señor y amigo mío: Más contento recibo la victoria que mi Dios me ha dado, por tu causa, que por la mía, porque me pesaba mucho verte afligido y que te quejases de Narváez, habiéndote yo hecho siempre buenas obras. De aquí adelante podrás estar seguro que nadie te enojará; yo soy tu amigo y muy servidor del gran señor Moctezuma; hazle saber cuanto ha pasado y dile cuánto le amo y suplícale mucho tenga gran cuenta con Pedro de Alvarado y con los demás cristianos que con él dejé, como me lo prometió cuando de él me despedí. En lo demás yo haré lo que me ruegas y recibo merced de pasarme a esa cara y lo haré luego. En el entretanto, con dos cristianos de éstos vaya alguna gente tuya a traer el fardaje y tiros que dejé anoche cerca del pueblo, en una quebrada». El señor puso luego por obra lo que Cortés mandó, y lo más presto que pudo hizo pintar en un lienzo la victoria que Cortés había alcanzado contra Narváez, pintando a los suyos en cuerpo, sin armas algunas, con varicas en las manos y apoderados en los caballos y artillería de los de Narváez, los nuestros de la una parte, y de la otra a Narváez, herido en el ojo y aprisionado, y todas las demás particularidades que pudo. Envió esta pintura con indios que vieron parte de ello o lo más, y no la envió por darle contento, que bien sabía el corazón y pecho de su señor y de los mexicanos, sino, por advertirle tratase bien a Pedro de Alvarado y a los demás españoles, porque estaba muy pujante y muy victorioso Cortés, para que excusase que, volviendo, no le hiciese algún desabrimiento.

Capítulo LXXXIX. Cómo Cortés se pasó a las casas de doña Catalina y de los regalos que le hicieron, y cómo estando

allí vinieron ocho mil hombres de guerra chinantecas con el capitán Barrientos, y de cómo envió a Diego de Ordás con trescientos españoles a Guazaqualco

Había el señor de Cempoala, cuando Cortés vino la primera vez a aquella ciudad, dádole a su rito y costumbre, como por mujer, una señora de las más principales, a la cual llamaron doña Catalina, y así había dado otras a Puertocarrero, Pedro de Alvarado, Alonso de Ávila, Gonzalo de Sandoval, y a otros caballeros principales, a las cuales cada uno puso el nombre que le pareció. Esta doña Catalina era la más principal y más rica, y como a casa de su mujer se pasó Cortés, donde mudó el artillería, y de secreto, bien de noche, se metieron las más de las armas, y porque era casa fuerte, a un aposento de ella trajeron a Narváez y a algunos otros de quien Cortés se recelaba, por lo cual, de noche y de día se velaba, tanto, que algunas velas dormían debajo de los tiros, los cuales estaban asestados a la boca del patio, por donde se podía temer la entrada. La doña Catalina con las otras señoras, mancebas de los otros caballeros y mujeres, a su parecer, porque así también lo creía el señor de Cempoala, hacían grandes regalos a Cortés y cada una al suyo, aunque los demás españoles lo pasaban mal, a causa deque eran muchos y los indios para proveerlos pocos, que los más se habían huido, por los malos tratamientos que, como dije, Narváez les había hecho, y no habían vuelto, aunque después que fueron certificados de la victoria de Cortés, que grande contento les iba dando, por lo cual, aunque muy poco a poco, comenzaron a venir.

Había todas las mañanas fiesta en la casa de doña Catalina, y aunque Cortés estaba en este regalo, tomando, como dicen, el día bueno para pasar después el malo, trabajaba con el entendimiento, buscando medios cómo no estar siempre la barba sobre el hombro, dando trazas cómo pudiese no recatarse de tantos que, aunque le habían jurado, tenían el corazón en Diego Velázquez.

Estando, pues, entre el contento y cuidado, vínole nueva cómo otro día serían allí ocho mil hombres chinantecas, todos bien aderezados de arcos, lanzas, macanas y rodelas, los cuales venían con un caballero que se decía Barrientos. Holgóse mucho Cortés, por verse acompañado de aquella gente, aunque eran indios, y así, cuando llegaron los recibió muy bien y determinó luego, para dividir los españoles, hacer general de trescientos de ellos, los más de Narváez, y los otros suyos, a Diego de Ordás, persona principal y de esfuerzo y consejo en la guerra, para que con ellos conquistase y ganase los pueblos que caían en la provincia de Guazaqualco, y para esto, llamando los principales que iban por capitanes y a los alférez y sargentos, volviéndoles sus armas y caballos, les dijo: «Señores: Ya es otro tiempo del de los días pasados; no os he vuelto las armas y caballos hasta poneros en negocio que seáis muy aprovechados; la fidelidad y amor que tuviste a Narváez, no conociendo en él manera para aprovecharos, esa quiero que me tengáis, pues os procuro todo vuestro provecho; envíoos con Diego de Ordás a conquistar y ganar los pueblos y provincia de Guazaqualco, donde espero en Dios que os adelantaréis mucho. Conviene hacer esto, fuera de lo que en ello ganáis, por evitar la hambre que, por ser muchos en este pueblo, padecemos». Fuese con ellos Barrientos con los chinantecas, y ellos, recibiendo a Diego de Ordás por su general, por mandado de Cortés, prometieron de hacer el deber, como por la obra lo vería, diciendo que debían la vida a quien tanta merced en todo les hacía. Tocaron sus tambores, hicieron su reseña, tendieron las banderas, cada capitán con la letra que le pareció, ya que todo estaba a punto para salir. Otros dicen que andadas dos jornadas, yendo por alguacil mayor del campo el duro y pertinaz Carrasco, aunque compadre de Cortés, y determinado de partirse con la demás gente Cortés para México, se estorbó el negocio por la novedad que de México se supo.

Capítulo XC. El recaudo que Cortés mandó poner en los navíos y hacienda de Diego Velázquez, y de cuán caro costó la venida a Pánfilo de Narváez y a los indios de Cempoala y su comarca
Habida esta tan señalada victoria, que pocas veces se ha visto, de tan pocos contra tantos, especialmente siendo todos de una nación, no se contentó Cortés con no decir a Narváez palabra que le desabriese, habiendo él oído tantas suyas, antes, añadiendo virtud a virtud, no solamente permitió que Pedro de Maluenda, mayordomo de Diego Velázquez, recogiese y guardase los navíos y la ropa y hacienda de Diego Velázquez y Narváez y suya, pero puso persona de confianza que a ello asistiese y diese calor, para que ninguno de los vencedores hiciese agravio y para que Diego Velázquez entendiese que

él hacía en todo la razón y que no pretendía la hacienda ajena, sino defender la suya, y así lo dijo a Maluenda, a quien aun dio de lo suyo, porque procuró siempre que aun sus enemigos recibiesen de él buenas obras.

Muy diferente suceso fue éste del que Diego Velázquez esperaba, porque habiendo Narváez enviádole preso al licenciado Ayllón, porque estorbaba el rompimiento, sacando por la lista la toca, esperaba que otro día le traerían preso a Hernando Cortés. Tornósele este pensamiento y esperanza tan al revés que, sabida después, esta victoria, nunca más alzó cabeza hasta que murió; perdió asimismo lo que gastó o lo más de ello en esta segunda flota, porque en la primera mucho más puso Hernando Cortés, y lo que Diego Velázquez había enviado era para rescate.

Costó esta victoria la honra a Narváez y un ojo que perdió y once o (según otros dicen) diez y seis hombres que murieron, y entró con tan mal pie, que de su desgracia cupo muy gran parte a los indios, porque saltando su gente en tierra, un negro que venía con viruelas las pegó a un indio, y como el pueblo era muy grande y muy poblado y las casas son pequeñas y suelen muchos vivir juntos, de uno en otro fue cundiendo tanto este mal, que como ellos en salud y enfermedad tienen de costumbre bañarse y esto fuese tan dañoso con las viruelas, murieron muy muchos, y los que vivieron quedaron tullidos, y los que siendo avisados que no se lavasen se rascaron los rostros y manos, quedaron muy feos por los muchos y grandes hoyos que después de sanos les quedaron. de este mal les sucedió otro, porque nunca una gran desgracia viene sin compañera, y fue la hambre, porque como las más de las mujeres, que son las panaderas (que con una piedra muelen y amasan su trigo) estaban virolentas, no podían amasar, y así los sanos como los enfermos vinieron, por el tiempo que la enfermedad duró, a padecer gran hambre y aun a morir algunos de ella, de la cual, como suele, se siguiera presto pestilencia, si las viruelas no se acabaran, y aunque cesara la hambre, el hedor de los cuerpos muertos, porque no los enterraban, inficionó tanto el aire, que se temió gran pestilencia si el aire que corría recio no llevara los malos vapores fuera del pueblo. Llamaron los indios a esta enfermedad güeyzaual, que quiere decir la «gran lepra», de la cual, como de cosa muy señalada, comenzaron después a contar sus años, como en Castilla el año de veintiuno. Parece que en esto se esquitaron los españoles por las bubas que de los indios recibieron, a las cuales, por esto, llamaron la enfermedad de las Indias.

Capítulo XCI. Cómo los mexicanos se levantaron contra Pedro de Alvarado y lo que sobre ello Hernando Cortés hizo

En el entretanto que esto pasaba, Moctezuma y los mexicanos, que estaban indignados con las cosas que de Cortés y de los suyos Narváez había enviado a decir, se amotinaron con tan gran furia y con tan gran copia de gente, que en los pueblos comarcanos casi no quedó ninguna que no fuese en dar combate a la casa donde Pedro de Alvarado quedaba guardando a Moctezuma. Quemaron, ante todas cosas, para quitar el refugio a los españoles, las cuatro fustas que estaban en la laguna, derribaron un lienzo de la casa, que con gran dificultad y trabajo los españoles reedificaron; minaron otros, pusieron fuego a las municiones, levantaron los puentes, quitaron los mantenimientos, y finalmente, en la prosecución de los combates, mataron a Peña, el muy privado de Moctezuma, no guardando la cara a la voluntad y amor que su señor le tenía. Defendíanse los españoles como tales, mataron muchos indios; pero como ellos eran tan sin cuento y el combate era tan furioso, los que se defendían, aunque fueran de acero, faltaran, si Moctezuma, con miedo que Pedro de Alvarado le mataría, algunas veces no hiciera señal de paz. Refrenábanse con esto algún tanto los mexicanos, dando algún vado a los encerrados, que de noche ni de día dormían, pero lo que los mexicanos cesaban, aumentaban de furor cuando tornaban a acometer.

Estas nuevas, porque sepamos que en las cosas humanas no hay contento que no venga muy aguado, supo Cortés, estando con la mayor alegría que jamás estuvo y con la mayor victoria, que de tantos a tantos jamás capitán alcanzó. Sintiólas mucho porque, aunque de primero se las habían dicho indios, no las creyó, hasta que enviando a México un español a Moctezuma con la nueva de su victoria, en lugar de albricias, volvió con muchos flechazos y heridas, trayendo por nueva cómo el fuego estaba muy encendido y que no solamente los mexicanos habían muerto a Peña, pero a otros dos españoles que se decían Juan Martín Narices y un Fulano de Valdivia, y que don Pedro de Alvarado, a gran instancia, pedía socorro y ayuda, y que si la dilataba, perecerían todos, y que Moctezuma, por lo que le tocaba de no morir, había algunas veces, aplacado a los suyos, y que él y ellos se habían levantado por entender que Cortés no podía vencer a Narváez, por venir con tan pujante ejército, tan bien armado y con tantos caballos y artillería.

Cortés, entendido esto, determinó de poner remedio luego en ello, y así, dejando asentada la Villa Rica cerca de la mar y poniendo en ella su teniente, con la guarnición que era necesaria para su defensa y guarda de Narváez, con el cual, de los más delincuentes y bulliciosos y que menos se esperaba pode ellos reconciliar, dejó algunos presos, escribiendo luego a Diego de Ordás, que iba una jornada o dos de allí con su gente, viniese a toda furia; lo mismo escribió a Juan Velázquez de León, que también había enviado a otra parte. Mandó de secreto a Alonso de Ojeda y Juan Márquez, su compañero, que sacasen las demás armas que estaban guardadas y no se habían dado a sus dueños, y cuando todos estuvieron juntos y las armas en su aposento, así a los suyos como a los de Narváez, les hizo la plática siguiente:

Capítulo XCII. La plática que Cortés hizo a todos los del ejército, queriendo partirse en socorro de Alvarado y cómo volvió las armas, y lo que le respondieron
Ya que los que habían ido fuera se juntaron, llamando Cortés a todos los demás, así suyos como a los demás a quien no había vuelto las armas, rogándoles que estuviesen atentos, por lo mucho que en ello les iba, les dijo así:

> Porque en esta junta donde todos os halláis sin faltar ninguno hay tres diferencias de personas: unos vinistes conmigo y seguís teme hasta la hora presente; otros fuistes de los de Narváez, vista la razón que tenía, me habéis jurado por vuestro capitán general y Justicia mayor, y por esto os volví luego vuestras armas y puse en nuevos descubrimientos; los otros, que habéis estado más obstinados, durándoos todavía la ceguedad con que Narváez se perdió, no confiándome por esto de vosotros, no os he vuelto las armas; pero ya que sabéis que no hay navíos en que os vais ni armas con que peleéis ni aun capitán que os acaudille y advierta de lo que debéis de hacer, como yo lo haré a quien ya habéis jurado, saber que pensando Moctezuma y los suyos, según lo que Narváez de mí le envió a decir y según la pujanza con que venía, que ninguno de los míos quedaría con la vida, determinó, para que de los enemigos tuviese menos, hacer guerra de noche y de

día, a fuego y a sangre, a Pedro de Alvarado y a los de su compañía, que en guarda de Moctezuma dejé: Hanle muerto tres españoles, aunque él ha muerto muchos indios; contramínanle la casa, está puesto en gran peligro y aprieto, y si con mucha brevedad no le socorrernos, no quedará hombre de ellos, y el poder mexicano, que es muy grande, revolverá sobre nosotros, y así perderemos el más insigne y más rico pueblo del mundo, donde cada uno de vosotros será señor y dejará hacienda, honra y gloria a sus descendientes. Por tanto, ayudémonos todos; quered lo que yo quisiere, que es vuestro adelantamiento y honra; pues si estamos unánimes no hay poder en todo este nuevo mundo que nos contraste, y a vosotros, señores, que hasta ahora habéis estado algo pertinaces, vuelvo vuestras armas y entrego mi corazón y os empeño mi palabra de en todos las buenas andanzas haceros iguales con los que más me han amado y más me han seguido, porque espero que adelante habéis de hacer tanto que merezcáis el premio que los más aventajados. Esto mismo quieren y desean que hagáis vuestros compañeros y también lo desean los míos. Por que veáis cuánto os conviene hacer lo que os ruego, tomad muy enhorabuena vuestras armas, y Dios os haga tan venturosos en ellas que Moctezuma y los mexicanos entiendan el gran valor de vuestras personas, y ellas para los siglos venideros queden tan memoradas cuanto confío merecerán vuestros hazañosos hechos. Partamos de aquí con toda la brevedad que pudiéremos, socorramos a nuestra carne y sangre, no permitamos que cristianos amigos y deudos nuestros mueran a manos de gente infiel y bárbara y que sean cruelmente sacrificados al demonio, a quien tenemos por principal enemigo y a quien venimos a de esterrar de este nuevo mundo, y si ni vuestra honra, ni vuestra gloria, ni vuestro provecho ni lo que más es, tan gran servicio de Dios, no os mueven a quererme y seguirme, nunca Dios quiera que yo fuerce vuestro querer ni quiera más de lo que quisierdes. Con vuestras armas os dejo en vuestra libertad: id donde quisierdes, que no podréis buscar ventura mayor que la que yo os daré como el que la ha hallado en la gran ciudad de México, y primero que me respondáis, vos, Alonso de Ojeda, y vos, Juan Márquez, dad a cada uno sus armas.

No hubo Cortés acabado de mandar esto, cuando todos, con muy gran alegría, llamándole su capitán y señor, recibieron sus armas, ofreciéndole sus vidas y personas, diciendo que sin él no podían hallar la ventura y prosperidad que procuraban. Abrazó Cortés a los principales de ellos, honrólos y dioles cargos, y de esta manera fueron tan amigos como cuando lo eran de Narváez. Estando, pues, todos de un corazón y de una voluntad para el socorro y favor de los que en México habían quedado, Cortés se aprestó para la partida en la manera siguiente.

Capítulo XCIII. Cómo Cortés se aprestó para su partida y de lo que en ella hizo

Otro día de mañana, después de hecho este razonamiento, Cortés hizo reseña de su ejército y ordenó sus haces, dando los oficios y cargos que faltaban para hacer su camino. Dejó en Cempoala su recámara, para que despacio fuese con los enfermos que había; dejó, para que fuesen en su guarda, treinta o cuarenta soldados; los principales de ellos eran Juan Juste y Alonso Rascón; y llegados que fueron los tamemes, oída misa, en son de guerra, acompañándole hasta una legua del pueblo el señor de Cempoala con los demás principales, llegó aquella noche a un pueblo que hoy llaman La Rinconada. Otro día, partiendo de allí de mañana, anduvo siete leguas; asentó su real en un llano, cerca del camino, que hasta ahora en la Nueva España no se ha visto tan grande ejército, porque iban en él más de mil y cien españoles con gran multitud de indios que los acompañaban y servían. Luego que los indios, que a los lados del camino tenían sus pueblos, supieron que Cortés había asentado en aquel llano, acudieron con mucha comida de aves, frutas y tamales; vinieron los caciques con guirlandas y flores; dieron la bienvenida a Cortés; recibiólos él graciosamente; proveyéronle muy largo de lo que era menester hasta entrar en la provincia de Tlaxcala; y porque todo el ejército no podía ir junto, a causa de que unos se cansaban más que otros, mandó Cortés a Alonso de Ojeda y a Juan Márquez, su compañero, se adelantasen y entrasen en Tlaxcala, para saber nuevas de Pedro de Alvarado y para recoger comida para los que atrás quedaban. Anduvieron aquel día hasta la media noche veinte leguas; llegaron a las primeras casas de Tlaxcala, que no se podían tener de cansados, donde reposando lo que de la noche quedaba, luego de mañana entraron en Tlaxcala, donde los recibieron con muy alegres rostros los señores de la provincia. Preguntáronle por el gran señor Cortés, informáronse de la gran victoria que contra Narváez había tenido, maravilláronse y holgáronse mucho de ella, y más cuando supieron que tantos españoles venían, para que Moctezuma, su enemigo, pagase la traición que había hecho y fuesen libres los españoles que en México habían quedado.

Capítulo XCIV. Lo que Alonso de Ojeda y Juan Márquez hicieran, y de cómo Cortés prosiguió su camino

Después que aquellos señores tlaxcaltecas se hubieron informado del estado y suceso de los negocios de Cortés, queriéndose volver atrás Alonso de Ojeda, dejando allí el compañero, para recoger mantenimientos, aquellos señores, dando aviso a las alcarías y pueblos de lo provincia, para que proveyesen a Ojeda cómo con mantenimientos, saliesen al camino, dijeron que de su parte, topando al invencible y esforzado capitán, su amigo y señor, le saludase y dijese le estaban esperando, para hacerle todo servicio y regalo, y que supiese que Pedro de Alvarado se había defendido valerosamente y que en el patio de Uchilobos había muerto más de mil principales; que se diese prisa, porque con su llegada se apaciguaría todo, y los culpados serían castigados, y que si para esto fuese menester su ayuda, la darían con gran voluntad. Con esto se despidió Ojeda, entrando por las alcarías; trajéronle mil gallinas de la tierra, cuatrocientas cargas de pan, cincuenta cántaros de cerezas, muchas cargas de tunas y doscientos cántaros de agua. Con esta provisión que llevaban a cuestas, a su costumbre, mil y doscientos hombres, salió de madrugada al camino; yendo con ello hacia do podían venir los españoles, entre unas casas de otomíes, oyó sonar un pretal de cascabeles. Paróse Ojeda a ver qué sería, porque no había acabado de amanecer, y vio que venía hacia él el general Cortés con cuatro o cinco de a caballo y dos mozos de espuelas. Apretó Cortés las piernas al caballo y dijo a Ojeda: «Estéis enhorabuena, ¿qué nuevas hay, y qué comida?, porque la gente viene desperecida de hambre». Respondió Ojeda: «Señor, de todo hay buenas nuevas; yo llevo mil y quinientos hombres cargados de bastimentos; Juan Márquez queda en Tlaxcala, recogiendo más; los señores de ella besan a vuestra Merced las manos; alégranse mucho con su venida y están esperándola, y dicen que Pedro de Alvarado está bueno, aunque cada día con sobresaltos, y que ha muerto en el patio de Uchilobos mil principales».

Mucho se holgó Cortés con estas nuevas; dio muy grandes gracias a Dios; dijo a Ojeda: «Dios os dé buenas nuevas, que tales me las habéis dado». Jorge de Alvarado, que con Cortés iba, no cabía de placer de que su hermano fuese vivo, y lo hubiese hecho tan bien.

Con esto se apearon de los caballos, comieron una gallina fiambre, que lo habían bien menester; tornaron a subir en sus caballos; dijo Cortés: «Yo voy a Tlaxcala. Por vuestra vida, Ojeda, pues lo habéis hecho tan bien, prosigáis con esos tamemes vuestro camino, id por el despoblado, porque por ahí viene la gente harto necesitada de socorro». Despidióse Cortés; caminó Ojeda como le era mandado, el cual de ahí a poco topó con un soldado que se decía Santos Fernández, el cual le dijo cómo la gente toda a trechos venía ya muy hambrienta y necesitada, tanto que si no se daba prisa morirían algunos de sed. Con esto, dándose mucha prisa Ojeda, topó con un Cristóbal, pregonero, y con su mujer, que era gitana; hallólos medio muertos en el suelo, echóles agua en el rostro, dioles a beber y de un ave que traía cocida, con que volvieron en sí. Ahora, en el entretanto que Ojeda prosigue su camino, digamos lo que a Cortés, aunque iba de prisa para México, acaeció en Tlaxcala.

Capítulo XCV. Cómo Cortés, aunque de paso, entró en Tlaxcala y de lo que con los señores de ella pasó

Aunque Cortés no veía la hora de llegar a México por socorrer a los suyos, entró en Tlaxcala y no pudo ir tan presto ni tan secreto que primero no tuviesen aviso aquellos señores; saliéronlo a recibir ya que estaba dentro de la ciudad; apeáronle ellos propios del caballo; metiéronle en la casa de Magiscacín, diéronle luego de comer a él y a los que con él iban, refrescóse, y descansó un poco, agradeció mucho la voluntad con que habían mandado proveer a su gente, y después que entre ellos pasaron palabras de mucho amor y amistad, Cortés les preguntó muy por extenso el estado de los negocios de México y la causa de su rebelión. Ellos le dijeron lo que habían dicho a Alonso de Ojeda y que no sabían cierto qué fuese la causa, aunque se decían muchas; pero que la que a ellos les parecía era ser de mal corazón Moctezuma y los mexicanos traidores y malos de su condición, que no guardaban palabra que diesen ni pasaban por concierto que hubiesen hecho, y que no podían ver cristianos y que los debían de temer mucho, pues quedaban pocos; los habían acometido y hecho guerra continua de noche y de día, y que llegado a México sabría más claro y más por extenso lo que había pasado y las causas y razones de su rebelión; que se hubiese con ellos como con enemigos encubiertos y que en su ausencia tanto se habían declarado; y que pues venía tan poderoso y pujante, no dejase hombre a vida de los que fuesen culpados, que en ellos tendría las espaldas bien seguras y toda el ayuda que ellos le pudiesen dar y que mirase mucho por sí, porque de la manera que pudiesen habían de procurar matarle o echarlo de la tierra.

Cortés, que bien atento a estas palabras había estado, como dichas de amigos y que mejor que otros sabían los negocios, les agradeció mucho el amor y voluntad con que le avisaban y el ofrecimiento que de su ayuda le hacían, y mostrando el poco temor que a los mexicanos tenía, les respondió: «Señores y amigos míos: Si estando yo en México con la gente que vistes, no se osaron desmandar, ¿qué pensáis que podrán hacer ahora viniendo como vengo con tan pujante ejército? Si no fueren buenos y leales de voluntad y corazón, yo haré que lo sean por fuerza y no me dormiré nada, por que no tengan lugar de hacer alguna traición; antes me daré tal maña que no habrán pensado la cosa, cuando ya la entienda y sepa y castigarla [he] de tal manera que escarmienten para otra».

Cierto, el confiar tanto Cortés, como David, de la mucha gente que llevaba en su ejército, fue causa que después le sucediese la desgracia que en su lugar diremos. Los tlaxcaltecas, como siempre presumieron de bravos y más valientes que los otros indios, y tenían por tan enemigos a los mexicanos, mucho se holgaron de oír a Cortés; levantaban los brazos a manera de pelea, dándole a entender que eran fuertes y que delante de él deseaban verse a las manos con ellos. Con esto, abrazando Cortés a aquellos señores y rogándoles proveyesen a los españoles que venían, subió en su caballo y a toda prisa hacia México prosiguió su camino, donde le dejaremos, volviendo a lo que Ojeda y Juan Márquez hicieron y les pasó con la gente.

Capítulo XCVI. Cómo Ojeda prosiguió su camino y cómo llegó de Tlaxcala su compañero Juan Márquez y de lo que más les avino
Prosiguiendo Ojeda su camino, era lástima de ver cómo aquí topaba con uno, allí con dos, acullá con tres y cuatro, unos caídos, otros que no podía andar, otros tan enflaquecidos que apenas podían echar la palabra de la boca, porque, como venían a pie y por despoblado y les faltó la comida y el

agua, creyendo que les sobrara lo que al principio les habían dado, venían despeados, hambrientos y muertos de sed. Llegó Ojeda ya noche a un pinar, y en aquel llano, haciendo alto, juntó a todos los que por su pie podían venir, y a otros hizo traer a cuestas; juntó hasta setenta españoles, hizo hacer a los indios muchos fuegos, pelar doscientas gallinas que ya traían ahogadas; asáronlas los indios, trajeron pan y agua; hartáronse aquellos hambrientos y sedientos hombres; comían y bebían con tanta agonía ques no se vían hartos; dieron gracias a Dios por el socorro que les había enviado, que, a la verdad, creyeron espirar primero que llegasen a Tlaxcala. Ya que era la media noche, que todos estaban contentos o reposando, oyó Ojeda gran rumor de gente; preguntó a los indios que qué era aquello; dijéronle que venía Juan Márquez, su compañero, con muchos indios cargados de comida, y fue así que llegó luego con dos mil y quinientos indios, todos con provisión. Holgáronse mucho los dos compañeros, alegráronse por extremo los españoles que allí estaban, por el socorro que Juan Márquez traía para los que atrás quedaban, que no venían menos hambrientos y cansados, y así luego otro [día], en amaneciendo, comenzaron a parecer muchos que venían cayéndose. Salieron a ellos, diéronles de comer en el pinar, y yendo adelante Ojeda y Juan Márquez a recibir los demás, llegó un español que se decía Magallanes y otro que se decía Diego Moreno, los cuales traían consigo mil hombres cargados de comida; venían de hacia Tepeaca; viniéronse a juntar al pie de cuatro mil y quinientos indios, y estando los españoles e indios así juntos, dijo Alonso de Ojeda: «Yo y Diego Moreno iremos con alguna provisión a recibir a los que vienen con la recámara y el artillería, y Magallanes y Juan Márquez se queden aquí recibiendo a los que llegaren con la comida aderesada». Concertados así, Alonso de Ojeda y Diego Moreno tomaron cuatro mil indios para su compañía y para lo que fuese menester, y doscientos con bastimentos y cien cántaros de agua. Yendo así como iban por concierto, por sus escuadrones, asomaron nueve o diez de a caballo, y creyendo que los indios era gente de guerra, se aprestaron, tomando las lanzas en las manos, que se les caían, no pudiéndolas sustentar de desmayados y desflaquecidos, y no menos lo venían los caballos, que no menos necesidad que sus amos habían padecido.

Capítulo XCVII. Cómo saliendo de entre los indios Diego Moreno y Alonso de Ojeda, conocidos por los de a caballo, se holgaron mucho y caminaron adelante, y de lo que más les aconteció

Luego como Ojeda y Diego Moreno vieron los de a caballo y que se habían apercibido como que temían algo, salieron de entre los indios, haciéndose adelante, los cuales, como fueron vistos de los de a caballo y conocieron que eran españoles los que habían salido de entre los indios, aseguráronse y perdieron el miedo que habían cobrado; con alegría dijeron: «Señores, ¿cristianos sois? No pensamos sino que todos érades indios de guerra que nos venían a matar, según vienen en orden esos que con vos vienen. ¿Hay algo que comamos, señores?», y esto decían con tanta flaqueza que casi no podían hablar. Ojeda y Diego Moreno los apearon luego, diéronles de comer y a los caballos tortillas de maíz, que comieron con gran gana; y después que los unos y los otros tomaron esfuerzo, Ojeda les mostró los humos del pinar, que estarían de allí legua y media, diciéndoles que allí quedaban Juan Márquez y Magallanes con mucha comida, esperando a los que viniesen. Ellos del hambre pasada, como no pensaban verse hartos y oyeron esto, alegráronse mucho. Preguntóles Ojeda por el artillería y recámara, dijéronle que venía dos leguas de allí; fueron luego a buscarla, y primero que llegasen a ella, a trechos iban proveyendo y consolando a los hambrientos que topaban, mostrándoles adónde habían de ir a descansar, que eran los humos del pinar, donde todos, como si a cada unos mostraran su tierra natural, se regocijaron.

Prosiguiendo de esta manera su camino Ojeda y Diego Moreno, toparon con Gonzado de Alvarado, que traía a cargo la artillería, donde fue de ver la alegría que los españoles que venían recibieron con los que iban, y los indios que traían la artillería con los que llegaron, que los más eran sus amigos y conocidos. Pararon todos, y como los que venían, así españoles como indios, venían cansados y con mucha hambre y sed, y entendieron que había qué comer y beber, muy alegres se asentaron todos; los españoles proveyeron a sus españoles y los indios a los indios, de lo que traían. Hablaban poco y comían mucho; los hambrientos holgábanse de ver los que venían hartos, y éstos contaban cuentos y los otros, comiendo, escuchaban, diciendo algunas palabras de cuando en cuando, hasta que estuvieron contentos, que entonces, como dicen, todos hablaban de la oseta. Ya que los cansados y hambrientos estuvieron satisfechos y algo descansados, preguntándoles si quedaban algunos atrás, respondieron que no; entonces todos, de consuno, dieron la vuelta hacia do parecían los humos, donde llegaron una hora después de anochecido. Recibiéronse los unos y los otros con mucha alegría, porque ya los estómagos estaban contentos; contábanse sus trabajos; daban gracias a Dios porque estando en tan gran peligro no hubiesen muerto, dejándolos para ver aquella gran ciudad de México, y así, con la alegría y descanso presente, la memoria de los trabajos pasados era más suave. De esta manera descansando, que lo habían bien menester, pasaron aquella noche, y lo que luego otro día hicieron, diremos en el capítulo que se sigue.

Capítulo XCVIII. Cómo quedando de los españoles los más cansados descansado, los demás partieron con la artillería hacia Tlaxcala
El otro día por la mañana, quedándose allí algunos que habían llegado muy cansados y yendo otros de su espacio, todos los demás, muy alegres caminaron hacia Tlaxcala, y entrando por tierra de otomíes, como si entraran en su tierra natural, fueron recibidos y hospedados. Recogieron los que de esto tenían cargo tres mil gallinas, mucho pan y fruta; fueron luego a Guaulipán un día antes que Cortés volviese, el cual, como halló tanto refresco y comida, hizo detener allí la gente hasta que llegase la que había quedado en el pinar, y de allí despachó al padre Fraile Bartolomé de Olmedo con un español o dos que le acompañaron, para que a toda prisa fuese a México y dijese a Moctezuma que bastaba lo pasado y que no procediese en su locura, porque le llovería a cuestas, y que se espantaba que un tan gran señor y tan cuerdo hubiese tomado tan mal consejo de quebrar la palabra que había dado, haciendo guerra a tan pocos españoles como en su casa y debajo de su palabra y Fe real tenía; que le rogaba no hubiese más, y que sí así lo hacía serían amigos y no se acordaría más de lo pasado, y si no, que supiese que iba con mucha gente, donde tomaría satisfacción del daño que su gente hubiese recibido. Con este recaudo se partió Fraile Bartolomé de Olmedo.

Dice Motolinía que en Tlaxcala, haciendo Cortés reseña de su gente, halló que llevaba mil peones y ciento de a caballo pero Alonso de Ojeda, en los

Memoria les que hizo, dice que se partió de aquel pueblo a otro que se decía Capulalpa, y de allí otro día, para Tezcuco, donde no pudo llegar, haciendo noche dos leguas antes de llegar a él; pero otro día, ya que todos se habían juntado, de su espacio caminaron para Tezcuco, adonde llegaron a las nueve de la mañana. Hallaron casi sin gente aquella gran ciudad; nadie los salió a recibir; la gente que había les mostraba mal rostro; todos los demás estaban en México, porque habían acudido al combate que se daba a Alvarado. Vieron otras señales muy malas, de que nada se contentaron. Estuvo allí Cortés descansando cuatro días, y otro día después de llegado, vino una canoa de México, que salió de noche por una de las acequias encubiertamente, para no ser vista. Venían en ella dos españoles de los que habían quedado con Pedro de Alvarado; el uno se decía santa Clara y el otro Pero Hernández. Holgóse mucho con ellos Cortés; diéronle muy larga cuenta de lo pasado y dijéronle cómo había ya trece días que no daban guerra a Pedro de Alvarado y que no le habían hecho más daño del que él sabía de los tres españoles. Creyó por esto Cortés que ya todo estaba muy seguro y que no había de qué temer, pareciéndole que por lo que Fraile Bartolomé habría dicho y por la pujanza con que él iba, ni Moctezuma ni los mexicanos se osarían desmandar. Escribió (que no debiera) a Cempoala, a los españoles que con el resto de la recámara habían quedado allí y a los demás que de cansados aún no habían llegado y quedaban derramados por los pueblos, que ya no había guerra ni hombre que se osase desmandar, lo cual, para mayor daño, aseguró los españoles.

Capítulo IC. Cómo Cortés partió de Tezcuco para México, y cómo parando en Tepeaquilla halló ruines señales, y cómo, partiendo de allí, entró en México

Con más reposo del que hasta allí Cortés había tenido, no recelándose del mal grande que después sucedió, con su gente en orden, partiendo de Tezcuco para México, paró en Tepeaquilla, pueblo que está legua y media de México, a la entrada del cual, pasando por una pontezuela de madera Solís Casquete, hombre de a caballo, metiendo el caballo la una pierna por entre dos vigas, se le hizo pedazos, quedando el caballo colgado de la puente. Solís saltó en el agua; miraron en esto algunos de los españoles, especialmente Botello, de quien diremos adelante, que lo tuvieron por mal agüero y señal, diciendo que no entraban con buen pie y que algún mal les había de suceder, aunque el cristiano no ha de mirar en agüeros, y así lo hacía Cortés, interpretando siempre y mejor lo que acaecía, como hacía el Gran capitán, las malas señales. Con todo, la gente halló mucho maíz y otras provisiones, pero no persona alguna que lo guardase, que también pareció muy mal.

Ya que otro día de mañana se querían partir para México, buscando por entre las casas y dentro de ellas algunos indios para que llevasen las cargas, Alonso de Ojeda y Juan Márquez, que de esto tenían el cargo, no hallaron persona alguna más de un indio que dicen naboria, ahorcado de una viga de la casa, vestido con sus mantas y mástil; salieron algo alterados con esto, pareciéndoles mal todo lo que habían visto. El ejército comenzó a andar; yendo un poco delante por el mismo pueblo, hallaron en una plazuela un gran montón de pan y más de quinientas gallinas atadas, y tampoco, como antes, persona alguna que lo guardase ni a quien pudiesen preguntar cosa, y como esto caía sobre lo demás, tampoco a Cortés, aunque lo disimulaba, pareció bien y quisiera no haber escrito a los de Cempoala; pero disimulando la mala sospecha y ruines indicios que había visto, con alegre rostro, concertando su gente, los de a caballo por sí y los peones por sí, tocando la tambor y pífaro, les dijo: «Ea, señores y amigos míos; que ya se han acabado nuestros trabajos, y si los indios no han parecido es de temor y vergüenza de haberse atrevido contra los nuestros; con enmienda los reconciliaremos y nos serán más amigos y todos seréis de buena ventura».

Era víspera de San Juan cuando Cortés entró con este orden en la ciudad de México; estaban los indios a las puertas de sus casas sentados, callando, que no parecían haber hecho mal alguno, y a la pasada, amenazándoles en la lengua algunos de los nuestros, se sonreían, dándoseles muy poco de sus amenazas. Tenían todas las puentes quitadas de unas casas a otras; vieron claras muestras de lo que les pesaba con la venida de los nuestros y aun de lo que después hicieron. Llegó de esta manera nuestro ejército al aposenta donde Pedro de Alvarado estaba guardando a Moctezuma; las puertas estaban todas cerradas; subió sobre los muros la más de la gente que dentro estaba; diéronse la buena venida y la buena estada los unos a los otros con gran alegría y regocijo de todos. Llegó Cortés a la puerta principal, dio golpes para que le abriesen, no le respondieron ni quisieron abrir, y tornando a tocar la puerta, desde el muro respondió Pedro de Alvarado: «¿Quién llama y qué quiere?». Replicó Cortés: «Llama Hernando Cortés, vuestro capitán, que quiere entrar». Entonces Pedro de Alvarado le dijo: «Señor, ¿viene vuestra Merced con la libertad que salió de aquí y con el mando y señorío que sobre nosotros tenía?». Diciendo Cortés que sí y, loado Dios, con más pujanza y mayor victoria, con grande alegría los que dentro estaban le abrieron la puerta, y entrando, con gran reverencia Pedro de Alvarado le entregó las llaves, abrazándose luego el uno al otro, y así todos los demás los unos a los otros.

No se puede decir el alegría y regocijo que todos recibieron; los de Alvarado contaban los trabajos y peligros en que se habían visto, las muertes de sus españoles, los combates que habían recibido, las defensas que habían hecho, el deseo que tenían del socorro, el amainar de la furia de los indios cuando supieron la venida de Cortés. Los otros compañeros que con el capitán habían ido, también contaban el trabajo que en la prisa del camino habían recibido, el andar de noche, el acometer a Narváez, lloviendo toda la noche, la pérdida de los compañeros, la victoria tan venturosa. Los que de nuevo venían, que eran los de Narváez, hallaron entre los de Alvarado muchos conocidos y amigos con quien se holgaban mucho. De esta manera pasaron dos horas hasta que los aposentadores comenzaron a alojar la gente, la cual, por no caber toda en los aposentos de Cortés, fue necesario que mucha de ella alojase en el templo mayor.

Capítulo C. Cómo llegado Cortés, Moctezuma salió al patio a recibirle y se disculpó de lo pasado, y de la contradicción que en esto hay

Entró Cortés a hora de comer en México, con la gente que dije, acompañado de muchedumbre de amigos tlaxcaltecas y otros; y a una hora después de llegado salió, según algunos dicen (aunque Ojeda escribe lo contrario) al patio, Moctezuma, acompañado de los más principales señores de la tierra, a recibirle, penado, según mostraba, de lo que los suyos habían hecho. Disculpóse lo mejor que supo y pudo. Cortés le respondió pocas palabras, haciendo bien del enojado, y despidiéndose de esta manera, cada uno se fue a su aposento.

Otros dicen, y esto es lo más cierto, que Moctezuma esperó que Cortés, como solía, le entrase a visitar, pues era tan gran rey y señor y que a esta causa, aunque venía victorioso, no le salió a recibir. Cortés, como venía tan pujante, pareciéndole que todo el imperio mexicano era poco, enojado de lo que había pasado, no hizo cuenta de él ni le quiso entrara ver, lo cual fue la principal causa de la destrucción de los suyos, y así dijo muchas veces y yo se lo oí en corte de Su Majestad, que cuándo tuvo menos gente, porque solo confiaba en Dios, había alcanzado grandes victorias, y cuando se vio con tanta gente, confiando en ella, entonces perdió la más de ella y la honra y gloria ganada, que, cierto, para todos los capitanes es documento notable para perder el orgullo en la prosperidad mundana.

Fraile Bartolomé de Olmedo, por mandado de Cortés, fue otro día a ver a Moctezuma, para entender del estado de los negocios. Moctezuma le respondió bien; preguntó si el capitán venía enojado, por que no le había visto; respondióle el flaire que no, pero que venía cansado y que por eso no lo había hecho, y con esto le reprehendió del mal consejo que había tenido. No respondiendo a esto Moctezuma, dijo: «Si el capitán no está enojado, yo le daré un caballo con su persona, de bulto, sobre él, todo de oro». Con esto se despidió Fraile Bartolomé; contó lo que pasaba a Cortés, el cual, extendiéndose con la victoria de Narváez porfió en no querer ver a Moctezuma, que fue la causa de todo su daño y pérdida, porque, como después pasaron algunos días que no hizo caso de tan gran príncipe, él y los suyos lo sintieron tanto que en breve mostraron el rencor que en sus pechos tenían, aunque otros dicen que luego, dende a cuatro o cinco días que Cortés llegó a México, se levantaron.

Capítulo CI. Las razones y causas por qué los mexicanos se levantaron contra Pedro Alvarado

Deseaba mucho saber Cortés por qué razón en su ausencia los mexicanos se habían rebelado contra Pedro de Alvarado, habiendo dado Moctezuma su palabra de no consentir alteración alguna, y no tanto deseaba saber esto por castigarlo, pues siempre pretendió su amistad y confederación, cuanto por reprehender a Pedro de Alvarado si había sido culpado. Juntó, pues, muchos de los principales, que todos (como dice Gómara) no pudo ser, y con las mejores palabras que supo, con buena gracia, sin mostrar enojo, les rogó le dijesen la causa de la rebelión pasada. Ellos, como eran muchos y cada uno tenía particular ocasión de malquerencia, como los que estaban determinados de segundar, y con mayor furia, desvergonzadamente y sin muestra de arrepentimiento de lo pasado, unos respondieron que por lo que Narváez les había enviado a decir; otros, que por echarlos de México, porque no los podían ver, para que se fuesen, como estaba concertado, en teniendo navíos, y que esto lo habían bien mostrado cuando, combatiendo la casa, a voces decían: «¡Perros cristianos, cristianos perros, fuera, fuera; salid de nuestra tierra, usurpadores de lo ajeno!». Otros, que por libertar a Moctezuma, como lo decían dando la guerra: «¡Soltad, soltad a nuestro gran rey y señor si no queréis morir mala muerte!». Nunca jamás (aunque lo dice Gómara) le llamaron dios. Otros, que por robarles el oro, plata y joyas, que más por fuerza que de su voluntad Moctezuma y otros señores les habían dado, diciendo que valían más de 700.000 ducados, dando voces: «¡Ah, perros; aquí dejaréis el oro y joyas que habéis robado!». Quien, que por no ver allí a los tlaxcaltecas y otros indios, que les eran muy odiosos, por ser sus mortales enemigos. Muchos o los más decían que por haberles derribado sus ídolos principales, deshecho su religión, destruido sus sacrificios, puesto nuevas leyes, introduciendo nueva religión contraria a la suya, y que para la venganza de esto el demonio les había dado gran prisa, conforme a lo que los más decían.

La principal causa fue, porque viniendo el principio de su mes, que era de veinte en veinte días, que entonces para ellos era fiesta solemne, pocos días después de partido, Cortés, quisieron celebrarla, como solían, para lo cual pidieron licencia a Pedro de Alvarado, y esta licencia pidiéronla con engaño para que los cristianos no sospechasen, como ello era, que se juntaban para matarlos. Alvarado les dio la licencia con que a la fiesta no llevasen armas ni sacrificasen persona alguna, que para ellos fueron dos cosas harto ásperas y que encendieron el fuego; juntáronse más de sietecientos (otros dicen más de mil) caballeros y personas principales, con algunos señores, en el templo mayor. Aquella noche hubo muy gran ruido de atabales, caracoles, cornetas, huesos hendidos con que silbaban muy recio; cantaron muchas canciones; créese por cierto que en ellas, como suelen, trataron de la rebelión que luego hicieron. Salieron al baile desnudos en carnes y sin cutaras, cubiertas solamente sus vergüenzas, pero sobre las cabezas y pechos muchas piedras y perlas que entonces no las había sino muy raras, collares a las gargantas, cintas de oro colgando sobre los ombligos, muchas piedras y brazaletes muy ricos a las muñecas, con muchas chapas de oro y plata sobre los pechos y espaldas y cabezas y manos, preciosos y ricos penachos. De esta manera, a vista de los nuestros, en el patio del gran templo, bailaron su baile, que fue cosa bien de ver.

Capítulo CII. Cómo se llamaba este baile y cómo se hacía, y si Pedro de Alvarado acometió [a] los indios por codicia o por deshacer la liga, y lo que después se supo de las ollas
Llamaban los indios a este baile maceuatlistle, que quiere decir «merecimiento con trabajo», y así al labrador llamaban maceuatli. Era este baile como el netotiliztli, aunque se diferenciaba el uno del otro en algunas ceremonias. Ponían, cuando le habían de hacer, en el suelo de los patios muchas esteras y encima de ellas los atabales y los otros instrumentos músicos; danzaban en corro, asidos de las manos y por ringleras; bailaban al son de los que cantaban y tañían y respondían bailando y cantando. Los cantares eran Santos y no profanos (aunque en éste trataron la conspiración contra los nuestros) en alabanza del dios cúya era la fiesta; pidiéronle, según su nombre y adovración, o agua, o pan, o salud, victoria, o paz, hijos, sanidad, o otros bienes temporales.

Notaron los que al principio miraron en estos bailes, que cuando los indios bailaban así en los templos, que hacían otras diferentes mudanzas que en los netotiliztles, manifestando sus buenos o malos conceptos, sucios o honestos, con la voz, sin pronunciar palabras y con los meneos del cuerpo, cabezas, brazos y pies, a manera de matachines, que los romanos llamaron gesticulatores, que callando hablan. A este baile llamaron los nuestros areito, vocablo de las islas de Cuba y Santo Domingo.

Estando, pues, en este baile aquellos caballeros mexicanos, o porque avisaron a Pedro de Alvarado de lo que trataban, o por ver baile tan solemne y de tan principales personas, o por otras causas que no se saben, fue allá, y lo que es más probable, por lengua de algunos españoles que entendieron la trama, sabiendo que se trataba de la rebelión de los indios y muerte de los cristianos, tomó las puertas del patio con cada diez o doce españoles, y él con cincuenta entró dentro, haciendo en ellos gran carnicería. Mató los más, tomóles las joyas y riquezas que traían, lo cual dio ocasión a que algunos dijesen que por codicia de las riquezas había hecho tan grande estrago; de lo cual Cortés, aunque no lo creyó, recibió pena y enojo, y como no era tiempo de desabrir a los suyos, que tanto había menester, dejó de inquirir el negocio.

Dicen algunos que los tlaxcaltecas fueron los que malsinaron a aquellos caballeros mexicanos y pusieron a Alvarado en que hiciese lo que hizo, y cierto debieron los mexicanos en aquella su fiesta de tratar traición contra los nuestros, porque aunque ellos lo negaron, súpose después de muchas indias que los españoles tenían de servicio, que por la mañana el día del baile habían puesto las mujeres infinita cantidad de ollas con agua al fuego, para comer a los españoles cocidos en chile, porque pensaban tomarlos sobre seguro, y habíanlos descuidado con salir desnudos al baile, y tenían, según las indias dijeron, las armas escondidas en las casas que estaban cerca del templo, para tomarlas cuando menos pensasen los españoles. Fue digno castigo de que el sueño se les volviese al revés y pagasen por la pena del talión.

Capítulo CIII. Lo que Cortés, descubiertas las causas de la rebelión, dijo a los señores y principales, y de cómo otro día se comenzaron a descubrir para tornar a ella

Entendidas por Cortés las causas de rebelión y vista la manera con que las dijeron, que fue bien desvergonzada, previniendo en lo que pudo, a lo que sospechaba, vino luego a los indios principales y señores, y díjoles:

> Fuertes y nobles caballeros: En las entrañas me pesa de que vosotros a Alvarado hayáis sido causa de la rebelión pasada. Si vosotros lo fuiste, pésame de que hayáis quebrado la palabra que me distes y entendido tan mal el amor que os tengo y las buenas obras que os he hecho y deseo hacer y lo que procuro, ser vuestro amigo y que estéis desengañados de los errores en que el demonio os tiene metidos; si habéis tenido la culpa, yo os la perdono con que de aquí adelante me seáis tan amigos como yo os he sido y seré (a esto se sonrieron, como haciendo burla); y si Alvarado tuvo la culpa, me pesa más, porque os quiero y amo, como a hermanos míos, y nuestro oficio y condición es hacer bien y estorbar que otros no hagan mal; y si en lo hecho ha habido de nuestra parte culpa, habrá castigo y grande enmienda para en lo de adelante. En lo demás, ver si hay algo en que os pueda dar contento, que yo lo haré mejor que hasta aquí, y mirad que, pues que sois

caballeros, no intentéis ni hagáis cosa que no sea de tales, porque si la hicierdes deshonraréis vuestro linaje, seros han enemigos los que por mi intercesión os son amigos, lloveros ha a cuestas, y del juego llevaréis lo peor, porque si con tan pocos españoles hice tanto cuando al principio vine, ahora que tengo tantos, como veis, más caballos y más artillería, ¿qué os parece que podré? Ya sabéis cómo pelean los españoles, cuán bravas heridas dan con las espadas, cuán grandes fuerzas tienen y cómo la vida de uno ha siempre costado muchas de las de vosotros. También sabéis que aunque en la guerra son como leones, después que han conseguido la victoria son clementes, mansos y misericordiosos, y no como otras naciones que, cuando vencen, hacen grandes estragos y crueldades en los vencidos y en aquellos que menos pueden. No tengo más que deciros; ved ahora vosotros lo que os parece, que yo no quiero más de lo que es razón.

Oyeron aquellos caballeros aquestas palabras, y aunque eran buenas y verdaderas y llenas de amor, como cayeron en pechos dañados y llenos de enemistad, no respondieron más de que ellos verían lo que debían hacer, y con esto, sin los comedimientos acostumbrados, se fueron los unos por acá y los otros por allá.

Capítulo CIV. Cómo los mexicanos, pidiendo tianguez a Cortés, alzaron por señor al hermano de Moctezuma, y de lo que aconteció a Antón del Río, que fue la primera señal de la segunda rebelión
Muy indignado estaba Moctezuma de ver la poca cuenta que de él había hecho Cortés en no haberle, como solía, ido a visitar, y aun porque le habían dicho que Cortés hablaba palabras en su deshonor; pero como naturalmente era noble de condición, si aquellos sus caballeros que tanto aborrecían a los nuestros no le indignaran y vinieran con nuevas, y Cortés le visitara, no vinieran los negocios al rompimiento que vinieron, aunque se supo estar los mexicanos de tan mal arte, que por ninguna vía se apaciguaban, deseosos, como el demonio les daba prisa, de echar de la tierra a los nuestros, o de sacrificallos y comellos, como muchas veces tenían determinado y concertado habían para cuando entró Cortés, porque no hallase de comer, levantado el tianguez, que es el mercado. Envió Cortés a decir con la lengua a Moctezuma

que mandase, como se acostumbraba, hacer tianguez, porque los españoles comprasen lo que hubiesen menester. Respondió Moctezuma con gravedad enojada que él estaba preso, y que los demás deudos suyos que tenían autoridad y mando en la república, que soltase uno de ellos, para que saliendo fuera mandase hacer el tianguez, y que éste fuese el caballero que a él le pareciese. Cortés, no sospechando lo que sucedió, replicó que él era contento que su Alteza enviase al que fuese servido. Envió Moctezuma a su hermano, el señor de Eztapalapa, al cual, como vieron fuera los mexicanos y que en los combates dados a Pedro de Alvarado no habían podido soltar a su rey y señor, no le dejaron volver a la prisión ni hicieron el tianguez; antes le eligieron por su caudillo y capitán y no fue menester rogárselo mucho, porque lo tenía gana.

Estando los negocios de esta suerte, un soldado que se decía Antón del Río, saliendo de la ciudad por mandado de Cortés, para ir a Cempoala para que trajese ciertas adargas que con lo demás de la recámara habían quedado, para hacer un juego de cañas y regocijarse, yendo por el Tatelulco para salir por la calzada de Tepeaquilla, por donde los españoles habían entrado, comenzaron los indios a darle muy gran grita y a seguirle con flechas y arcos, con piedras y macanas; y como la gente con la grita le salía de adelante hacia do él iba y otra le seguía de la que quedaba atrás, por que no le tomasen allí a manos y le hiciesen pedazos, volvió atrás, y rompiendo con el caballo, hiriendo con la espada a los que podía, pasó por ellos hasta que a más correr vino huyendo a los aposentos, y como los nuestros lo vieron venir así y que, se había apeado en el aposento del capitán, fueron todos allá para saber lo que pasaba, el cual contó el negocio. Envió luego Cortés cinco o seis de a caballo bien aderezados, para que descubriesen lo que había y viniesen a darle mandado. Salieron por la calle que va a Iztapalapa, hallaron dos o tres puentes por do corrían las acequias, quitadas las vigas, y gran cantidad de indios por las azoteas, y dando la vuelta por otras calles, hallaron que los puentes, que todas eran de madera, estaban quitadas, salteadas las vigas, quitada una y dejada otra, de manera que el puente que tenía diez vigas estaba con cinco salteadas, para que los de a caballo cayesen y se hicieren pedazos, porque para ellos, según su ligereza, siguiendo o huyendo, no lo era inconveniente.

No pasaron aquellos españoles adelante, así por el estorbo de los puentes, como porque les pareció muy mal la desvergüenza de los indios, que desde las azoteas y desde las puertas de las casas con las manos y cabeza hacían señal de que pasasen adelante, para dar sobre ellos.

De esta manera, bien confusos y descontentos, se volvieron al aposento de Cortés, el cual, cuando supo lo que pasaba, no se holgó nada, apercibió su gente, mandó tener a buen recaudo a Moctezuma y a los demás prisioneros, esperando que más señales de guerra hubiese.

Capítulo CV. Cómo se vieron más señales de la rebelión y del primer combate que los mexicanos dieron a Cortés

Día era, según algunos dicen, de san Juan, y, según la mayor opinión, otro día después, cuando saliendo Alonso de Ojeda y Juan Márquez su compañero, a buscar de comer cerca de los aposentos, llegaron cerca de la casa de Guatemocín, donde hallaron la puerta principal cerrada con adobes; quisieron pasar, y como el acequia estaba en medio y las vigas que hacían puentes quitadas y el agua honda, echaron muchas piedras, adobes, palos y esteras y todo lo que demás hallaron para cegar el agua, y después de cegada pasaron y siguieron por una calleja toda cerrada por lo alto; saliendo de ella dieron en una gran troxe de madera. Dio Ojeda el espada a Juan Márquez para subir a la troxe y ver lo que dentro había, el cual, después de subido, vio que estaba llena de cinchos de cuero con que los indios jugaban al batey, y de algunas armas. Juan Márquez llegó a la puerta de una casa que estaba adelante; oyó de lo alto de las casas dar grande grita, diciendo: Miqueteul, que quiere decir «Mata a ese hijo del Sol». A estas voces descendió Ojeda de la troxe, y tomando su espada se juntó con el compañero, que llevaba una alabarda. Comenzaron, como dicen «¡Ah, puto el postre!», a huir porque ya el aire resonaba con el alarido de los indios, del cual entendieron que toda la ciudad debía de estar levantada. Los callones y vueltas eran tantas, que a no llevar por guía un indio tlaxcalteca, que tuvo más memoria, no acertaran a salir y murieran allí. Saliendo por donde habían entrado, hallaron aquella parte de la acequia que habían cegado como estaba cuando la dejaron; pasaron por ella, y yendo hacia los aposentos de Cortés encontraron con un papa de los indios, con los cabellos tendidos, como furioso y endemoniado, haciendo señales con las manos, donde voces, que ponía espanto. Con todo esto, la espada desnuda, tiró tras de él Alonso de Ojeda, el cual se le acogió a una casa que allí cerca estaba, en la cual entró siguiéndole, y en ella halló muchas grullas mansas, que a los gritos de aquel Papa comenzaron todas a graznar. En esto Juan Márquez, su compañero, le comenzó a dar grandes voces; saliendo a ellas el Ojeda, le dijo el Juan Márquez: «¿Qué diablos hacéis, o a que os paráis a seguir a ese perro? ¿No veis que se arde la ciudad y dan guerra los indios a nuestro capitán?». Ojeda, como salía del ruido grande que las grullas hacían, atronado, dijo: «Calla, que son estas grullas que graznan en esta casa»; pero, reparándose un poquito, se desengañó luego, porque el alarido de los indios crecía y ya muchos se habían subido a las azoteas. Como vieron esto, corrieron hacia el patio del templo mayor, donde hallaron en lo alto de él seis o siete españoles que estaban atalayando para dar aviso a Cortés cómo venía por todas partes la gente de guerra, los campos llenos, y cómo comenzaban a entrar por las calles, que parecían turbiones de lagosta.

Comenzáronse luego a armar los españoles que quedaban, porque ya más de doscientos habían salido a las calles y estaban peleando y defendiéndoles la entrada en el entretanto que los demás se armaban. Fue grande la pelea y batalla de aquel día; no pudieron entrar al patio de Uchilobos, que era el que pretendían tomar, pero entre unos puentes y otras hicieron grandes albarradas para que los cristianos no pudiesen salir y ellos desde ellas pudiesen mejor ofender.

Fue muy recia la pelea de este día, porque así los indios como los cristianos estaban descansados, y los unos, por defender lo que habían ganado y no perder el nombre y fama de su valentía, hacían más que hombres; los otros, ciegos de su pasión, como eran infinitos, no temían ni tenían cuenta con el morir, porque como perros rabiosos, por ofender, se metían por las espadas. Murió aquel día gran cantidad de indios y ningún español, aunque, como la batalla duró hasta ponerse el Sol, hubo algunos heridos. Acabado este primero rencuentro, con la noche que venía, todos se fueron a reposar para trabajar de nuevo el día siguiente.

Capítulo CVI. El segundo rebato que los indios dieron a Cortés y de cuán reñida fue la batalla
Del recuentro pasado entendió Cortés cómo se debía apercibir para la batalla del día siguiente; pesóle (por ser los enemigos tantos y tan porfiados) de

haber escrito lo que escribió y de no haber enviado a llamar a Saucedo, que había quedado con la recámara en Cempoala y a algunos de la Villa Rica; procuró lo más secretamente que pudo enviar a llamar a Saucedo, para que viniese con los que con él estaban, y aunque todos estaban cansados, procuró que a la media noche, algunos de los más valientes deshiciesen las albarradas que tomaban las calles.

Otro día, una hora antes que amaneciese, era cosa espantosa de oír el ruido que, silbando y tocando caracoles y otros instrumentos de guerra, los enemigos hacían. Luego como amaneció, las azoteas llenas de gente y las calles cubiertas, con un alarido que le ponían en el cielo, comenzaron a hacer cruda guerra en los cristianos. Hubo muchas muertes de la parte de los indios y muchos heridas de la de los cristianos. Hicieron de nuevo los indios albarradas, porque como eran infinitos, había gente sobrada para lo uno y para lo otro. Salieron los cristianos a la calle, tratábanlos mal con pedradas los que estaban en las azoteas, aunque los escopeteros y ballesteros derribaron muchos. En este día se señalaron algunos indios que con ánimo feroz y endiablado, se metieron por las picas y espadas a herir con las macanas a los nuestros.

Duró sin cesar todo el día la batalla, que apenas pudieron comer los cristianos. Venida la noche, que puso fin a tan trabada batalla, Cortés mandó que hubiese velas, porque le habían dicho que aunque fuese contra la costumbre, porque los indios jamás pelean de noche, en aquella les habían de dar asalto. Veláronse de veinte en veinte; no vinieron los indios. A la media noche deshizo Cortés las albarradas del día antes, apercibiendo los caballos para salir si el otro día volvían.

Capítulo CVII. El tercer recuentro y cómo salió Cortés con los de caballo y tomó la calle de Tacuba y de lo que pudiera hacer si quisiera

Otro día de mañana, como si nunca los indios hubieran peleado ni se hubiera hecho en ellos el estrago de los dos días pasados, con dobladas fuerzas y ánimo, comenzaron a acometer. Cortés, por no darles lugar que hiciesen albarradas, salió con los de a caballo bien armado; comenzó él y los suyos a romper y alancear con gran furia, aunque de las azoteas recibían gran daño, porque llovían sobre ellos piedras. Mataron a un Fulano Cerezo, que con él y con su caballo dieron muerto en tierra.

Como esto vio Cortés y que prosiguiendo adelante había de topar con más gente y que la de las azoteas era la que le había de acabar, retrájose lo mejor que pudo con los de a caballo; volvióse a los aposentos, puso en orden los peones, ballesteros y escopeteros, con cada uno otro que le arrodelase y cubriese la cabeza, por las pedradas; en la retroguarda puso algunos de a caballo, dejando la gente que era menester para defensa de los aposentos.

Salió de esta manera, y como los unos arrodelaban a los otros, disparando por su orden ballesteros y escopeteros, mataron y echaron abajo mucha gente de las azoteas; la demás, como vio esto, se abajó y metió en casa. De esta manera pudieron los españoles romper por la calle que dicen de Tacuba; ganáronla toda; hicieron cruel matanza en los indios.

Serían los españoles de a pie ciento, y los de a caballo cuarenta. Salieron todos en orden de la calle de Tacuba y alegres de la victoria habida. Prosiguiendo por la calzada llegaron a Tacuba; descansaron allí dos horas, y como era tiempo de flores hicieron guirnaldas, pusiéronselas sobre las cabezas, volvieron a México, sin que nadie los enojase, dando voces: «¡Victoria, victoria!». Pudieran los españoles, aunque fuera con el oro y plata que tenían, salir aquella tarde a Tacuba y ponerse en salvo, haciéndose fuertes allí que por ser tierra firme y llana, todo el poder mexicano no los podía ofender; pero; como los días pasados les había sucedido bien y de atrás tenían los indios en poco, cegáronse de su presunción, no pensando que los negocios pudieran llegar a los términos que después vinieron; y de esto hubo luego claras muestras, porque al tiempo que los peones, siguiendo a los de a caballo mediano trecho, antes que llegasen a los aposentos, salieron innumerables indios a ellos que, como en celada, los estaban aguardando y diéronles tan cruel y brava guerra, que los de a caballo, como estaban en calle y tan llena de gente, no pudieron ser señores, ni hacerles daño, a lo menos el que les hicieran en campo raso. Tomáronles un español vivo, sin poderlo remediar, sacrificáronle luego, a vista de todos, tomaron dos tiros, que luego echaron en la acequia. De esta manera, con gran dificultad, pudieron los españoles entrar en los aposentos. Conoció entonces claramente Cortés lo mucho que se había errado en haber salido todos de golpe cuando tomaron la calle de Tacuba, y confirmóse más su arrepentimiento cuando vio que aquella noche tornaron los indios a abrir los puentes que la noche antes los españoles, para que pudiesen correr los caballos, habían cegado.

Capítulo CVIII. El cuarto combate que los indios dieron y de cómo Cortés tomó el cu de Uchilobos, adonde trescientos señores se habían fortalecido, y de lo que más pasó

Aquella noche siguiente trescientos señores y personas muy principales, sin que de los nuestros fuesen sentidos, se subieron con sus armas y comida a lo alto del cu de Uchilobos, y luego por la mañana, como con los otros estaba concertado, amanecieron todas las azoteas de la ciudad cuajadas todas de gente y las calles asimismo, que parecía que tanta gente, habiendo muerto tanta en los tres combates pasados, nacía de la tierra, o que habían resucitado los muertos. Acometieron los de las calles con grande furia y alarido y los de las azoteas les respondían, diciendo: «Hoy morirán estos perros cristianos».

Trabóse la batalla; los de a caballo, por la multitud de la gente y porque los puentes estaban abiertas, no pudieron hacer nada, ni en el patio de Uchilobos, aunque era muy grande y había en él enemigos, podían ser señores, por estar losado y deslizar los caballos y subirse a él por siete o ocho gradas. Los señores que, estaban en lo alto del templo, que eran la flor de los que peleaban, hacían, sin pelear, más daño desde allí que los demás peleando, porque como cada uno tenía su devisa, por la cual de los de abajo eran conocidos, y desde allí señoreando todo lo bajo, como estaba concertado que hacia donde hiciese señal allí acudiesen los que abajo peleaban, gobernando a su salvo y viéndolo todo, o con las rodelas o con las mantas ricas hacían señal de que éstos acudiesen a la una parte, los otros a la otra, avisando que entrasen por donde mayor flaqueza había; y como los que peleaban eran como los que de noche navegan, que tienen cuenta con el norte, mirando a sus caudillos y capitanes, hacían mayor guerra que los días pasados.

Como cayó en esto Cortés, llamó a Escobar, su camarero, diole cien hombres, mandóle que subiese al cu y derribase de allí aquellos que sin pelear tanto daño hacían. Fueron allá los nuestros y comenzaron, arrodelándose, a subir por las gradas, y como eran muchas y altas, no hubieron llegado a las cuatro o cinco primeras, cuando fue tanta la piedra, trozos de madera, palos y tizones que de arriba venían, que con facilidad rodando y cayendo, los hicieron volver atrás, metiéndose tendidos debajo de la grada primera, para que los maderos y piedras no los cogiesen. Intentaron tres veces a subir y tantas fueron rebatidos. Supo Cortés lo que pasaba, tomó de la gente escogida cincuenta compañeros, atóse fuertemente una rodela al brazo, porque no la podía tomar con la mano, por estar mal herido, y hallando a los demás compañeros alebrestados, que no osaban subir, les dijo: «¡Oh, vergüenza de españoles, y cuándo jamás a los de vuestra nación espantó la muerte! Si hemos de morir, ¿cuándo se ofreció mejor ocasión que ésta para vengar nuestras muertes y vender bien nuestras vidas? ¡Ea, ea, que ahora es tiempo, que muertos estos perros se allanará todo!». Diciendo estas palabras, se cubrió con la rodela, y llevando la espada desnuda, dijo: «Los que sois hombres, haced como yo»; y así comenzaron a subir con ánimo invencible, hurtando el cuerpo a las piedras y palos, los que eran animosos, con coraje doblado, y los que no lo eran tanto, aburriendo las vidas de vergüenza, seguían a su capitán y a los otros compañeros, de manera que teniéndose los unos a los otros, repujando los de abajo a los que iban subiendo, aunque cayeron algunos muy mal heridos, subieron a lo alto. Ganaron todas las gradas; los españoles que abajo quedaron, cercano al cu, y cuando los que arriba subieron hallaron espacio donde podían pelear, hiciéronlo tan valerosamente, que de todos trescientos señores no se les escaparon seis, porque los unos murieron a espada, los otros se despeñaron de los pretiles, y los que iban vivos abajo, luego los acababan los españoles que allí habían quedado.

Aquí dicen que peleó Cortés con tanto esfuerzo y cordura que por su mano sola mató y derrocó más señores que seis ni ocho de sus compañeros. Abrazáronse con él, con la rabia de la muerte, algunos de aquellos señores, por arrojarse con él de los pretiles abajo, pero como era muy valiente y de buenas fuerzas se desasió de ellos. Viose entonces en gran peligro de muerte Alonso de Ojeda, porque si no fuera por un Lucas Ginovés, que acudió a tiempo, fuera despeñado con otros que le tenía abrazado. Hiciéronlo todos tan valerosamente que, aunque algunos quedaron heridos, parecía que todos se habían revolcado en sangre. Subieron a lo más alto; no hallaron persona, pero toparon con muchos cántaros de cacao, muchas gallinas y muchos tamales, con que holgaron harto más que con oro y plata, por la necesidad que ya comenzaban a padecer. Los indios tlaxcaltecas y cempoaleses tuvieron aquel día por muy festival, porque no dejaron cuerpo de aquellos señores que no comiesen con chile y tomate.

Mucho desmayaron lo demás indios con la muerte de estos trescientos señores. retrajéronse poco a poco harto antes que la noche viniese, pero con propósito de volver con mayor furia otro día a la batalla.

Capítulo CIX. Cómo otro día más indignados que nunca, con nuevas maneras de pelear, acometieron a los nuestros los indios, y de lo que un tlaxcalteca hizo

Tanto más crecía la saña en los mexicanos cuanto menos daño podían hacer en los españoles con las varas y flechas que, como granizo muy espeso, daba sobre ellos; y aunque cada día era la multitud grande que de los mexicanos moría, era la que de refresco acudía de la comarca por horas tanta, que no solamente no menguaban ni desmayaban, pero parecía, y así lo era, que cada día crecían y con mayor acometimiento y furor combatían a los nuestros, buscando nuevos modos cómo ofenderlos. Tiraban las varas por el suelo, para herir en los pies y tobillos, y de esta manera hirieron a más de doscientos españoles, hasta que para los pies y piernas buscaron reparos. Eran tantas las varas y flechas que, habiendo españoles señalados para recogerlas, no hubo día que no se quemasen cuarenta carretadas de ellas.

Ya en este día era la guerra más furiosa, porque dentro combatían la sed y hambre. El hambre era tanta, que a los indios amigos no se daba cada día de ración más de una tortilla, y a los españoles cincuenta granos de maíz. El agua faltó de tal manera que fue necesario cavar en el patio de los aposentos, y con ser el suelo salitral, quiso Dios darles agua dulce, aunque Ojeda dice en su Relación, que bebían de un agua bien salobre que sacaban de una pontezuela que estaba en el patio de Uchilobos, al pie de un ciprés pequeño, pero que los indios cegaron esta fuente, porque allí era la furia y concurso de la batalla; estando en la cual, asomándose por un reparo y baluarte un indio tlaxcalteca, los mexicanos le dijeron: «¡Ah, perro, que tú y los tuyos y esos perros de cristianos moriréis hoy, porque ya que nosotros os dejáremos, que no dejaremos, moriréis de hambre y de sed». Entonces el tlaxcalteca, les respondió con ánimo español: «¡Andá, bellacos, cuilones (que quiere decir "putos"), traidores, amujerados y fementidos, que no hacéis cosa buena sino en gavilla, y porque sepáis que nos sobra pan, tomad allá esa tortilla que me sobró de mi ración!». No plugo nada esto a los mexicanos, creyendo ser así lo que el tlaxcalteca decía, el cual, con este tan valeroso hecho, no poco animó a los de su nación y aun los de otras.

Era la guerra este día por todas las partes de la ciudad y por todas las partes del aposento donde Cortés estaba. Los indios de Tezcuco, que eran más de cien mil, acometieron desde las azoteas y desde las calles, por las espaldas de los aposentos, lo que nunca habían hecho. Estaban cerca de ellos a tiro de piedra, de manera que fue necesario con su persona acudir allí Cortés. Por más de una hora peleó valerosísimamente; hizo desde lo alto de la casa disparar muchas escopetas y algunos tiros pequeños, con los cuales hizo tanto daño en las azoteas que en breve las desampararon los que estaban más cerca. Acudió luego Cortés al patio de Uchilabos, donde, por ser enlosado, como está dicho, los caballos no podían correr. Allí jugaba la artillería, y como los indios eran infinitos, no había la pelota hecho una calle, destrozando y matando indios, cuando luego se tornaban a juntar hasta llegarse a las bocas de los tiros. Este día y los demás, Mesa, el artillero mayor, trabajó por diez hombres, porque, no solamente gobernaba la artillería, haciendo grande estrago, pero la defendía por su persona valerosamente.

Sucedió, para que se vea cuánto favorecía Dios a sus cristianos, que queriendo los sacerdotes del templo mayor y otros caballeros mexicanos y tezcucanos quitar la imagen de Nuestra Señora del altar donde Cortés la había puesto, se les pegaban las manos y enflaquecían los brazos, no pudiendo por buen rato despegar las manos de donde iban a asir, y otros, reprehendiendo a éstos, subiendo por las gradas, se les entumecían las piernas y caían de su estado. Unos se deslomaban, otros se quebraban la cabeza, y así no pudieron hacer lo que tanto procuraron, y estaban tan empedernidos que miraglo tan claro no los confundía. Y porque fueron muchas y notables cosas las que en este día sucedieron, iré contándolas por los capítulos siguientes:

Capítulo CX. Cómo un tiro sin cebarle disparó, y de lo que los indios dijeron de Nuestra Señora y de Santiago

Mesa, el artillero mayor, como vio que los indios eran tantos que casi atapaban las bocas de los tiros, determinó con carga mayor que nunca el tiro mayor; fue, pues, el caso que o se le olvidó, y con la gran prisa que los indios le daban, no pudo cebarle. Llegaron cerca de él hasta casi juntarse por los lados y por la boca infinitos de los indios, tirando varas y disparando flechas, diciendo: «¡Perros cristianos, ahora libertaremos a nuestro rey y señor; ahora beberemos vuestra sangre y comeremos de vuestra carne!». Estando en esto, o con el calor que los indios causaban o resestero grande del Sol, o porque Dios quiso hacer este miraglo, el tiro, sin estar cebado ni ponerle fuego, disparó con un furioso y espantoso sonido, y como la bala era grande y tenía muchos perdigones, escupió tan furiosamente, que pareciendo más tronido del cielo que del artillería, hizo grandísimo estrago; mató muy muchos, asombró a todos de tal manera, que los más cayeron en tierra, y así atónitos poco a poco se fueron retirando, aunque por las otras partes de la ciudad andaba encendido la guerra, en la cual los nuestros acabaran aquel día, si no fuera por Nuestra Señora y por Santiago, de quien decían los indios que ella desde el altar les echaba tierra en los ojos y cegaba, de manera que les era forzado volverse a casa, y que él, que era un caballero muy grande, vestido de blanco, en un caballo asimismo blanco, el cual, con una espada desnuda en la mano, peleaba bravamente, sin poder ser herido, y que el caballo con la boca, pies y manos hacía tanto mal como el caballero con la espada. Decían los indios:

> Si no fuese por aquella mujer y por aquel hombre, ya todos seríades sacrificados, porque no tenéis buena carne para ser comidos.

Respondíanles algunos cristianos: «Ahí veréis cómo vuestros dioses son falsos y mentirosos Y que no pueden nada, porque esa mujer que decís es la Madre de Dios, que no podistes quitar del altar, y ese hombre es un Apóstol de Jesucristo, abogado y defensor de las Españas, que se llama Santiago, cuyo nombre y apellido invocamos cuando rompemos las batallas, cuando acometemos y seguimos los enemigos, y hallámosle siempre favorable».

Esto del tiro y aparecerse Nuestra Señora y Santiago cuenta Motolinía que fue cuando Pedro de Alvarado estuvo cercado, aunque yo pienso que fue en esta segunda rebelión. Como quiera que sea, muchos afirman que paso así, porque en tan grandes peligros los españoles estaban más devotos y Dios les daba mayores consuelos.

Como por las espaldas de la casa y por el patio de Uchilobos cesó algo la furia de la guerra, Diego de Ordás, que había salido con trescientos hombres por la calle de Tacuba, se venía retrayendo y casi huyendo para ampararse en los aposentos, porque los indios le daban mucha prisa y le habían ganado mucha tierra. Cortés, que estaba peleando en la calle de Estapalapa, acudió a socorrerle a caballo, atada la rienda al brazo, porque, como dije, tenía la mano mal herida. Valió tanto sola su persona, según la temían mucho los enemigos, que diciendo: «¡Vuelta, vuelta, caballeros! ¡Santiago, y a ellos; que español jamás huyó!», con lo cual se animaron los nuestros y revolvieron sobre los enemigos, yendo delante Cortés alanceando muchos de ellos, los hizo, retirar gran trecho. Volvió luego Cortés a la calle donde antes peleaba, en la cual había dejado sesenta de a caballo y doscientos peones; vio que se venían retirando para meterse en la fortaleza, e indignado de esto, les dijo a grandes voces: «¡Vergüenza, vergüenza, caballeros! ¿Qué quiere decir que dejándoos victoriosos, en una hora de ausencia os volváis retirando? ¡Vuelta, vuelta, Santiago, y a ellos!». Arremetió contra los enemigos, púsoles pavor, revolvieron con grande ánimo los cristianos, pusieron en huida los enemigos, siguiéronlos gran trecho, haciendo gran matanza en ellos hasta echarlos de la calle. Volviendo de allí Cortés a ver lo que se hacía por las otras partes adonde peleaban los suyos, halló que en la calle de Utapalapa los indios llevaban a su amigo Andrés de Duero, que le habían derribado del caballo, y otros que llevaban el caballo; arremetió Cortés con gran furia, pasó rompiendo los indios, revolvió sobre ellos y los que llevaban el caballo, el cual, suelto, se fue hacia el de Cortés. En el entretanto Andrés de Duero con una daga comenzó a desbarrigar indios; allegó Cortés alanceando a los que le estaban a la redonda; dejáronle todos y así pudo cobrar Andrés de Duero su caballo y subir en él con gran contento y alegría de Cortés en haber acertado allí a tal tiempo en socorro de un amigo que él tanto amaba.

Capítulo CXI. Otro combate que se dio a los nuestros y cómo Cortés por su persona tomó otro cu y cómo ganó siete puentes.

Cómo le enviaron a llamar los señores mexicanos y lo que con ellos pasó

Como otro día vieron los indios que todavía los cristianos hacían gran resistencia y que los que estaban en los aposentos, no solamente se defendían valerosamente, pero hacían gran daño, determinaron, para que la guerra fuese, como dicen, a fuego y a sangre, poner fuego por muchas partes a la casa, y haciéndolo así, se encendió tan gran fuego, que aunque a todas acudieron los nuestros, no pudieron excusar que no se quemase un gran pedazo de ella; y porque el fuego no fuese adelante, fue necesario derrocar unas paredes y una cámara, cuya tierra y polvo apagó el fuego, y aun, mientras duró el polvo, detuvo que los indios no entrasen a escala vista. Luego como cesó, con gran cuidado proveyó Cortés en aquel portillo de algún artillería y de escopetas, que a no haber aquella defensa, aquel día les entraban y no quedaba hombre a vida.

Duró el combate por aquella parte todo el día y aun en la noche no los dejaron dormir, dándoles grita, y los de dentro, reparando aquel lienzo lo mejor que pudieron y porque en aquella parte bastaban cien españoles y vio Cortés que era menester divertir a los enemigos a otra, viendo que de otro cu o torre que estaba en las casas de Moctezuma, le hacían daño, determinó con doscientos compañeros subir a él y echar de lo alto a las enemigas, lo cual hizo con tanto ánimo e industria, que le sucedió como en el cu mayor, y fue cosa miraglosa lo que también en el otro cu sucedió, que echando las vigas que en él tenían para dañar a los nuestros, atravesadas, por las gradas abajo, que no podían dejar de tomar diez hombres, por lo menos, por hilera, se volvían de cabeza, y así fue fácil hurtarles el cuerpo.

Murieron todos los que se defendían en el cu, y bajado de allí Cortés, entró en la ciudad, quemó más de dos mil casas, haciendo un estrago nunca visto, y luego, cabalgando en su caballo, con pocos que le siguieron, aunque todavía tenía la mano herida, porque a cabo de dos años le sacaron un pedernal de ella, cubierto con una adarga, lloviendo sobre él piedras y flechas, ganó siete puentes, lo que hasta entonces muchos no habían podido hacer. Mató por su persona en aquella calle tantos indios que, porque no parezca fábula, escribiendo historia, lo dejo de decir.

Los puentes tenían los enemigos alzadas y hechos muchos baluartes de adobes y, tierra para defenderlas; hízolas cegar con la tierra de los mismos baluartes y adobes. Estando ya, pues, cerca de la tierra firme, vino uno de a caballo a gran prisa, diciendo que los señores mexicanos, que estaban juntos en la plaza, querían hablar con él y tratar de paces. Holgó mucho con esto Cortés, aunque los enemigos lo hicieron porque aquel día, cegadas los puentes, no tuviese lugar de irse de la ciudad. Mandó, primero que fuese do aquellos señores estaban, venir sesenta de a caballo con Pedro de Alvarado y Gonzalo de Sandoval, y que cuatrocientos peones con Juan Velázquez de León, en el entretanto que vía lo que querían los mexicanos, guardasen aquellos puentes, que no se las tornasen a abrir, y para mayor defensa dejó una pieza de artillería.

Esto así proveído, fue do los señores mexicanos estaban, y ellos de la otra parte del agua y él désta, le comenzaron a decir palabras corteses y comedidas, pero fingidas y simuladas. Saludólos Cortés con mucha gracia y comedimiento, rogándoles que no porfiasen en su error, pues jamas les había hecho malas obras. Respondiéronle ellos que por qué no se iba, pues lo había prometido y tenía navíos, y no les daba a su señor Moctezuma. A esto replicó Cortés algunas cosas, tratando de medios y conciertos cómo la guerra no fuese adelante, diciéndoles que por su bien lo hacía y que de los combates pesados habrían entendido lo que sería adelante, y que aunque muchos más fuesen, no serían parte para echarle de la ciudad.

Estando de esta manera en demandas y repuestas, llegaron Pedro de Alvarado y Gonzalo de Sandoval con hasta ocho o diez de a caballo con ellos, muy alegres y muy enramados con flores en las manos, diciendo cómo habían salido a tierra firme sin que nadie se lo contradijese y que ya los enemigos tenían las alas quebradas para no tomar más vuelo. Cortés los reprehendió, que parece adivinada lo que luego supo. Díxoles que ramos y rosas no eran plumas y penachos para guerra, sino para fiestas y bodas, y que mejor fuera estarse quedos, como él se lo había mandado, que no enojar más con liviandades a los enemigos.

Estándoles diciendo estas palabras, llegó otro de a caballo a muy gran prisa, porque los indios habían vuelto a ganar las puentes y tomado el tiro, y los españoles venían huyendo, y los indios dándoles caza. Cortés muy enojado, sin despedirse de aquellos señores, volviéndose a aquellos capitanes, les dijo: «Esto merece quien se fía de rapaces». Fue a gran prisa con el caballo; siguiéronles aquellos capitanes, aunque bien avergonzados de lo hecho; topó con los españoles, que venían huyendo, pasó por ellos, entró por los enemigos, haciendo maravillas; detúvolos que no siguiesen a los nuestros, cobró las puentes, que aún no les habían podido abrir; llegó, metiéndose por los enemigos, siguiéndole no más de ocho de a caballo, hasta tierra firme, y como se iba metiendo más, dejáronle tres o cuatro de los ocho, y entre ellos, volviéndose un Fulano Castaño, dijo a todos los demás que atrás quedaban, que Cortés era muerto. Cristóbal de Olid, que nunca le dejó, mirando atrás y viendo que se cerraba la calle de enemigos y que, adelante había infinitos, y que ellos eran pocos para meterse en más aprieto, dijo a Cortés muchas veces: «¡Vuelta, señor, vuelta, que vais perdido, que no nos sigue nadie y los enemigos por momentos se van juntando!». Entonces volvió Cortés y halló que la última puente y primera a la vuelta estaba medio abierta y en ella caídos cuatro o cinco caballos y dos de los dueños de ellos muertos, el uno de los cuales se decía Juan de Soria. Hizo sacar los caballos, defendió que no acabasen los enemigos de abrir la puente, pasó por ella con solos tres o cuatro, acudió infinita gente; fuele necesario, peleando, romper por los enemigos. Aquí sola su persona restauró las vidas de sus compañeros.

Capítulo CXII. Cómo tornado a seguir los enemigos a Cortés, tornó atrás, mató muchos, y hallando desembarazada la puente, pasó con gran dificultad. Cómo Marina habló a Moctezuma y él a los suyos y cómo lo hirieron
Seguían todavía con gran furia los enemigos a Cortés; volvió a ellos, mató muchos, hízolos retirar muy gran rato, volvió a la puente, no halló más de un caballo, que los demás ya los habían sacada a nado; salvó también éste, y como ya la puente estaba más abierta, aunque entonces la halló desembarazada, pasó por ella con muy gran trabajo y dificultad y por las demás no sin gran resistencia. Diéronle dos pedradas en una rodilla, de que le lastimaron mal. Llegó a los aposentos donde se habían recogido los suyos, hallólos muy confusos porque se vían sin caudillo, no se determinaban a cosa alguna y aun muchos creyeron que como iban tan pocos con él y se habían metido

tanto en los enemigos, sería muerto. Alegráronse y esforzáronse con su vista, que, cierto, en los mayores peligros tenía mayor esfuerzo y consejo que pocas veces en semejantes trances suelen tener los hombres. Tornaron luego los enemigos a abrir las puentes, y como eran tantos, los demás, subiéndose los capitanes y caudillos sobre las cercanas azoteas, dieron bravísima guerra a Cortés Y a los suyos, que se habían hecho fuertes en los aposentos, donde, aunque la hambre los aquejaba más que nunca, se defendían valientemente.

Miró Cortés a ciertos caballeros mexicanos, muy bien adereszados, y entre ellos a uno de quien los otros hacían gran caudal y que lo gobernaba todo. Deseoso de saber quién fuese y si era aquel al que habían alzado por señor, mandó a Marina que de su parte lo preguntase a Moctezuma, el cual dijo que no sabía quién fuese el elegido; que creía que siendo él vivo, no se atrevieran los suyos a elegir rey, especialmente tiniendo sucesores, aunque, según la bárbara ley de algunas naciones indias, los hermanos y no los hijos sucedían en los reinos y mayorazgos. Tornó Marina a preguntarle de parte de Cortés si conocía a alguno de aquellos (que eran diez o doce) muy señalados en devisas y penachos con mucha argentería, y traían las rodelas chapadas de oro, que con el Sol resplandecían mucho y que eran los que más guerra hacían, porque estaban más cerca y animaban y regían a los demás. Moctezuma los miró bien y aunque los conoció a todos, les respondió que algunos de ellos le parecía ser sus parientes y que entre ellos estaban el señor de Tezcuco y el de Yztapalapa.

Crecía la guerra; víase afligido Cortés y Moctezuma, y porque los españoles no le matasen, o porque verdaderamente los amaba y quería bien, pues jamás en ausencia ni en presencia le oyeron decir mal de ellos, que era de lo que más pesaba a los mexicanos, envió a llamar a Marina; rogóle dijese al capitán que él quería subir al azotea y desde el pretil hablar a los suyos, que por ventura cesarían y vendrían en algún buen concierto.

Parecióle bien a Cortés, mandóle subir con doscientos españoles de guarda, y él, aderezado y vestido con sus paños reales, púsose Marina a su lado, para entender lo que diría y responderían sus vasallos. Apartáronse algo los españoles para que los mexicanos le viesen y conociesen; hicieron señal de que cesaren y callasen, con las mantas, algunos señores que con Moctezuma subieron; conociéronle luego los suyos, y en esto se engaña Gómara, que casi trasladó a Motolinía, que dice que no le conocieron. Sosegándose, pues, todos para oír lo que les quería decir, alzando Moctezuma la voz contra su autoridad real, para que de los más y especialmente de aquellos señores que tanto encendían a los otros, fuese oído les habló de esta manera:

> Por los dioses inmortales que nos dan los mantenimientos de que nos sustentamos y nos dan salud y victoria, os ruego que si en algún tiempo yo os he bien gobernado y hecho mercedes y buenas obras, que ahora mostréis el agradescimiento debido, haciendo lo que os rogare y mandare. Hanme dicho que siendo yo vivo habéis elegido rey, porque yo estoy en prisión y porque quiero bien a los cristianos a quien vosotros aborrecéis tanto. No lo puedo creer que dejéis vuestro rey natural por el que no lo es, pues los dioses me vengarían cuando yo no pudiese tomar venganza. Si habéis porfiado tanto en los combates, con tantas muertes y pérdidas de los vuéstros, por ponerme en libertad, yo os lo agradesco mucho, pero sabed que aunque vuestra intención es buena y de leales vasallos, que vais errados y os engañáis mucho, porque yo de mi voluntad estaba y estoy en estos aposentos, que son mi casa, como sabéis, para hacer buen tratamiento a estos huéspedes que de otro mundo vinieron a visitarme de parte de su gran emperador. Dejad, os ruego, las armas, no porfiéis, mirad que son muy poderosos y valientes los cristianos y que uno de ellos que habéis muerto os cuesta más de dos mil de los vuestros; en los más de los rencuentros, por pocos que hayan sido, han sido victoriosos contra muchos de los vuestros. Han os rogado con la paz, no os han quitado vuestras haciendas, ni forzado vuestras mujeres ni hijas, y si con todo esto queréis que se vayan, ellos se irán, porque no quieren contra vuestra voluntad estar en esta ciudad. Yo saldré de aquí cuando vosotros quisierdes, que siempre he tenido libertad para ello; por tanto, si como al principio os dije, me amáis y yo os he obligado a ello, cesá, cesá, por amor de mí; no estéis furiosos ni ciegos de pasión, que ésta nunca deja hacer cosa acertada.

Oyeron los mexicanos con muy gran atención este razonamiento; hablaron quedo, un poco entre sí, y como vieron que todavía Moctezuma se aficionaba a los españoles, que tanto ellos aborrecían, y el elegido era de su banda y pensaba quedar con el reino y señorío que no era suyo, con gran furia y desvergüenza le respondieron: «Calla, bellaco, cuilón, afeminado, nascido para tejer e hilar y no para rey y seguir la guerra; esos perros cristianos que tú tanto amas te tienen preso como a mascegual, y eres una gallina; no es posible sino que ésos se echan contigo y te tienen por su manceba». Diciéndole estos y otros muchos denuestos, volvieron al combate, tiraron a Moctezuma y los cristianos muchas flechas y piedras, aunque un español tenía cuidado de rodelar a Moctezuma, quiso su desgracia que le acertó en la cabeza hacia la sien una pedrada. Bajó a su aposento, echóse en la cama; la herida no era mortal, pero afrentado y avergonzado de los suyos que como a dios le obedecían, estuvo tan triste y enojado cuatro días que vivió, que ni quiso comer ni ser curado.

Capítulo CXIII. Cómo Moctezuma un día antes que muriese envió a llamar a Cortés y de las palabras que le dijo y de lo que Cortés le respondió

Aunque en el entretanto que Moctezuma estaba en cama la guerra no cesaba y los nuestros andaban buscando modo y manera cómo ofender y defenderse, cresciéndole el enojo y pasión al gran rey Moctezuma y viendo que ya las fuerzas le desfallecían y que de la herida, por no dejarse curar, estaba pasmado y que no podía en breve dejar de morir, envió a gran prisa con muchos criados a llamar a Cortés, el cual fue a su llamado, y entrando por su aposento se le arrasaron a Moctezuma los ojos de agua. Abrazóle con grande ansia, levantáse sobre los coxines y llorando como un niño, tomándole las manos le dijo: «No sé por do comience a darte cuenta de lo que este mi afligido y apasionado corazón siente. ¿Soy yo, valeroso capitán y amigo mío, aquel gran emperador y señor Moctezuma que tú tanto porfiaste querer ver y visitar? ¿Soy yo aquel a quien este mundo ha temido y reverenciado no menos que a los inmortales dioses? ¿Soy yo aquel que con tanta pompa y majestad salí a recibirte? ¿Qué mudanza de fortuna es ésta? ¿Qué desgracia ha sido la mía? Yo no me alcé con reino ajeno; de mis padres y abuelos heredé este infelice y desdichado imperio; no he hecho sin justicia, he vencido muchas batallas, conquistado muchos reinos y hecho grandes mercedes. ¿Qué mudanza es ésta?, ¿qué trueque?, ¿qué desdicha?, ¿qué infortunio?, ¿qué miseria?; que los que, descalzos los pies, los ojos por tierra, no osaban hablarme sino por intérpretes; que aquellos sobre cuyos hombros iba y caminaba, sus mantas puestas debajo del brazo, se hayan atrevido y desvergonzado contra su rey y señor, diciéndole palabras que a ningún vil esclavo se dijeran, tirando con piedras a la persona real? ¡Ah, Cortés, Cortés, el corazón se me hace pedazos; con grande rabia acabo la vida, el más apocado y envilescido hombre del mundo! ¡Oh, quién viera el castigo y venganza de esto, primero que muriera!; pero ya no hay remedio, que más me ha muerto el enojo que la herida. Lo que me resta que decirte, es que, pues por tu causa muero, tengas, como caballero que eres, cuidado de mis hijos, los ampares y sustentes en el reino y señorío de su padre y castigues gravemente a los que me han denostado y quites la vida y el reino al que se ha alzado con él y a mí ha dado la muerte. Mira que es rey y gran señor y te ha sido muy amigo el que te pide esta palabra y que como caballero me la cumplas, que con esta esperanza mi ánima irá descansada».

Cortés a todas estas razones estuvo muy atento, y aunque al principio reprimió las lágrimas, no pudo dejar de llorar, y tomándole las manos, dándole a entender la que le pesaba de su desgracia, le dijo: «Gran príncipe y señor mío: No se aflija tu Alteza, que lo que me mandas yo lo haré como si el emperador de los cristianos, mi rey y señor, me lo mandara; pues conozco que por el gran valor de tu persona se te debe y yo te lo debo, no has querido comer ni ser curado, que tú ni tenías herida para morir de ella; mueres de pesar y descontento y debías de considerar que donde tú no tenías la culpa ni habías hecho ni dicho cosa que no fuese de rey, por donde merecieses que los tuyos se te atreviesen, no debías de tomar pena, sino darla a los que tuvieron la culpa; y pues, tú, según veo, ya no podrás, por estar tan cercano a la muerte, ve consolado con que tus hijos serán mirados como mis ojos y tu muerte la más vengada que hasta hoy ha sido, aunque yo perdiese muchas vidas si tantas tuviese».

Moctezuma, aunque era tan gran señor, como era indio, deseaba la venganza, porque los de esta nación la desean más que otros. Holgóse mucho con la repuesta de Cortés, recibió gran descanso, y en pago de ello le dijo así: «capitán muy valiente y muy sabio, a quien yo hasta este punto donde se conocen los amigos he amado tanto: No puedes creer el contento que tu visita me ha dado y el alegría que tus palabras han engendrado en mi triste corazón, en pago de lo cual, porque barrunto y entiendo que según eres valeroso, que has de señorear y mandar toda esta tierra, honrando mis hijos y vengando mi muerte, te quiero avisar cómo yo he gobernado y mandado, para que sepas cómo de aquí adelante tú has de gobernar y mandar todos los indios de esta gran tierra, según la experiencia me lo ha enseñado. Éstos no hacen cosa buena sino es por miedo; destrúyelos el regalo y humanidad en los príncipes; son amigos de holgar, dados a todo género de vicios, y si yo no los ocupara hasta hacerles dar tributo de los piojos, no me pudiera valer con ellos; los pequeños delitos es menester castigarlos como los grandes, por que no vengan a desvergonzarse y a ser peores, casi los hacía yo esclavos o los ahorcaba por una mazorca de maíz que hobiesen tomado. Son mentirosos, livianos, deseosos de cosas nuevas; aborrecen mucho, aman poco, olvidan fácilmente los beneficios recibidos, por grandes y muchos que sean. Es menester que vivas con ellos recatado, no les confíes secreto de importancia, tenles siempre el pie sobre el pescuezo, no te vean el rostro alegre, enójate por pocas cosas para no darles lugar a otras mayores; hazles buenas obras sin conversar con ellos ni mostrarte afable, porque te perderán el respecto y tendrán en poco. Finalmente, no les perdones cosa mal hecha y sepan que si la pensaren te la han de pagar».

Cortés le agradeció mucho el buen consejo; díjole que por lo que él había visto, su Alteza tenía razón, y que así haría al pie de la letra lo que le mandaba. Con esto, le abrazó y dijo que cuando algo fuese menester le llamase, porque él iba a ver lo que era menester en el combate que los indios daban.

Capítulo CXIV. La muerte de Moctezuma y de lo que Cortés mandó hacer de su cuerpo y donde los indios lo enterraron

Otro día que dijeron a Cortés Moctezuma estar muy al cabo, fue a verle. Preguntóle cómo se sentía; respondió muy ansioso: «La muerte, que es la mayor angustia de las angustias». Cortés le tornó a decir: «Gran príncipe, para ahora es tu valor y tu ánimo; forzosa es esta deuda, porque el que nasce es necesario que muera; pero para que no mueras para siempre y tu ánima no sea atormentada en el infierno, pues estaba concertado que te bautizases y tú lo pediste de tu voluntad, ruégote por Dios verdadero, en quien solo debes creer, que lo hagas; que fray Bartolomé de Olmedo te bautizará». Moctezuma dicen que le respondió que quería morir en la ley y secta de sus antepasados y que por media hora que le quedaba de vida no quería hacer mudanza; y si esto había de hacer en este tiempo, mejor fue que no fuese bautizado, antes, porque como era adulto y no estaba instructo en las cosas de la Fe y todos sus vasallos eran de opinión contraria y los indios naturalmente mudables, retrocediera fácilmente y fuera peor, conforme a aquello: «Más vale no conocer la verdad, que después de conocida dejarla».

Con esto se salió Cortés del aposento; quedó agonizando Moctezuma, acompañado de algunos señores de los que estaban presos, dio el ánima al demonio y no al que la había criado; murió como había vivido, y antes que se viese en este trance, haciendo una breve plática a aquellos señores que le acompañaban, les encargó sus hijos y la venganza de su muerte. Murió como gentil, deseoso hasta la postrera boqueada de la venganza de los suyos; jamás consintió paños sobre la herida, y si se los ponían quitábaselos muy enojado, procurándose y deseándose la muerte.

Como Cortés supo que había ya más de cuatro horas que Moctezuma era muerto, asomóse al azotea de la casa, porque todavía andaba la guerra y él estaba recogido con los suyos. Hizo señal a los capitanes mexicanos de que cesasen y le oyesen; hiciéronlo así; díjoles por la lengua: «¡Mal pago habéis dado al gran señor Moctezuma, a quien como a dios venerábades y acatábades! Él es muerto de una pedrada que le distes en las sienes, y murió más de enojo de vuestra traición y maldad que de la herida, porque no quiso ser curado de la herida. Enviároslo he allá para que le enterréis conforme a vuestros ritos y costumbres, y mirad que no porfiéis más en la guerra ni hagáis un mal tras de otro, porque Dios, que es justo juez, asolará por nuestras manos vuestra ciudad y ninguno de vosotros quedará vivo».

Acabado de decir esto, los indios, desvergonzadamente, le respondieron: «¿Para qué queremos nosotros ya a Moctezuma vivo ni muerto? Caudillo tenemos, y lo que está hecho está bien hecho. Guardáoslo allá, pues fue vuestra manceba y como mujer trató sus negocios, y la guerra no cesará hasta que vosotros o nosotros muráis o muramos; pues te hacemos saber que aunque por cada uno de vosotros mueran ocho o diez mil de los nuestros, nos sobrará mucha gente. Las puentes tenemos abiertas, que vosotros cegastes, para que aunque huyáis, no os escapéis de nuestras manos, y si no salís, la hambre y sed os acabará; de manera que por cualquiera vía nos vengaremos de vosotros».

Cortés les volvió las espaldas, diciéndoles: «Ahora, pues, a las manos». Mandó luego, para que era cierto que de la pedrada había muerto Moctezuma, a dos principales de los que estaban presos para que (como testigos de vista, dijeron lo que pasaba) tomándole a cuestas le sacasen de la casa. Estaba la calle por donde salieron llena de gente; llegó a ellos un principal con una devisa muy rica; hizo, sin hablar, muchos visajes y meneos como, preguntando qué cuerpo sería aquél, y como le dijeron que era el de Moctezuma, hizo señales hacia los españoles de que le volviesen. Corrió hacia los suyos y los indios tras de él, y era, según se entendió, que lo iba a decir a los otros señores, para que lo enterrasen como era de costumbre. Desaparecieron los indios que le llevaban de la vista de los nuestros. No se supo de cierto qué hicieron de él, más de que le debieron enterrar en el monte y fuente de Chapultepeque, porque allí se oyó un gran planto.

Capítulo CXV. Quién fue Moctezuma y de su condición y costumbres

Fue Moctezuma hijo y nieto de los reyes y emperadores de México, y aunque sus pasados fueron muy valerosos, hízoles en todo ventaja, y así decían los viejos, y aun lo tenían en las pinturas de sus antepasados, que nunca habían tenido rey tan valeroso como era Moctezuma, ni el imperio mexicano tan próspero y bien gobernado como en sus días; y así parece, como se entiende de las Escrituras, que cuando los reinos y señoríos están más pujantes, entonces se acaban y dan mayor caída. de esta manera los persas, medos, macedonios y otros imperios se fueron trocando y mudando, para que se vea que en esta vida no hay cosa firme ni estable.

    Fue, pues Moctezuma, lo que ennoblesce mucho a los príncipes y los hace ser amados de los suyos y temidos de los extraños, naturalmente dadivoso, amigo por extremo de hacer mercedes, y así, no solamente a los suyos, pero a los españoles, las hizo muy grandes y muchas, sin fin de otro provecho, sino solo por ser liberal. Aunque era muy regalado y muy servido, jamás comió ni bebió demasiado y decía que al príncipe convenía ser más virtuoso que otros, porque todos le miraban e iban por donde él iba. Tuvo muchas mujeres, según está dicho, y era con ellas muy templado; tratábalas bien y honrábalas mucho, diciendo que la mujer no tenía más valor del que el hombre le daba y que se debía mucho a las mujeres por el trabajo que en el parir y criar padecían. Fue justiciero, castigando gravemente los delitos; jamás pecado cierto dejó sin castigo, aunque fuese de su hijo. En su religión era muy devoto y muy curioso; tenía gran cuenta con las ceremonias y ritos de su religión. Fue sabio y prudente, así en los negocios de paz como en los de guerra. Dicen que venció nueve batallas campales.

Aumentó mucho sus reinos y señoríos; nunca por su persona salió con otro en desafío, ni batalla, porque esto no lo hacía sino gente baja, y aunque lo hicieran caballeros, no había en todo este mundo quien pudiese entrar en campo con él, porque o todos eran sus vasallos, o los que no lo eran lo podían ser. Guardó gravemente, porque convenía así, la gravedad y severidad de su persona, porque ningún príncipe le entraba a hablar que no le temiese y reverenciase. Cuando salía fuera, daba gran contento al pueblo; acompañábanle muchos; servíase con grandes ceremonias. Quiso mucho a los españoles; hízoles grandes mercedes, y lo que se pudo saber es que jamás habló mal en ellos, y si después que los trató procuró, contra las señales exteriores, hacerles mal, nunca se pudo entender, porque no quedó hombre vivo de los con quien comunicaba sus secretos. En las fiestas y regocijos (guardando su gravedad) se regocijaba a sí y al pueblo. Finalmente, si muriera cristiano, fue uno de los mayores y más notables príncipes que ha habido en muchas naciones.

Capítulo CXVI. Cómo Cortés envió a llamar a los señores mexicanos y de lo que con ellos pasó

Luego que desapareció el cuerpo de Moctezuma, aunque los nuestros barruntaran, de las voces que oyeron, que ya le habían enterrado, envió a decir Cortés a sus sobrinos y a los otros señores y capitanes que sustentaban la guerra, que quería hablarles, los cuales, como esto entendieron, vinieron luego, y Cortés, en pocas palabras, desde el azotea les dijo que pues habían muerto a su rey y señor y era forzoso para su buena gobernación elegir otro y enterrar el muerto con la pompa y majestad que a los demás emperadores solían hacer, que dejasen las armas y atendiesen a dos cosas tan importantes; la una para su quietud y la otra para hacer lo que debían; y que por lo mucho que debía a Moctezuma, como amigo suyo, se quería hallar a su entierro si no le habían enterrado, y si le habían enterrado, a sus honras, y que supiesen que por amor de Moctezuma no les había hecho mayor guerra y asoládoles sus casas, pero que pues porfiaban tanto y tenían tan mal miramiento y él ya no tenía a quien tener respecto, les haría la guerra abierta, ofendiéndoles como pudiese.

Ellos, tan obstinados y pertinaces como antes, le respondieron que de sus palabras no se les daba nada, y que hasta que se viesen libres y vengados, dejarían primero las vidas que las armas, y que en lo de elegir rey no les diese consejo, porque ellos sabían mejor que él lo que debían hacer, y que en lo que tocaba al entierro de Moctezuma, que no era menester que él le honrase, pues un emperador de suyo estaba honrado y que ellos le enterrarían como a los otros reyes sus predecesores, y que si él quería hacerle compañía, por el amistad y amor que le tenía y quería ir a morar con los dioses, que saliese y matarle hían. Aquí no pudo Cortés sufrir la risa, aunque no estaba nada contento. Díxoles que los cristianos no solían acompañar infieles.

Prosiguiendo ellos su plática, dijeron que más querían justa guerra que afrentosa paz y que no se enojase, pues tendría dos trabajos; que ellos no eran hombres que se echaban de palabras, y que ellos eran los que por reverencia de Moctezuma no le habían muerto y quemado en su casa; que se fuese, y que si no lo hacía, sería peor para él, y que salido de la ciudad, podría tratar de conciertos y que de otra manera era trabajar en vano y que sobre esto no les hablase más, porque no había de haber otra cosa.

Cortés, como los halló duros y entendió que el negocio iba de mal arte y que le decían que se fuese para tomarlo a su placer, entre puentes, les replicó que si él hobiera querido, hubiera dejado la ciudad; pero que si les rogaba esto, era más por excusarles el daño que les hacía, matándoles tanta gente, que por el que él recibía, que era poco; y con esto dándoles de mano, les dijo que se fuesen, porque cuando quisiesen arrepentirse no habría lugar. Ellos, mofando de esto y haciendo, como entre ellos se usa, la perneta, se fueron.

Capítulo CXVII. Cómo Cortés otro día de mañana salió con tres ingenios de madera y cómo aprovecharon poco
Viendo Cortés que ya el remedio estaba solamente puesto en las manos y que los mexicanos no querían paz sino guerra, determinó de salir con tres ingenios que los días antes habían hecho, los cuales los arquitectos llaman burras o

mantas. Llevábanlos treinta hombres, cada uno con unas ruedas por lo bajo; al parecer eran muy fuertes, pero como la resistencia fue mayor, aprovecharon poco. Salió, pues, Cortés con ellos por la calle de Tacuba, que hoy, como entonces, es la más principal de la ciudad. Iban cubiertos los ingenios con tablas más gruesas que tres dedos.

Al principio, como los indios vieron edificios tan bravos, maravilláronse y estuvieron algún tanto suspensos para ver qué hacían, y como vieron que salía Cortés con todos los españoles y con tres mil tlaxcaltecas y que comenzaban los unos a pelear desde el suelo, y los otros, arrimando los ingenios a las casas echaban escalas para subir a ellas y derribar los que estaban en las azoteas, comenzaron los indios a dar grita y a pelear valientemente con los nuestros, y los que estaban en las azoteas pidiendo a los que estaban en los patios muchas y grandes y piedras, con que dando en los ingenios en breve los deshicieron, porque, aunque los nuestros ganaron algunas azoteas bajas, desde las altas descargaron con tanta furia la pedrería que tenían ajuntada, que fácilmente, como está dicho, quebrantaron las mantas, empeciendo malamente a los que las llevaban y regían. Mataron en la refriega un español, el cual llevaron otros sus compañeros encubiertamente debajo de un ingenio a los aposentos.

Fue tanta la prisa que los indios se dieron en tirar las piedras y tan grande su pesadumbre y grandeza y la furia con que pelearon, que no dieron lugar a que los nuestros disparasen el artillería ni jugasen el escopetería, de cuya causa volvieron los nuestros más que de paso y más como hombres que huían que como resestidores, y no pudieron más, porque aunque las otras veces, de los altos de las casas, con las piedras, recibían daño, nunca como aquella vez habían sido tan fatigados, porque fueron muchas y muy grandes las piedras, algunas de las cuales pesaban a tres y cuatro arrobas y donde quiera que daban hacían gran daño, así que de la manera que es dicho se retiraron los nuestros a los aposentos, los unos cubriéndose con los ingenios, los otros con las rodelas, que llevaban hechas pedazos.

Cobraron con esta victoria los enemigos grande ánimo, teniendo por cierto que el día siguiente la conseguirían del todo. Desde las azoteas más cercanas decían a los nuestros: «¡Ah, bellacos, cuilones, inventores de nueva secta, usurpadores de haciendas ajenas, advenedizos, nacidos de la espuma de la mar, heces de la tierra!; presto moriréis mala muerte, mañana os sacrificaremos y con vuestra sangre untaremos nuestros templos, que vosotros, bellacos, habéis violado. Malinche, que así llamaban a Cortés, pagará la muerte de Qualpopoca y la prisión de Moctezuma. Las puentes están abiertas, vosotros muertos de hambre y cansados. Daos, bellacos, daos, para que con vuestras vidas hagamos servicio a nuestros dioses y muriendo paguéis vuestras culpas y pecados».

Los tlaxcaltecas, que con brío solían responderles, callaron, porque vían que sus negocios iban de mal arte. Cortés, aunque con gran ánimo y esfuerzo disimulaba el aflición y peligro en que se vía, allá en su pecho se arrepentía mil veces de no haber salido cuando pudiera; pero porque si él desmayaba habían de desmayar y desfallecer los demás, mostraba muy buen rostro al trabajo presente, diciendo que Dios no les había de faltar, y que los indios eran de aquella manera, que cuando algún buen suceso tenían salían de sí, como se encogían cuando huían.

Capítulo CXVIII. Cómo Cortés pidió treguas a los mexicanos y no se las quisieron conceder

Dicen Motolinía y Gómara, aunque lo contrario es lo más cierto, y lo que pasó fue antes de este tiempo, que después de haber vuelto Cortés con los ingenios, acometió tres veces a subir al templo mayor, donde quinientos principales se habían hecho fuertes y hacían gran daño porque estaban cerca de los aposentos, y que porfió tanto que subió y los mató y que no halló la imagen de Nuestra Señora que los indios no podían arrancar, y que quemó la capilla de los ídolos; esto no podía ser porque eran de bóveda, hechas de piedra. Refiero esto, porque los que leyesen esta historia entiendan que no dejé cosa que alcanzase de poner, siguiendo lo que en mi fue lo más cierto y verdadero, porque en las cosas humanas todo tiene contradicción.

Considerando, pues, Cortés la gran multitud de los contrarios, que con haber muerto tantos no parecía que faltaba ninguno, la porfía, el ánimo, las muchas armas con que peleaban, y que ya los suyos estaban cansados de pelear y que la hambre les hacía dentro de casa la guerra y que no deseaban cosa tanto como ver la puerta abierta y el camino seguro para salir, y que de ahí adelante todo había de suceder de mal en peor, determinó de enviar a llamar a los principales mexicanos, a los cuales, en siendo venidos, les dijo: «Valientes y esforzados caballeros: ¿Para qué porfiáis tanto en hacernos guerra, pues siempre habéis llevado lo peor?; nunca os habemos hecho daño sino cuando nos le hecistes; huéspedes vuestros somos y deseamos vuestra amistad si queréis la nuestra. Moctezuma y vosotros nos recibistes de buena voluntad en vuestra ciudad y casas; no es de caballeros, ni aun vuestras leyes lo permiten, que a los huéspedes tratéis mal de obra ni aun de palabra. Dejad por algunos días las armas, descansad del trabajo pasado y pensad lo que más conviene, que para todo tendréis tiempo. Mirad que aunque hoy ha sucedido bien, en todos los días pasados habéis llevado lo peor; no habéis muerto a ninguno de los míos, y de los vuestros no se pueden contar los que han perecido. Aunque me aborrecéis, yo os amo, que esto nos manda nuestra buena ley; aconséjoos lo que os conviene; mirad, no os arrepintáis algún día. Los tlaxcaltecas, si vosotros no nos queréis, nos convidan con su ciudad y provincia, quieren nuestra amistad y aun nuestra ley y son indios como vosotros, aunque nosotros tenemos determinado de volver a nuestra tierra y dar relación de lo que hemos visto a nuestro rey, que nos envió».

Ellos, más endurecidos que piedras y más furiosos que leones embravescidos, le respondieron que no querían paz ni amistad con cristianos, capitales enemigos de sus dioses y religión, y que los huéspedes que sus leyes mandaban honrar y tratar bien, eran los de su religión y costumbres, y que los cristianos no eran huéspedes, sino perros ataladores y destruidores de cuanto bueno ellos tenían, y que no querían treguas ni sosegar hora hasta que de los unos o de los otros no quedase hombre a vida, para que se acabase aquella división y contradición de leyes y religiones, y que ya estaban desengañados de que no eran dioses ni hombres inmortales, y que entendían que con la ventaja de las armas herían y mataban más, pero que ellos eran tantos que poco a poco los acabarían, pues ya lo habían comenzado, habiendo muerto de ellos algunos y que ya ni tenían agua ni pan ni salud y que viesen cuánta gente parecía por las azoteas, torres y calles sin trestanta que estaba en las casas, y que hallarían que más presto los españoles acabarían de uno en uno que ellos de diez en diez mil, porque muertos aquéllos, habría otros y otros, y que acabados los cristianos, no vendrían más y que no eran simiente que había de tornar a nascer, y que para irse, por estar las puentes rotas y no tener barcas, había mal recaudo; que lo mejor era, pues no podían salir y forzosamente habían de morir de hambre, que se diesen y muriesen en servicio de sus dioses».

Esto no pudo sufrir Cortés; envióles para perros y dijo que pues querían guerra, que él les hartaría de ella. Con esto vino la noche, y despedidos los unos de los otros, Cortés comenzó a tratar lo que se debía hacer.

Capítulo CXIX. Cómo determinó Cortés de salir aquella noche de la ciudad y de lo que Botello le dijo y lo demás que Cortés hizo
Venida que fue la noche, considerando, Cortés el peligro tan magnifiesto en que los suyos estaban, la hambre que de cada día más los afligía, las enfermedades de algunos, las muertes y heridas de otros, el cansancio y extrema necesidad de todos, la multitud de los enemigos, su rabia y porfía, y que por ninguna vía, así de halagos como de amenazas, los podía atraer a su voluntad y que de cada día estaban más emperrados y que ya no tenía pólvora ni aun pelotas, tanto que a falta de ellas echaban en las escopetas chalchuites, que son piedras finas a manera de esmeraldas, muy preciadas entre los indios y aun entre los españoles, llamando a los principales capitanes y a un soldado que se llamaba Botello, que decían tener familiar y que había dicho a Cortés muchas cosas de las que después sucedieron, les dijo: «Señores: Ya veis que no podemos ir atrás ni adelante; en todo hay riesgo y peligro, pero paréceme que el mayor es quedar y el menor aventurarnos a salir. Los indios pelean mal de noche; salgamos con el menor bullicio que pudiéremos, Botello nos diga sobre esto lo que le parece».

Los capitanes respondieron diferentemente, porque a los unos les pareció bien lo que Cortés decía, a causa de que todos ellos estaban cansados y los indios no acostumbraban a pelear de noche. A los otros les pareció mejor lo contrario, y aun después acá pareció así a muchos de los conquistadores, a causa de que las puentes estaban abiertas, los maderos quitados, la noche oscura y que llovisnaba, y que de noche, despertando y acometiendo a los indios, ni los de a pie ni los de a caballo podían ver lo que hacían.

Estando en esta diferencia, Botella, que de antes en lo que decía tenía más crédito con todos y había dicho cómo acometiendo Cortés a Narváez de noche le vencería y sería señor del campo, les dijo: «Señores: No hay que altercar. Conviene que salgamos esta noche, y saber que yo moriré o mi hermano y que morirán muchos de los nuestros, pero salvarse ha el señor capitán y muchos de los principales. Volverá sobre esta ciudad y tomarla ha por fuerza de armas, haciendo grande estrago; y de día, en buena razón, parece que no conviene salir, porque la noche tanto y más ayuda a nosotros que a los indios. Las puentes están abiertas; para cerrarlas y pasarlas es menester gran trabajo; falta la pólvora y munición para los tiros y escopetas, que es nuestra principal fuerza; de las azoteas es todo el daño, y éste cesará saliendo de noche, y si vamos callando, podría ser que cuando los enemigos diesen en ello, estén los más de nosotros en tierra firme, aunque todavía me afirmo en que moriremos muchos; pero si salimos de día, sería posible morir todos y que no tuviese efecto lo que después sucederá. Éste es mi parecer; resúmanse vuestras Mercedes en lo que más les conviene y no lo dilaten, porque si el mío siguen, es necesario no dejar pasar la hora».

Oído por todos lo que Botello dijo, así por el crédito que tenía como por las buenas razones que daba, se determinaron todos que aquella noche saliesen y se excusase el mayor peligro que podía haber en el día. Comenzáronse luego todos a aderezar, armáronse como mejor pudieron. Cortés (que no debiera), no pudiendo llevar el tesoro que en una cámara había dijo y aun hizo apregonar dentro de los aposentos, para que todos lo supiesen, que los que quisiesen llevar consigo oro, plata y joyas lo hiciese, y que cada uno tomase lo que quisiese, que él les daba licencia, lo cual fue causa (según los españoles son codiciosos) que aquella noche muriesen más por guardar el oro que por defender sus personas, pues es cierto que muchos si no fueran cargados pudieran correr y saltar y escapar las vidas, aunque perdiesen el oro, y fuera mejor seso, y no que por guardar lo menos perdiesen lo uno y lo otro, y así, el que menos tomó salió más rico, porque iba menos embarazado.

La riqueza de aquel aposento era muy grande, porque subía de más de 600.000 ducados. Juan de Guzmán, camarero de Cortés, fue el que abrió el aposento donde el tesoro estaba. Dicen que Cortés pidió por testimonio delante de los Oficiales del rey, cómo el rey no podía dejar de perder aquella noche su quinto, porque no había modo para lo salvar, y volviéndose a los Oficiales les dijo: «Señores: En este tesoro está el quinto que a Su Majestad pertenece; tornalde, porque desde ahora yo me descargo, y sí se perdiese, mucho más pierde Su Majestad en perder tan insigne ciudad, que otra como ella no hay en el mundo». Dioles, según dice Motolinía, una yegua suya y hombres que lo llevasen y guardasen, y en lo demás dio la licencia que dije, usando de la cual (como venían hambrientas de oro los de Narváez) metieron tanto la mano, que muy pocos escaparon, lo cual fue ocasión de que después se dijese que todos o los más que habían sido traidores a Pánfilo de Narváez habían acabado miserablemente.

Capítulo CXX. Cómo Cortés ordenó su gente e hizo una puente de madera para pasar los ojos de las acequias, y a quién la dio, y lo que luego pasó
Estando ya todos aprestados y cada uno con el oro y plata que había podido tomar, lo más secreto que pudo, mandó Cortés dar aviso a todos los españoles para que ninguno quedase, que es lo contrario de lo que algunos sin razón dijeron, que se había a cencerros atapados, y tanto, porque mejor se vea el valor y bondad de Cortés, que después que aquella noche, habían salido todos de los aposentos y patio buen rato adelante, dijo a Alonso de Ojeda que mirase no quedase alguno durmiendo o enfermo, mandó también más de dos horas antes que de mano en mano por las cámaras se hiciese saber la salida.

A Alonso de Ojeda se le acordó que un español que se decía Francisco quedaba en su aposento, encima del azotea, en un arrimadizo, que le había dado frío y calentura. Volvió corriendo, hallólo en el azotea echado, tiróle de los pies, tráxole hacia sí, diciéndole: «¿Qué hacéis aquí, hombre, que ya todos están fuera del patio?». Tomóle por el cuerpo, púsole en el suelo, y así aquel hombre con el miedo de la muerte alcanzó la gente, y aun se creyó que, aunque muchos sanos murieron, se salvó aquél.

Cortés, como hombre apercebido y a quien Dios en las armas dio tanto saber y ventura, como entendió que el concierto y orden de la gente es el que la fortifica, y que no se podía salir a tierra firme sin llevar una puente de madera, para que puesta sobre el primer ojo pasase la gente, en esta manera, la vanguardia dio a los capitanes Gonzalo de Sandoval y Antonio de Quiñones con hasta doscientos hombres y veinte de caballo, y la retroguarda a Pedro de Alvarado y otros capitanes que con él iban, y él tomó a cargo el demás cuerpo del ejército, proveyendo lo que era menester en la vanguardia y retroguardia.

Dio el cargo de llevar la puente al capitán Magarino con cuarenta hombres muy escogidos y juramentados que ninguno dejaría al otro, y que uno muriese por todos y todos por uno; y si como se hizo una puente se hicieran tres, pues había gente que las llevase, escaparan todos o, a lo menos, murieran pocos, que como después, en el primer ojo, con la pesadumbre de la gente y con la tierra, que estaba mojada, afijó y encalló la puente de tal manera que, acudiendo después la furia de los enemigos, no pudieron levantarla, y así, como adelante diremos, miserablemente acabaron muchos.

Dio cargo Cortés a ciertos españoles de confianza, que llevasen a buen recaudo a un hijo y dos hijos de Moctezuma y a otro su hermano y a otros muchos españoles principales que tenía presos, con intento de que si los salvara, que después habría algún medio de amistad para cobrar la ciudad, o que habiendo disención, como era forzosa, viviendo los sucesores y deudos de Moctezuma, favoreciendo su parte, podía tener mucha mano en los negocios.

Cortés tomó para sí cien hombres de los que le pareció que más animosos y fuertes eran, para acudir, como después lo hizo, a las necesidades que se ofreciesen. Los de a caballo tomaron a las ancas a los que iban cansados y heridos. Desta manera y por esta orden y concierto salió el campo con gran silencio a la media noche.

Capítulo CXXI. Cómo al poner de la puente en el primer ojo los españoles fueron sentidos y las velas tocaron al arma, y de la gente que por las calles y en canoas luego acudió

No fue sentido el ejército español, según iba callando y sin rumor, hasta que Magarino, que iba adelante con la puente, la puso sobre el primer ojo. Las velas que los indios tenían allí, y tenían hecho fuego, les tiraron muchos tizonasos, dando grandes gritos, tocando sus caracoles; decían: «¡Arma, arma, mexicanos, que los cristianos se van!». En un momento acudieron más de diez mil indios con flechas, arcos y macanas, como los que no tenían que vestir arneses ni ensillar ni enfrenar caballos.

Peleó, primero que el resto de los españoles llegase, valerosamente Magarino y sus compañeros; mataron muchos indios. Puso muy bien la puente; pasaron sin ofensa alguna todos los españoles y con ellos los indios amigos. En el entretanto, a los ojos de adelante habían acudido los enemigos más espesos que lagosta. Procuró Magarino con su gente levantar el pontón, pero como llovisnaba, afijó mucho y la resistencia impidió que en ninguna manera le pudiese sacar, y aunque heridos del procurarlo algunos de los compañeros, pasaron todos adelante. Por el un lado y por el otro acudieron infinitos indios en canoas, gritando: «¡Mueran, mueran los perros cristianos!». Metíanse tanto en ellos, que los tomaban a manos y echaban en el agua, aunque muchos se defendían valientemente, hiriendo y matando gran cantidad de los enemigos. Desta manera, acudiendo Cortés a una parte y a otra, llegaron al segundo ojo (que estos todos eran en la calle de Tacuba), pues en la calle de Iztapalapa había siete. Aquí hallaron sola una viga y no ancha; como estaba mojada, los de a caballo no podían pasar, y los de a pie con muy gran dificultad; y como aquí acudió la fuerza de los enemigos, fue miserable y espantoso el estrago que en los cristianos hicieron, tanto que de los cuerpos muertos estaba ya ciego el ojo de la puente.

Aquí animó Cortés grandemente a los suyos; peleó tan valerosamente, que sola su persona, después del favor divino, fue causa que todos no pereciesen. Halló por un lado de esta acequia, tentando, vado; entró por él; llegábale el agua, a los bastos del caballo. Siguiéronle los de a caballo que quedaban y aun de a pie púsose sobre la calzada, y dejando allí algunos, volvió a entrar en el agua, en la cual, peleando con algunos que le siguieron, dio lugar a que muchos peones pasasen por la viga. de esta manera, muriendo y ahogándose muchos de los nuestros, llegaron al tercer ojo, que era el postrero; pero del segundo a volvieron a la ciudad más de cien españoles; subiéronse al cu, pensando de hacerse allí fuertes y defenderse, no considerando que habían de perecer de hambre, tanto ciega el temor de la muerte, y así se supo que otro día, miserablemente los sacrificaron.

En el ojo tercero, ya antes que Cortés con el cuerpo del ejército llegase, había grandes muertes, porque Gonzalo de Sandoval, que llevaba el avanguardia, volvió a Cortés y dijo: «Señor, muy poca gente nos defiende el ojo postrero, pero están ya los españoles tan medrosos que si no vais allá, se dejarán tomar allí a ahogar en el agua».

Cortés, diciendo a Pedro de Alvarado lo que había de hacer, se fue al avanguardia, pasó la gente sin peligro de la otra parte, púsola en tierra firme y dejándola a Juan Xaramillo, que era uno de los valientes y esforzados del ejército, envió a Gonzalo de Sandoval para saber cómo pasaba la retroguarda. En esto llegó Cristóbal de Olid a Cortés y le dijo que fuese a socorrer a la retroguarda, porque Pedro de Alvarado y toda su gente quedaban en gran peligro. Cabalgó Cortés, que se había apeado un poco, pasó la puente, peleó con muchos indios, y pasando adelante topó con Pedro de Alvarado, el cual le certificó que ya no quedaba ninguno por pasar, aunque muchos habían perecido, y fue así. Cortés entonces tomó toda la gente delante de sí, quedándose en la retroguarda, porque allí acudía toda la fuerza de los enemigos.

Capítulo CXXII. El salto que dicen de Pedro de Alvarado, y de cómo Cortés tornó a recoger la gente que atrás quedaba
Fue tan brava y tan porfiada de parte de los indios la batalla, como aquellos que peleaban en sus casas contra los extranjeros, que ponía grima y espanto con la oscuridad de la noche y alarido de los indios oír los varios y diversos clamores de los españoles. Unos decían: «¡Aquí, aquí!». Otros: «¡Ayuda, ayuda!». Otros: «¡Socorro, socorro, que me ahogo!». Otros: «¡Ayudadme, compañeros, que me llevan a sacrificar los indios!». Los heridos de muerte y los que se iban ahogando y aquellos sobre los cuales pasaban los demás, gemían dolorosamente, diciendo: «¡Dios sea comigo! ¡Misericordia, Señor! ¡Nuestra Señora sea comigo! ¡Válame Dios!». y otras palabras que en las últimas aflicciones, peligros y riesgos suelen decir los cristianos. Los vencidos lamentaban de una manera; los vencedores, daban voces de otra; los unos pedían socorro; los otros apellidaban: «¡Mueran, mueran!»; y como no solamente eran contrarias las voces de los vencedores y vencidos, pero como en lengua eran tan diferentes, por ser los unos indios y los otros españoles, y no se entender los unos a los otros, cargando siempre más la oscuridad de la noche y la matanza en los cristianos, acudió Cortés otra vez con cinco de a caballo a la puente última, donde era la furia de la batalla, donde halló muchos muertos, el oro y fardaje perdido, los tiros tomados, muchos ahogados o presos; oyó lamentables voces de los que morían. Finalmente, aunque peleaban algunos, no halló hombre con hombre, ni cosa con cosa, como lo había dejado. Animó y esforzó a los desmayados, alentó a los que peleaban, recog[i]olos, llevólos delante, siguió tras de ellos, peleando con grande

esfuerzo y coraje. Dijo a Alvarado, que quedaba atrás con otros españoles, que los esforzase y recogese en el entretanto que él pasaba con aquellos que llevaban la puente. Hizo Alvarado lo que pudo, peleó valientemente, pero cargaron tantos enemigos que, no pudiéndolos resistir y viendo que si más se detenía no podía dejar de morir, llamando a los que le pudieron seguir a toda prisa, pasando por cima de cuerpos muertos y oyendo lástimas de otros que morían, saltando sobre la lanza que llevaba, se puso de la otra parte de la puente, de que los indios y españoles quedaron espantados, porque el salto fue grandísimo y todos los demás que probaron a saltarle no pudieron y cayeron en el agua, quedando algunos ahogados, saliendo otros con harta dificultad. Por haber sido este salto tan notable y espantoso, quedó, como en memoria, el Salto de Alvarado, para en los siglos venideros. Está hoy ciego, porque la calzada corre por él; otros dicen que es una alcantarilla en la misma calzada que pasa a Chapultepeque.

Capítulo CXXIII. Cómo los españoles, pasado aquel ojo, llegaron a tierra firme y cómo los indios los siguieron hasta Tacuba, y cómo después de la puente reparó un poco Cortés y de lo que aconteció a un español
De la puente segunda, aunque antes dije que se habían vuelto cien españoles a fortalecerse en el templo mayor, dicen muchos conquistadores que fueron trescientos, y que puestos en lo alto pelearon tres días, hasta que de cansados y enflaquescidos de la hambre, se les cayeron las espadas de las manos, tiniendo bien poco que hacer los enemigos en matarlos.

Ya, pues los demás que quedaron vivos y pudieron saltar en tierra firme estuvieron juntos de la otra parte, unos heridos, otros muy cansados, Cortés, aunque los indios no le dieron mucho espacio, puso en orden su gente; halló que le faltaban seiscientos españoles, cuatro mil indios amigos, cuarenta y seis caballos y todos los prisioneros, aunque cerca del número de todos, unos dicen uno y otros otro, más o menos, como les parece, pero esto es lo más verdadero. Aquí no pudo Cortés detener las lágrimas, acordándose cómo Dios le había castigado como a David, por haberse ensoberbecido con el número grande de su gente, y así es verdad que después decía él que el confiar tanto en su gente fue ocasión de aquella pérdida.

Acordóse Cortés en este paso de lo mal que lo había hecho en no haber visitado a Moctezuma luego como vino de la victoria de Narváez; pesábale de aquella vez que pudo, no haberse salido de la ciudad y puesto en salvo; pesábale de haber repartido el oro, pues había sido causa de la muerte de los más que habían fenescido, porque por defender y salvar cada uno su parte, ni se habían defendido a sí ni a otros. Consideraba la mudanza y trueco de fortuna; dolíale mucho ver muertos a manos de tan vil gente tantos españoles hijosdalgo; llegábale a las entrañas el verse huir, el verse cansado y con tan poca gente y con tan pocos caballos, sin comida alguna, en tierra extraña, donde en ninguna parte tenían seguridad ni sabían por dónde ir; pero, con todo esto, revolviendo sobre sí y viendo que a lo hecho no había remedio y que era necesario proveer en lo por venir, acordándose de lo que Botello le había dicho y de que había de volver sobre aquella ciudad y que había de ser señor de ella, esforzándose a sí propio, diciendo que la mano del Señor aún no estaba abreviada para hacerle mercedes, ya que todos los tuvo puestos en concierto, preguntó si estaba allí Martín López; dijéronle que sí, holgóse mucho, porque era el que había de hacer los bergantines para volver sobre México, y por su persona era valiente y cuerdo.

En esto, los indios habían saltado en tierra y comenzaron a dar sobre los cristianos, los cuales en buen orden, acaudillándolos Cortés y diciéndoles: «¡Ea, señores y amigos, que ya no hay agua que nos estorbe!» se fueron peleando, retirando hacia Tacuba.

En este camino, yendo muy cansado un español, se subió sobre un capulí, que los españoles llaman «cerezo», en el cual se estuvo todo lo que quedó de la noche y hasta otro día bien tarde que volvieron los indios que iban en el alcance de los nuestros. Quiso Dios guardarle de manera, que no mirando en él, siendo tantos, después que hobieron pasado, que a él le parecieron más de doscientos mil hombres, bajó y por entre los maizales, donde otros españoles se salvaron, llegó muy contento a do Cortés estaba, el cual, contado lo que había pasado, Cortés dio gracias a Dios, tiniéndolo por buena señal.

Capítulo CXXIV. Cómo en aquella parte donde murieron los más de los españoles, después de tomada la ciudad, un Juan Tirado hizo una capilla donde se dijo misa por los muertos

En memoria de los muchos españoles que al pasar de esta última puente murieron en aquel propio lugar donde fue mayor la matanza, después de conquistada y ganada México, uno de los que escaparon de no quedar allí, que se decía Juan Tirado, hombre de ánimo y muy buen cristiano, devoto de san Acacio y de los diez mil Mártires, sus compañeros, en reverencia de ellos edificó una capilla que hoy llaman de los Mártires, donde por aquellos muertos todo el tiempo que el Juan Tirado vivió hizo decir misa, y después acá, refrescando aquella memoria y santa obra, algunos conquistadores han hecho decir misas, aunque no tan continuadamente como Juan Tirado, el cual, en la postrimería y fin de sus días murió bienaventuradamente, dando, no solamente señales de cristiandad, pero de santidad, conociendo claramente él y los que a su muerte se hallaron el favor y ayuda de san Acacio y de sus compañeros y aun el de las ánimas de purgatorio, especialmente de aquellas que en gracia en aquel lugar pasaron de esta vida.

Está esta capilla cerca de otra iglesia, junto a la calzada que se dice San Hipólito, la cual, como ya está dicho, se edificó en memoria de la toma de México, porque aquel día los cristianos, como después se dirá, a cabo de más de ochenta días la tomaron, rindieron y sujetaron.

Capítulo CXXV. Cómo Cortés y los que escaparon de aquel peligroso paso fueron peleando hasta Tacuba, y de lo que allí les pasó
Con muy gran trabajo y dificultad, según está dicho, quedando tantos muertos y tantos para morir, y que en ninguna manera podían pasar adelante, Cortés y sus compañeros, aunque iban bien en orden y, por estar ya en tierra firme, alentados y con más coraje, peleando y deteniéndolos los enemigos en el camino, pudieron, con ser la jornada tan breve que no había más de media legua, llegar a la ciudad de Tacuba en tres horas. Era tiempo de maizales y que estaban ya muy altos y casi para coger; salían de ellos como de bosques muchos indios que a manos tomaban [a] los españoles, y metiéndolos adentro, de mano en mano los volvían a la ciudad para sacrificarlos vivos y hacer, en testimonio de la venganza, servicio a sus dioses, que tanto habían porfiado se hiciese esta tan cruda guerra con los cristianos.

Escaparon los nuestros [a] algunos De éstos, aunque a todos no pudieron. Señaláronse allí, después de Cortés, Alonso de Ávila, Cristóbal de Olid, Francisco Verdugo, los hermanos Alvarados, Gonzalo de Sandoval y otros hombres de cuenta, que aunque iban que ya no se podían tener, unos a otros se animaban, diciendo que si el morir no se excusaba, que cuándo mejor que entonces podían vender bien sus vidas, especialmente que, como adelante diré, en su capitán vieron siempre tanto seso y valentía que, tiniéndole presente, jamás temieron ni desmayaron porque verdaderamente, como muchos dijeron, en esta conquista supo e hizo más que hombre ninguno.

Yendo, pues, de esta manera peleando, llegaron a Tacuba; los de la retroguarda, creyendo que Cortés, que iba en el avangoardia, reposara en los aposentos y casa del señor de aquella ciudad, se entraron en el aposento de la casa. En esto hay dos opiniones: la una es que llegando allí los nuestros, los mexicanos que venían en su seguimiento se volvieron, o porque estaban ya cansados de pelear, o porque no osaron entrar en términos ajenos, temiendo que los tacubenses les salieran al encuentro, porque recibieron bien a los cristianos, de lo cual se quejaron mucho después los mexicanos de ellos y los riñeron, porque en su pueblo no habían acabado de matar a los españoles. Esto dicen Motolinía y los tacubenses, cuyo guardián, después de convertidos, fue el dicho Motolinía, fraile franciscano y conquistador.

La verdad es, según las Memorias de muchos conquistadores, que los mexicanos los siguieron hasta allí, y más de una legua adelante, que como era de noche, los tacubenses ni ayudaron ni dañaron. Los de la retroguarda, como vieron que Cortés no reposaba en los aposentos, sino que iba adelante, a toda furia salieron, por no perderle, que sin él iban como los que navegan sin norte. Ya era salido el Sol cuando todos vinieron a alcanzar a Cortés.

Capítulo CXXVI. Cómo Cortés se mostró sobre una quebrada a los de la retroguarda, con que los animó mucho, y lo que les dijo, y cómo todos se hicieron fuertes en un cu

Sin saber el camino ni de noche ni de día, sino por el hilo de los muertos y multitud de los enemigos que de la una parte y de la otra del camino estaban, los de la retroguarda caminaban. Llegaron de esta manera a una quebrada, paso muy malo, donde los enemigos los apretaban mucho, y cierto desfallecieran y acabaran allí si Cortés, que andaba peleando por lo alto, entre los maizales no pareciera, el cual, como los vio, les dijo:

¡Ea, amigos, arriba, arriba, a lo raso, a lo raso; que aquí estoy yo; ya no hay más peligro!

Alentáronse con su vista todos, pelearon con nuevo corazón, salieron a lo raso sin perder hombre, y acaeció que llevando unos de ellos una petaquilla con 3.000 castellanos en oro, dijo a Cortés; «Señor, ¿qué haré de este oro, que me estorba el subir y primero me matarán que salga de aquí?». Cortés respondió: «Dad al diablo el oro si os ha de costar la vida. Arrojadlo o dadlo a otro, que yo le hago merced de ello». Hízolo así y salió con los otros, y juntándase todos y tornando Cortés a ponerlos en concierto, ya que serían las nueve del día, tomaron un cu pequeño, templo de los dioses, que estaba en un alto y todo lo de alrededor raso y sin maizales. La gente se recogió en el patio, y Cortés con algunos escopeteros y ballesteros se subió a lo alto para que si los indios le entrasen, les pudiese mejor hacer la guerra.

Aquí les dieron mucha grita, ya que no, les podían hacer mucho mal, lo uno, porque no les podían entrar en el templo, lo otro porque los de a caballo, como estaba el campo raso, eran señores de él. Alancearon cincuenta o sesenta indios. Señalóse aquella tarde un Gonzalo Domínguez, hombre de grandes fuerzas y muy recio en la silla, que por su mano alanceó más que otros cuatro de a caballo. Con todo esto, como la gente de los enemigos era mucha, aunque no mataron ningún cristiano, llegábanse tanto a ellos, por hacerles daño, que las varas todas daban en el patio, que después de puesto el Sol, que cesó la batería, tuvieron que coger más de cuatro carretadas de ellas, con que hicieron muchos fuegos. Reposaron los heridos. Esperó Cortés allí, por ver si algún español venía de los que se habían metido por los maizales. Llegaron algunos, y entre ellos un Fulano de Sopuerta con muchos flechazos, que por hacerse muerto, escapó la vida; sanóla de las heridas, aunque eran muchas, por no haberle acertado ninguna por lo vacío.

Llamaron a este cu por entonces el Templo de la Victoria, y después que México se ganó se hizo en él una iglesia que se llamó Nuestra Señora de los Remedios, por el que allí los cristianos recibieron.

Hicieran hasta este sitio muy mayor daño los indios si, como dicen los conquistadores, no se ocuparan en robar los cristianos muertos y despojarlos de la ropa, y también porque con el día, conociendo a los hijos de Moctezuma, conforme a sus ritos y costumbres, los más de los principales se juntaron a llorarlos, a los cuales sin conocer, con la oscuridad de la noche, habían muerto.

Capítulo CXXVII. Cómo Cortés hizo alarde de su gente y la puso en orden y salió, para no ser sentido, de noche, y de lo que en el camino le aconteció
Ya que el ejército español había reposado más de media noche, Cortés, así porque los enemigos no lo sintiesen, como porque el calor del Sol no estorbase el marchar e hiciese daño a los heridos, determinó sin ningún bullicio salir de allí, aunque no sabía el camino, para Tlaxcala, donde tenía, intento de ir, porque cuando vino, entró por Iztapalapa y salió por Tacuba, camino contrario. Hizo primero alarde de la gente que le había quedado, así de españoles como de indios amigos; halló que entre los españoles, entre heridos y sanos, había obra de trescientos y sesenta, poco más o menos, y veinte y tres caballos, y de los indios amigos hasta seiscientos. Echó mucho menos un paje que él quería mucho y había procurado defender. Hizo de la gente diez capitanes, o (según otros) ocho, de a cuarenta hombres cada capitanía. Dio la vanguardia a Diego de Ordás, y la retroguarda tomó él. Hizo aquí nuevo sentimiento de su desgracia y gran pérdida.

Salió sin ser sentido, no llevando otra guía que el cielo, aunque su fin y motivo era, como está dicho, ir a Tlaxcala, donde confiaba, como fue, ser bien recibido. Fue, como dice Motolinía, rodeando por la parte de occidente, pues él había entrado por la de oriente en México, y por este camino a Tlaxcala hay veinte leguas, y por donde él fue más de treinta. Puso los heridos y la ropa en medio de los sanos; mandó que so pena de la vida ninguno saliese de la ordenanza. Salieron de esta manera sin pífaro y atambor, guiando un indio tlaxcalteca, que aunque no sabía el camino, dijo que poco más o menos atinaría a llevarlos hacia Tlaxcala.

No hubieron andado media legua, cuando las escuchas los sintieron, y tocando al arma, acudieron los enemigos en gran cantidad. Diéronles guerra, aunque no muy grande, porque era de noche y los escopeteros los oxeaban. Siguiéronlos más de dos leguas, hasta que los nuestros tomaron una cuesta en que estaba otro templo con una buena torre y aposento. Toparon cinco de a caballo que iban delante, primero que aquí llegasen ciertos escuadrones de indios emboscados, que esperaban a los españoles, para matarlos y robarlos, y como vieron a los de a caballo, creyendo que venía mayor ejército, huyeron, reparando en una cuesta, y como reconocieron cuán pocos eran los españoles, juntáronse con los indios que atrás venían, y así todos venían dando caza a los nuestros hasta este templo, donde se hicieron fuertes, reposando lo que de la noche quedaba, aunque no tenían cosa que cenar; diéronles los enemigos mala alborada, aunque fue mayor el miedo que pusieron que el daño que hicieron. Partieron de allí los nuestros; fueron a un pueblo grande, que se dice Tepozotlán, por un camino muy fragoso, donde los de a caballo no se podían aprovechar de los enemigos, ni ellos tampoco de los nuestros; y porque en este pueblo hallaron muchos patos, que los indios crían para sacar y quitarles la pluma para las mantas, los españoles le llamaron el Pueblo de los Patos. Los unos huyeron, yéndose a otro pueblo grande que se llama Guautitlán, una legua de allí.

Los nuestros pararon en aquel pueblo dos días, donde descansaron y se rehicieron algún tanto. Hallaron alguna comida, y los patos, como llevaban consigo la salsa, les supieron muy bien, y así mataron la hambre. Curaron los heridos y caballos y llevaron alguna provisión para el camino, aunque según iban, no pudieran llevar mucha aunque la hallaran. Salieron de allí y atravesaron en busca del camino de Tlaxcala, dejando la ladera de las montañas que habían seguido; toparon con tierra pobladísima; salieron a ellos infinidad de indios que los pusieron en grande aprieto. Vinieron a tanta necesidad, que comían hierbas, y esto duró ocho días, hasta llegar a Tlaxcala, fatigándolos los enemigos, aunque lo que más los fatigaba era la hambre, que fue tanta, que no pudiéndola sufrir un español, abriendo a un español que halló muerto, comió de sus hígados, de lo cual pesó tanto a Cortés, que le mandó luego ahorcar. No le pesaba al español mucho de ello, por no verse morir de hambre, pero a ruego de algunos se dejó de hacer la justicia.

Yendo de esta manera perdieron muchas veces el camino, porque la guía no le sabía y desatinaba. Al cabo llegaron a un pueblo pequeño; durmieron aquella noche en unos templos, donde se hicieron fuertes. Prosiguieron su camino por la mañana, persiguiéndolos siempre los enemigos, llevándolos siempre acosados como a toros, que no los dejaban reposar.

Capítulo CXXVIII. Cómo prosiguiendo Cortes su camino le dieron una pedrada en la cabeza, y cómo Alonso de Ávila dio una lanzada a un español y por qué, y lo que más sucedió
Prosiguiendo Cortés su camino, Diego de Ordás, que llevaba la delantera; dio en una quebrada, donde estaban aguardando ciertos escuadrones de gente de guerra. Reparóse toda la capitanía, porque no les pareció acometer, por la dificultad del lugar y porque los enemigos eran muchos, los cuales como vieron que los nuestros no osaban arremeter, arremetieron ellos, tirando muchas varas y saetas. En esto, un valiente soldado, viendo esto y que era afrenta esperar la retroguardia, quitando la bandera de las manos a un Fulano de Barahona, que era alférez, saliendo contra los enemigos, dijo: «¡Santiago, y a ellos! Los que quisierdes, seguidme». Entonces, acometiendo todos, hicieron grande estrago en los enemigos, porque estaban en lo bajo. Pusieron a los demás en huida, y de esta manera dejaron la quebrada, y la retroguardia pasó sin resistencia, aunque puestos en lo llano, no mucho después los iban siguiendo los enemigos. Yendo en este orden, como estaba mandado que nadie saliese de él, un soldado que se decía Hernando Alonso, apartándose como ocho pasos del escuadrón a comer unas cerezas, porque la hambre le aquejaba demasiadamente, Alonso de Ávila le tiró una lanza, con que le pasó el brazo, del cual, aunque sano, quedó manco. Era en tanto peligro necesario el castigo de otra manera, porque no se desmandaba el soldado cuando, sin poderlo remediar, le llevaban los indios vivo, y de mano en mano le desaparecían, haciendo resistencia los que primero le tomaban, y de esta manera sacrificaron a muchos.

Otro día que esto pasó, iba creciendo la hambre, tanto que aun para los heridos no había que comer sino acederas, cerezas verdes y cañas de maíz, que todo era pestilencia, y ninguno, porque Dios los guardaba, murió, sino eran los que los indios tomaban a manos. de esta manera, no lejos de Otumba, donde, como diré, fue la señalada batalla, salieron a los nuestros muchos indios, donde fueron bien menester las manos, porque como canes rabiosos se metían por las espadas y lanzas. Aquí los españoles, hasta los heridos, pelearon valientemente. Salió de esta batalla mal herido Cortés en la cabeza de una pedrada de honda que aínas se pasmara; y aunque todavía tenía la mano de la rienda herida y la cabeza entrapajada, su persona sola valió y pudo tanto que conservó y sustentó todo su ejército.

Hirieron a Martín de Gamboa, matáronle el caballo, hízolo como valiente soldado. Reparó en aquel lugar aquella noche Cortés. Dio la vida a cuatro o cinco españoles que llegaron bien anochecido, sin entender Cortés que se habían quedado atrás, subidos en los cerezos, que hay en el camino muchos, por la gran hambre que ya no podían sufrir. Esta misma noche metieron el caballo muerto de Gamboa a los aposentos, del cual no se perdió nada, tanto que las tripas y uñas comieron; y aun al repartir hubo cuchilladas, y fue menester hallarse el capitán presente. Cupo la cabeza a cinco o seis soldados, que no poca fiesta hicieron con ella.

Capítulo CXXIX. Cómo yendo el ejército adelante salió un indio al camino a desafiar los españoles, y cómo los mexicanos, hecho sacrificio en México de los españoles, vinieron a Otumba, y del razonamiento que Cortés hizo a los suyos

Con esta hambre, cansancio, guerra y heridas, otro día de mañana, que era sábado, partió el campo de los españoles, no sin enemigos que le iban dando caza. Llegando a un llano, salió un indio de través, alto de cuerpo, con ricos plumajes en la cabeza, con una rodela y macana, muy valiente al parecer. Desafió uno por uno a cuantos iban en el campo. Salió a él Alonso de Ojeda, siguióle Juan Cortés, un esclavo del capitán. El indio no quiso esperar, o porque venían dos, o porque deseaba meter a los españoles en alguna emboscada.

En el entretanto que el ejército español llegaba a este paso, los mexicanos habían ya cruelmente sacrificado los españoles que al salir de México se habían vuelto, y más de doscientos mil se vinieron a juntar con los de Otumba en unos campos muy llanos que allí hay para acabar de matar a los españoles, sin que de ellos quedase rastro. Vinieron lo más bien armados que pudieron, con muchos mantenimientos, ricamente aderesgados. Tomaban de la una parte y de la otra las faldas de las sierras; tendiéronse por aquellos campos, que, como andan vestidos de blanco, parecía que había nevado por toda aquella tierra. Llevaban un general, a cuyo estandarte tenía ojos todo el campo. Venían en orden, repartidos por sus capitanías, cada una con su bandera, caracoles y otros instrumentos bélicos que servían de pífaros y tambores. Venían de su espacio, sin dar grita, hasta ponerse en lo llano. Entonces Cortés, como vio que sobre él venía tan gran poder y que los suyos se contaban ya por muertos y aun los muy valientes desconfiaron de poder escapar, cuanto más vencer, haciendo alto, apercibiéndose para la batalla, ataló los maizales por más de media legua, que cerca estaban, porque desde ellos como de espesa arboleda los enemigos entraban y salían, haciendo gran daño. Puso los heridos y enfermos en medio del escuadrón, con guarnición de caballos del un lado y del otro; advertió a los que estaban buenos y tenían buenas fuerzas, que cuando fuese menester retirarse, cada uno llevase a cuestas un enfermo, y a los heridos que subiesen a las ancas de los caballos, para que pudiesen jugar las escopetas.

Ordenado de esta manera el pequeño, ejército español, rodeándole el mundo de gente, desde el caballo habló a los suyos así: «Señores y queridos compañeros míos: Ya veis en el trance y peligro tan grande en que estáis; el desmayar no aprovecha sino para hacer menos y morir más presto, y si, esto no se ha de excusar, bien será que para solo nuestro contento muramos peleando más fuertemente que nunca; y pues de tan grandes peligros como éste suelen salir los hombres poniendo bien el rostro a ellos, más vale que acabemos muriendo como valientes, vendiendo bien nuestras vidas, que de pusilánimes nos dejemos vencer. No es cosa nueva que muchos turcos y moros, siendo gente tan bellicosa, acometiendo y apretando a pocos de nuestra nación hayan sido vencidos y puestos en huida, cuanto más que ya sabéis cuán milagrosamente hemos sido hasta ahora defendidos. Pidamos el favor a Dios; ésta es su causa, éste es su negocio, por Él hemos de pelear. Supliquémosle acobarde y atemorice nuestros enemigos; y que si ha sido servido castigarnos por nuestra soberbia y presunción, como nos ha castigado en la salida de México y en el camino hasta aquí, se apiade de nosotros, levantando su azote. Encomendémonos a la Virgen María, Madre suya; sea nuestra intercesora; favorézcanos mi ahogado san Pedro y el Patrón de las Españas Santiago.

Cada uno se confiese a Dios, pues para otra cosa no hay lugar, y poniendo nuestra Fe y esperanza en Él, yo sé que más maravillosamente que nunca nos ha de favorecer y ayudar y que este ha de ser el día de la más memorable victoria que españoles hasta hoy han tenido contra infieles. Hoy espero en Dios que ha de ser el fin y remate del seguimiento de estos perros; hoy los confundirá Dios, y nosotros, saliendo victoriosos, entraremos con alegría en Tlaxcala, de donde volveremos y nos dará venganza de ellos». Diciendo estas palabras se le arrasaron los ojos de agua; enternesciéronse los suyos; animáronse cuanto fue posible, aunque dudosos del suceso, porque por la una parte vían la gran ventaja que los enemigos les tenían y por la otra del favor que Dios les había dado y que en lo más de los que Cortés les había dicho, había salido verdadero.

Capítulo CXXX. Cómo se dio la memorable batalla que se dice de Otumba, y cómo Cortés mató al general de los mexicanos, y de otras cosas señaladas
Ordenado todo de la manera que está dicho, los indios por todas partes, que cubrían aquellos grandes campos, con grande alarido y ruido de caracoles y otros instrumentos, como leones desatados, acometieron a los nuestros, tirándoles muchas flechas y varas, y acercábanse tanto a los nuestros que, aunque jugaba la escopetería y ballestería y les hacía muy gran daño, venían a brazos y a sacarlos del escuadrón; pero Cortés, que vía que toda la fuerza estaba en que los suyos estuviesen juntos y en orden., con su cabeza entrapajada y la mano de la rienda (como he dicho), herida, alanceó muchos por su persona con un ánimo y esfuerzo como si estuviera muy sano y peleara con pocos. Defendió tan bien su escuadrón, que ningún soldado le llevaron, aunque Motolinía y Gómara dicen que sí.

Acompañaban a Cortés doquiera que se revolvía siete soldados peones, muy sueltos y muy valientes, que fueron muchas veces causa de que abrazándose los indios con su caballo no le matasen. Era tan brioso y tan diestro este caballo, que hiriéndole de un flechazo por la boca, la dio Cortés para que le llevasen de cabestro do estaba el fardaje y en el entretanto tomó él otro; pero como el caballo herido tornó a oír el ruido y alarido de los indios, soltóse y con gran furia entró por ellos tirando coces y dando bocados a todos los que topaba, tanto que él solo hacía tanto daño como un buen hombre de caballo. Tomáronle dos españoles por que los indios no le flechasen por parte donde muriese, aunque en las ancas y pescuezo sacó muchos flechazos.

Andando, pues, la batalla en toda su furia y calor, señalándose notablemente algunos de los capitanes y haciendo maravillas Cortés, que siempre apellidaba a su abogado san Pedro, vinieron los enemigos a apretar tanto a los nuestros, que los de a caballo, para guarecer, se venían a meter en el escuadrón de los peones, y todos estaban ya remolinados y en punto de perderse, suplicando a Dios los librase de peligro tan grande, cuando Cortés, mirando hacia la parte de oriente, buen trecho de donde él peleaba, vio que sobre los hombros de personas principales, levantando sobre unas andas muy ricas, estaba, según pareció, el general de los indios con una bandera en la mano, con la cual extendida y desplegada al aire, animaba a los suyos, diciendo dónde habían de acudir. Estaba este general, cuanto podía ser, ricamente adereszado; era muy bien dispuesto, y de gran consejo y esfuerzo. Tenía muy ricos penachos en la cabeza; la rodela que traía era de oro y plata; la bandera y señal real, que le salía de las espaldas, era una red de oro que subía de la cabeza diez palmos. Estaban junto a las andas de este general más de trescientos principales muy bien armados. Relumbraba aquel cuartel con el Sol tanto, que quitaba la vista. Había de do Cortés estaba hasta el general más de cien mil hombres de guerra, y viendo que la victoria consistía en matar al general, diciendo: «Poderoso eres, Dios, para hacernos en éste día merced; san Pedro, mi abogado, sé mi intercesor y en mi ayuda», rompió con gran furia, como si entonces comenzara a pelear por entre los enemigos. Siguióle solamente Juan de Salamanca, que iba en una yegua overa. Fue matando e hiriendo con la lanza y derrocando con los estribos a cuantos topaba hasta que llegó donde el general estaba, al cual de una lanzada derrocó de las andas; apeóse Salamanca, cortóle la cabeza, quitále la bandera y penachos. Otros dicen que lo oyeron después decir a Cortés, que viéndole el general venir con tanta furia hacia él, entendiendo que le había de matar, se bajó de las andas, poniendo a otro en ellas con el estandarte real, y que con todo esto tuvo tanta cuenta Cortés con él, que le alanceó estando a pie, derrocando asimismo al que estaba en las andas.

Fue de tanto provecho esta tan hazañosa hazaña, que como las haces mexicanas tenían toda su cuenta con el estandarte real y le vieron caído, comenzaron grandemente a desmayar, derramándose unos a una parte y otros a otra. Aquellos trescientos señores, tomando a su general en los brazos, se retrajeron a una cuesta, donde con el cuerpo hicieron extraño llanto, endechándole a su rito y costumbre. Entre tanto los nuestros, muy alegres, cantando: «¡Victoria, victoria!», siguiendo mucho trecho a los enemigos, haciendo tal estrago y matanza en ellos, que, según se cree, murieron más de veinte mil. Tomaron los nuestros de los indios principales que mataron ricos penachos y rodelas y el estandarte real, armas y plumajes del general. Dio después Cortés, y con muy gran razón, a Magiscacín, su aficionado, uno de los cuatro señores de Tlaxcala, aquel aderezo, y lo mismo hicieron otros españoles de los demás despojos que llevaban, destribuyéndolos entre los señores y principales tlaxcaltecas.

Fue esta batalla la más memorable que en Indias se ha dado y donde más valió y pudo la persona de Cortés; y así, todos los que en ella se hallaron (a algunos de los cuales comuniqué), dicen y afirman que por sola su persona y valor llevó salvo y libre el ejército español a Tlaxcala.

Capítulo CXXXI. Cómo vencida esta memorable batalla, el ejército español pasó adelante, y de lo que más sucedió después
Acabada de vencer esta tan señalada batalla, como los enemigos se derramaron por diversas partes, los españoles, alegres y orgullosos con el buen suceso y próspera mudanza de fortuna, sin que de ahí adelante recibiesen pesadumbre, mas de que desde las sierras les daban grita los enemigos, prosiguieron su camino, cargados de despojos. Llegaron a una casa grande, puesta en un llano, de cuya cumbre se parecía la sierra y tierra de Tlaxcala y algunos edificios de ella, porque eran altos o blanqueaban mucho. Alegráronse por extremo con esta vista, como si cada uno viera la de su tierra, aunque por otra parte estaban algo dudosos si serían bien recibidos y tratados como amigos, pues es de tal condición la fortuna, que, si abate al hombre, pocas veces permite que otros lo ayuden y favorezcan, y así se recelaban los españoles de ser como en la fortuna de antes recibidos, porque venían pocos y huyendo, los más de ellos heridos y destrozados, y todos hambrientos. Los

tlaxcaltecas eran belicosos, muchos y muy fuertes y que tenían en poco el imperio mexicano cuando más floreció, cuanto más a tan pocos y tan afligidos cristianos, los cuales tarde o nunca hallan favor, todo el bien a los tales les huye, y cuanto más afligidos, tanto más te encogen y acobardan, especialmente delante de aquellos a quien la fortuna favorece y ayuda; pero con todo esto los nuestros tenían más esperanza de bien que temor ni recelo de mal; lo uno porque confiaban en Dios, que les favorecería como lo había hecho en los trabajos de atrás, y lo que mucho los aconfianzaba era conocer que los tlaxcaltecas eran nobles, enemigos de los mexicanos capitales y que tenían por cosa gloriosa favorecer más que ser favorecidos. Allegábase a esto la confianza que los nuestros tenían en Magiscacín, y las joyas y plumajes ricos de que los tlaxcaltecas carecían, que los nuestros les llevaban.

Aquella noche Cortés, aunque estaba mal herido, veló y atalayó a los suyos, temiendo que el ejército mexicano, elegido otro general, le seguiría o cercaría en aquella casa, aunque era bien fuerte y los mexicanos no solían hacer guerra de noche. Vieron los nuestros muchos fuegos y humos por las sierras y aun oyeron muchas voces, que fueron causa de que Cortés, aunque tenía necesidad de dormir, velase.

Luego que amaneció, salió con su gente de aquella casa, caminó un poco por tierra llana, subió un cerro no muy áspero, y a la bajada de él, porque iba siempre delante, dio en una muy linda fuente de agua dulce, de que todos tenían harta necesidad, porque por todo el camino habían tenido falta de ella y la que habían bebido era ruin, como recogida en balsas en tiempo de las aguas. Allí hicieron los nuestros alto, bebieron, refrescáronse y descansaron un poco, aunque no habían perdido de vista los enemigos, que por las sierras estaban.

Fueron de allí por buena tierra a un lugar que se dice Guaulipa, que quiere decir «lugar que está en el gran camino» pueblo de dos mil casas, de la Señoría y provincia de Tlaxcala. De este pueblo y de otras aldeas salieron más de una legua las indias y muchachos con mucha comida y refrigerio a recibir a los nuestros; y como la piedad está más en las mujeres que en los hombres y las indias vieron asomar a los nuestros levantaron un gran lloro y planto, condolesciéndose de ellos como si fueran sus hijos y hermanos. En juntándose, los hicieron parar, diéronles de comer, dijéronles palabras de mucho consuelo; salieron tantas que a cada español regalaban tres o cuatro mujeres. Lloraban los nuestros de alegría y contento; enternecióse mucho Cortés, viendo el estado presente de las cosas y dio muchas gracias a Dios porque, viniendo corrido y tan trabajado, hallase en gente infiel tanta piedad y regalo. Abrazó a algunas señoras principales, dioles algunas joyas de las que traía, agradecióles mucho el haberle socorrido con tanto regalo.

No se puede encarecer la alegría de los nuestros y el contento, que ellas mostraron con su venida. dijéronles: «¿No os decíamos nosotras cuando íbades a México que los mexicanos eran traidores envidiosos y de mal corazón, y que cuando no os catásedes os habían de hacer alguna traición? Fuisteis muchos, venís pocos; fuistes sanos, venís heridos; no tengáis pena, que nosotras os curaremos. En vuestra casa estáis; después que estéis sanos, los nuestros os ayudarán y os vengaréis de aquellos traidores mexicanos».

Capítulo CXXXII. Cómo Magiscacín y Xicotencatl y otros señores vinieron a aquel pueblo a visitar a Cortés, y de la plática que Magiscacín le hizo
Aquel día por la tarde o, según algunos, el otro por la mañana, como la Señoría de Tlaxcala supo la venida de Cortés y en ella tenía muchos amigos, Magiscacín, que era el mayor de ellos vino luego, y con él Xicotencatl, mas fue más por cumplir que por hacer el deber, y otros muchos señores tlaxcaltecas, y con ellos otro que después de cristiano se llamó don Juan Juárez, señor y gobernador de Guaxocingo, los cuales con cincuenta mil hombres de guerra querían ir a México en favor de los cristianos, no sabiendo hasta entonces la gran pérdida y daño que habían recibido. Otros dicen que sabiendo cómo venían tan destrozados y maltratados, huyendo de la furia de los mexicanos, los salieron a consolar, favorecer y amparar, queriendo mostrar en aquel tiempo, el amor y amistad que a Cortés y a los suyos tenían. Sea como fuere, Magiscacín, que era el más principal en la Señoría, apercibió sus amigos, aderezóse lo más bien que pudo, llevó machos regalos, acompañáronle muchos caballeros y señores, entró muy alegre en el pueblo do Cortés estaba, el cual, como supo la venida de su leal y verdadero amigo, salióle a recibir con los principales de sus compañeros fuera de los aposentos. Abrazáronse con mucho amor. A Magiscacín se le saltaron las lágrimas de los ojos, y Cortés

y los suyos no se enternecieron menos. Abrazó luego Cortés a Xicotencatl y a otros señores, y volviendo entre Magiscacín y Xicotencatl al aposento, donde después que se hubieron asentado en una gran sala y aquellos señores tlaxcaltecas le dieron los presentes que llevaban, viendo Magiscacín a Cortés que venía flaco y herido en la mano y en la cabeza y que los más de sus compañeros, porque todos se hallaron allí, estaban heridos y maltratados, acordándosele de la prosperidad con que habían pasado para ir a México y de cómo habían ido tantos y volvían tan pocos y tan destrozados, y entendiendo que esto no podía ser sino por traición de los mexicanos, limpiándose los ojos, con la manta rica de que venían cubierto, reprimiendo el dolor que las lágrimas manifestaban, conociendo que entonces era el tiempo en que había de mostrar su valor y lo mucho que a Cortés amaba tomándole las manos, con voz grave y que [de] todos pudo ser oído, le habló de esta manera:

> Muy valiente y esforzado capitán de los cristianos y a quien yo amo y precio mucho: No te puedo decir la alegría que mi corazón ha recibido en verte vivo, aunque no tan sano y contento como yo deseo; en esta nuestra tierra alégrate y desecha de tu corazón todo pesar y tristeza, pues sabes como sabio y experimentado en la guerra, que son varios y diversos los sucesos de la fortuna, la cual, como es movible, nunca jamás está de un ser; muchas veces los muy valientes mueren a manos de los cobardes, o, porque los tienen en poco, o porque son muy muchos, o por alguna traición de que los valientes no se recatan. Valor tenías tú y los tuyos para contra todo el imperio mexicano, pues al principio, que veniste con tan pocos compañeros, tantas veces fuiste victorioso contra los invencibles tlaxcaltecas. Rescibiéronte de miedo en su ciudad los mexicanos; saliste contra Narváez, venciste a muchos de los tuyos con los pocos que llevabas; tratáronte en el entretanto los mexicanos, como suelen, traición, queriendo matar a los que con Moctezuma dejaste, de donde entiendo que, pues vienes así, fue grande su traición; hante perseguido casi hasta aquí, rompiste la batalla que te dieron en los llanos de Otumba, mataste su general, heciste, como sueles, maravillas en la fortaleza de tu brazo. No te puedes quejar de ti, pues no has hecho que no debas, pues si la traición ha podido más que tu valor y esfuerzo, ni tienes tú la culpa, sino la ciega fortuna; la mayor y más pesada queja es de sí propio, y pues tú no la tienes ni puedes tener y lo hecho no puede ya dejar de ser hecho, alégrate, regocíjate, que con la vida te vengarás de

tus enemigos y volverás a mayor prosperidad de la que has perdido. En tu tierra y en tu casa estás y entre los tlaxcaltecas, tus verdaderos amigos, que jamás te negarán. Haz cuenta que somos tus hermanos y en el amor tan españoles como vosotros. Todos estos caballeros y señores que ves, te venimos a servir y a llevar con nosotros a nuestra ciudad y casas, donde después que tú y los tuyos hayáis sanado de las heridas, volveremos contigo con pujante ejército, para que tomes venganza de tus enemigos y nuestros. Esto mismo con todo amor y voluntad te prometen estos señores. Ahora ve lo que mandas y quieres, que se hará todo a tu gusto y voluntad.

Acabó con esto de hablar Magiscacín; levantáronse todos los otros señores, y con palabras muy amorosas, haciendo a Cortés gran comedimiento, le prometieron lo mismo que el señor Magiscacín había dicho.

Capítulo CXXXIII. Lo que Cortés respondió a Magiscacín y a los otros señores, y de las joyas que les dio, y de lo que más pasó

Ya Cortés y los suyos estaban algo alegres por el recibimiento y regalo que las mujeres tlaxcaltecas les habían hecho, pero decir la alegría que él y ellos recibieron con la venida de Magiscacín y con el consuelo que les dio y ofrecimiento que les hizo, sería largo. Cada uno que hubiere leído el suceso pasado lo podrá entender por sí, pues cuanto mayor ha sido la tribulación pasada y menos esperanza había de alivio y contento, tanto mayor contento se recibiría con el no pensado y repentino contento, y así Cortés, recibiéndole por sí y por los suyos cuan grande imaginar se puede, entendiendo que salía de grandes trabajos y que para la prosperidad que esperaba había de ser gran parte Magiscacín y los tlaxcaltecas, aunque de alegría (que también es pasión, como el pesar) se les arrasaban los ojos de agua, con ánimo fuerte y agradecido, respondió así al buen Magiscacín:

> Muy prudente y valeroso señor, a quien la Señoría de Tlaxcala debe, con razón, tener sobre sus ojos, y a quien yo tanto debo y a quien justamente amo tanto como a mí: No tengo palabras con qué encarecerte la merced que tú y estos señores con vuestra venida me habéis hecho, porque entonces tiene la buena obra mayores méritos y valor cuando hay mayor necesidad de ella. No pudo haber tiempo de mayor aflicción y trabajo para mí que aquella desdichada e infelices noche que de

México salimos y el demás tiempo, que han sido ocho días, que pasamos hasta llegar a esta vuestra tierra, que ya nosotros, por el bien que en ella comenzamos a recibir, podríamos llamar nuestra, y así no puede llegar contento al que tenemos de presente, porque nos vemos ya entre nuestros señores y hermanos, entre la gente más fuerte y leal de todo este mundo, entre gente, como parece por la obra, que más bien favorece y ayuda a sus amigos y la que más bravamente hasta rendirlos y sujetarlos persigue a sus enemigos. Veo, valerosos señores, muchas cosas que me obligan a morir por vosotros, y cada una de ellas es de tanta estima que no la sé encarecer; la palabra y Fe que me habéis guardado, el amor y amistad que me habéis tenido, el salir a socorrerme, creyendo que estaba en México, el venir ahora con tantos presentes, el consolarme, el quererme llevar a vuestra casa, y, lo que mucho estimo, el ofrecer vuestras personas contra los mexicanos. Mi Dios, en quien los cristianos creemos, me dé vida y fuerzas para serviros tan gran merced; presto con vuestro regalo y ayuda seremos sanos, y sabed que conoceremos el buen presente cuando, como espero y confío en Dios, pusiéremos debajo de vuestros pies a vuestros enemigos y nuestros los mexicanos; yo acepto la merced de irme con vosotros a Tlaxcala, y será cuando os pareciere y nosotros hayamos algún tanto descansado.

Dichas estas palabras, de que Magiscacín y todos aquellos caballeros y señores holgaron de oír, mandó sacar el estandarte, penachos y armas del general mexicano que había muerto en la batalla de Otumba que, como está dicho, eran muy ricas y preciosas; púsoselas por su mano a Magiscacín, diciéndole: «Vístete, señor, de las armas de tu enemigo, que es la mayor gloria que en la guerra el corazón esforzado suele recibir». Dio luego a Xicotencatl y a otros señores muchas armas, plumajes y joyas que del mismo despojo había habido. Holgaron mucho todos con ellas, especialmente Magiscacín, así por ser prenda de tan grande amigo, como porque hasta entonces los tlaxcaltecas nunca habían poseído armas tan ricas.

Los compañeros, imitaron a Cortés, su capitán; cada uno dio a los otros caballeros las armas y despojos que de los mexicanos habían ganado, con que los tlaxcaltecas grandemente se alegraron y aun fueron causa (porque los dones siempre pueden mucho) que en Tlaxcala fuesen muy servidos y curados y aun, como después se dirá, que Xicotencatl no saliese con la suya.

Estuvo Cortés tres días descansando en este pueblo, proveyéronle los de él abundantemente de lo necesario, aunque dicen algunos conquistadores que compraban parte de la comida, pero no es creíble, habiéndolos salido a recibir con tanto amor y voluntad, salvo que algunos de los del pueblo, codiciosos de joyas mexicanas, pedían a los nuestros de ellas, pero no por la comida, que de ésta había gran abundancia, y muchos años después nunca quisieron precio por ella.

Capítulo CXXXIV. Las nuevas que Magiscacín dio a Cortés de Juan Juste y sus compañeros, y de cómo pidieron licencia para salir a correr la tierra con algunos españoles, donde andaban mexicanos

Después de recibidas las armas, joyas y presentes que de una parte a otra se dieron, y Magiscacín, que era muy cuerdo, entendió que Cortés estaba contento a alegre, díjole: «Señor, para que proveas con tiempo en lo que adelante has de hacer, te quiero avisar de lo que pasa y no has de recibir pena, aunque caiga sobre otra mayor. Sabrás que habrá doce días que pasaron por Guaulipa Juan Juste y Morla con obra de treinta españoles, que llevaban la plata de tu recámara, y yo, por lo que te amo, les di un hijo que fuese en su compañía; he sabido después acá por muy cierto que pocas leguas adelante dieron en las guarniciones mexicanas, y allí matando ellos muchos, murieron todos y entre ellos mi hijo, que, pues había de morir, holgué acabase peleando como caballero en la guerra y no en la cama, como suelen los de ruin suerte, y que hiciese su deber no dejando a los cristianos en cuya compañía yo le había dejado ir».

Pasó esto así como Magiscacín había dicho, porque después, yendo los nuestros por aquel camino, hallaron hechas unas letras en la corteza de un árbol, que decían: «Por aquí pasó el desdichado de Juan Juste con sus desdichados compañeros, muertos de hambre y entre enemigos»; llevaron tanta hambre, que uno de ellos dio a otro por muy pocas tortillas, que de una sentada las podía comer, una barra de oro fino que pesaba más de 80 ducados.

Mucho pesó a Cortés de esta nueva, porque treinta y dos españoles y tan buenos como aquéllos, en tal sazón y coyuntura le habían de hacer mucha falta; pero como sabio y valeroso, viendo que a lo hecho no hay remedio, encubriendo el dolor y mostrando el contento que no tenía, obligando más a Magiscacín le dijo: «Señor y grande amigo mío: Lo que más me pesa es de la muerte de tu hijo, que de tal padre como tú había de haber muchos hijos y que viviesen mucho, para que en todo, por muchos años, correspondiesen el valor de su padre; pero como dices, pues murió peleando y ya no puede dejar de ser muerto, no hay que decir más de que mientras que tú fueres vivo, no tengo yo de qué tener pena, aunque mayores desgracias me sucediesen, y sabe que aunque venimos heridos y cansados, con esto poco que habemos reposado, estamos ya tan alentados y deseosos de vernos a las manos con tus enemigos y nuestros, que ya nos parece que habemos estado muy ociosos».

Holgóse mucho Magiscacín de oír lo uno y lo otro, porque no hay hombre tan sesudo que la alabanza, especialmente si lleva apariencia de verdad, no le dé contento; y como no muy lejos de allí las guarniciones mexicanas hacían daño, alegrándose de oír aquellas últimas palabras a Cortés, le rogó que por cuanto cerca de allí los mexicanos se desvergonzaban, le diese algunos españoles de los que más sanos venían, para salir contra ellos. Cortés se lo otorgó, mandando saliesen algunos de a caballo y algunos escopeteros y ballesteros de los que menos heridos estaban. Salieron en busca de los mexicanos, y hallados, dieron con ellos y mataron muchos y a los demás echaron del asiento donde estaban.

Volvieron muy alegres Magiscacín y Xicotencatl y la demás gente con las plumas y despojos que habían podido tomar. De este su contento le recibió Cortés muy grande. Despidiéronse Magiscacín y Xicotencatl y los otros señores, de Cortés y sus compañeros; fuéronse a la ciudad de Tlaxcala, para que otro día, que era el tercero, que Cortés había llegado a aquel pueblo, entrase en su ciudad y le recibiesen y regalasen.

Libro V

Capítulo primero. Cómo Cortés y sus compañeros otro día entraron en Tlaxcala y del solemne recibimiento que en ella le hicieron, y de las palabras que Magiscacín dijo a Cortés
Otro día después de comer, poniendo Cortés su gente en orden como solía caminar, salió de aquel pueblo acompañado de los principales de él, para ir a la gran ciudad de Tlaxcala. El camino, como aquella tierra es muy poblada, parecía hormiguero, según estaba lleno de los que iban y venían por aviso y mandado de los señores de Tlaxcala, los cuales habían salido más de legua y media de la ciudad a recibir a Cortés, con más de doscientas mil personas, muy en orden y concierto. Fueron las mujeres y los muchachos en la delantera, las cuales, como de su natural condición sean compasivas, en viendo a los nuestros, comenzaron a llorar y aun hicieron hacer lo mismo a los nuestros, diciéndoles: «Seáis muy bien venidos, señores y amigos nuestros. Vuestro Dios os sane y dé salud, que muy heridos y maltratados venís. ¡Oh, malos y traidores mexicanos, que nunca han hecho cosa que no sea por traición! Nuestros dioses nos vengarán de ellos y nos pagarán ésta con las demás». Diciendo estas palabras, se allegaban a los nuestros, tocándoles y tentándoles las heridas, apiadándose con muchas lágrimas de ellos.

Así prosiguieron su camino hasta topar con los ciudadanos, que también los recibieron con mucho amor y compasión. Luego llegaron los caballeros y gente de guerra, que abrazando con gran comedimiento a Cortés, se abrieron, metiéndole con todas u gente en medio hasta que llegaron los cuatro señores de Tlaxcala, de los cuales el más antiguo y principal era Magiscacín y así fue el primero que abrazó a Cortés, y luego los otros, por su orden y antigüedad. Tomáronle en medio, fueron con él hablando en muchas cosas de placer y contento. Los cerros y sierras, para ver este recibimiento, estaban cubiertos de gente, la música a la entrada de la ciudad fue muy grande. Llevó Magiscacín a su grande y real casa a los otros señores y a otros capitanes y principales, y los demás que no pudieron estar con Cortés se repartieron por las casas de los caballeros, y cada uno, según su posibilidad, procuró de regalar y apiadar a su huésped.

Magiscacín como vio a Cortés en su aposento y casa, dándole su cama, le dijo: «Señor, huelga y descansa, pierde todo cuidado y pesadumbre, que en tu

propia casa estás. Yo luego mandaré llamar sabios maestros en la cirugía, que te curen, si el que tú traes no lo sabe hacer mejor. Todo lo que fuere menester para ti y para los tuyos sé cierta que no faltará, y pues sano y aun enfermo sabes tan bien trabajar, descansa ahora algunos días para que con mayores fuerzas y aliento vuelvas a tu empresa comenzada, que, según yo te he prometido y confío de ti, saldrás con ella con mucha gloria y honra». Diciendo esto, le mandó traer de comer, y comiendo él con él le dijo otras muchas y muy amigables palabras, a que Cortés, como el que bien lo sabía hacer, respondía, reconociendo la merced que con tanto amor en todo Magiscacín le había hecho, el cual, por hacerle más fiesta, mandó que después de la comida, en el patio de la casa, se le hiciese un festival y alegre baile. Los demás españoles, como tenían más necesidad de descansar que de ver bailes, cada uno reposó en su casa lo que pudo.

Capítulo II. Cómo Cortés halló en Tlaxcala a Juan Páez, capitán, y de lo que con él había pasado Magiscacín, y Cortés después le dijo
Ya que Cortés hubo reposado y recreándose algún tanto, Juan Páez, su capitán, el cual con ochenta hombres había dejado en Tlaxcala cuando pasó a México a socorrer a Pedro de Alvarado, le vino a ver. Holgóse con él, preguntóle muchas cosas, especialmente del tratamiento que Magiscacín y los otros señores le habían hecho. Respondióle que muy bueno y que entre todos los señores tlaxcaltecas Magiscacín le era verdadero amigo, y que Xicotencatl, como bullicioso y envidioso no le tenía buena voluntad y que de la pérdida se había holgado tanto como pesado a Magiscacín. Después que [entre] él y Cortés hubieron pasado muchas cosas y que Cortés se advirtió para lo que había de hacer, supo de algunos que se lo dijeron, cómo Magiscacín, entendiendo que los mexicanos se habían rebelado, dijo a Juan Páez: «Si te atreves a ir a socorrer a tu general con esos españoles que tienes, yo te daré cien mil hombre de guerra, y mira que creo tendrá necesidad, porque los mexicanos son infinitos y grandes traidores y tan enemigos de cristianos, que no [se] les dará nada morir diez mil de ellos porque un cristiano muera y poco a poco no quede ninguno». Juan Páez dicen que le respondió que le besaba las manos por la merced y que donde estaba el general Cortés con tanta y tan buena

gente no habría menester socorro, especialmente contra mexicanos, y que él le había mandado quedar y esperar allí, que no osaría al hacer hasta que otra cosa, o por carta o por mensajero, con señas le fuese mandado; y verdaderamente Juan Páez no se atrevió, o porque los enemigos eran muchos, o porque en el mandar y ser obedecido era muy severo Cortés, que es lo que más en la guerra le sustentó, pero con todo esto, como Cortés entendió que con aquel socorro se pudiera excusar la gran pérdida y mortandad de los suyos, envió a llamar muy enojado al Juan Páez, al cual, aunque se excusaba y defendía por muy buenas razones, no admitiéndole alguna, le riñó bravamente y trató con muy ásperas palabras, diciéndole que era un cobarde y que no merecía ser capitán de liebres, cuanto más de hombres, y españoles, y que estaba en puntos de mandarlo ahorcar y que jamás le entraría de los dientes adentro y que había sido traidor a su general y homicida de sus compañeros y que por estarse holgando, pudiendo ir con tanta seguridad a tan buen tiempo, se había quedado, poniendo vanas excusas; que se fuese con el diablo y no pareciese más delante de él y no tuviese de ahí adelante nombre ni cargo de capitán, pues tan mala cuenta había dado de sí, y que no le replicase más palabra, porque le mandaría ahorcar.

Salióse muy triste y muy afrentado el Juan Páez, aunque merecía más. Quedó Cortés con el enojo con una gran calentura, que fue causa, como diré, que se pasmase la cabeza y estuviese en riesgo de morir, considerando, lo que nunca se le quitó del corazón hasta que sujetó a México, la afrenta y gran daño que por no ser socorrido le habían hecho los mexicanos.

Capítulo III. Cómo Cortés, sabiendo de Ojeda lo que Xicotencatl y los de su parcialidad decían, se mandó velar, y del gran peligro de morir en que estuvo

Mandó Cortés a Ojeda, que era el que con los tlaxcaltecas tenía más amistad y sabía mejor la tierra, que buscase comida por los pueblos comarcanos para los españoles que estaban y de nuevo habían venido, el cual fue; y como el general de los tlaxcaltecas, que era Xicotencatl, estaba mal con los cristianos y tenía muchos de su bando y parecer, especialmente a los hombres de guerra, por haberle oído decir mal de los españoles, muchos de los pueblos decían a Ojeda: «¿A qué vino esa ciguata de Cortés y esotras ciguatas de sus compañeros? (y ciguata quiere decir "muchacha o mujer moza"). Venís a comernos lo que tenemos; lleváistesnos el maíz a México, dejaste los más de los compañeros muertos, vosotros venís heridos, huidos, destrozados y hambrientos. Mejor sería que con nuestras mujeres fuésedes [a] amasar pan, que vosotros no sois más de para comer».

Mucho sentía Ojeda estas palabras y sentía claro que salían de Xicotencatl. No osaba, por la necesidad en que los españoles estaban, responder como quisiera, antes, como cuerdo y como quien ya sabía la lengua, respondía templadamente, diciendo: «No os maravilléis que vengamos así, pues sabéis que la fortuna se muda y conocéis a los mexicanos, que son muchos y traidores, y antes habíades de tener por honra y gloria vuestra que, pues os distes por nuestros amigos vengamos a favorecernos de vosotros, que sois caballeros y valientes, y los tales ni suelen ni deben decir palabras afrentosas a los afligidos y que vienen a vuestra casa a favorecerse de vosotros».

Con estas y otras palabras que respondía Ojeda, los hacía callar y sacaba lo que quería. Dijo a Cortés lo que pasaba, y como todo nacía del odio que Xicotencatl tenía a los cristianos, Cortés que a sus oídos le había oído decir semejantes cosas, aunque las cocía bien su pecho y le llegaban a las entrañas, dijo a Ojeda: «No se os dé nada, que estamos en tiempo de sufrir y disimular cosas hasta su tiempo; yo os prometo que si vivo, que él me lo pague todo junto, de manera que nunca más hable», y porque no sucediese alguna desgracia, rebelándose la parte de Xicotencatl y no le tomasen descuidado, por los que estaban sanos y buenos repartió las velas, de manera que ni de día ni de noche dejaban de velar. Tuvo esta diligencia y cuidado todos los más días que en Tlaxcala estuvo, que fueron cincuenta, aunque Magiscacín, su verdadero amigo, le decía que siendo él vivo no podía ser parte Xicotencatl para ofenderle. Cortés, no mostrando que por Xicotencatl lo hacía, le respondió que la gente española doquiera que estaba se velaba, así para excusar inconvenientes y daños que los hombres dormidos no pueden evitar, como para estar ejercitados y acostumbrados a que no les hiciesen de mal cuando menester fuese. Pareciéronle muy bien a Magiscacín estas razones, y replicó: «Hácesio cuerdamente y no sin causa; siendo tan pocos, habéis salido con tantas victorias contra tantos».

En el entretanto que estas cosas pasaban, como Cortés había siempre peleado estando herido y no había tenido lugar de curarse la cabeza, comenzósele a pasmar, y los enojos, que ayudaban, pusiéronle en tan grande peligro y riesgo, que el cirujano y los otros médicos le desahuciaron, afirmando que no podía vivir. Sacáronle muchos huesos, y él sintiéndose mortal, no le pesaba tanto de morir, cuanto del gran desmán que habían de venir a los negocios que en su pecho trataba. Estuvieron con su enfermedad muy tristes y afligidos sus compañeros; suplicaban con gran calor a Dios le diese salud y que no los dejase huérfanos de tal caudillo, cuyo valor tenían en tanto que sin él les parecía que no podían acertar en cosa. Quiso Dios que, sacados los huesos, comenzó a tener mejoría e ir convaleciendo, aunque de la mano no había acabado de sanar, por tener dentro el pedernal de una flecha.

Ahora digamos las demás cosas que en el entretanto que Cortés sanaba, en esta ciudad sucedieron.

Capítulo IV. El descontento que los españoles tenían, y de cómo requirieron a Cortés se fuese, y de lo que él les respondió
Muy descontentos estaban los más de los compañeros de Cortés, así por lo que los indios de la parcialidad de Xicotencatl les decían, como porque deseaban verse la vuelta de la mar para tornarse a Cuba, hostigados y escarmentados de los muchos y grandes trabajos que habían padecido y de los que padecían. Nunca se juntaban de diez en diez y de veinte en veinte y de más o menos número, que no dijesen: «¿Qué piensa Cortés hacer de nosotros? ¿Quiere por ventura acabar estos pocos que quedamos? ¿Qué le hemos merecido? Dice que nos quiere mucho y quiébranos la cabeza. Estamos heridos, destrozados, cansados, hambrientos, sin sangre ni fuerzas, flacos, en tierra de enemigos, pocos nosotros y ellos infinitos, nosotros en tierra ajena, ellas en la suya; dícennos mil afrentas, y si por Magiscacín no fuera, no quedara hombre de nosotros, y al fin es indio como ellos, infiel, ajeno de nuestras leyes y costumbres, fácilmente mudará parecer; moriremos todos mala muerte. ¿Qué pensamos, o qué hacemos, que nos vemos ir a fondo y callamos? ¿No veis cuán insaciable es la codicia de este hombre, de procurar honra y mando, que estando como está tan a la muerte, anda dando trazas cómo volver a México y meternos en otra pelaza como la pasada, donde

acabemos? Quien tiene en tan poco su vida, ved en qué tendrá la nuestra. Si no somos necios, volvamos por nosotros, que él no mira que faltan hombres, armas, artillería y caballos, que hacen la guerra, y más en esta tierra que en otra, y, lo que es principal, no le sobra la comida, porque cada día la tenemos menos; los indios se cansan de darla y otros no quieren, por lo mucho que a causa de Xicotencatl nos aborrecen; y si el ejército de mexicanos viene sobre nosotros, fácilmente, como éstos también son indios y mudables, se aliarán y concertarán y nos entregarán vivos para que nos sacrifiquen; disimulan ahora con nosotros, para hacer carnicería cuando más seguros estemos, y así han dicho muchos de ellos que nos engordan para después comernos. No es menester que aguardemos a este tiempo; miremos por nosotros, y juntándonos, en nombre de todos y de parte del rey, le hagamos un requerimiento para que, sin poner excusa ni dilación, salga, luego de esta ciudad y se vaya a la Veracruz antes que los enemigos tomen los caminos, atajen los puertos, alcen las vituallas y nos quedemos aislados y vendidos, protestándole todas las muertes y daños y menoscabos que nos puedan venir».

Concertados todos, o los más, de hacer este requerimiento, aunque hubo algunos (aunque pocos) de contrario parecer, juntos los principales de ellos con el escribano, le hicieron el requerimiento que se sigue:

> Muy magnífico señor: Los capitanes y soldados de este ejército de que vuestra Merced es general, parecemos ante vuestra Merced y decimos que ya a vuestra Merced le es notorio las muertes, daños y pérdidas que habemos tenido, así estando en la ciudad de México, de donde ahora venimos, como al tiempo que de ella salimos, y después de salidos, en todo el camino hasta llegar a esta ciudad donde al presente estamos; y como la mayor parte de la gente del ejército es muerta, juntamente con los caballos, y toda la artillería perdida y las municiones gastadas y acabadas, y que para proseguir la guerra y conquista comenzaba nos falta todo, y demás de esto, en esta ciudad, donde, al parecer, se nos ha hecho buen acogimiento y mostrado buena voluntad, tenemos entendido, y aun es cierto, que nos quieren asegurar y descuidar con fingidas palabras y obras, y cuando menos lo pensáremos, dar sobre nosotros y acabarnos, como han comenzado y tenemos por la experiencia visto, porque no es de creer ni se debe tener por cierto que estos indios nos guarden Fe ni palabra, ni vayan contra sus mismos naturales y vecinos en

nuestra defensa, antes se debe entender que las enemistades y guerras que entre ellos ha habido se han de volver en amistades y paces, para que, haciéndose un cuerpo, sean más poderosos contra nosotros y nos destruyan y acaben; de todo lo cual habemos visto y entendido principios y ruines señales en los principales de esta ciudad, como ya a vuestra Merced le constará y habrá entendido; y demás de esto vemos que vuestra Merced, que es nuestra cabeza y general, está mal herido y que los cirujanos que le curan han dicho que la herida es peligrosa y que temen poder escapar de ella; todo lo cual, si vuestra Merced bien lo quiere mirar y examinar, son bastantes causas y razones para que salgamos luego de esta ciudad y no esperemos a peores términos de los que al presente los negocios tienen; y que porque tenemos noticia que vuestra Merced pretende y quiere, no advirtiendo bien en las urgentes y bastantes causas que hay para que esta conquista cese, llevarla adelante y proseguir la guerra, lo que, si así fuese, sería nuestra fin y total destrucción; por lo dicho y otras cosas que dejamos: Por tanto, a vuestra Merced pedimos y suplicamos y si es necesario, todas las veces que de derecho somos obligados, requerimos que luego salga de esta dicha ciudad con todo su ejército y vaya a la Veracruz, para que allí se determine lo que más al servicio de Dios y de Su Majestad convenga, y en esto no ponga vuestra Merced dilación, porque nos podría causar mucho daño, cerrando los caminos los enemigos y alzando los bastimentos y dándonos cruel guerra, de suerte que no seamos después parte para defendernos y salir de esta tierra; que si así fuese sería mayor daño que dejar la guerra en el estado en que está; y de como así lo pedimos y requerimos, vos, el presente escribano, nos lo dad por testimonio, y protestamos contra vuestra Merced y sus bienes todos los daños, muertes y menoscabos que de no hacerlo así se nos recrecieren; y a los presentes rogamos que de ello nos sean testigos, y de como así lo pedimos, requerimos y protestamos, y para ello, etc.

Capítulo V. Lo que Cortés respondió y del razonamiento que les hizo

Cortés, oído este razonamiento, aunque entendió que los menos y de menos suerte y arte eran los que se le hacían, deseosos de volver a Cuba, o de querer más servir a otros que pelear, como si todos fueran de aquel parecer, honrándolos en su repuesta, les hizo esta plática:

Señores y amigos míos, cuyo maravilloso y singular esfuerzo en tantos trances y peligros tengo conocido: Es tanto el amor y voluntad que os tengo, por las muchas y muy buenas obras que de vosotros he recibido, que so pena de ser muy ingrato, estaba obligado a hacer, no solamente lo que tantos me rogáis y mandáis, pero lo que cualquiera de vosotros me dijere, y si esto es así o no, vosotros lo sabéis, a quien ninguna cosa he negado que yo pudiese y os estuviese bien; pero como ésta que me pedís deshace y oscurece la gloria y honra que en tanto tiempo y con tantos trabajos habéis adquirido, si os parece, por las causas que luego diré respondiendo a las vuestras, no conviene que os la conceda. Decís que estáis pobres, destrozados, cansados, heridos, sin armas, sin caballos, sin artillería, en tierra de enemigos, y que con facilidad, para acabaros, se podrán concertar con los mexicanos, y que nos vamos a la Veracruz para que desde allí nos volvamos a Cuba. Si bien lo miráis, no son éstas causas ni razones de pechos y corazones españoles, que ni por trabajos jamás se cansaron, ni por muertes ni pérdidas se acobardaron. Vosotros sois los mismos que ayer érades, y no sé por qué boca habéis dicho palabras tan contra vuestra autoridad. Ya los más estáis sanos, gordos y bien sustentados; ninguno, loores a Dios, ha muerto; hemos hallado aquí cincuenta o sesenta españoles; llamando a los de la Veracruz y los que están en Almería, seremos muchos más de los que éramos cuando por aquí pasamos abriendo el camino a pura fuerza de armas: la munición no ha faltado toda, que con la que hay nos podemos entretener en el entretanto que yo doy en orden en hacer pólvora, cuanto más que a la fama de lo que habéis hecho, cada día vendrán españoles con armas y caballos; ni hay por qué temer porque Xicotencatl no nos sea amigo ni que los tlaxcaltecas se confederarán con los mexicanos: lo uno porque si los hubieran de hacer no aguardaran a que sanáramos, que en sus casas y en sus camas que nos dieron nos pudieron haber muerto; es muy grande y muy antiguo el odio que tienen a mexicanos; lo otro, porque Magiscacín, a quien sigue toda la Señoría de Tlaxcala, es tan de nuestra banda, que primero morirá que consienta tan gran maldad. Siempre, señores, estando sin guerra, la deseasteis, y estando en ello os mostrasteis ardidos y belicosos. Hacer lo contrario (que es lo que me pedís) es no responder a quien sois, perder el nombre de españoles, oscurecer lo hecho, perder lo ganado cortar el hilo a la tela comenzada. Si nos vamos de aquí, ¿do podemos ir que no sea en figura de fugitivos? Los tlaxcaltecas nos menospreciarán, perseguirnos han los mexicanos, que dondequiera tienen sus guarniciones, y los cempoaleses y totonaques, ¿qué honra nos pueden hacer más de la que a medrosos, vendidos y fugitivos? Doquiera que de esta manera vamos, seremos afrentados, iremos corridos de nosotros propios, los árboles y matas nos parecerán que son enemigos; ¿Qué, pues pensáis, señores, que es vuestro designio?, ¿Dónde teníades vuestro valor y esfuerzo, que vinisteis a pedir cosa tan afrentosa, tan dañosa, tan contra vuestra autoridad? Pesad, pesad primero los negocios y primero que los propongáis, los rumiad y miraldos bien, que más quisiera la muerte, que delante de otra nación me hubiérades hecho este requerimiento. Esforzáos y animáos, que todo nos sobrará, cobraremos a México, seremos señores y si la fortuna nos quisiere en todo ser adversa, más vale que muramos peleando, que no acabemos huyendo, cuanto más que yo sé de los tlaxcaltecas que quieren más ser vuestros esclavos que amigos de mexicanos. Y porque más os certifiquéis de que tenemos en ellos las espaldas seguras, yo los quiero probar contra los de Tepeaca, que los días pasados mataron dos españoles, y si no los halláremos amigos, yo buscaré honrosa ocasión cómo salgamos de aquí y nos vamos a la Veracruz; y porque veáis que en todo deseo daros contento, los que no quisierdes atender a esta prueba (que creo que si querréis) yo os enviaré a la Veracruz; pero mirá que os acordéis que en pocas o ningunas cosas de las que os he dicho he salido mentiroso.

Pudieron tanto estas palabras, tuvieron tanta fuerza y autoridad, que todos los que habían sido en el requerimiento, muy alegres y contentos mudaron parecer y prometieron de nunca dejarle, y fue la causa, según se puede entender, el prometerles Cortés que en la guerra de Tepeaca harían lo que quisiesen; pero la más cierta es ser condición del español nunca dejar de ir a la guerra que se ofrece, porque hacer lo contrario lo tiene por afrenta y menoscabo.

Capítulo VI. Cómo los mexicanos enviaron sus embajadores a los tlaxcaltecas, prometiéndoles perpetua amistad si mataban a los españoles

Pasados algunos días, en que los mexicanos se ocuparon en rehacer sus casas, cubrir las puentes, proveer la ciudad, y los que de fuera habían venido se volvieron a sus tierras, hechos ya sus sacrificios y dadas las gracias a sus dioses, por la matanza que en los españoles habían hecho, como supieron que los tlaxcaltecas habían salido a recibir a Cortés y a los demás que con él habían quedado, recelándose de él no se rehiciese y los tlaxcaltecas le ayudasen, entrando los principales señores del imperio mexicano en su consejo, después de mucha y larga altercación, para asegurar sus negocios y que los tlaxcaltecas con ayuda de los españoles no tomasen más brío ni alas, ni los cristianos cobrasen coraje para vengarse, determinaron de enviar de los más principales y sabios en el razonar seis embajadores con presentes de las cosas de que más los tlaxcaltecas carecían, que eran sal, mantas ricas, plumajes y otras cosas con que, si no fueran tan valerosos, fácilmente los pudieran persuadir.

Caminaron los embajadores bien instruidos, e informados de lo que habían de decir y hacer al dar de los presentes. Llegaron a Tlaxcala, enviaron delante algunos de sus criados con señales de paz y que venían embajadores mexicanos, los cuales entrados, la Señoría de Tlaxcala los salió a recibir al templo mayor, donde con algunos caballeros los aguardaron donde la Señoría solía entrar en su consulta y determinar los negocios. Los que estaban en aquel Ayuntamiento y Cabildo, representando la majestad y Señoría de Tlaxcala, eran los cuatro grandes señores de ella y otros algunos que gobernaban la república, muchos capitanes antiguos y personas de consejo, parientes y deudos de los cuatro señores.

Llegados al templo los embajadores mexicanos, mandándolos entrar la Señoría, la embajada que dieron fue la siguiente:

Capítulo VII. Cómo, hechas sus ceremonias, los embajadores mexicanos propusieron su embajada, y de lo que Magiscacín respondió, mandándolos salir

Entrando los seis embajadores, quedando los que con ellos venían fuera, hechas primero, a su costumbre, las solemnes ceremonias en negocio tan arduo y con gente tan principal convenientes, ofrecidos los muchos y grandes presentes que llevaban, el que era más viejo y más principal, tomando la mano oyéndole con gran atención la Señoría, habló en esta manera:

«Muy valientes y muy poderosos señores que en este lugar juntos representáis la sola y muy insigne Señoría de Tlaxcala: Los príncipes, grandes señores y caballeros y ciudadanos del imperio mexicano, por nosotros sus embajadores muchas veces os saludan y piden y ruegan: que ante todas cosas nos deis crédito y entera Fe a todo lo que de su parte os venimos a decir, para que con toda fidelidad y secreto llevemos la repuesta que nos diéredes». Calló, acabando de decir esto, esperando lo que la Señoría respondía. Entonces Magiscacín dijo: «Proseguid vuestra plática, embajador mexicano, que esta Señoría sabe que lo sois y daros ha en todo lo que dijerdes crédito como si presentes estuviesen los príncipes del imperio mexicano que os envían».

El embajador, oyendo esto, hecha de nuevo otra ceremonia, prosiguiendo su embajada, dijo: «Ya, poderosos señores, dicen por mí los príncipes mexicanos, sabéis que de muchos años acá y de tiempo inmemorial, entre nosotros y vosotros ha habido y hay bravas y crueles guerras, haciéndose de la una parte a la otra y de la otra a la otra grandes daños, muertes y estragos, siendo vecinos y partiendo términos, profesando una religión y siendo, de una lengua y aun viviendo casi debajo de unas mismas leyes y costumbres, y, lo que mucho hace al caso, siendo vuestros antepasados y los nuestros deudos y parientes. Querrían, pues, los señores mexicanos poner fin a tan bravas y encendidas guerras, y que entre ellos y vosotros, hecho un perdón y olvidadas las muertes, e injurias recibidas, hubiese perpetua paz para que unidos fuésedes más poderosos, y de común consentimiento debellásemos y sujetásemos a nuestro imperio, y vuestra Señoría lo mucho que sabemos que hay que conquistar, y se repartiese por mitad entre los unos y los otros. Dicen más, que viniendo en esta confederación y amistad, gozaréis de la sal, aves, plumajes, plata, oro, piedras y otras cosas de que vosotros carecéis y el imperio mexicano abunda; y que como hasta ahora las guerras han sido encendidas, que las amistades sean firmes y perpetuas; pero que para que lo que os piden tenga el efecto y fin deseado y que todos vivamos en dichosa y bienaventurada paz, conviene que a estos pocos cristianos, que tan heridos y maltratados escaparon de nuestras manos, los sacrifiquéis y no dejéis más vivir, pues sabéis que en todo son muy diferentes de nosotros; introducían nueva religión, de que nuestros dioses están muy enojados; dábannos otras leyes y manera de vivir, usurpaban nuestras haciendas, forzaban nuestras hijas y mujeres, derrocaron nuestros ídolos, hicieron justicia públicamente, como si fueran señores de la tierra, prendieron al emperador Moctezuma, murió por su causa, y poco a poco pretendían enseñorearse de nuestras personas.

«Fueron grandes las causas y razones por donde matamos a los más de ellos y a los otros herimos y echamos de nuestra ciudad y tierra, y si vosotros los recibís y ayudáis y socorréis, será poner leña al fuego con que todos os abraséis, porque, como lo veréis, han de pretender hacer lo mismo que con nosotros, pues si los ayudáis y con vuestra ayuda nos vencen, tendrán fuerzas para sujetaros después a vosotros, y así, lo que los dioses no permitan, perderemos todo nuestro imperio y señorío, los dioses nos negarán la salud, las victorias y los demás bienes. No es razón que tengáis cuenta que son vuestros amigos y que se vienen a amparar con vosotros, porque esto érades obligados a guardarlo si fueran de vuestra ley y de ellos en su tierra y patria hubiérades recibido algunas buenas obras y no temiérades, como debéis temer, que criáis en vuestra casa el dragón que después os coma. Esto es lo que los príncipes mexicanos os envían por nosotros a decir; ruegan os con la paz, piden os como amigos miréis por vuestra libertad y señorío, y si al hicierdes, protestan que toda la culpa que de los daños que a vos y a ellos se recrecieren será vuestra, y que ellos con los dioses y con vosotros desde hoy para siempre se descargan».

Acabó de hablar el embajador, a Magiscacín, en nombre de la Señoría, recibiendo y agradeciendo los presentes, dijo: «Negocio es este que es menester bien mirarle. En el entretanto que determinamos lo que se debe responder, os iréis a vuestras posadas». Con esto los embajadores se salieron, quedando los señores tlaxcaltecas consultando la repuesta.

Capítulo VIII. La consulta de los señores tlaxcaltecas y de cómo Magiscacín defendió la parte de los españoles y echó de las gradas abajo a Xicotencatl

Contrarios efectos obró la embajada y razonamiento de aquel embajador, porque Xicotencatl y los que eran de su parte, como estaban mal con los nuestros, holgáronse con ella, no entendiendo el engaño que dentro tenía. Magiscacín, como los amaba y era tan sagaz y prudente, conociendo que debajo de aquellas comedidas palabras y falsos ofrecimientos estaba el daño, no solo de los españoles, pero de los tlaxcaltecas, tomando la mano, porque era el más antiguo de los que habían de responder, volviéndose a Xicotencatl y a los otros señores, les habló de esta manera: «Muy valientes esforzados caballeros que siempre habéis puesto en la fuerza de vuestro brazo los sucesos prósperos de fortuna: Bien será que con las melosas y blandas palabras de los mexicanos no os engañéis, entendiendo ante todas cosas que los que de tiempo inmemorial acá nos han sido capitales enemigos, no pretenden ser ahora nuestros amigos por nuestro provecho, sino por el suyo y aun por dañarnos más, y esto veréis en que siendo muchos más que nosotros y habiendo de la una parte a la otra tantos recuentros y refriegas, en que muchas veces han vencido y otras han sido vencidos, piden paz como si fueran pocos y siempre hubieran llevado lo peor. Pídennos que violemos y quebrantemos los derechos y buenas leyes de amistad, diciendo que los cristianos no son de nuestra religión, como si la Fe dada a todo género de hombres no se debiera guardar, especialmente por nosotros, que tanto nos preciamos de ello: pídennos asimismo que los matemos; ninguno por cierto tal hará, porque es negocio cruel y de bestias más que de hombres, porque, ¿qué honra ni gloria se puede sacar ni alcanzar en matar a los que tenemos asegurados, enfermos, afligidos y cansados y que de nosotros se confían y a quien nosotros como a hermanos salimos a recibir y hospedamos en nuestras casas? Muertos éstos, lo que los dioses no permitan, los mexicanos se hallarán con sus fuerzas antiguas, y viéndonos sin la defensa de los cristianos, seguros del gran daño que con su ayuda les podemos hacer, proseguirán contra nosotros mejor la guerra, quebrándonos la palabra que ahora nos dan; ya los conocéis tan bien como yo y entendéis su fin y motivo; más vale que lo que ellos pretenden hacer de nosotros lo hagamos nosotros de ellos. Los cristianos convalecen ya y presto estarán recios y no son tan pocos, que con menos podremos asolar y destruir a México y gozar a su pesar de los bienes y prosperidades suyas. Este es mi parecer y no creo que habrá nadie entre vosotros que sea del contrario, si no es enemigo de los dioses y su patria».

Acabado que hubo Magiscacín, Xicotencatl, que era el capitán general, no se pudo sufrir, como el que no podía ver a los españoles, que sin largo razonamiento no dijese que lo mejor era muriesen los españoles y tuviesen amistad con sus vecinos, y que esto era el guardar la religión y palabra y que no se había ni debía hacer otra cosa, porque los cristianos eran malos y pulilla de sus haciendas y honras, y que debían ser luego llamados los embajadores, para que se les diese la repuesta conforme a lo que pedían. Magiscacín y los que le seguían contradijeron esto; levantáronse los de la parte de Xicotencatl y defendiendo su partido, hubo entre todos mucha discordia, aunque los más seguían a Magiscacín, y así porfiando y contradiciéndose los unos a los otros, vinieron a palabras tan pesadas, que Magiscacín dio una coz a Xicotencatl que lo derrocó del asiento y echó a rodar por las gradas del cu, diciendo que era traidor a su patria y a los dioses, y que los cristianos eran muy buenos y tan valientes cuanto él había visto por sus ojos, pues siempre había salido vencido, y que ni los tlaxcaltecas ni los mexicanos juntos y confederados eran poderosos contra ellos, y que él que algún día pagaría como malo que era.

De esta manera se deshizo aquella junta y consejo, sin dar otra repuesta a los embajadores mexicanos más de lo que habían oído y visto los cuales se fueron harto confusos de lo pasado sin osar pedir la repuesta. Xicotencatl no las tenía todas consigo, por la contradicción de Magiscacín y porque ya los españoles estaban sanos y para pelear.

Capítulo IX. Cómo Cortés dio las gracias a Magiscacín sobre lo que había pasado y cómo Xicotencatl pidió se hiciese guerra a los de Tepeaca

Luego otro día que esto pasó, y según algunos dicen aquella misma noche Cortés se fue al aposento de Magiscacín, acompañado de algunos capitanes y caballeros, como tenía de costumbre, al cual, con mucha gracia y amor echó los brazos encima, que, cierto, los dos se amaban mucho; rindióle las gracias, diciéndole: «¡Oh, muy valeroso y muy prudente caballero, honra y gloria de la Señoría de Tlaxcala! ¿Cuán yo y los nuestros te podremos pagar la merced que sabemos nos has hecho en la consulta pasada despidiendo afrentosamente a los embajadores mexicanos y tratando tan mal y con tanto esfuerzo a vuestro general Xicotencatl? No sé cuál tenga en más, la obra (que no puede nacer sino de pecho valeroso) o la voluntad y amor con que por nuestra causa te pusiste contra los tuyos. Cierto, tengo entendido que el verdadero y solo Dios en quien los cristianos creemos para la salvación y remedio de vosotros, alumbra tu entendimiento y te da, si lo quieres confesar, nuevas fuerzas para resistir y nuevas palabras para persuadir lo que quieres. ¿Qué fuera de nosotros si llegando, como llegamos, a Tlaxcala tan pocos, tan destrozados, tan heridos y tan enfermos, que no hubo hombre de nosotros que pudiese servir a otro dieras lugar a la indignación y malquerencia que siempre Xicotencatl nos ha tenido sin haberle hecho por qué? Páguete nuestro Dios (que es el que solo puede hacer mercedes) tu obra y voluntad, que yo y los míos confesamos que aunque derramemos la sangre por ti y muchas veces pongamos la vida al tablero, no te pagaremos la menor parte de lo que te debemos; y pues yo no puedo con iguales obras corresponder a las tuyas, quedo contento con hacer lo que debo y es en mí, que con las palabras más claras y más eficaces que puedo te muestro el amor grande que acerca de ti está en mi corazón prometiéndote, como espero en mi Dios, que dándome prósperos sucesos en la vuelta a México, serás el mayor señor que habrá en este nuevo mundo, que ya, loado Dios, estamos de salud mejores y no vemos la hora que andar a las manos con los mexicanos, capitales enemigos vuestros y nuestros».

Acabándole de decir estas tan comedidas y agradecidas razones, le tornó afectuosamente a abrazar, no sin lágrimas de ambos, del contento que el uno en hablar y el otro en oír recibía.

Holgó tanto Magiscacín con la vista y agradecimiento de Cortés, que con palabras graves y llenas de contento le respondió, tomándole las manos: «Valentísimo capitán, amigo mío y en amor más hijo: No es menester que te diga lo mucho que te amo y lo mucho en que tengo tu valerosa persona, pues se parece por las muestras que he dado desde que te conocí hasta la hora presente, ni aun es menester que tanto te encarezca lo que por ti he hecho, pues tú mereces más, y yo, para hacer el deber, estoy obligado a más. De la mejoría tuya y de los tuyos estoy muy alegre, porque sé que estando vosotros con salud y fuerzas, ni Xicotencatl que él te rogará con la paz y te servirá en la guerra que se ofreciere, especialmente en la que ahora quieres emprender contra los de Tepeaca, donde algunos de los tuyos han sido muertos alevosamente y otros maltratados».

Con esto Magiscacín concluyó su repuesta, y tomando de la mano a Cortés se salió con él hasta despedirle en la calle, y no fue esto tan oculto que Xicotencatl no lo supiese, y por envidia o porque ya no podía más, haciendo del ladrón fiel, determinó otro día de hablar a Cortés y ofrecérsele, y así no se le cociendo el pan, después que supo lo que Cortés había pasado con Magiscacín, como era hombre bullicioso y de agudo ingenio, viendo que no era parte para contrastar a Cortés, determinó de irle a hablar y así lo hizo. Fue por el camino pensativo, como el que imaginaba como de tan clara culpa se podría disculpar.

Cortés, que más sabía que él, como le dijeron que Xicotencatl estaba en el patio, le salió a recibir con mucha gracia y contento, preguntándole, primero que nada dijese, cómo estaba y diciéndole otras palabras de amor, que no poco lo confundieron; deshízole la trama del razonamiento que traía pensado, porque según él después dijo, pensaba de hablar a Cortés como a hombre enojado, y así, le hubo de hablar como a hombre que antes mostraba contento con su venda, que pesar, y así, después de pasadas algunas razones de comedimiento, asidos de las manos, se fueron ambos a sentar, donde estando presente la caballería española y tlaxcalteca, Xicotencatl habló de esta manera a Cortés:

No puedo negar, capitán invencible, que he procurado por todas las vías posibles deshacer tu poder y oscurecer la gloria que tan justamente en nuestra tierra has ganado, porque, como mejor sabes, en todos los provechos cada uno, naturalmente, quiere más para sí que para otro, especialmente en negocios de honra, donde el hijo la quiere ganar con su padre. Bien sabes que yo, como capitán general de los valientes y esforzados tlaxcaltecas, debía y estaba obligado a ganar nombre y gloria para mí y para los míos y que cuanto el adversario fuese más bravo, tanto la gloria de haberle vencido había de ser mayor. He procurado, como has visto, ganar ésta de ti y de los tuyos; helo intentado muchas veces, y tantas he llevado lo peor, o porque, como parece eres más valiente, o porque debes de tener razón, o porque ese Dios en que los cristianos creéis debe ser muy poderoso. Por cualquiera causa de estas, o por todas, yo determino de no porfiar más contra ti ni contra los tuyos, antes te pido y suplico me recibas en tu gracia y amor y te sirvas de mí y de los que yo a cargo tengo, a tu voluntad, porque en todo me hallarás como a cualquiera de los tuyos; y porque lo puedas ver presto, ya sabes que la provincia de Tepeaca, comarcana a la nuestra, sigue el bando y parcialidad de Culhúa y que en ella han sido muertos y maltratados algunos de los tuyos; yo te ofrezco mi persona y gente para la venganza de ello, y pareceme que primero que México, allanemos y aseguremos estas provincias amigas y devotas del imperio y nombre mexicano, así para que nos queden las espaldas seguras, como para ir con más gente, con mayor nombre y más temidos.

Dicho esto, calló, esperando lo que Cortés respondería, el cual, aunque entendió que por fuerza y no de corazón le había dicho tan buenas palabras, respondiéndole con otras semejantes, o mejores, procurando hacerle verdadero amigo, abrazándole con mucho amor, le dijo así:

> Sabio y valiente capitán de los valientes y esforzados tlaxcaltecas: Tú has hecho, procurando ganar honra de tu enemigo, lo que has podido hasta ahora y estabas obligado a ello, por lo cual no hay que culparte; pero, pues ya, como dices, has hecho todo tu deber y has entendido, por la razón que tenemos y porque sumamente poderoso es el Dios que adoramos, que adelante será tan balde porfía como lo ha sido hasta ahora, seamos amigos verdaderos y, juntos, allanemos esas provincias y volvamos sobre México, donde para ti y para tus descendientes ganarás la honra y fama que siempre como valiente y esforzado has procurado, que de mi parte te prometo que, olvidado de los enojos pasados, te haré todas las mejores obras que pudiere, hasta ponerte en aquella dignidad y estado que tú deseas.

Mucho mostró holgarse con esto Xicotencatl, el cual, replicando pocas palabras, aunque de mucha amistad, despidiéndose de Cortés, muy contento se volvió a su casa.

Capítulo X. Cómo Xicotencatl volvió a hablar a Cortés sobre la guerra de Tepraca, y de cómo primero que la comenzase envió sus mensajeros, y lo que los de Tepeaca respondieron

Cincuenta días eran pasados después que Cortés estaba en Tlaxcala, curándose de sus heridas y aún no estaba bien sano, porque las heridas con el poco refrigerio habían sido malas de curar, cuando el general Xicotencatl, teniendo prevenida la gente de guerra, le tornó a hablar diciendo que ya no se podían sufrir las desvergüenzas y atrevimientos de los tepeaqueases y mexicanos, y que pues le habían muerto doce cristianos, y dejando los enemigos a las espaldas, no podía ser la guerra segura contra México, se determinase de comenzar luego aquella otra guerra, y que él estaba presto para ir en su servicio con la gente que lo pidiese. Cortés, aunque más necesidad tenía de curarse que de ponerse en guerra, por no mostrar flaqueza, que nunca se halló en él, respondió muy al gusto de Xicotencatl, diciéndole que se aprestase, porque él estaba determinado de hacer un bravo castigo en los de Tepeaca y en las guarniciones mexicanas, que les daban favor y ayuda. Con esto se despidió Xicotencatl, el cual no se durmió en las pajas. Cortés, en el entretanto, aunque estaba bien indignado de la muerte de sus españoles y de las de un Fulano Coronado y de otro que las guarniciones mexicanas habían muerto en el despoblado, tomando los caminos para que ningún español pudiese ir ni venir a la mar, reportándose, por parecer la guerra más justa, envió sus mensajeros a los señores y principales de Tepeaca, rogándoles dejasen de le hacer guerra, pues era injusta, y que era más razón ser amigos de los tlaxcaltecas, que eran sus vecinos y tan valientes, que no de los mexicanos, que no sabían guardar amistad ni palabra que diesen y asimismo, que ya sabían cuán alevosamente le habían muerto sus españoles, y que como quisiesen ser vasallos del emperador de los cristianos, dejaría de tomar de ellos justa venganza y los recibiría a su amor y amistad y los defendería y ayudaría contra los que los quisiesen hacer agravio, y que hecha el amistad que con ellos deseaba trabar, entenderían, el tiempo andando, cuán bien les estaría, así para el aumento de su tierra y señorío, como para desengañarse de la falsa y cruel religión en que vivían, y que si quisiesen hacer otra cosa, que él, como a rebeldes y contumaces les haría cruel guerra, de manera que cuando quisiesen su amistad no les aprovechase.

Fueron los mensajeros y dieron su embajada, la cual, oída por los de Tepeaca, hicieron burla de ella, pareciéndoles que como uno a uno y dos a dos habían muerto aquellos españoles, así podrían ofender a los que con Cortés estaban; y como los prósperos sucesos en gente favorecida y que no habían bien probado a qué sabían las tajantes espadas de los españoles, engendraba soberbia y demasiado orgullo, respondieron que no querían su amistad ni la de los tlaxcaltecas, y que siendo vivo el gran señor de México no habían de servir y obedecer a señor que jamás vieron ni oyeron, y que ellos tenían buena ley y religión, recibida de muy antiguo y guardada con gran cuidado y que estaban determinados de morir en ella y no oír otra, teniendo por capitales enemigos a los que contra la suya fuesen, queriéndoles persuadir otra, y que sobre esto no había de haber más razones, y que así, quedaban con las armas en la mano, esperando para o matar a sus enemigos o morir primero a sus manos que otra cosa hiciesen.

Vueltos con esto los mensajeros, Cortés llamó a los señores de Tlaxcala. Díjoles lo que los de Tepeaca habían respondido y cómo él determinaba de hacerles cruda guerra, pidiéndoles su parecer; y pareciéndoles que era bien se hiciese así hicieron la gente que había de ir con los suyos.

Capítulo XI. Lo que la señoría de Tlaxcala respondió, y de cómo Cortés salió a hacer la guerra

Como la Señoría de Tlaxcala vio tan determinado a Cortés para lo que ella tanto deseaba, holgó mucho de oír lo que había propuesto, y respondiendo Magiscacín en nombre de toda la república, le dijo:

> Invictísimo capitán: Muchas gracias doy a mis dioses por verte ya con más salud y tan amado de esta Señoría, porque siendo tú nuestro capitán y caudillo nada puede suceder que no sea a nuestro gusto y contento, y si mi cansada edad no me lo estorbara y mi presencia no fuera tan necesaria para proveerte desde esta ciudad en la guerra, por ninguna cosa dejara de ir contigo, pero en mi lugar te servirá un hijo mío que ahora comienza a seguir la guerra, y delante de ti, cuando estéis en el campo, a nuestro uso, le armarán caballero. En lo demás que a esta Señoría toca, te besa las manos por la merced que le haces, darte ha con su general Xicotencatl, que presente está, cincuenta mil hombres de guerra sin los de carga, y si fuesen menester doscientos mil no te faltarán. Acompañarte han otros señores, con su gente y armas, de esta Señoría, de manera que en lo que a nosotros tocare, no tendrás qué pedir. De ti ciertos estamos que donde tu persona estuviere tendremos la victoria cierta; y porque ésta no se dilate y los de Tepeaca y sus aliados no hagan más daño, así en los tuyos como en los nuestros, sal hoy, porque el enemigo buscado, por valiente que sea, pierde mucho del orgullo, y tu Dios, que tantas victorias te ha dado, te favorezca y ayude en esta jornada, para que volviendo vencedor, como deseamos, tomes de México justa venganza.

Dichas estas palabras, todos los demás señores se levantaron muy alegres, diciendo a una que lo que señor Magiscacín había dicho era lo que ellos querían.

Habida esta consulta y hecha esta determinación, Cortés, por darles contento y porque viesen cuán bien se aprestaba, mandó luego descoger las banderas, tocar los tambores y trompetas, aderezar las armas y armar los caballeros, echando bando que en aquel día había de salir. Visto esto, Xicotencatl, que era hombre belicoso, mandó tocar los caracoles y otros instrumentos de guerra, fue por los señores y capitanes, apercibiéndolos que cada uno recogiese su gente, aunque como era tanta, en aquel día no se pudo aprestar.

Dicen los que lo vieron, que fue cosa muy de ver la gana con que los unos y los otros se aprestaban, el ánimo grande que los unos recibían con los otros, el bullicio de todos. Salió primero Cortés, dejando cargo a Alonso de Ojeda y a su compañero Juan Márquez, que acaudillasen y recogiesen el ejército de Tlaxcala, al cual con sus capitanes y caudillos vinieron los de Cholula y Guaxocingo.

Salió Cortés muy en orden de guerra, enarboladas las banderas, tocando los pífaros y tambores; acompañóle buen trecho fuera de la ciudad su grande amigo Magiscacín, donde, al despedirse, le encomendó mucho su hijo. La demás gente que no había de ir a la guerra, hasta los niños se derramó por aquel campo para ver a Cortés. Echáronle todos, a su rito y costumbre, muchas y grandes bendiciones, deseosos todos de verle volver con victoria, y no iba tan desacompañado de gente de guerra tlaxcalteca, que no llevaba cuatro o cinco mil flecheros para sí, en el entretanto que la demás gente salía, se le ofreciese algún rencuentro.

Capítulo XII. Cómo después de haber salido Cortes salió la demás gente, las devisas que los señores llevaban y la extraña manera con que al hijo de Magiscacín armaron caballero

Partido Cortés, llegó aquella noche camino de Tepeaca, a una parte que se dice Cunpancinco, donde estuvo tres días hasta que el ejército de Tlaxcala, de quien llevaba cargo Alonso de Ojeda, llegó. Salieron, así de tlaxcaltecas como de cholutecas y guaxocingos, según la opinión de los más, sobre ciento y cincuenta mil hombres de guerra.

Salieron todos de Tlaxcala lo más ricamente aderezados que pudieron y en muy gentil orden, tendidas las banderas de sus capitanes y la de Tlaxcala, debajo de la cual iban las demás. Y porque hace al gusto y sabor de la historia decir las devisas que los señores y el capitán general llevaban como armas e insignias de sus alcuñas y linajes, es de saber que el general Xicotencatl en su estandarte y bandera llevaba una hermosa y grande garza blanca, tan al natural tejida de plumas, que parecía estar viva. La devisa de Chichimecatl, otro señor, era una rueda de plumas verdes con orla dura de argentería de oro y plata. Pistecle, que era otro señor, llevaba por devisa un arco con sus empulgeras y en cada una un pie de tigre y en la empuñadura asimismo una mano de tigre. Estos tres eran los más principales, aunque, los dos reconocían en algo a Xicotencatl. Iban debajo de estos otros muchos capitanes y caudillos con sus banderas y devisas. Iban todos en hilera, por donde cabían, de veinte en veinte, y donde no de diez en diez, y como todos iban vestidos de blanco y en las rodelas y cabezas llevaban altos y ricos plumajes, sonando sus instrumentos de guerra, parecían por extremo bien, especialmente reverberando en el argentería plumajes el Sol.

Ocupaban por do iban gran espacio de tierra. Llegaron a buena hora a do Cortés estaba, el cual los salió a recibir un tiro de arcabuz; hízoles hacer salvas con las escopetas; recibiólos con gran ruido, de tambores y trompetas; abrazó a Xicotencatl y a los otros dos señores, repartiólos Ojeda por sus cuarteles. Parecía el campo una muy gran ciudad.

Otro día de mañana los corredores de la Señoría de Tlaxcala prendieron ciertas espías de Tepeaca, trajéronlas a Cortés, el cual las entregó a aquellos señores para que de ellas hiciesen a su voluntad, los cuales, echado bando por todo el ejército para que viesen armar caballero al hijo de Magiscacín, después de haberse puesto todos en rueda, haciendo una hermosa y gran plaza, levantadas las banderas, haciendo señal de callar, con gran ruido de música, puestos en medio ciertos caballeros y algunos sacerdotes con unas navajas en una espada, con la cual sacrificaron las espías, sacáronlas primero los corazones, haciendo ante todas cosas ceremonias. Cuando esto se hacía, el caballero novel estaba algo apartado, armado a su uso ricamente. Mandóle un caballero de aquellos que hiciese fuerte rodela y que se cubriese bien; tiróle fuertemente el corazón de una de las espías, y hecho esto, bajando el mancebo la rodela, con la mano llena de sangre le dio una recia bofetada en el carrillo, dejándole los dedos sangrientos señalados en él. Estuvo recio el mancebo, sin mudarse ni demudarse. Pareció esto mal a Cortés, como parecerá a cualquiera quo esto lea; díjoles que por qué trataban tan mal a caballeros en el campo y que de aquella manera probaban el valor y esfuerzo del que se armaba caballero, porque si siendo reciamente herido no caía, como aquél había hecho, era bastante prueba que cuando se viese en la batalla no se rendiría con fuertes golpes de su adversario. Calló Cortés, aunque todavía le pareció mal.

Capítulo XIII. Cómo aquel día dieron en la tierra de Zacatepeque, y del duro y bravo recuentro que allí hubo con los de Tepeaca
Aquel día, o según la más cierta opinión el siguiente, así la gente de Cortés como la de Tlaxcala, dieron en unos muy crecidos, espesos y altos maizales de Zacatepeque, pueblo sujeto a Tepeaca, en medio de los cuales había una cava grande de tierra muerta, y de la otra parte puesta en celada, mucha ente de guerra, aguardando a los de Cortés para tomarlos de sobresalto, y así, en pasando que pasaron la cava los nuestros, con grande alarido y furia, valientemente fueron salteados; pero como los nuestros andaban en busca de ellos, reportándose, un poco, para ver lo que habían de hacer, los escopeteros y ballesteros en breve hicieron harto estrago en ellos. Los de a caballo, aunque eran pocos y no podían en los maizales aprovecharse de los caballos como quisieran, se emplearon en ellos, alanceando muchos de los que huían.

En el entretanto, por aquella parte por do los tlaxcaltecas peleaban, los enemigos les hicieron mucho rostro, hiriéndose y matándose con gran coraje los unos a los otros, aunque los tlaxcaltecas, así por ser animosos y guerreros, como por el favor que en los nuestros sentían, llevaban lo mejor.

Fue muy reñida aquel día esta batalla, porque de refresco acudían muchos de los de Tepeaca. Ya los españoles y los caballos, como la tierra era mullida, andaban cansados; estaban confusos, porque en tierra extraña y tan cubierta de los maizales, no sabían por dónde entrar ni salir, hasta que Ojeda, que iba en un caballo muy crecido, divisó ciertos edificios casi media legua de donde estaban en seguimiento de los enemigos; con muchos tlaxcaltecas guió allá. Llegado que fue allá, vio que eran unos grandes y reales aposentos; apeóse y entró dentro matando los que estaban puestos a la defensa; subió a lo alto con algunos señores tlaxcaltecas; tendió la banderea y estandarte de Tlaxcala, para que viéndola Cortés y los suyos acudiesen allí.

Eran estos aposentos en el pueblo de Acacingo. Ya el Sol se quería poner cuando yendo de vencida los enemigos, muchos de ellos, no sabiendo lo que pasaba, huyeron a los aposentos, donde fueron presos y muertos por los tlaxcaltecas que en ellos estaban. Cortés, mirando por do podría salir a lo raso, que era ya hora, vio la bandera; holgóse mucho con ello, tiró con todos los suyos hacia allá, mostróle Ojeda desde lo alto por do había de subir, señoreó toda la tierra, considerando lo que después podría hacer. En el entretanto, de rato en rato, hasta que ya cerró bien la noche, acudían tlaxcaltecas con mucha cantidad de enemigos presos. Mandábalos Cortés subir arriba a lo alto, y para espantar a los demás, hacíalos echar de allí abajo, donde se hacían pedazos, porque los aposentos eran muy altos y los arrojados daban sobre piedras.

Hubo aquella noche para los tlaxcaltecas gran banquete de piernas y brazos, porque sin los asadores que hacían de palo, hubo más de cincuenta mil ollas de carne humana. Los nuestros lo pasaron mal, porque no era para ellos aquel manjar.

Estuvo Cortés allí tres días con harta necesidad de comida y agua, aunque siempre peleando, donde muchos indios hicieron grandes y muy notables desafíos los unos con los otros. Finalmente, después de muchas muertes, no acudiendo más enemigos. Cortés se fue a Tepeaca, donde lo que sucedió diremos luego.

Capítulo XIV. Cómo Cortés fue a Tepeaca y entró en ella sin resistencia, y de lo que más sucedió

Marchó Cortés con su campo muy en orden el camino de Tepeaca sin sucederle cosa que de contar sea, y como los señores y principales de ella, después del desbarato pasado se habían ido a México, entró Cortés sin resistencia en ella. Asentó el real de los españoles en un patio grande, junto a una torre fuerte y bien alta, mandando que junto a su alojamiento estuviesen Marina y Aguilar, lenguas que fueron harto provechosas y necesarias. El demás ejército de los tlaxcaltecas se asentó fuera del pueblo, en unos grandes llanos, porque dentro no podía caber y por ser señor del campo, aunque los capitanes y señores tenían sus aposentos en las casas más fuertes del pueblo.

Estuvo el un campo y el otro, según la más común opinión, en estos asiento más de cuatro meses, aunque Ojeda en su Relación dice más de seis. Los españoles hicieron muchas correrías donde prendieron y mataron muchos de los enemigos. Hicieron muchas entradas en otros pueblos, aunque siempre padecieron mucha necesidad de comida y agua, en especial después que se acabó un charco que estaba entre dos sierras, que tenían hecho aposta, como jagüey, para recoger las aguas llovedizas; y por estar los bastimentos alzados padecieron los nuestros gran necesidad de ellos, la cual no tenían los indios amigos, por la carnescería que tenían de carne humana; y como la necesidad es maestra de los ingenios, cayeron algunos de los nuestros en que los perrillos de la tierra, que son de comer, iban de noche y de día a comer de los cuerpos muertos. Iban allá los ballesteros y harían su caza y volvían tan contentos como si hubieran cazado perdices.

Estando por muchos días en esta necesidad los nuestros, vino un cacique tepaneca, de paz; trajo a Cortés alguna comida, aunque poca, según los más son miserables y mesquinos; tratóle muy bien Cortés, pretendiendo que lo que quedaba de pacificar se hiciese sin rompimiento ni derramamiento de sangre. Comenzó desde aquel lugar a enviar sus capitanes, unos por acá y otros por allá, con instrucción que lo que pudiesen hacer por bien y por amor no lo hiciesen por mal. Envió a Diego de Ordás con doscientos españoles y muchos indios amigos a Tecamachalco, el cual [tuvo] diversas refriegas con los indios de aquel pueblo; fue y vino cinco veces a él, y como era grande y muy poblado, no se pudo sujetar tan presto. Finalmente, aunque se hicieron fuertes en las quebradas de una sierra, donde mucho se fortalecían, los sacó de ellas y fue en su seguimiento, haciendo en ellos gran matanza y después, al cabo, prendió más de dos mil y quinientos de ellos, que trajo a Tepeacu, con que acabó de allanar aquel pueblo.

Cortés hizo esclavos a los presos, herrólos en los rostros, enviando libres a las mujeres y muchachos a su tierra. De los esclavos entregó el quinto a los Oficiales del rey; los demás repartió entre los que lo habían menester y otros envió a Tlaxcala para que los tuviesen en guarda hasta que él volviese. Hizo Cortés este castigo, lo uno porque habían sido traidores y quebrantado la palabra, lo otro por amedrentar y espantar a los demás rebelados, que no poco aprovechó, porque, no temen tanto la muerte como ser esclavos, y es la causa que como de su natural condición son holgazanes, no quieren con la servidumbre ser compelidos a trabajar. Fue esta nueva fuera del valle de Yzucar y hasta Zapotitlán, Tepexe, Acacingo y otros muchos pueblos, a los cuales, como, después diré, fue Cortés y envió sus capitanes.

Capítulo XV. Cómo estando Cortés en Tepeara, los mexicanos tentaron de matar con traición a los cristianos y cómo les descubrió, y el castigo que hubo

Enviando Cortés por diversas partes sus capitanes con la gente que cada uno había menester, con la menos se quedaba en Tepeaca, esperando a ver lo que cada uno de los capitanes avisaba que había de proveer, lo cual fue ocasión que los mexicanos, que eran más maliciosos que otros indios, tratasen con los de aquella comarca que matasen a los nuestros. Esto dicen que fue en una de dos maneras: la una que los unos y los otros se diesen de paz, hiciesen muchos servicios a los nuestros, asegurándolos hasta verlos desarmados, y que descuidados, de noche o de día, con las mismas armas, los más valientes matasen a los nuestros. La otra es, y ésta se tiene por más cierta, que las guarniciones mexicanas, como vieron repartida la gente de Cortés en diversos capitanes y en diversas partes, que teniendo aviso adónde acudía el capitán cristiano que menos gente llevaba, todos los vecinos de los otros pueblos con las guarniciones mexicanas diesen sobre aquél de noche o de día, y que así irían sobre cada uno de los otros capitanes, y que de esta manera acabarían en pocos meses a los españoles; y porque muerta la cabeza, que era Cortés, se podía esto hacer mejor que con ninguno de los otros capitanes viendo que Cortés quedaba con pocos españoles y que no se velaba mucho, a causa de que en Tepeaca no había muchos indios naturales de ella y que algunos de los pueblos comarcanos estaban allanados, aunque temían mucho a Cortés, se determinaron los capitanes de las guarniciones mexicanas con los de la provincia cercar a Cortés en los aposentos donde estaba, y entrándole, matarle o pegar fuego a la casa, para que ni él ni ninguno de los suyos pudiesen escapar, para lo cual tenían gran aparejo, por repartirse los indios amigos y en mucha cantidad con los capitanes españoles; pero como esta traición no pudo ser tan secreta que algunas mujeres, parientas o amigas e hijas de los de la liga no lo supiesen, y ellas saben poco callar, aficionándose a Marina, la lengua, que era mexicana, pareciéndoles que como extraña de la nación española y como mujer de su ley y generación las guardara secreto, dos de las que sabían la traición, estando con ella en buena conversación y pasatiempo, después de haber merendado, que entonces más que en otro tiempo se descubren los corazones, le dijeron: «Marina: El amor grande que te tenemos y ser tú de nuestra ley y generación, por lo cual estás obligada a querernos mucho más que a los cristianos, nos fuerza a descubrirte lo que pasa, para que con tiempo te recojas con nosotras y no mueras mala muerte, antes seas señora y estés en tu libertad». Marina sospechó luego lo que querían decir; acariciólas mucho, diciendo mal de los cristianos, diciendo que no deseaba cosa más que verse libre. Ellas entonces, como vieron tan buena entrada, descubrieron la traición más largamente que aquí va contada. Marina les agradeció mucho el aviso, prometióles de guardar secreto y aun avisólas, para más asegurarlas, que no lo dijesen a otra persona. Con esto, despidiéndose a su tiempo de ellas, se vino do Cortés estaba, al cual dijo que mandarse llamar a Aguilar para que en lengua castellana dijese lo que ella quería descubrir, en la que Aguilar estando cautivo había aprendido. Vino Aguilar, y Marina descubrió todo lo que con las indias había pasado. Mandólas llamar Cortés, confesaron sin tormento, encartaron a muchos de los indios que se habían dado por amigos, hizo Cortés gran castigo en ellos, escribió a sus capitanes que se viniesen, velóse con más cuidado en el entretanto, no permitiendo que alguno de los suyos estuviese descuidado. Hay otros [que] dicen que en la comida pretendieron los mexicanos matar a los nuestros, que pudieron más fácilmente si Dios, cuyo negocio se trataba, no les fuera a la mano. Como quiera que sea, aunque la segunda traición es la más cierta, Marina fue la que, siendo tan leal como se ha visto, la descubrió.

Capítulo XVI. Cómo en el entretanto que Cortés estaba en Tepeaca, indios de México publicaron que Cortés y los suyos eran muertos, y cómo mataron a Saucedo y otras desgracias acaecidas a españoles

Los señores y principales de México, sabiendo cómo Cortés estaba en Tlaxcala y que ya comenzaba a hacer correrías, recelosos de que algunos pueblos que estaban por ellos tiranizados y opresos no se levantasen e hiciesen del bando de Cortés y de los tlaxcaltecas, enviaron camino de la Veracruz y por otras partes ciertos capitanes, hombres esforzados, con las cabezas de algunos caballos de los que habían muerto en México, y también con las cabezas de algunos españoles, publicando por do iban que ya era muerto Malinche (que así llamaban a Cortés) por Marina la india, y que no había quedado hombre español ni caballo. Pudo este engaño tanto, que levantaron a otros indios por do pasaban, para que matasen a los españoles que en sus pueblos estaban.

Caminaron estos falsos mensajeros hasta llegar a Tustebeque, adonde estaba Saucedo, al cual había dejado Diego de Ordás con ochenta españoles al tiempo que desde Tepeaca había Cortés enviado a llamar al Diego de Ordás. Asimismo, a esta sazón estaba en Chinantla un Fulano de Barrientos, por mandado de Cortés. Aconteció, pues, que Saucedo envió a llamar al Barrientos con un español, a que se viniese debajo de su bandera, pues era capitán y tenía gente con quien podría estar más seguro. Respondió Barrientos que no le conocía y que allí le había mandado estar Cortés y que allí estaría favoreciendo a los indios de Chinantla hasta que otra cosa le mandase. Volviendo el español con esta repuesta a Tustebeque, ya que llegaba media legua cerca de los aposentos, vio grande fuego levantado y que por lo alto ardían bravamente los aposentos. Creyó el español que, por algún descuido, las indias haciendo pan habían pegado fuego a la casa. Llegó al río, no oyó bullicio ni rumor alguno de gente, antes, en llegando al río, vio que venía hacia él una canoa con tres indios, porque los demás estaban escondidos; pasó (que no debiera) de la otra parte, donde no hubo saltado en tierra cuando los indios, que estaban a punto para ello, le comenzaron a herir. Defendióse lo que pudo, pero como eran muchos matáronle luego. De tres indios chinantecas que consigo llevaba, los dos se escaparon echándose al agua: el otro murió con su amo, porque no le dieron lugar a hacer lo que los otros.

Fue grande la matanza que los indios hicieron en aquellos españoles, porque a los unos quemaron vivos en los aposentos, y a los otros, que andaban descuidados por el pueblo, mataron, aunque algunos de ellos vendieron sus vidas lo mejor que pudieron, como los que veían que no podían escapar, matando y haciendo el estrago que pudieron en los enemigos; pero como eran tantos, no pudo hombre de ellos escapar. Dieron los indios chinantecas que huyeron las nuevas de esto a Barrientos, el cual, por una parte, se holgó de no haber ido donde Saucedo estaba; por la otra quedó muy confuso, muy triste y pensativo, así por aquella gran pérdida, como por el peligro grande en que él quedaba de que los indios donde estaba no hiciesen de él otro tanto. Aumentóle esta congoja la falta que le hacía un su amigo y compañero llamado Juan Nicolás, que poco después de este desastre murió de enfermedad que le dio. Todos estos males causó la traición y ardid de los mexicanos, que, como adelante diré, nunca pensaban sino cómo matar a los nuestros.

Capítulo XVII. Cómo Diego de Ordás fue sobre Guacachula, la guerra que hizo y la presa que trajo
Prosiguiendo Cortés la guerra, envió a Diego de Ordás y a Alonso de Ávila con doscientos hombres de a pie y algunos de a caballo a que entrasen por la tierra de Guacachula. Saliéronles al encuentro los indios; hubieron una brava y reñida batalla que duró muchas horas, donde los dos capitanes, así gobernando como peleando, lo hicieron valerosamente. Mataron gran cantidad de los enemigos, pero todavía porfiaron otros días, en que llevaron lo peor. Volvieron estos capitanes con presa de más de dos mil hombres y mujeres, aunque al principio, por espantar a los demás, no se daba vida a hombre. Herraron a ellos y a ellas en las caras. Repartiólos Cortés como convenía, envió los demás con Ojeda y Juan Márquez a Tlaxcala, a que los señores de aquella provincia se sirviesen de ellos y se los guardasen, los cuales se holgaron mucho de ello. Diéronle muchas gracias; enviáronle comida, que la había bien menester. Con la una presa y con la otra, como todos son vengativos, mostraron mayor contento del que el hombre generoso debe tener cuando vence, tratándolos mal de palabra y aun de obra.

Volvieron Ojeda y su compañero, y como en el entretanto, en lo de Tecamachalco, los nuestros habían hecho grande estrago, toparon en el camino que iba a Tlaxcala y a Cholula muchos indios tlaxcaltecas y choultecas, cargados de indios muertos, que había hombre que llevaba dos a cuestas y otros que llevaban cuatro muchachos juntos, atados por los pies como si fueran gallinas. Decían que para comer en fresco en sus fiestas, y de lo que quedase hacer tasajos, cosa cierto bien horrenda y que de haberse quitado tan abominable costumbre Dios ha sido muy servido, y ellos de ello están bien confusos.

Capítulo XVIII. Cómo el señor de Guacachula envió secretamente a darse de paz a Cortés y con qué condición, y lo que respondió

Entendiendo el señor de Guacachula lo mal que le iba con los españoles y los tlaxcaltecas sus amigos, o porque mudó parecer, o porque hasta entonces había resistido, por dar contento a las guarniciones mexicanas, viendo que ya Cortés se había apoderado de Tepeaca y de los otros pueblos comarcanos y que llevaba hilo de no dejar cosa enhiesta, queriendo de dos males escoger el menor, determinó de ser antes amigo de Cortés, extraño en todo de su nación y linaje, que sufrir las molestias, denuestos y afrentas que los mexicanos hacían a los suyos, y así, secretamente, por ser primero socorrido y favorecido, que sentido y muerto, envió dos deudos suyos, de quien él se confiaba, a Cortés, los cuales, llegados adonde estaba, con sola la lengua, que no quisieron que otros estuviesen presentes, le dijeron:

> Gran Cortés, hijo del Sol, espanto de tus enemigos: El señor de Guacachula, cuyos criados nosotros somos, te saluda cuanto saludarte puede y te suplica nos des crédito en lo que de su parte te dijéremos. Dice que si hasta ahora ha resistido a tus capitanes no lo ha hecho por probar sus fuerzas y poder con el tuyo, que él confiesa que no puedes ser vencido, sino de miedo de cincuenta mil mexicanos que están en su tierra amenazándole que si no se defiende de ti le han de matar con todos los tuyos; y como ha visto que ni él ni ellos son parte para resistirse, quieren tu amistad y que le tengas por servidor y quiere reconocer por supremo señor a ese gran emperador de los cristianos en cuyo nombre vienes, y cree que debe ser muy grande y poderoso señor, pues tú, que tanto vales, publicas que eres su criado. Por tanto, te suplica le recibas debajo de tu amparo y favor, porque de mucho tiempo atrás está harto de ver los denuestos y afrentas que los mexicanos hacen a los suyos, tomándoles las mujeres, forzándoles las hijas, usurpándoles las

haciendas; la cual tiranía y servidumbre, porque va siempre en crecimiento, quiere ver quitada de su tierra; porque desea que primero lo remedies que sea sentido de ellos, nos envía a ti tan solos y tan sin presentes, que es fuera de nuestra costumbre y usanza.

Cortés, que de su natural condición era clemente y piadoso, holgó por extremo con esta embajada; condolecióse de la tiranía que aquel señor padecía, alegróse de poder ser parte para librarle de ella y deshacer otros tuertos y desaguisados que los mexicanos acostumbraban hacer. Determinó de favorecer muy de veras a aquel señor, para que conocida por otros su clemencia, sin venir a las manos se diesen a él. Respondió a los mensajeros: «Yo creo todo lo que habéis dicho y vuestro señor lo ha acertado en querer ser mi amigo y vasallo del emperador de los cristianos, porque ya ninguno será parte para ofenderle. Desharé y castigaré los agravios que los mexicanos le han hecho, de manera que él quede muy contento de querer mi amistad y arrepiso de no haberla procurado antes. Decilde que vea por dónde quiere que vayan mis capitanes con treinta o cuarenta mil tlaxcaltecas, porque yo los enviaré luego, de manera que cuando los mexicanos no piensen, los míos estén sobre ellos». Con esto, muy contentos y muy de secreto se partieron con la repuesta los mensajeros.

Capítulo XIX. Cómo Cortés envió a Diego de Ordás y a Alonso de Ávila con doscientos españoles, y cómo se engañaron creyendo que los de Guacachula les trataban traición
No se tardaron los mensajeros en volver, avisando a Cortés por dónde habían de ir los suyos, para hacer el hecho que tenían tratado. Despachó luego Cortés a los capitanes Diego de Ordás y Alonso de Ávila con doscientos españoles y mucha gente tlaxcalteca; guiáronlos los mensajeros por buen camino y derecho atravesaron tierra de Guaxocingo. Allí, como los de Guacachula hablaron con los de aquel pueblo varias y diversas cosas tocantes a la guerra que contra as guarniciones mexicanas iban a hacer, y al presente no había de los nuestros intérprete que pudiese bien entender ni dar a entender la lengua mexicana, un español que se halló a las pláticas, tomando uno por otro y entendiéndolo mal, dijo a los capitanes que se habían confederado los de

Guaxocingo y Guacachula para poner a los indios de Culhúa, con quien poco antes se habían confederado y hecho amigos. Creyeron esto los capitanes, porque siempre los nuestros, andaban recatados y no estaban nada ciertos de la amistad de los indios, como extraños en todo. Determinaron de no pasar adelante, prendieron a los mensajeros de Guachachula y a los capitanes y otros principales de Guaxocingo; volviéronse a Cholula, y de allí escribieron una carta a Cortés con un Domingo García y le enviaron los presos. Motolinía dice que los capitanes nuestros eran Andrés de Tapia, Diego de Ordás, Cristóbal de Olid; y Ojeda en su Relación, los ya dichos.

Cortés como leyó la carta, pesóle de lo que decía, aunque no se determinó en creer lo que en ella venía, por parecerle que los mensajeros de Guacachula le habían hablado con gran calor y lágrimas, y porque de los de Guaxocingo tenía buena opinión. Examinó con mucha cordura los mensajeros y a los capitanes cada uno por sí, y entendió de la confesión de todos que pasaba al revés de lo que la carta decía y que el español, o de miedo o porque entendió mal, se había engañado, entendiendo uno por otro, pues lo que estaba concertado y lo que los mensajeros dijeron a los otros indios era que meterían a los cristianos en Guacachula y que luego podían matar a los de Culhúa. Entendió el español que los de Culhúa habían de matar a los españoles después de metidos en el pueblo. Averiguado esto así, alegre Cortés de que los indios fuesen leales, los soltó, haciéndoles grandes caricias y satisfaciéndolos cuanto pudo, para que no fuesen quejosos; y para más satisfacerlos y porque no acaeciese algún desastre y por ser el negocio de tanta importancia y porque se acertase mejor, determinó de irse con ellos.

Capítulo XX. Cómo Cortés se partió con los mensajeros de Guacachula, y de lo que en el camino le aconteció
Cabalgó, pues, Cortés y Pedro de Alvarado con él, con cuatro o cinco de a caballo y otros tantos de a pie; adelantáronse los indios: comenzó a llover tanto que el agua les daba a la rodilla, llegaron al rio de Cholula, el cual iba muy crecido y el puente era de vigas no bien juntas. Apeóse Alvarado, metiendo de diestro su yegua, y como las vigas estaban mojadas, deslizó la yegua, metió la una mano entre viga y viga, y por sacarla, con la fuerza que hizo, dio consigo en el río, y si de presto Alvarado no soltara la rienda, diera

consigo abajo. Nadó la yegua, que era muy singular, y salió de la otra parte; paróse como esperando a su amo, sin irse a una parte ni a otra. Cortés como vio esto, mandó a Alonso de Ojeda que le pasase el caballo a nado; quitóle Ojeda la silla, cabalgó en él en cerro, sin desnudarse, y como tenía cuenta con la rienda, con la furia del agua, llevando la espada sin contera, con la otra mano y se hirió sin sentirlo en un pie en los menudillos.

Pasó Cortés y los demás por el puente, llegaron a Cholula, y como ya a Ojeda se le había resfriado la herida, comenzaba a coxquear y no se podía menear, de lo cual pesó bien a Cortés, porque era hombre para cualquier trabajo. Mandó a los indios de Cholula que lo llevasen en hombros a Tepeaca en una hamaca, avisándoles que mirasen por él como por sus ojos, si no querían ser todos muertos. Los indios, en quien más que en otra nación puede mucho el miedo, le llevaron a Tepeaca salvo, aunque no sano.

Capítulo XXI. Cómo los indios de Guacachula, desmintiendo las velas, cercaron a los capitanes mexicanos y cómo pelearon con ellos y a la mañana los ayudó Cortés

Aquella noche que los mensajeros llegaron a Guacachula, los vecinos del pueblo y los que Guaxocingo y tlaxcaltecas, pasada la mayor parte de ella, procurando salir verdaderos, engañando las centinelas, cercaron a los capitanes mexicanos. Comenzaron a pelear bravamente con ellos y con los demás, confiados de que Cortés no podría tardar muchas horas, aunque los capitanes cristianos les ponían gran ánimo, peleando ellos valerosamente, porque los indios enemigos eran más de treinta mil y de los más escogidos del imperio mexicano y estaban fortalecidos y como en su casa. Cortés partió de Cholula una o dos horas antes del día; caminó bien aprisa, dio sobre los enemigos con dos o tres horas de Sol. Los de Guacachula, que tenían sus espías para cuando viniese, supiéronlo luego; saliéronle al encuentro con más de cuarenta prisioneros. Dijéronle: «Ahora, señor, verás cómo te dijimos verdad y que el español se engañó». Cortés les replicó que decían verdad; abrazó a algunos, llamándolos tiacanes, que significa «valientes», palabra con que ellos mucho se honran y animan.

Llevaron a Cortés a una gran casa donde estaban cercados los mexicanos, peleando más valientemente que nunca, como los que peleaban más por las vidas que por ofender. Teníanlos cercados los del pueblo y los tlaxcaltecas y guaxocingos. Llegado Cortés, dieron sobre ellos con tanta furia y tantos, que ni Cortés ni los españoles fueron parte (aunque lo procuraron) para impedir que no los hiciesen pedazos sin dejar hombre a vida de los capitanes, que eran muchos. De la otra gente murieron infinitos, así antes como después de llegado Cortés; pero los demás, perdiendo totalmente el ánimo con su venida, huyeron hacia do estaba una guarnición de más de treinta mil mexicanos, los cuales, sintiendo lo que en el pueblo pasaba, venían a socorrer a sus amigos. Llegados, comenzaron a poner fuego en la ciudad en el ínterin que los vecinos estaban embebecidos en matar enemigos; pero como lo sintió Cortés, salió a ellos con los de a caballo y con los escopeteros; rompiólos, alanceó muchos, retrájolos a una alta y grande cuesta, siguiólos hasta encumbrarlos, donde encalmados los unos y los otros, ni podían ofender ni ser ofendidos. Encalmáronse dos caballos, el uno de ellos murió luego, y de los enemigos, sin herida, ahogados del calor y cansados de la subida, cayeron muchos muertos en tierra, y llegando de refresco muchos indios amigos, casi sin resistencia de los contrarios, hicieron tanto estrago que en breve estaba el campo vacío de vivos y lleno de muertos.

Vista esta matanza, que fue una de las grandes que en mexicanos se había hecho, los que quedaron vivos desampararon sus alojamientos. Los nuestros, siguiendo la victoria, saquearon todo cuanto toparon sin dejar cosa; quemaron las casas, en las cuales hallaron muchas vituallas, tomaron, así de los muertos como de otros que prendieron, ricos plumajes, argentería, joyas de oro y plata, piedras preciosas, muchas de las cuales parecían porque lo debían [ser], de las que los nuestros habían perdido a la salida de México. Trajeron los indios para contra los cristianos lanzas mayores que picas, tostadas las puntas, pensando con ellas matar los caballos, y no se engañaban si supieran jugarlas, pero si no es en el flechar, en todas las demás armas tienen poca destreza.

Tuvo este día Cortés de gente que acudió de Guaxocingo y Cholula, sin los tlaxcaltecas, más de sesenta mil hombres de guerra, a su modo bien aderezados. Fue cosa de considerar la brevedad con que tanta gente se juntó, porque Guacachula era pueblo de no más de cuatro mil vecinos, pero como de los mexicanos habían recibido siempre malas obras, deseosos de la venganza, tuvieron alas en los pies, que la indignación y enojo les dio.

Guacachula está en llano, tiene un río a la una parte, que en el verano le sacan los vecinos todo en acequias para regar sus sementeras y huertas, y así es muy fresco de verano. Tiene una barranca por la cual va un arroyo; encima de ella está un albarrada o cerca con su pretil, de dos estados en alto, que era la fuerza del pueblo, por la mucha piedra que tenía para arrojar de allí abajo. A la parte de occidente tiene muchos cerros pelados, bien ásperos. Después acá, como allí se fundó un monasterio de frailes Franciscos, reducido a pulicía por ellos, tiene otra traza. Danse en esta tierra árboles de Castilla, especialmente los que son de agro, y así se dan las mejores granadas, limas y naranjas del mundo, y lo mismo los higos. Tiene un templo de bóveda, bien suntuoso.

Estuvo aquí Cortés tres días, tomando lengua de los pueblos comarcanos para ver lo que después le convenía hacer. Estando en esto, le vinieron mensajeros de un pueblo que se dice Ocopetlayuca, ofreciéndose en nombre del señor de él y de los demás moradores a su servicio, diciendo que querían hacer lo que los de Guacachula. Está este pueblo tres leguas de estotro, al pie del volcán cuya comarca veinte leguas alrededor, como en su lugar diremos, es la más poblada y la más fértil de todo lo que hasta ahora en estas partes se ha descubierto.

Capítulo XXII. Cómo Cortés desde Guacachula se fue a Yzucar y echó de allí las guarniciones mexicanas que había, y de cómo allí, eligió por señor del pueblo a un muchacho que fue el primero que en las Indias se bautizó

Como Yzucar, que es un pueblo, como después diré, grande y fresco, estuviese no más de cuatro leguas de Guacachula, entendiendo los más de él la pujanza de Cortés y que no había fuerzas para resistirle y que las guarniciones mexicanas (que pasaban de ocho mil hombres) que tenían en sus casas, les hacían más daño que si fueran enemigos, determinaron, para librarse de los mexicanos, no obedecerles, antes, como sus vecinos, enviar de secreto a llamar a Cortés, el cual, vistos los mensajeros, vino y entró con mucha gente. Fue de los de Yzucar bien recibido; trabó luego batalla con los mexicanos, los cuales aunque eran pocos, porfiaron hasta que Cortés los rompió. Mató los más, siguió los vivos hasta un río que entonces, como llovía, iba muy crecido, el cual no tenía puente, porque la que había, que era de vigas postizas, la furia del agua las había llevado. Ahogáronse allí los que pensaron, huyendo, escapar. Quemó Cortés luego los templos y ídolos, así por quitar las fuerzas a sus enemigos como por el menosprecio de su religión vana. Hacía esto Cortés cada vez que los pueblos se le ponían en defensa; y así, los que de paz se le daban, lo primero que pedían era que no les quemase los templos ni derrocase sus ídolos. Condescendía con ellos, porque entonces vía que no era tiempo de hacer otra cosa.

Muertos casi todos los mexicanos y librados de su opresión los de Yzucar, como su señor se había ido a meter con los mexicanos, pidieron a Cortés que de su mano les diese señor. Cortés, inquiriendo a quién le podría venir de derecho, supo que después del señor que tenían, el más propincuo heredero de la casa y estado era un muchacho de hasta doce años, bien apuesto y de buena gracia, hijo del señor de Guacachula y nieto del señor de Yzucar. A este nombró Cortés por señor, nombrando asimismo dos caballeros viejos y de mucha experiencia, que hasta que tuviese edad la gobernasen a él y al pueblo.

Hecho este nombramiento, con que todos los de Yzucar se holgaron mucho, porque aunque algunos de más edad lo pretendían, a ninguno con tanta razón como a este muchacho convenía, bautizáronle los religiosos Franciscos. Fue su padrino Pedro de Alvarado, por lo cual le llamaron don Pedro de Alvarado, al cual llevando después los religiosos para instruirle en las cosas de nuestra santa Fe, andaba triste y atemorizado, creyendo, como en su vana religión había visto, que le llevaban a sacrificar, que así dijo después que sus padres solían hacer, por lo cual un día preguntó a un religioso:«Padre, ¿cuándo me han de matar y sacrificar?», y entendiendo entonces el religioso que la tristeza que traía era de aquello que pensaba, le llegó a sí, halagóle mucho y sonriéndose, le dijo: «Hijo mío, ¿y por esto andabas triste?; no me lo dijeras antes. No temas, alégrate y regocíjate, que en la casa de Dios, a quien tú has de servir y adorar, no matan a ninguno, antes los defienden, porque nuestro Dios no quiere la muerte del pecador, sino que se convierta y viva, y así en lo demás de nuestra religión con el tiempo verás muchas cosas que te darán contento».

Oyendo esto el muchacho, se alegró mucho y dijo que era buena cosa ser cristiano y que el Dios que no quería que nadie fuese sacrificado debía de ser misericordioso, manso y benigno.

Fue este muchacho el primero que de los idólatras fue recibido en la casa de Dios por el bautismo. Y porque hoy Yzucar es uno de los buenos pueblos de aquella comarca, será bien decir algo de su asiento y partes en el capítulo siguiente.

Capítulo XXIII. El asiento y fertilidad de Yzucar y de cómo Cortés mandó llamar y algunos vecinos que se habían huido

Es Yzucar en temple más caliente que frío, abundante de fuentes y arroyos, que por el regadío hacen su tierra muy fértil y el pueblo el más fresco que hay en aquella comarca. Está asentado en llano, aunque tiene sierras cerca. Danse en él todas las más frutas, así de Castilla como de la tierra, muy sazonadas y sabrosas, en especial de las que son de Castilla, naranjas, limas, higos, y asimismo se hace mucha y muy buena hortaliza. Coge[n] ahora mucho trigo y maíz los moradores, los cuales andaban y andan vestidos de algodón, más bien tratados que los de otros pueblos, porque cogen mucho algodón.

Tenía muchos templos del demonio, suntuosos y bien labrados. El río que corre junto al pueblo tiene grandes y altas barrancas. Sácanse de él, así por la copia del agua, como por la buena corriente que tiene, muchas acequias con que se riega una fértil vega que tiene, en la cual a esta causa hay mucha y muy buenas heredades. Todo esto es ahora mejorado, y Cortés lo miró entonces con cuidado. Tenía más gente Yzucar que Guacachula.

Estando, pues, en este pueblo Cortés, entendió que los indios que habían sido de contrario parecer, cerca de que no se llamasen los españoles, se habían metido en la sierra, y los españoles e indios amigos les habían tomado toda su ropa y que el señor se había ido a México. Soltó ciertos prisioneros que halló ser de aquella parcialidad; hízoles buen tratamiento, rogóles que recogiesen la demás gente y que llamasen a su señor y que les prometía toda la seguridad que quisiesen, diciéndoles que aunque los españoles eran tan valientes como veían, no hacían mal a quien no se lo hacía y que a los que venían de paz recibían como a hermanos. Aprovechó tanto esto, que dentro de tres días se volvieron todos y Yzucar se pobló como de antes estaba; tanto puede la clemencia y liberalidad del vencedor. Con todo esto, el señor no vino, o porque se temió que Cortés no le tratase mal, o porque era pariente del señor de México.

Asentado de esta manera el pueblo, tornó a haber disensión sobre la elección del nuevo señor entre los de Yzucar y Guacachula, porque los de Yzucar quisieran que sucediera en el señorío un hijo bastardo de un señor del pueblo que Moctezuma matara; los de Guacachula querían que sucediese el muchacho que estaba elegido, el cual, al fin, quedó en el señorío hasta que su abuelo vino de paz, ofreciéndose muy al servicio de Cortés, el cual le volvió en el señorío. Murió el mozo algunos años después, cuyo hermano sucedió no muchos años después al restituido.

Antes que Cortés saliese de este pueblo, era tanta la fama y nombre que cobró, que vinieron peor sus mensajeros a la obediencia ocho o diez pueblos bien lejos de allí a darse por sus amigos y servidores, diciendo que no habían muerto cristiano alguno ni tomado armas contra ellos.

Capítulo XXIV. Cómo Cortés volvió a Tepeaca y de allí envió a sus capitanes, unos a asegurar el camino de la Veracruz, y otros a pacificar otros pueblos, y de un nuevo modo de crueldad con que mataban a los nuestros

Hechas estas cosas, Cortés, por la comodidad que allí tenía, se volvió a Tepeaca, de adonde envió luego a Alonso de Ávila con doscientos españoles y buena cantidad de indios amigos contra el pueblo de Tecalco, en el cual no le hicieron resistencia los vecinos, porque le desampararon, y lo mismo hicieron otros, huyéndose a la sierra; y viendo Alonso de Ávila que no podía hacer nada ni hallaba ocasión en que poder señalarse, mohino se volvió a Tepeaca, de donde Cortés, sabiendo el daño que los indios hacían en el camino de la Veracruz, porque a su salvo, así a los que venían del puerto, como a los que venían de las islas o de Castilla, si no caminaban muchos juntos o iban muy recatados y bien armados, hacían el daño que querían, salieron para remediar este daño, por mandado de Cortés, Cristóbal de Olid y Juan Rodríguez de Villafuerte, con doscientos españoles y muchos indios amigos. Fueron por cuadrilleros Juan Núñez Sedeño, Alonso de Mata y un Fulano de Lagos, con cada cincuenta hombres; llegaron a un pueblo que se dice Yztacmichitlán, el cual todo estaba de guerra; detuviéronse los nuestros, corriendo la tierra ocho días; padecieron gran hambre, porque de tal manera los enemigos les alzaron los mantenimientos, que ni aun perrillo hallaron que comer.

Entraron en el pueblo e hicieron fuertes en unos aposentos que tenían cinco salas grandes. Los enemigos, pensando tomarlos allí y que ninguno se les escapase, pusieron fuego de noche a los aposentos por la parte que soplaba el viento, y así en media hora se abrasaron aquellos edificios; y como los nuestros se velaban, no se hubo emprendido el fuego cuando saltaron en el patio, haciendo rostro a los enemigos, a los cuales, como pelean mal de noche, rompieron fácilmente, matando algunos. Hiciéronse luego a lo largo y de allí otro día, como los enemigos no los esperaban ni había remedio de comida, marcharon hacia una provincia que se dice Tlatlacotepeque, la cual estaba alzada, retirada toda la gente en escuadrones en la sierra, los cuales, como muchos y bien armados salían a matar y prender los españoles que en busca del general venían del puerto; tomábanlos tres a tres y cuatro a cuatro, y el modo que tenían era que una guarnición de ellos de dos o tres mil hombres se salía a un despoblado que se dice de las Lagunas, bajo del pueblo de Teguacán, y allí prendieron a los que no se dejaban primero matar, los llevaban a este pueblo, cabeza de toda la provincia de su nombre, y metíanlos en una cocina, según dice Mata en su Relación, donde tenían buen fuego; dábanles a comer, aunque no muy bien; mostrábanlas amor, para que se descuidasen y engordasen, y cuando al parecer de ellos estaban más contentos, daban de sobresalto con mucha grita sobre ellos. Hacíanlos salir de la cocina, y como a toros o otras fieras los esperaban que saliesen al primer patio, donde con muchas varas tostadas los agarrocheaban, y si allí no caían, los esperaban otros nuevos agarrocheadores al segundo patio, donde el que se libraba del segundo, aunque se tornase pájaro, no podía escapar de ser miserablemente muerto. Cierto, este era nuevo y nunca visto género de crueldad, como inventado por el demonio, a quien tenían por maestro. Era lástima ver las señales de las manos ensangrentadas por las paredes, los gritos y voces que daban, padeciendo tan cruel muerte. Los unos, como canes rabiosos, abalanzándose al que primero topaban, le ahogaban con los dientes y las manos; otros, que más paciencia y sufrimiento tenían, conociendo lo que por sus pecados merecían y que no podían escapar de morir, hincados de rodillas, las manos levantadas al cielo, esperaban la muerte, en muchos, a lo que se puede creer, principio de vida eterna. Después, hechos pedazos, los enviaban, como cuartos de venados, en presente, a sus amigos, y, lo que era mayor crueldad, vivos enviaban algunos españoles, para que con aquel género de muerte o con otros más cruel los sacrificasen, haciéndoles saber que cuanto más corridos y fatigados fuesen aquellos hombres, tanto más, después de muertos, serían sabrosos de comer, de los que esta crueldad usaban.

Los capitanes que envió Cortés trajeron treinta o cuarenta principales, que como a fieras pudieron cazar. Hízolos Cortés meter en un patio, y ellos, entendiendo que habían de morir, desnudos en carnes hicieron un areito o danza, que duró media hora, cantando su muerte y encomendando sus ánimas a los dioses, o por mejor decir, a los demonios, y así esperaron la muerte como si fuera alguna buena nueva. Fueron todos pasados a cuchillo. Sonóse esta nueva por aquella tierra y refrenáronse de ahí adelante, temiendo morir como ellos.

Capítulo XXV. Lo que un indio de los que así prendieron, antes que le justiciasen, confesó cerca de lo pasado, y de otras cosas
Ser así lo que en el capítulo pasado está dicho, muéstralo claramente lo que un indio, clara y espontáneamente confesó delante de Cristóbal de Olid y Villafuerte. Este indio, dicen unos que fue preso; otros, y esto se tiene por lo más cierto, que una noche se vino do el real de los nuestros estaba, y que o arrepentido de lo hecho, o por poner miedo, dijo por una cuenta que ellos hacen de granos de maíz, que él y sus amigos, en el camino que va de México a la Veracruz habían muerto cincuenta y cinco cristianos, en comprobación de lo cual, sacó luego de una hoya hecha a mano, cerca de una torre, una cabeza de cristiano que no había más de tres días que lo habían muerto en el despoblado, yendo con cartas de Cortés a la Veracruz, la cual era de un Fulano Coronado, harto conocido entre los españoles e indios. Mata, que entonces era escribano y después fue regidor de la Puebla, dio por testimonio cuya era, para proceder mejor contra los delincuentes y para certificarlo al general cuando con él se viese.

En este pueblo hallaron unas casa y aposentos bien soberbios y en ellos una casa de fundición con sus fuelles, herramientas y carbón, y en una cámara muchos panes de liquidámbar, de que no poco los nuestros se maravillaron. Había en esta casa en tres patios tres estanques que se cebaba[n] de un río que, llenos, pasaba de largo por sus muescas que cada estanque tenía.

Capítulo XXVI. Cómo el cacique de aquel pueblo entró con cierta gente en aquellos aposentos y salió sin ser sentido, y de otras cosas que acaecieron
Alojados los nuestros en estos aposentos y velándose con todo cuidado, entró una noche el cacique del pueblo, acompañado de algunos principales, y, lo que más fue, de algunas mujeres también principales, en los aposentos. Andúvolos todos, entró en la fundición, vio lo que los nuestros hacían y salió sin ser sentido al entrar ni al salir, que ni la ronda topó con él, que fuera gran negocio, ni las velas pudieron entenderlo, hasta que de lejos el cacique y sus compañeros dieron voces, como haciendo burla del descuido de los españoles, que pareció grande, por entrar vestidos, como siempre andan, de blanco, que es el color que de noche solo se parece y devisa; pero no faltó quien dijo que como entre ellos hay muchos hechiceros, por arte del diablo habían entrado y salido.

Salieron de aquí los nuestros; fueron adelante hacia las lagunas, a un pueblo que se decía Xalacingo, donde estuvieron cinco o seis días, que en todos ellos no pudieron descubrir grano de maíz, tanta era la solicitud y diligencia que tenían en esconderlo, por que los nuestros muriesen de hambre, ya que ellos no los podían matar, hasta que un marinero, escondidamente, fue a la cumbre de unos montes, de los cuales descubrió un gran valle con mucha gente; dio aviso de ello; fueron los nuestros, prendieron sin contradicción algunos de ellos, tratáronlos bien; soltáronlos luego, porque pareció ser gente sin culpa de las muertes de los españoles. Comieron los nuestros del maíz que aquéllos tenían; hartáronse aquel día, porque los demás habían ayunado; hicieron alguna mochila, aunque no como quisieran, aunque la habían bien menester.

Estuvieron los españoles por estos y por otros pueblos sin tener recuento ni sucederles cosa notable treinta días y más, en todo el cual tiempo, que fue cosa de mirar en ello, ni ellos supieron de Cortés ni Cortés de ellos, de que los unos y los otros no tuvieron poca pena. La causa fue estar la tierra de guerra, que dos ni cuatro españoles, por no dar en manos de muchos enemigos, osaban salir; y así cuando estos capitanes y su gente hallaron a Cortés en Tepeaca no se puede decir lo que los unos con los otros se alegraron, porque los unos tenían por muertos a los otros. Entendió Cortés de la relación de los capitanes, que no convenía entrar más la tierra adentro, sino volviéndose a Tlaxcala, dar orden en cómo se hiciese la guerra contra México, porque ganada aquella ciudad, eran fáciles de ganar las demás, así las que estaban cerca como las que lejos.

Capítulo XXVII. Cómo Cortés desde Tepeaca despachó mensajeros a la Veracruz, y de las nuevas que tuvo de Barrientos
No aprovechó tan poco el haber Cortés enviado aquellos capitanes, aunque no mataron gente, porque no los esperaron, que algún tanto no se asegurase el camino, creyendo los indios que siempre había de andar por allí guarnición española, y así pudo Cortés enviar sus mensajeros a la Veracruz, rogando a los que allí estaban le enviasen alguna gente y los caballos que pudiesen, sin hacer notable falta en la Villa Rica, porque quería rehacerse de gente y armas para volver sobre México. En el entretanto que los mensajeros iban, los principales de Tepeaca, viendo cómo Cortés se había enseñoreado de toda la provincia y de otros muchos pueblos, se unieron a él, pidiéronle perdón de su rebeldía, prometiéronle verdadera amistad y que en el entretanto que el señor venía, que se había ido a Guatemuza, señor de México, les diese señor a su voluntad, y de su mano, porque aquél tendrían y obedecerían como a su señor natural. Cortés los recibió con mucha gracia, dióles por señor a un principal, deudo muy cercano del otro, aunque más anciano y de más prudencia y juicio. Hiciéronse en esta elección las acostumbradas ceremonias y muchas fiestas, las cuales para Cortés fueron más alegres que otras que había visto, por la gran alegría que recibió con la nueva que le trajeron unos indios mercaderes, que fue que Barrientos estaba vivo y sano en Chinantla y que era tan amado del señor y los demás de aquella provincia, que tomándole por su caudillo, habían hecho guerra a sus vecinos y ganado con ellos mucha honra; y cierto el Barrientos era valiente, diestro y animoso, y lo que más era, sabio y ardid en las cosas de la guerra, con las cuales partes, quedando solo, se

dio tan buena maña, que, no solamente no le mataron, como pudieran y como sus vecinos habían hecho con Saucedo, pero se gobernaron y rigieron por él.

Envióle a llamar Cortés, y no sin copia de españoles, así por honrarle, como por que no se lo defendiesen los indios, los cuales le entregaron con mucho amor y voluntad y le dieron mucha comida y otros dones. Lloraron con él a la despedida, rogáronle que los favoreciese con el capitán general Cortés, y que allí quedaban todos a su servicio, y que si algún capitán hubiese de enviar a aquella tierra, que no fuese otro sino él, pues le conocían y sabían cuán sabio y valiente era. Barrientos se lo prometió, el cual no viendo la hora que verse con Cortés y los suyos, no se detuvo en más razones. Llegado que fue al real de los nuestros, Cortés le salió a recibir; dióle muchos abrazos y hízole mucha honra, diciéndole: «Los soldados que tan bien aprueban como vos, justo es que todos los honremos», dando con estas palabras a entender que así honraría al que, como Barrientos, lo hiciese, con el cual se holgó por extremo la demás gente, dándole la enhorabuena de su venida y de su buena andanza, preguntándole en particular muchas cosas que fueron gustosas, así para el que las contaba como para los que las oían.

Capítulo XXVIII. Tepeaca dio viruelas en los indios, y cómo como poco antes que Cortés saliese de fundó una villa que llamó Segura de la Frontera

El negro que consigo había traído Narváez con viruelas que, según está dicho, las había pegado a los indios de Cempoala, vinieron su poco a poco cundiendo como mancha hasta dar en Tepeaca, donde de ella y su comarca murió mucha gente, de tal manera que los perros tiraban de ellos estando vivos, porque en los muertos se cebaban como sus amos, y esta es la causa por qué a los indios les pesa mucho de que los nuestros les llamen perros; y si no fuera por los españoles, que como sabían qué enfermedad era, dijeron a los indios que no se bañasen ni se rascasen, y los que esto hicieron, ni murieron ni quedaron hoyosos. Los nuestros, aunque no tuvieron esta enfermedad, como les faltaba la carne y el pan de Castilla y vino, y el maíz es sanguino, porque los perrillos los habían acabado, no estaban muy sanos y deseaban volver a Tlaxcala, que era tierra de amigos y más bien proveída, lo cual viendo Cortés y que toda aquella comarca ya estaba pacífica, determinó, primero que se volviese a Tlaxcala, para seguridad de los españoles y de los indios amigos, fundar una villa en el lugar más fuerte que en Tepeaca halló. Hízolo así y una casa fuerte. Llamó a la villa Segura de la Frontera. Dejó en ella por Alcaide al capitán Pedro Dircio, y por regidor, con otros, a un Francisco de Orosco. Dejó la gente que le pareció convenir para la fuerza y población de la nueva villa, en la cual dejó algunos que estaban enfermos porque donde habían enfermado, sanarían mejor, teniendo cuidado de ellos sus amigos, que estaban más desocupados que los que con Cortés iban, a causa de la guerra, para que se habían de apercibir.

Capítulo XXIX. Cómo Cortés desde la nueva villa de Segura despachó [a un hidalgo] con cuatro navíos de Narváez a Santo Domingo, y cómo vino a ver a Cortés el señor de Chinantla

Algunos días después que vino Barrientos no se pudo sufrir el señor de Chinantla, que por su persona, acompañado de muchos principales y con muchos dones, no viniese a ver a Cortés, el cual le salió a recibir, ya obligado por lo que con Barrientos había hecho. Honróle mucho y sentóle a su mesa, lo cual hacía con pocos, en una silla de espaldas, lo cual aquel señor (porque no faltó quien le avisó de ello), tuvo en tanto, que de ahí adelante ponía a los españoles sobre su cabeza, dimos, porque no se pusiesen en camino y siendo que solos ellos en el mundo merecían ser servidos de toda las otras naciones. Usó Cortés de esta manera de honra con algunos señores, y con los más le aprovechó mucho, pues siempre en los ánimos generosos de cualquier nación que sean, puede más la honra que el provecho.

Tiene esta tierra de Chinantla, que no es razón pasarlo en silencio, estando setenta leguas de la mar, un ojo de agua tan salada que de ella se hace muy blanca y muy hermosa sal. Hay algunos otros pueblos en esta provincia en los cuales hay algunas lagunas salidas, de las cuales se hace sal, pero no tan buena como la de este ojo. Dase en algunos pueblos de estos aquel palo tan preciado que llaman guayacan. Y como ya Cortés veía que los negocios se iban encaminando de manera que su principal propósito, que era de ir sobre México, se efectuase, despachó a un hidalgo, persona de confianza, con algunos otros españoles que para su seguridad con él fueron a la Veracruz para que, con cuatro navíos que allí estaban de la flota de Narváez, fuese a

Santo Domingo por gente, armas, artillería, pólvora, caballos, paños, lienzos, zapatos y otras muchas cosas. Dióle asaz la plata y oro que para esto era menester. Escribió al licenciado Rodrigo de Figueroa y al Audiencia, dando cuenta de todo lo sucedido desde que los mexicanos le habían echado de su ciudad hasta aquel día, encareciendo cuanto pudo cuánto convenía enviarle socorro y ayuda de todo lo que enviaba a pedir, por la gran esperanza que tenía de recobrar a México. Y porque todo lo que sentía no lo podía declarar en aquella relación que enviaba, como a testigo de vista suplicaba se diese entero crédito [a] aquel hidalgo que enviaba, con poder de obligarle, si faltase dinero, para lo que fuese menester, y sobre todo con señas particulares del que enviaba, para que hiciese Fe y se le diese crédito a lo que dijese. Escribió por sí una carta de creencia con el oro y plata. envió para aquellos señores y para otros sus amigos joyas de oro y plata, plumajes ricos, piedras, cosas fundidas y labradas así con piedras como con martillos, ropas y otras cosas las más extrañas que pudo, claras muestras de la gran prosperidad de la tierra.

Llegados a Santo Domingo los navíos, leídas las cartas y relación, holgaron mucho todos con tan prósperas y buenas nuevas. Dio el Audiencia, como en negocio tan importante y en donde Dios y el emperador habían de ser muy servidos, el calor que pudo. Moviéronse muchos a ir, y tantos, que a no estorbarlo el Audiencia, la Isla se despoblara, que esto tiene el ánimo español, que por ir a mayores cosas, aunque en sí tengan muy gran dificultad, deja con voluntad la quietud presente. No lo consintió el Audiencia, permitiendo que solo fuesen aquellos cuya ausencia no hiciese notable falta, aunque para el calor de éstos fueron algunas personas de cuenta, como en su lugar diremos.

Capítulo XXX. Cómo Cortés se partió para Tlaxcala y lo que pasó con Martín López, y cómo le envió adelante a cortar la madera
Cortés procurando, por holgarse con los señores de Tlaxcala, de tener la Pascua de Navidad allí, que era de ahí a doce días, dejando, según está dicho, gente de guarnición en Segura de la Frontera, determinó de aprestarse, y como vía que México no se podía ganar (que era su principal motivo) sin hacer los bergantines, mandando llamar a Martín López, sabio en aquel menester, le dijo que diese industria cómo se hiciesen seis bergantines y dijese su parecer

cerca de mayor o menor número y de mayor a menor grandeza. Martín López le respondió que menos de doce bergantines eran pocos para la grandeza de la laguna y que todos no habían de ser de un tamaño, porque los más pequeños, como más ligeros, serían para seguir y alcanzar, y los mayores para esperar y romper, y que se hiciese uno mayor que todos, para capitán. Finalmente, con el parecer de otros que también entendían de la navegación y arte de fabricar navíos, se concluyó que se hiciesen trece bergantines grandes y pequeños para que no hubiese parte por donde se pudiese acometer la ciudad que no nadasen tres o cuatro juntos; y porque esto se pudiese hacer con más presteza y Cortés se pudiese ir a la ligera, envió adelante, a Tlaxcala, a Martín López con todos los oficiales, para que cortasen la madera, enviando a decir a los señores de Tlaxcala que en el entretanto que él iba, que sería presto, diesen favor a Martín López y todos los indios que fuesen menester para cortar la madera, y que tuviesen entendido que sin aquellos navíos que pretendía hacer no se podía ganar México. Ellos hicieron lo que Cortés les mandó, porque veían que también hacían su negocio.

 Hecho esto, Cortés, enviando dos días antes toda la gente, así española como índica, se partió con veinte de a caballo. Vino a dormir (según dice Motolinía) a Guatinchán, pueblo de sus amigos; otros dicen (y el marqués en su Relación) a Cholula. Como quiera que sea, hasta llegar a Tlaxcala le salieron a recibir, no solo los pueblos que estaban en el camino, pero los de la comarca, con muy gran alegría y reverencia, como a triunfador y vengador de sus injurias; especialmente los de Cholula y Guaxocingo le hicieron el más solemne recibimiento a su modo, que jamás a príncipe ni señor se hizo, porque usaron con él de todas las ceremonias y solemnidades que en sus leyes y ritos hallaron. Diéronle una suntuosa cena, que él y los suyos habían bien menester, según iban en pretina de la hambre de Tepeaca.

 Hechas, pues, todas las fiestas que en su recibimiento pudieron, otro día de mañana, juntándose todos los principales de la provincia, le suplicaron que porque del mal de las viruelas habían muerto muchos señores, que quisiese de su mano poner los señores que le pareciese. Cortés les agradeció el comedimiento, preguntó por los deudos más cercanos de los muertos, eligió aquellos con voluntad y parecer de los que presentes estaban, hiciéronse luego, según tenían de costumbre, nuevas fiestas, teniendo de ahí adelante en más a los elegidos y aun ellos a sí mismo, por haberlo sido de mano de Cortés, a quien más que como a hombre veneraban y acataban.

Capítulo XXXI. Cómo Cortés entró en Tlaxcala y del recibimiento que se le hizo, y de una plática que un señor al entrar en la ciudad le hizo, y de lo que Cortés respondió
Al tiempo que los señores de Tlaxcala supieron que Cortés llegaba a una legua de la ciudad, aunque estaban con luto por la muerte de Magiscacín y de otros señores, mudando las ropas de luto que, aunque eran blancas, eran toscas y de poco valor, en rojas festivales y de alegría, comenzaron a salir en ordenanza, cada uno en el lugar que le convenía. La gente de guerra salió en orden con sus banderas y señales; los ciudadanos, gobernadores y regidores, con las insignias y armas de la ciudad, y con ellos toda la demás gente del pueblo que pudo salir, con ramos y rosas en las manos, y de trecho a trecho, un cuarto de legua, levantaron algunos arcos triunfales cubiertos de rosas y flores. Salieron con la música, que en paz y en guerra usaban, después se seguía una danza o baile de más de cuatro mil hombres, por extremo a su modo bien aderezados. Iban cantando las victorias que Cortés y sus ciudadanos los tlaxcaltecas habían ganado en la provincia de Tepeaca. Cortés, que muy comedido era, sabiendo el recibimiento que se le hacía, se dio prisa para que le tomase más cerca de la ciudad. Topó a un cuarto de legua de ella con él, y como en el principio iban los señores y gobernadores después de la gente de guerra, apeóse y con él otros caballeros. Abrazóles, diéronse la bienvenida y estada los unos a los otros, y hecha cierta señal para que la música cesase y todos estuviesen callados, un caballero de los más principales y más sabio y diestro en el razonar, de toda la Señoría escogida para aquello, estando así los españoles como los indios muy atentos, hizo a Cortés este razonamiento:

> Muy valiente, muy sabio y muy clemente capitán, hijo del Sol, que todos estos títulos mereces y te convienen: Esta gran Señoría del Tlaxcala, en cuyo nombre yo te doy la bienvenida, se ha mucho alegrado con tu presencia, aunque hasta ahora con las muertes que en ella ha habido ha estado muy triste. Hasle sido grande alivio en sus trabajos, como eres gran defensa y amparo en sus guerras, gran gloria y honra en su quietud y sosiego; seas, pues, mil veces bien venido. Tu Dios, que, como vemos,

es tan poderoso, te alargue la vida, dé mucha salud, aumente tu honra y estado, engrandezca tus hazañas, perpetúe tu memoria, dilate tu señorío, hágate a tus enemigos temeroso y a tus amigos afable y dadivoso, déte siempre mayores victorias, seas aun de los que no te conocieron amado y servido, vuele tu nombre y fama por todas las naciones del mundo, seas para tus descendientes lustre y ornamento, no pueda la envidia oscurecer tus claros hechos, sean honrados y favorecidos los de tu linaje y casa, antepóngate tu rey y emperador a todos sus valientes y victoriosos capitanes, honre y ame a los hijos que tuvieres, y plega a nuestros dioses, que hasta ahora nos han dado los bienes que les hemos pedido, que de aquí adelante nos den larga vida, mucha hacienda, para que por largos años todo lo empleemos en tu servicio, y quieran ellos, si nuestros sacrificios y oraciones algo valen, que con tan buen pie entres en esta ciudad que de ella salgas tan pujante contra aquella muy grande, muy fuerte y muy enemiga nuestra, la ciudad de México, que sin muertes de los tuyos y de los nuestros y con poca sangre la rindas, sujetes y pongas debajo de tus pies, tomando cruel y brava venganza de la muerte y destrucción de los tuyos y de los daños (aunque han recibido más) que nos han hecho, para lo cual, aunque muchas veces te lo hemos ofrecido, de nuevo ofrecemos nuestras personas y haciendas; y si éstas no bastaren, que puedas vender nuestros hijos, porque tenemos entendido, según de lo pasado ha parecido, que en tu buena dicha y ventura la Señoría de Tlaxcala ha de hacer tan notables cosas que en todo este mundo sea la señora y la cabeza.

Acabado de hacer este razonamiento, el orador hizo a Cortés un gran comedimiento, apartóse a un lado, esperaron aquellos señores con mucho sosiego lo que Cortés diría, el cual respondió así:

Muy esforzados y muy valerosos señores y amigos míos, favor y ayuda grande para conseguir las victorias que deseo. En gran merced os tengo el amor y afición que, después que os distes por mis amigos, placerá a mi Dios, de quien todos los hombres reciben el ser y todos los demás bienes, que como me ha dado tan buenos y dichosos principios, así me dará los medios y fines para que Su Majestad sea servido y alabado, y vosotros, señores y amigos míos, conociéndole como nosotros le conocemos, alcancéis mayores victorias de vuestros enemigos. Deos este solo y verdadero Dios todos los bienes y bendiciones que me deseáis, cúmplanse vuestros deseos, dilátese por muchas leguas vuestro señorío, deos buenos temporales, alargue vuestras vidas, levante vuestras casas y linajes; que en lo que en mí fuere, para la venganza de vuestros enemigos y engrandecimiento de vuestra honra y gloria, no solo gastaré mi hacienda, pero derramaré mi sangre y la de los míos; y porque todo ha de manifestar las obras, como cuando sea tiempo las veréis, no quiero deciros más palabras.» Las cuales dichas, aquellos señores, muy alegres, y Cortés con los suyos, volvieron a cabalgar, entrando en medio de aquella caballería en la ciudad de Tlaxcala.

Capítulo XXXII. El sentimiento que Cortés hizo por la muerte de su amigo Magiscacín, y cómo eligió señores, y entre ellos un hijo de su amigo

Otro día por la mañana todos los señores y principales de la Señoría, con no tan ricas mantas, mostrando el sentimiento que por la muerte de Magiscacín tenían, fueron a ver a Cortés. Diéronle cuenta cómo su verdadero y grande amigo Magiscacín había muerto, con otros muchos señores y caballeros, de la enfermedad de las viruelas, que tanto daño había hecho desde el Puerto a aquella provincia, y que entonces era tiempo de mostrar cuánto lo amaba, honrando a un hijo legítimo que le quedaba, en quien la memoria y generación de tan valeroso padre había de vivir y resucitar. Contáronle muy por extenso y con muchas lágrimas el seso y prudencia grande con que había gobernado aquella Señoría; cómo en su tiempo siempre había sido vencedora; los sanos y maduros consejos que daba; la justicia que mantenía, cuán amado y respetado era de todos y la gran falta que por esto les hacía; y que él, como por la obra había visto, le debía más que ninguno de su nación, cuanto más de la extraña, y cómo desde que había empezado a enfermar hasta que murió había mentado muchas veces el nombre de su muy amado amigo Cortés, deseando verle a su cabecera primero que muriese, para consolarse con él, y cómo, en última despedida, decirle cosas grandes que para la gobernación de la tierra convenían mucho. Cuando llegaron a este punto los que hablaban, no pudo Cortés detener las lágrimas, de que no poco aquellos señores se consolaron, viendo que tan claras muestras dada del amor que a Magiscacín tenía, y así, manifestándole también con palabras, les dijo: «Señores y amigos míos: Ninguno más que yo puede ni debe sentir la muerte de mi querido y verdadero amigo Magiscacín, porque desde la hora que se me dio por amigo hasta que murió, en público ni en secreto, dijo ni hizo, ni aun creo que pensó, cosa que fuese contra la lealtad y firmeza que en verdadera amistad debe haber. Tenéis todos gran razón de sentir tanto como sentís su fallecimiento, porque os ha faltado el más valeroso, el más cuerdo y sabio gobernador que vuestra Señoría ha tenido; pero, pues es necesario y forzoso el morir, y a lo hecho no puede haber remedio, confiad que Dios, entre los vuestros, si le conocierdes y adorades, os dará otro y otros tan valerosos como él, porque como tiene cuidado de cada uno de nosotros, así le tiene de las repúblicas y congregaciones, proveyéndoles, faltando personas bastantes para su gobernación, de otras tales o mejores. En lo demás que pedís, nombre y elija a su hijo por su heredero y sucesor y cabeza principal en vuestra república, hacerlo he con toda voluntad y amor, porque el gran valor del padre merece que el hijo sea muy honrado». Diciendo esto, mandó llamar al muchacho, que sería de doce años y que bien, en su arte y manera, mostraba ser hijo de tal padre. Armóle delante de toda la Señoría caballero, al modo hispánico, de que aquellos señores mucho se maravillaron y alabaron la buena manera y gentiles ceremonias de armar caballero. Bautizáronlo luego, por que también fuese caballero de Jesucristo. Llamáronle don Lorenzo Magiscacín, no poniéndole otro apellido de nuestra nación, teniendo respecto a la nobleza y virtud de su padre. Hecho esto, lo nombró por señor del estado de su padre; y a otros caballeros y señores asimismo, donde es de considerar la gran opinión en que Cortés estaba y lo mucho que era respectado y venerado, pues en nación extraña, tan a contento de ella, daba y quitaba señoríos y estados.

Capítulo XXXIII. En el cual se da cuenta cómo Magiscacín antes de su muerte pidió el bautismo, y de otras señales que mostró de cristiano, y cómo Cortés puso luto por él
Amaba tan de veras Magiscacín a los nuestros y paresióle tan bien nuestra santa religión y modo de vivir, que, como ya estaba de la conversación de Cortés y de un religioso y un clérigo que con él andaba, medianamente instruido, viniendo Dios en él, para que no perdiese las buenas obras que había hecho y fuese de los viejos el primero que se salvase, dijo a Martín López, que fue el que se adelantó para hacer cortar la madera, que él se vía cercano

a la muerte; y que pues no podía dejar de morir, quería morir como cristiano y recibir el agua del bautismo, sin el cual, como le habían enseñado, ninguno se podía salvar; y que en su gentilidad entendía que las ánimas habían de tener en el otro mundo gloria o pena, según las obras que hubiesen hecho cuando estaban en sus cuerpos; y que lo mismo le había enseñado Cortés y los religiosos, salvo que convenía creer en un solo Dios, criador del cielo y de la tierra, y que vía claro ser vanidad y burla lo que de sus dioses se creía y tenía y que le pesaba de haber estado tantos años engañado, por lo cual todo, le rogaba que primero que espirase lo bautizase. Martín López se alegró mucho con esto; pero los religiosos no estaban lejos y él no sabía cómo se había de hacer, suspendiólo, despachando con toda furia mensajeros a Cortés, haciéndole saber lo que pasaba, el cual envió luego a fray Bartolomé de Olmedo, con quien Magiscacín se alegró por extremo. Hízole el religioso las preguntas que convenía; respondió muy bien a ellas, que quería ser cristiano, vivir y morir en la Fe y ley que los cristianos vivían y morían. Acabado de decir esto, recibió el agua del bautismo, puestas las manos con gran devoción y Fe, y de ahí a poco dio el alma a Dios, que la crió y alumbró, y cierto pareció que Magiscacín había de tener tan dichoso y bienaventurado fin, por lo que en la conversación de los cristianos había mostrado, preguntándoles, cosas de nuestra santa Fe; y como vía que los nuestros hacían tanta reverencia y acatamiento a la cruz, sabiendo lo que representaba y cómo Jesucristo, Dios nuestro, muriendo en ella, había redimido el linaje humano, la tenía en su casa en el principal aposento de ella y cada día dos veces, hincado de rodillas, la adoraba e incensaba con sus propias manos, diciendo que de esto recibía gran consuelo, el cual, de su tan buena muerte, recibió nuestra gente, especialmente Cortés, que también, como los españoles, le había enseñado. trajo luto al modo de Castilla todo el tiempo que en Tlaxcala estuvo, que entendido por los tlaxcaltecas, lo tuvieron en mucho.

El hijo que sucedió en la herencia, salió tan honrado y de tan buen entendimiento que cuando Cortés fue la primera vez a España, con importunidad le rogó le llevase consigo, diciendo que deseaba ver y besar los pies a príncipe tan grande y señor de tanta y tan valerosa gente. Cortés le llevó consigo, y después de haberle cumplido sus deseos murió y honró Cortés su enterramiento tanto que le enterraron como si fuera algún señor de Castilla, que esto tiene los nobles de ella.

Sucedió en el mayorazgo otro su hermano, que se llamó don Francisco Magiscacín, el cual fuera tan valeroso como su padre si no muriera en un año de gran pestilencia que hubo en esta tierra, que fue el de 1544. Sucedió otro hermano que se llamó don Juan Magiscacín, porque los otros no dejaron hijos, y así los descendientes de éste suceden en el estado del padre, los cuales, que parece traerlo de herencia entre los tlaxcaltecas, son los que más aman a los nuestros y los que de los nuestros son más amados y aun entre los suyos tienen ganada más reputación que los demás señores, porque con razón se les dio y los tiempos venideros por las Escrituras se le dará mayor.

Capítulo XXXIV. Cómo Cortés entendió en dar prisa cómo la madera se cortase, y procuró saber de los negocios de México

Teniendo cuenta Cortés con el hacer de los bergantines, que era uno de los principales medios con que México se había de recobrar, pidió cortadores de madera, los cuales en pocos días echaron grandes árboles en tierra, cortados a su tiempo y sazón, para que después de hechos los bergantines durasen más; y así hoy, que ha más de cuarenta años que se hicieron, están enteros y sanos en las atarazanas de México, guardados, con razón, en memoria de tan notable hecho. envió a la Veracruz por las velas, clavazón, sogas y la demás jarcia que era menester, de los navíos que él había echado al través, aunque otros dicen, y es lo más cierto, que no había ya que traer, sino que se proveyó lo mejor que pudo de cosas de la tierra, como lo hizo en lo de la pez que, como le faltase, ciertos marineros fueron a una montaña que cerca de la ciudad estaba, de donde le sacaron mucha y muy buena, aunque los naturales nunca habían dado en ello, por no usarla ni haberla menester. Y en el entretanto que Cortés entendía, en esto, no se descuidaba en procurar saber lo que en México pasaba, para prevenirse con tiempo, aunque nunca pudo tener claridad, a causa que como las espías habían de ser tlaxcaltecas y en los bezos y orejas y otras señales eran tan conocidos que no se podían disfrazar, y la guarda y vela que en México había era grande y muy continua, no se atrevían a ir a México; solamente, o de mercaderes que seguramente andaban por toda la tierra, o de algunos mexicanos que los tlaxcaltecas tomaban, se pudo saber que en lugar de Moctezuma habían alzado por señor a Cuetlauac, su hermano, señor de Iztapalapa, el que rebeló la tierra antes que Moctezuma muriese, y el que soltó Cortés, que no debiera, antes de las guerras, el cual era hombre astuto, bullicioso y guerrero, y así fue el autor y causa principal de echar los españoles de México. Fortalecióse con toda diligencia con cavas y albarradas y con otros muchos pertrechos y armas, dando orden cómo se hiciesen muchas y muy largas lanzas, que a saberlas jugar les aprovecharan mucho; y por tener así la gente de México como la de su comarca mejor de su mano, haciendo, lo que suelen hacer príncipes valerosos, publicó que él soltaba los tributos y todos los demás pechos por un año y más si la guerra durase más tiempo. envió presentes a los señores, prometiéndoles de extender sus estados. envió a los pueblos sujetos al imperio mexicano, que muriesen primero que recibiesen ni proveyesen a los cristianos, y que si los matasen le enviasen las cabezas, porque les haría grandes mercedes. Dio, finalmente, a entender grandes a todos los amigos y enemigos, vasallos y no vasallos, que les convenía para aquello estar todos concordes y amigos si no querían que gente extraña los mandase y tuviese por esclavos. Ganó con esto mucho crédito, así entre sus vasallos, como entre los que no lo eran; obligólos a todos, dióles grande ánimo y púsoles el coraje que en su lugar parecerá. Todo esto era así y en nada se engañaron los que lo dijeron, salvo en que cuando esto pasaba reinaba Guatemuza, sobrino de Moctezuma, por fin y muerte de Guetlauaca, que había fallecido de las viruelas.

Capítulo XXXV. Cómo Guatemuza se aderezó para la guerra, y de las cosas que hizo y dijo para contra los cristianos
Era tan grande el odio que los mexicanos, así antes que Moctezuma muriese, como después, tuvieron a los españoles, que con ninguna buenas obras se les pudo aplacar, antes, de sucesor en sucesor, vino creciendo tanto hasta Guatemuza que, teniendo por valentía y mayor opinión entre los suyos mostrarse mayor enemigo de los nuestros que su predecesor, procuró hacerle ventaja en cuanto pudo, imaginando, pensando y consultando cómo pudiese no dejar hombre a vida de los nuestros ni aun de los tlaxcaltecas, que tan por amigos de los nuestros se habían declarado. envió ante todas cosas muchos y muy ricos presentes (porque estos muchas veces más que las armas suelen

hacer la guerra), a los señores así sujetos al imperio, como a los exentos de él, diciéndoles lo mucho que convenía no dar lugar a que los cristianos se arraigasen en la tierra, porque, como habían visto, de día en día se hacían más señores, destruyendo lo mejor que tenían, que era su religión; prometióles con esto ricos casamientos, confederaciones, y adelantamientos de sus estados, con las cuales cosas atrajo a sí muchos, aunque hubo algunos que no quisieron, o por el miedo que tenía a los nuestros o por verse vengados de ellos por sus antiguas enemistades.

Hecho esto, a todos los que en México y cerca de él estaban, de cualquier condición y estado que fuesen, se les mostraba humano y tan dadivoso que en pocos días gastó el tesoro de los emperadores de México. Hacía que todos los días se hiciese ejercicio de flecha, de macana y de las demás armas, para que estuviesen ejercitados y sin miedo contra los nuestros; alzó los mantenimientos que pudo de la comarca, para que los nuestros no tuviesen que comer; juntó dentro de la ciudad innumerable copia de gente; retrajo gran cantidad de mujeres, niños y viejos a los montes; hizo muchas canoas; levantó y fortificó grandes y muchas albarradas; prometió grandes mercedes a los que contra los cristianos se señalasen. Finalmente, no dejando ninguna vía y modo con que pudiese defenderse y ofender, cuando vio que todo lo tenía a punto, enviando cada día para saber lo que Cortés hacía, cuando supo que ya se ponía en camino, juntando en su palacio imperial a todos los señores, capitanes y hombres valientes, sentados todos, él en pie, oyéndole con gran atención, les hizo el razonamiento que se sigue.

Capítulo XXXVI. El razonamiento que Guatemuza hizo a los mexicanos y a los otros sus amigos, animándolos contra los nuestros

«Ya, príncipes, grandes señores, caballeros, capitanes y ciudadanos, veis el estado en que hoy está puesto el imperio mexicano y cómo de esta vez ha de caer para no poder jamás alzar cabeza si no hacemos en su defensa lo que debemos, o si se defiende, como es razón, levantarla entre todos los imperios del mundo (si algún imperio hay que con el nuestro igualarse pueda). Señorearse ha sobre todas las naciones, pondrá y quitará reyes, enviará por tierras no sabidas ni conocidas sus capitanes, no habrá reinos que no le reconocen, ni quien de ahí adelante sea tan atrevido que ose tomar armas contra él. Y porque más claro veáis lo que hemos de hacer, este mi razonamiento tendrá dos partes: la primera será en breve recontaros lo que todos hemos visto cerca de estos nuevos hombres; la segunda, poneros delante de los ojos cuánto os conviene hacer hoy más que nunca el deber, de donde nacerá la conclusión de mi fin y designio. Ante todas cosas, varones fortísimos, ¿quién de nosotros, unos por vista y otros por oídas, no sabe los grandes y muchos daños que estos cristianos, arrojados y echados por la mar, aún no bien entrados en nuestra tierra, hicieron, queriendo lo que, con mucho nuestros dioses se han enojado, derrocar sus imágenes, introducir nueva religión y nuevas leyes, pretendiendo hacerse señores de nuestra tierra, ciudades y casas y, lo que peor es, de nuestras personas? Prendieron al gran señor Moctezuma, que como cobarde vivió y murió; quemaron e hicieron justicia de Qualpopoca, y, finalmente, como si hubieran nacido en nuestras casas y heredado el imperio mexicano y nosotros fuéramos los advenecidos y esclavos, hicieron y deshicieron en nosotros y en nuestras cosas a su voluntad y contento, hasta que ya, no pudiendo sufrir los dioses su desvergüenza y crueldad, levantándo[se] mi predecesor Cuetlauaca, digno por esto de gloriosa y perpetua memoria, tomaron de aquellos cristianos justa y cruel venganza, matando más de seiscientos de ellos, unos miserablemente ahogados en el agua, otros hechos pedazos en la tierra, y muchos que tomamos vivos en el templo que tomaron para su defensa, en venganza de sus maldades sacrificados; y los que de tan gran destrozo con su capitán Cortés quedaron vivos, enfermos, heridos y destrozados, huyendo como liebres, se metieron por las puertas de los tlaxcaltecas, pidiendo como mujeres socorro y favor a nuestros enemigos, de los cuales, si hacemos el deber, confío en los dioses que no menos que de los cristianos nos vengaremos; y pues, como veis, los dioses son de nuestra parte y hemos de pelear por su honra, por nuestra vida, por nuestra libertad, por nuestro imperio, por nuestra hacienda, por nuestros hijos y mujeres, por nuestra nación y linaje, ¿quién de vosotros puede haber tan cobarde que, aunque desnudo y sin armas, como fiero león, no se meta por las armas de nuestros enemigos y no quiera primero morir que perder uno de los bienes contados, cuanto más todos? La ciudad en que estamos es fortísima; la comarca de ella llena de fortísimos guerreros vasallos y amigos nuestros; tenemos recogidos muchos mantenimientos, hechas muchas y muy fuertes armas, levantadas muchas y muy grandes albarradas, quitadas todas las puentes, y en número los que en la ciudad estamos somos más de novecientos mil hombres de guerra, sin más de otros tantos que acudirán de refresco. Cortés tiene pocos cristianos, y de tlaxcaltecas y otros sus amigos no puede traer doscientos mil; de manera que somos muchos para pocos, y, lo que más es, que estamos en nuestra ciudad; que para echarnos de ella otro poder que el de los dioses no basta. No veo la hora que estos nuestros enemigos no caigan en nuestras manos; tarde se me hace el ensangrentar mi espada en sus cuerpos, parece que no estoy en mí hasta verme con ellos; alegróme mucho que seáis tales, que para seguirme no es menester rogároslo; sé que moriréis donde yo muriere y sabed que yo moriré primero que os deje. En el bien de pelear está la victoria; en la victoria, vuestra fama, nombre y gloria, que hasta los últimos fines de la tierra se extenderá y durará para siempre. deseasteis batallas y en ellas para siempre quedasteis vencedores; dilatado habéis vuestro imperio, vengado vuestras injurias, ennoblecido vuestro linaje, ilustrado vuestra nación, y porque menos que esto no puedo esperar para lo por venir, solo os ruego hagáis todos lo que me vierdes hacer, que de esta manera yo espero que los dioses serán muy servidos, y todos los que después de nos vinieren dirán: «Tal emperador para tales vasallos y tales vasallos para tal emperador.»

Hecho este tan bravo y vano razonamiento, todo aquel auditorio, que era muy grande y de muchos y ricos señores, muy quedo hablando unos con otros, levantó un ruido y susurro como de enjambre de abejas, alabando unos el alto razonamiento de su señor, otros diciendo que ya deseaban verse en la batalla. Después que todos hubieron de esta manera hablado, levantándose dos grandes señores parientes de Guatemuza, en nombre de todos respondieron así:

Capítulo XXXVII. La repuesta que dieron los señores a Guatemuza
«Muy poderoso y muy esforzado emperador y capitán nuestro: Todos los que presentes estamos, de quien depende todo el resto del imperio mexicano, te besamos las manos, por el cuidado que como buen príncipe tienes de tus reinos y señoríos. Mucho nos has obligado con el amor que a nos, a nuestra patria, a nuestra nación, y, lo que más es, a nuestra religión, muestras, que-

riendo primero, morir delante de nosotros, que feamente ser vencido. Haces lo que debes a la suprema dignidad de emperador que tan justamente posees, y cierto, si como los dioses dieron a Moctezuma por emperador para nuestra injuria y afrenta, te hubieran a ti dado su cetro y silla imperial, no solamente no hubieran los cristianos entrado en nuestro imperio, para tener necesidad de echarlos de él, pero no hubieran pasado de Cempoala, pues poco aprovecha que el ejército sea de leones si el capitán es ciervo, y más fácilmente vencerá el ejército de ciervos teniendo por capitán al león, que el ejército de leones teniendo por capitán al ciervo; porque no es cosa nueva que desmayando el capitán, por valientes que sean los soldados, no desmayen luego, y así, aunque éstos no sean muy valientes, viendo que lo es su capitán, se animan y menosprecian cualquier peligro. Grande es y dichosa nuestra suerte en tenerte en negocio tan grande por capitán y caudillo, y esperamos que no menos dichosa será tu fortuna en tener a quien mandes y rijas tantos, tan fuertes y animosos príncipes, señores, caballeros, capitanes y soldados, los cuales, viendo tu determinación y entendiendo lo mucho que les importa el bien pelear, no te dejarán sin que primero dejen la vida. Venga Cortés y sus cristianos y tlaxcaltecas cuando quisieren, que siendo tú nuestro caudillo y dándonos los dioses, como han comenzado, favor, son pocos los que vendrán, aunque fuesen muchos más; y pues tienes soldados a tu gusto y voluntad y nosotros en ti capitán cual no supiéramos desear, no hay más que responderte de que hechos, como es razón, sacrificios a nuestros dioses, con alegres y fuertes ánimos esperemos a nuestros enemigos, y si te pareciere, los vamos a buscar.»

Dada esta respuesta, que fue tan soberbia y vana como al razonamiento de Guatemuza, todos muy contentos, dos a dos y cuatro a cuatro, se salieron de aquella gran sala, donde se determinaron, como después lo hicieron, de morir primero que rendirse; y como estaban esperando este tiempo, fue cosa de ver el bullicio, diligencia y cuidado de todos, el aderezar de las armas, el acaudillar de los soldados, el tomar las cabezas y los puestos de donde los suyos habían de pelear, los razonamientos y pláticas que los soldados hacían a sus capitanes, los avisos que los unos y los otros se daban.

Entre tanto que estos aparatos se hacían, digamos cómo Cortés se rehacía y aprestaba para dar sobre ellos.

Capítulo XXXVIII. Cómo Cortés se rehizo y se aprestó para venir sobre México

No pudo tanto la diligencia y solicitud de Guatemuza, ni fueron, aunque valieron mucho, de tanto poder sus embajadas, promesas y amenazas, que no hubiese muchos señores que se acostasen al bando y parcialidad de los tlaxcaltecas, así porque eran valientes, como porque estaban aliados con los cristianos, que tanto se habían señalado, aunque es lo más cierto, por la envidia y odio que a los mexicanos tenían, por ser tiranos y opresores de las otras gentes. Otros se estaban a la mira, no osando determinarse, porque por la una parte veían la fortaleza grande de México y su casi infinita gente, por otra el gran valor de los cristianos y el esfuerzo y destreza de los tlaxcaltecas; de esta manera estuvieron neutrales, esperando la batalla, para seguir al vencedor.

Entendiendo esto Cortés, aunque no muy claramente, por la dificultad de las espías, dio muy gran prisa en que se labrase la madera para los bergantines; hizo muchas picas y muchos escaupiles, mandó aderezar las escopetas y ballestas; mandaba hacer, así a los suyos como a los tlaxcaltecas, que cada día se ejercitasen en las armas que cada uno había de usar. envió mensajeros a otros amigos de los tlaxcaltecas, nunca parando, sino trabajando siempre cómo saliese con su deseada empresa. Ayudó mucho a su buena diligencia su buena fortuna, que pocas [veces] aprovecha el saber cuando ésta falta, pues como después que había estado en México y prendido a Moctezuma, la fama de tan próspero suceso y la grandeza, riqueza y fertilidad de aquellos reinos se había derramado por todo el mundo y volado hasta donde de las Indias no se tenía noticia, deseando muchos, especialmente los de Cuba y Santo Domingo, como más vecinos, y otros de las Canarias y algunos de España, de ver nuevas tierras y gozar de la prosperidad que prometían, dejando sus casas y quietud por verse en mayor estado, con alegre ánimo se arrojaron a los peligros de la mar y a los que después en aquestas partes tuvieron. Llegaron, pues, al puerto en diversos navíos cantidad de españoles, pero como venían muchos navíos juntos, no saltaran en tierra muchos españoles, y así no llegaban a Tlaxcala cuando más sino treinta, y como algunos venían con menos número, dieron ocasión a los indios del despoblado y aun a los de Tepeaca, que los acometiesen, como lo hicieron, según atrás está dicho, donde perdieron las vidas por buscarlas mejoradas, en lo cual puso Cortés el mejor remedio que pudo. Finalmente, aunque murieron de esta manera algunos españoles, los demás, con harto deseo de ver a los nuestros, llegaron a Tlaxcala, y como de día en día se iban recogiendo, vinieron a hacer un buen golpe de gente, que no poco animó a Cortés y le encendió a que apresurase su partida primero que los tlaxcaltecas se resfriasen o la buena ocasión se le fuese de la mano.

Capítulo XXXIX. Cómo Cortés hizo alarde de los suyos, y de una solemne plática que les hizo

Después que Cortés tuvo a punto todo lo que era menester, mandando el segundo día de Navidad, por la mañana, después de dicha misa, que se hiciese señal, cómo ya los españoles estaban avisados, para que delante de toda la Señoría de Tlaxcala se hiciese reseña y alarde de los que había, tenía ya Cortés la noche antes señalados capitanes de a pie y de a caballo, que fueron los mismos que, como atrás hemos dicho, lo habían sido. Hízose la seña con gran ruido de trompetas y atabales; acudieron todos los señores, capitanes y caballeros tlaxcaltecas y otros que habían venido de Cholula, Guaxocingo y otras provincias, que tuvieron noticia que aquel día se había de hacer el alarde.

Salieron los nuestros, porque sabían que habían de ser mirados y aun porque pretendían ser temidos aun de sus amigos, cuanto pudieron bien armados. Hízose la reseña en una gran plaza, cerca del gran templo mayor. Cabalgó Cortés, el cual y su caballo iban armados con una ropeta de terciopelo sobre las armas, su espada ceñida y un azagaya en las manos. Otros dicen que al hacer de la reseña estuvo asentado a la puerta de la sala, que caía sobre la plaza, en una silla de espaldas, con mucha autoridad, y que después de hecho el alarde, con los de a caballo, escaramuzó que no poco bien pareció a los indios. Lo uno y lo otro pudo ser.

Salieron en el alarde primero los ballesteros, los cuales a la mitad del puesto, con mucha gracia y presteza armaron las ballestas y las dispararon por lo alto, haciendo luego su acatamiento y reverencia a Cortés; tras éstos iban los rodeleros, los cuales, llegando al puesto que los ballesteros, echaron mano a las espadas, y cubriéndose con las rodelas, hicieron ademán de arremeter, y envainándolas luego, hicieron su acatamiento a Cortés y pasaron adelante. Siguiéronse luego los piqueros, los cuales calaron sus picas, mostrando querer acometer, haciendo la reverencia que los demás. Los últimos en la orden de a pie fueron los escopeteros, los cuales, haciendo una muy hermosa salva, pusieron pavor a los indios. Tras éstos, de dos en dos, con lanzas y adargas, pasaron los de a caballo, y después, por la misma forma, corrieron sendas parejas, escaramuzando con ellos Cortés, lo cual por extremo dio gran contento a los indios, animólos y encendiólos en un deseo ardiente de verse con los enemigos mexicanos, porque entendían que con el ayuda a favor de gente tan valiente, tan diestra y tan ejercitada, no podían dejar de alcanzar victoria de sus enemigos, y envidiosos de aquel orden y manera de alarde, dijeron a Cortés que ellos querían hacer otra reseña para el día siguiente, de que Cortés recibió contento, el cual halló que tenía de los suyos cuarenta de a caballo y quinientos y cuarenta de a pie, y nueve tiros, aunque con poca pólvora. De los de a caballo hizo cuatro escuadrones de a diez cada uno, y de los peones nueve cuadrillas de a sesenta cada una, en las cuales iban los capitanes y los demás Oficiales del ejército, a los cuales, todos juntos, los unos a caballo y los otros a pie, desde su caballo les hizo la plática que se sigue:

> Cuando considero, señores y hermanos míos, fuertes columnas sobre las cuales Dios en este nuevo mundo edificará nuevo edificio, el tiempo pasado y le cotejo con el presente, me alegro mucho y doy gracias a Dios. Bien os acordaréis los que conmigo os hallasteis con cuánto derramamiento de sangre, con cuánta pérdida de fuertes y valientes compañeros, fuimos echados de aquella gran ciudad de México y perseguidos los que quedamos hasta esta provincia de Tlaxcala, llegando a ella pocos, y esos heridos, los mas enfermos, hambrientos y destrozados. Fuimos de los tlaxcaltecas como hermanos suyos recibidos. Muchas veces, con el largo contraste de fortuna, desmayasteis, deseando veros en vuestra tierra y pidiéndome que nos hiciésemos a lo largo. Toda adversidad, bien sé, que trae consigo aflicción y desconfianza, pero si miráis el estado presente, entenderéis la razón que yo tuve en rogaros no volviésemos las espaldas, pues es cierto que nunca navegaría el piloto si pensase que siempre había de durar la tempestad. Súfrese el trabajo con la esperanza del sosiego y pásase la noche mala con esperanza del buen día. El ánimo fuerte y constante, como no debe ensoberbecerse con la prosperidad, así

Acabado este alarde, que tardó en pasar más de tres horas, Xicotencatl, que era el capitán general, estando en un alto de do podía ser oído y señoreaba todo el ejército, haciendo señal que callasen, les dijo estas pocas palabras: «Muy valientes y muy esforzados señores capitanes y soldados de la Señoría de Tlaxcala: Ya sabéis cómo mañana hemos de salir de aquí en compañía del invencible Cortés y de sus compañeros, para que juntos, a fuego y a sangre, hagamos cruel guerra a nuestros enemigos los mexicanos. Bástaos, para deciros que hagáis el deber, traeros a la memoria que sois tlaxcaltecas, nombre bravo y espantoso a todas las naciones de este mundo, y así, no quiero deciros que peleéis por vuestra libertad, por vuestra honra, por vuestra patria, por vuestros dioses, por vuestra vida y por vuestros amigos, pues tengo en tanto perder el nombre de tlaxcalteca no haciendo el deber, que perder todo lo que tengo dicho, y pues son superfluas más palabras a soldados tan de antiguo valientes, diestros, venturosos y animosos, dejando el tiempo para las obras, no le gastemos en más razones». Con esto, para juntarse otro día, se fue cada uno a su casa.

Capítulo XLI. Los navíos y personas señaladas que en ellos vinieron en ayuda de Cortés

Primero que estas cosas sucediesen, estando Cortés en Tepeaca y luego que llegó a Tlaxcala, quiso Dios, para el castigo de México y para acabar sus abominables y nefandos pecados, que algunos de los navíos que llevaban otra derrota, como los de Garay, y otros, que llevaban otro fin, como fueron los que Diego Velázquez enviaba en favor y ayuda de Narváez, se juntasen todos, y no pudiendo hacer otra cosa, sirviesen a Cortés, y por que más claro se vea el proveimiento de Dios en esto y la buena ventura de Cortés, es de saber que primero llegó un navío cuyo maestre se llamaba Hernán Medel. Este trajo caballos, gente y armas y entre ellos a Juan de Burgos, hombre de suerte, que vino con criados, armas y caballos y sirvió después muy bien en la conquista de México, y conquistado, fue alcalde y tuvo mucha reputación hasta que murió.

Pocos días después vino otro navío cuyo capitán se llamaba Pedro Barba, natural de Sevilla, que después en la conquista fue natural de un bergantín, y el maestre se llamaba Alonso Galeote, que fue muy buen soldado y a la vejez cegó. Traía este navío muchos mancebos hijosdalgo, que fueron bien necesarios de aquella edad, para los trabajos que padecieron. Estos dos navíos envió Diego Velázquez para deshacer a Cortés y rehacer a Narváez, de manera que la salud le vino de su enemigo.

Francisco de Garay desde Jamaica envió a descubrir desde la Florida hasta Pánuco, y de sus capitanes el primero o segundo fue un Fulano de Pineda, el cual quiso señalar mojones con Cortés cerca de la Villa Rica y vino a dejarle la mayor parte de la gente que traía y volverse sin hacer nada. En socorro de éste envió Garay a Antonio de Camargo con dos navíos. Este fue al que no recibieron bien los indios de Pánuco, y así le fue forzado venir al puerto de la Villa Rica con mucha hambre y sed, porque los indios no le habían dejado saltar en tierra. Estuvo en el río treinta días surto. Cortés escribió a su teniente le diesen todo lo necesario y le avisasen no pasase de allí, por que no se perdiesen. Saltaron muchos hijosdalgo en tierra, los cuales no pararon hasta verse con Cortés. Como Garay de todos estos navíos no tenía nueva, envió en socorro de Camargo a Miguel Díaz de Aitos, que fue uno de los mejores conquistadores que hubo. Murió muy viejo y muy rico en México; trajo muy buena gente y caballos.

Todos estos navíos dieron a Cortés soldados y capitanes a cumplimiento del número que tenemos dicho, aunque Jerónimo Ruiz de la Mota, varón muy cuerdo y curioso, en sus Memorias dice que fueron quinientos y noventa. Estos fueron los que llegaron a Tlaxcala. De los que después vinieron estando Cortés en Texcuco diré en su lugar.

Capítulo XLII. Las ordenanzas que Cortés hizo y mandé pregonar para la buena gobernación del ejército, y cómo castigó a algunos que las quebrantaron

Considerando Cortés que sin leyes no se podía bien gobernar el ejército, pretendiendo estorbar pecados y desafueros que la gente de guerra más que la de paz suele cometer, para que viniese a noticia de todos y nadie sin su pena las osase quebrantar, mandó pregonar las ordenanzas siguientes:

Ordena y manda Hernando Cortés, capitán general y Justicia mayor en nombre de Su Majestad en esta Nueva España:

Primeramente que ninguno blasfeme del Santo nombre de Dios ni de su santa Madre ni de ningún Santo, so pena que según la calidad de su persona será gravemente castigado.

Item, manda y ordena que ningún español riña con otro ni eche mano a espada ni a otra arma, so pena que, según está dicho, será castigado.

Item, ordena y manda que ninguno sea osado de jugar el caballo ni las armas ni el herraje, so pena que será afrentado.

Item, ordena y manda que ninguno fuerce mujer alguna, so pena de muerte.

Item, ordena y manda que ninguno por fuerza tome ropa a otro, ni castigue indios que no sean sus esclavos.

Item, ordena y manda que ninguno sea osado salir a ranchear ni hacer correrías sin su expresa licencia.

Item, ordena y manda que ninguno cautive indios ni saquee casas hasta tener para ello facultad.

Item ordena y manda que ninguno sea osado a hacer agravio a los indios amigos ni tratar mal a los de carga, so pena que será castigado.

Publicadas estas ordenanzas, puso luego tasa en el herraje y vestidos, que estaban en subidos precios, lo cual, aliende que aprovechó mucho, dio bien a entender el seso, valor y bondad de Cortés, el cual, como ya tenía tan advertidos a los suyos, ninguno quebrantó ordenanza, por principal que fuese, que no le castigase, pues como en el capitán es alabada la clemencia con el vencido, así no se debe descuidar en ser severo contra los que quebrantasen sus leyes y preceptos, pues de guardarlos o quebrantarlos pende el vencer o ser vencido; y así, porque un español que se llamaba Polanco tomó cierta ropa a un indio, le mandó dar cien azotes, y porque dos negros suyos, que no tenía cosa de más valor para su servicio que a ellos, tomaron a unos indios una gallina y dos mantas, los mandó ahorcar, sin que ninguno fuese parte para que les diese otro castigo, diciendo que la ley se había de guardar más enteramente por los de su casa que por los de fuera. A un español mandó afrentar públicamente, porque unos indios se le quejaron que les había desgajado un árbol; a un Fulano de Mora, porque tomó por fuerza una gallina a un indio, le mandó ahorcar, y ya que le habían quitado la escalera, a importunación de todos los capitanes, estando medio muerto, le quitó la soga, y quedó tal de la burla, que en más de un mes no pudo tragar a placer. Con este castigo y con los demás fue Cortés tan obedecido que ninguno más en su tiempo, y así todo le sucedía acertadamente.

Capítulo XLIII. El razonamiento que Cortés hizo a los tlaxcaltecas al tiempo de su partida

Ya que todos los tlaxcaltecas y los de Cholula y Guaxocingo estaban juntos en la Señoría de Tlaxcala, mandando que todos los más se juntasen en aquella gran plaza donde se habían hecho los alardes, por un intérprete les hizo este razonamiento:

> Señores capitanes y los demás amigos míos que presentes estáis: El haberos rogado que os juntéis en este lugar ha sido para deciros dos cosas: la una, que pues os habéis declarado por enemigos de los mexicanos, también enemigos míos, y me habéis dado vuestra Fe y palabra de no mudar propósito, determinados de morir primero que hacer con ellos amistad, hagáis todo vuestro deber y peleéis como siempre habéis hecho, no perdiendo, antes aumentando, la gloria que habéis ganado de las batallas pasadas, porque si de otra manera lo hacéis, que creo y tengo por cierto no haréis, perderéis afrentosamente las vidas, y los que quedáredes vivos, en perpetua servidumbre con vuestros hijos y mujeres; y como haciendo lo que sois obligados tendréis en mí fuerte escudo y las espaldas seguras, así, si dejáredes de hacerlo, el mayor enemigo que tendréis será a mí, porque yo sé que los mexicanos holgarían de tener conmigo amistad porque yo os desfavoreciese, que es lo que yo, siendo vosotros buenos, jamás haré. La segunda cosa es que, pues sabéis que México, por estar en la laguna, no se puede tomar sino con los bergantines que se están labrando, deis, para que se acaben, el calor y ayuda que habéis dado para que se comiencen, tratando bien y amigablemente a los españoles que los labran los que quedáredes en esta ciudad, que yo os prometo que no serán menos de mí gratificados los que esto hicieren que los que conmigo van contra México, pues sin los unos ni los otros no se puede hacer la guerra. En lo demás dejá a mí el cargo de vuestra honra, libertad y acrecentamiento de tierra y señorío, porque estoy determinado de no volver de México hasta poneros a todos en vuestra antigua libertad y deshacer los agravios e injurias que de los mexicanos habéis recibido y poneros después en tanta gracia con el emperador, rey, mi

señor, que a vosotros y a vuestros descendientes haga muy grandes y señaladas mercedes, y si de los que pensábales ir conmigo, algunos os queréis quedar, no recibiré pesadumbre de ello, porque más valen pocos que peleen con gana que muchos contra su voluntad.

Hecha esta plática, los señores que más cerca estaban de Cortés, por sí y por los suyos, en pocas palabras, respondiéndole a las dos cosas, dijeron que nunca tanto deseo habían tenido de pelear y morir defendiendo su libertad como entonces, y que así, cada uno por sí y todos juntos, le guardarían la palabra dada; que primero quedarían ahogados en la laguna, que vivos volviesen sin vencer, y que en lo que tocaba a los bergantines y buen tratamiento de los que los quedaban haciendo, que descuidase, porque lo harían todo como lo mandaba, mejor que si presente estuvieren, porque entendían que sin aquellas grandes canoas no se podía tomar México.

Dada esta repuesta, la demás multitud, que era grande, con las cabezas y manos dio a entender que así se cumpliría lo que los señores habían prometido, y como el día siguiente había de ser la partida, todos se fueron a sus casas para aderezar y llevar, como suelen, su comida.

Capítulo XLIV. Cómo Cortés salió de Tlaxcala y de lo que más sucedió

Otro día, que fue de los Inocentes, mandó Cortés hacer señal de salir el ejército para México. Fue cosa muy de ver cómo oída misa y hecha su oración, invocando el favor del Espíritu Santo, los españoles salieron en su orden, al toque de los tambores y pífaros, tendidas las banderas, mirados con gran regocijo de una infinita multitud de hombres que quedaban y de las mujeres, y niños que gran trecho de la ciudad los salieron acompañando. Era cosa de oír las bendiciones y rogativas de las mujeres, diciendo unas: «Vayan en buen hora los cristianos; su Dios les dé victoria». Otras decían: «Mirá cómo van los fuertes a quebrantar la soberbia de los mexicanos». Muchas, con lágrimas de alegría, decían: «Nuestros ojos os vean volver victoriosos: Denos los dioses por vuestra mano venganza de aquellos perros mexicanos, que cuando volváis os serviremos y haremos mil regalos». Fue también cosa no menos digna de mirar el concierto, plumajes, banderas, ruido de trompetas, caracoles, teponastles y otros instrumentos de guerra, con que salieron casi ochenta mil hombres, porque los demás, a cumplimiento, a ciento y cincuenta mil se quedaron en Tlaxcala hasta que se acabasen los bergantines y fuesen necesarios en el cerco de México, donde, como adelante se dirá, pelearon, no como indios, sino como romanos. Llevaron muchos hombres de carga; iban muy proveídos de comida, muy alegres y regocijados, como si ya volvieran con la victoria. Iban cuatro capitanes generales, sin otros muchos, lucidamente armados, y como la gente era mucha y vestida de blanco y en buen concierto y en los plumajes reverberaba el Sol, parecían tan bien que los nuestros se holgaban mucho de verlos. Acaudillábanlos, después de sus capitanes, los dos compañeros que ya se entendían con ellos, Juan Márquez y Alonso de Ojeda. Decíanles las indias en su lengua: «Nuestros dioses vayan con vosotros y os vuelvan victoriosos a vuestras casas; haced como valientes, que ya es llegado el tiempo en el cual, con el favor de los invencibles cristianos, las tiranías y maldades de los mexicanos se acabarán».

Con este despedir, los de la ciudad se volvieron, y el ejército en su orden como salió comenzó a marchar más aprisa. Llegó aquella noche a un pueblo, seis leguas de Tlaxcala, llamado Tezceluca, que quiere decir «lugar de encinas». Es pueblo sujeto a Guaxocingo, donde leos señores de él, sabida la venida de Cortés, le salieron a recibir alegremente. Acogiéronle con mucho amor, diéronle bien de cenar y a los nuestros, acariciaron mucho a los huéspedes tlaxcaltecas, pasaron entre ellos muchas cosas aquella noche, tocantes al honor de Cortés y de los suyos y al deseo que todos tenían de verse libres de la dura servidumbre de los mexicanos.

Capítulo XLV. Cómo Cortés prosiguió su camino, y lo que en él le pasó

De este pueblo partió Cortés, comenzando a subir una muy larga cuesta que tiene tres leguas hasta llegar a la cumbre, puerto agrio y entonces dificultoso y peligroso. Parte términos con tierras de Tezcuco. Durmió en el monte, en tierra de Guaxocingo, donde el frío fue tan grande que a no templarle las grandes lumbres que hicieron, por la mucha leña que había, o padecieran gran trabajo, o murieran los más, helados.

Siendo de día prosiguió Cortés su camino todavía por el monte, envió adelante cuatro de caballo y otros cuarto peones a que descubriesen tierra y diesen aviso de lo que viesen, los cuales, no andando un cuarto de legua, hallaron grande espesura de muy gruesos y altos pinos y en el camino a mano muchos atravesados, recién cortados. No quisieron volver luego a dar aviso de lo que habían visto, pensando que adelante estaría el camino desembarazado y que los árboles que allí estaban atravesados serían para algún edificio, pero desengañáronse yendo adelante, porque estaba el camino tan embarazado que en ninguna manera pudieron pasar. Volvieron a Cortés, dijéronle lo que pasaba, el cual les preguntó si habían visto alguna gente. Respondiéronle que no, el cual, entendido esto, se adelantó con todos los de a caballo y algunos de pie para descubrir si por alguna parte había alguna celada. Mandó a los demás que con todo el ejército y el artillería caminasen a toda furia y que les siguiesen mil indios, algunos con hachas, los cuales fueron de tanto provecho, que cortando árboles y ramas gruesas, como iban viniendo los demás del ejército, apartando las ramas y trozos, limpiaron y desembarazaron el camino, de manera que pudo pasar el artillería y los caballos sin peligro ni daño, aunque, hasta venir a esto, se padeció muy gran trabajo, porque aliende de los pinos que había, que eran muchos y muy gruesos, había otros árboles muy crecidos y malos de cortar, y cierto los enemigos se descuidaron con parecerles que con haber ocupado tanto el camino, los nuestros ni los indios amigos pudieran pasar, y si en camino tan fragoso acudieran o, como pudieran, estuvieran en celada, no pudieran dejar de hacer muy gran daño y estorbar que los nuestros no pasasen. Pusiéronse en otros pasos más llanos, creyendo que Cortés volviera por el mismo camino que había venido cuando en México entró de paz. Cortés, como sagaz, para desmentir a los enemigos, porque de Tlaxcala a México hay tres o cuatro caminos, fue por éste que decimos, y acertólo, porque a ir por do primero había ido, hallara muchas y muy grandes celadas, muchos y grandes hoyos con estacas agudas, cubiertas por encima con mucha destreza, hechos en el camino y fuera de él, donde los de a caballo corrieran muy gran riesgo, y los de pie se vieran en mucho trabajo.

Capítulo XLVI. Cómo Cortés subió a la cumbre de aquel monte, y cómo desde él señoreó la tierra, y de la refriega que hubo con los enemigos

Pasado aquel mal paso, subida una legua, los nuestros se pusieron en la cumbre de aquel puerto, de la cual, descubriendo las lagunas y la imperial ciudad de México, con los otros muchos y grandes pueblos que dentro y en su contorno tiene, dieron gracias a Dios prometiendo de no volver hasta recobrar a México, o perder las vidas, que tan de buena voluntad ofrecían para este negocio; y porque todos fuesen juntos, repararon un rato los delanteros, y llegados los que venían atrás en concierto, bajaron a lo llano, que hasta él les quedaban de andar tres leguas.

Los enemigos, que desde las sierras los descubrieron, comenzaron a hacer muchas ahumadas, dando aviso los unos a los otros; dieron grita, apellidaban toda la tierra, y ya que estuvieron más de cien mil juntos, tomaron unas hoyas por donde los nuestros habían forzosamente de pasar. Arremetió Cortés a ellos con veinte de a caballo, y aunque llovían sobre él y sobre los otros flechas, alancearon muchos, rompieron al orden que traían, y como luego acudieron los demás españoles, fueron desbaratados, quedando muchos muertos y cautivos y huyendo muchos mal heridos.

De esta manera los nuestros, sin recibir daño, desembarazaron el camino, prosiguiendo por un gran llano, donde los caballos valían y podían mucho. Llegaron a un gran pueblo que se dice Guautepec, sujeto al señor de Tezcuco; durmieron allí aquella noche, y como no hallaron en el pueblo persona alguna y supo Cortés que cerca de allí había más de cien mil hombres de guerra de los mexicanos, que enviaban los señores de Tenuxtitlán y de Tezcuco contra los nuestros, hizo ronda y vela toda la noche, remudando por sus cuartos diez de a caballo. Veló él la prima; apercibió toda la gente. Durmió él poco aquella noche, porque velaba para sí y para los suyos; pero los contrarios no intentaron cosa, o porque de noche no lo acostumbran, o porque no osaron, sabiendo por sus espías con cuánto cuidado velaba Cortés.

Otro día por la mañana salió de allí para Tezcuco, que está tres leguas, de donde por todas partes, tres leguas adelante y tres leguas y más de ancho, desde la laguna hasta la ladera del monte, iba todo muy poblado y de buenos edificios, porque el señorío y ciudad de Tezcuco no era menor que el de México. Moviendo Cortés para aquella ciudad, salieron a él cuatro indios principales, ricamente aderezados, con una vara y bandera de oro; la vara pesaría hasta cinco o seis marcos.

Cortés, que entendió ser aquella señal de paz, hizo alto para ver, llegados aquellos mensajeros, lo que querían, los cuales, conociendo luego a Cortés por las señas y devisa que llevaba, yéndose derechos a él, le saludaron con mucha gracia y reverencia y le dijeron cómo Quaunacucín, su señor, les enviaba a suplicarle no permitiese que los suyos hiciesen daño a su tierra y a ofrecérsele que con todo su ejército se aposentase en su ciudad, porque allí sería muy bien hospedado, servido y proveído de todo lo que menester hubiese y que podía ir muy sin recelo, porque le sería, como parecería por la obra, buen amigo, pues el valor de su persona lo merecía, y los mexicanos lo habían hecho con él tan mal.

Capítulo XLVII. Lo que Cortés respondió a los embajadores y cómo se fue a Quatichán, y de lo que más sucedió

Mucho holgó Cortés con esta embajada, aunque le pareció fingida. Saludó más afablemente al uno de los embajadores más que a los otros, porque le conocía de antes, y es así que entre las otras virtudes y gracias que Cortés tenía, era de tanta memoria que al que una vez hablaba y sabía su nombre, aunque después pasasen muchos años, le conocía y hablaba por su nombre, y así a todos los de su ejército nombraba por los suyos y se acordaba de qué pueblo y tierra eran naturales, tanto que cuando el escribano no se acordaba, lo decía él. Reparado, pues, un poquito, para pensar lo que respondería, considerando que ya estaba entre tantos enemigos y si respondía ásperamente los indignaba, y si con amor, mostraba temerlos, templando lo uno con lo otro, les respondió por las lenguas que fuesen bien venidos y que él holgaba que quisiesen su amistad, que viniesen de paz, pues con la guerra no podía ganar nada, y que en nombre de Su Majestad tendría por amigo a su señor, y así le ampararía y defendería contra los que lo quisiesen ofender; pero que pues mostraba serle amigo, que le rogaba que, pues cuando salió de México, cinco o seis leguas de Tezcuco, en ciertas poblaciones a él sujetas, le habían muerto cinco de a caballo y cuarenta y cinco peones y más de trescientos tlaxcaltecas que cargados venían, y le habían tomado mucha plata y oro, que pues no se podían excusar de esta culpa, que la pena fuese volverle lo que les habían tomado, pues en los muertos no había remedio, y el castigo había de ser asolarlos a todos; y si esto no hiciesen, que él procedería contra ellos por todo rigor, de manera que por cada español muriesen mil de ellos, y que como hiciesen el deber, les perdonaría las injurias pasadas, y no lo haciendo, se las demandaría crudamente. Ellos le respondieron que aquello se había hecho por mandado del señor de México, y que la plata y oro y lo demás se habían llevado los señores mexicanos que se habían hallado en aquel recuentro y que el señor de Tezcuco no tenía culpa, pero que ellos buscarían todo lo que pudiesen y que ellos se lo darían. Con esto le preguntaron si aquel día iría a su ciudad o se aposentaría en una de dos poblaciones que son como arrabales a Tezcuco; llámase la una Guatinchán, y la otra Guaxuta; están a una legua y a media de la ciudad. Deseaban ellos esto por lo que adelante sucedió.

Cortés, para que no le armasen alguna celada, les dijo que no se había de detener hasta llegar a su ciudad de Tezcuco. Replicaron ellos que fuese enhorabuena y que ellos se iban adelante a apercibir a su señor y a aderezar la posada para él y para los suyos. Con esto se despidieron, y Cortés fue marchando y con todo recato entró por una de las dos poblaciones, que está una legua de Tezcuco, de la cual le salieron a recibir con mucha comida ciertos principales. Fue luego de allí a Guaxuta, que está media legua, donde también con mucho amor, ofreciendo lo que hubiesen menester, los recibieron sin dar muestras de otra cosa, y como toda aquella tierra estaba muy poblada, parecía, según había suntuosas casas y aposentos, que allí era el cuerpo de la ciudad; pero yendo adelante, entró en lo más poblado de ella, de donde le salieron a recibir a su costumbre con ramilletes de flores en las manos y lleváronlos a una casa muy grande que había sido palacio de Quaunacaci, señor de Tezcuco, padre del que a la sazón era.

Cupieron en esta casa todos los españoles y muchos de los indios amigos, y como al entrar vio Cortés que no había mujeres, viejos, ni niños, mandó primero que todos se alojasen, que ninguno de los suyos, español ni indio, fuese osado de salir de la casa sin su expresa licencia, so pena de la vida. Esto hizo por dos causas: la una, por asegurar los indios de aquella ciudad, para que trajesen a sus mujeres e hijos; lo otro, para que si quisiesen usar de alguna traición, no matasen alguno de los suyos desmandado, y estuviese fuerte para si acaso le quisiesen acometer.

Capítulo XLVIII. Cómo, subiendo ciertos españoles a las azoteas, vieron cómo los vecinos de Tezcuco desamparaban la ciudad, y lo que sobre ello Cortés proveyó

Este día, que fue víspera de Año Nuevo, después de haber entendido los nuestros en aposentarse, espantados de que en tan gran ciudad hubiese tan poca gente y que la que había anduviese tan rebotada, creyendo que de temor no parecía, se descuidaron algún tanto; pero algunos de ellos, deseosos de ver más a placer aquella ciudad, ya que el Sol iba decayendo, se subieron a las azoteas del palacio, que eran muy altas y de donde no solamente lo llano, pero gran parte de los altos se señoreaban. Vieron, pues, que no poca admiración les causó, gran ruido y bullicio de gente, que unos con sus hatos a cuestas, otros con los hijos en los brazos, otros llevando de las manos a sus mujeres y parientas, a gran prisa se metían en sus canoas, yendo la laguna adentro hacia México. Vieron asimismo que otros muchos que, o por parecerles así, o por no tener canoas, con no menos prisa se subían a las sierras con sus haciendas y familias.

Estuvieron los nuestros buen rato mirando esto, porque era cosa de ver el bullicio con que tanta gente dejaba su ciudad, como hormiguero que deja su lugar para ir a otro. Cortés, sabiendo esto de algunos que lo vieron, que con toda prisa le dieron mandado, mandó llamar a muchos de los principales de la ciudad. Díjoles cómo don Hernando, que consigo traía, era hijo de Nescualpilcintle, su gran señor, y que se lo daba por rey y señor, pues Caunacusint, su señor, se había pasado con los enemigos y había alevosamente muerto a Cucuzcasín, su hermano y señor, por codicia de reinar, a persuasión de Guatemucín, mortal enemigo de los cristianos. Dichas estas palabras, procuró estorbar la ida de los demás; pero como era tarde y anocheció luego, no pudo, aunque procuró por todas las vías posibles, haber a las manos al señor que todo lo había rebelado, el cual, por asegurar a Cortés y a los suyos y hacer mejor su hecho, había, según tenemos dicho, enviado aquellos mensajeros, de que tanto más se receló cuanto más comedimientos y ofrecimientos le habían hecho. Los que quedaron en Tezcuco comenzaron a venir a ver su nuevo rey y señor y a poblar su ciudad. Estos fueron de los que se habían recogido a la sierra, y en breve estuvo la ciudad tan llena y tan poblada como de antes. Sirvieron y ayudaron por entonces a los nuestros cuanto pudieron, viendo que, no solo no les hacían mal, pero los trataban muy bien, tanto puede con todas naciones el buen tratamiento, y porque en su nuevo rey conocieron verdadero amor para con los nuestros, tanto que desprendió nuestra lengua y, como he dicho, se llamó don Hernando, parque en su bautismo fue su padrino Hernando Cortés.

Capítulo IL. Cómo desde a tres días comenzaron algunos pueblos a venir de paz, y de lo que más sucedió
Después de haber estado Cortés tres días en la ciudad de Tezcuco sin haber rencuentro alguno con los indios, porque por entonces ni ellos osaban venir ni acometer a los nuestros, ni los nuestros osaban desmandarse, así por lo que Cortés les había mandado, como porque se recelaban de algunas emboscadas, por la comodidad que para ello había, y porque siempre pretendió Cortés más por bien que por mal atraer a los indios, y así, estando con esta determinación, vinieron tres señores, el de Guatinchán y de Guaxuta y el de Autengo, tres poblaciones bien grandes, incorporadas con la de Tezcuco, los cuales, como aquellos que cuando quieren, lo saben bien hacer, llorando, le dijeron los perdonase y recibiese en su servicio y amistad, que si se habían ausentado, la causa era el miedo que los mexicanos con su venida les habían puesto, a cuya causa se habían ausentado; mas ahora que estaban en libertad, le servirían con todo corazón y serían verdaderos vasallos del emperador de los cristianos y que estuviese cierto que no habían peleado contra él, y que si alguna vez lo habían hecho, era más por fuerza que de su voluntad.

Cortés les dijo por las lenguas, bien contento de su venida y disculpa, que ya sin más pruebas debían de tener conocido el buen tratamiento que les había hecho y que en haber dejado su tierra habían hecho mal, pues desconfiaban de lo que tan conocido tenían, pero que era mejor venir tarde que nunca al verdadero conocimiento; y pues, como mostraban, se ofrecían por sus verdaderos amigos, que él los perdonaba y recibía debajo de su amparo y amistad, con tal aditamento que supiesen los castigaría gravemente si sintiese que le eran traidores, y que con esto podían volverse a sus casas, y traer sus mujeres e hijos. Ellos, aunque mostraron contento de esto al parecer de los nuestros, no lo llevaban, y así se volvieron, y de ahí a poco, por no contradecirse, o porque de miedo no ostaban hacer otra cosa, volvieron a sus casas, con sus mujeres e hijos, lo cual sabido por los señores de México, les enviaron sus mensajeros, reprehendiéndolos y riñéndoles mucho lo que con los cristianos habían hecho, haciéndose amigos y esclavos de sus capitales enemigos y contrarios en el linaje, lengua, costumbres, y lo que más era, en religión, de que los dioses estaban muy ofendidos; y que si lo habían hecho por miedo, que no le tuviesen, pues por sus ojos habían visto el estrago y matanza que en seiscientos españoles habían hecho, y que por ejercitarse, más que por destruirlos, habían tenido guerra con los tlaxcaltecas, pues el imperio de Culhúa era sobre todos los del mundo; y que si por no dejar sus tierras se habían confederado con los cristianos, no se les diese nada, porque en las tierras de México les darían donde mejor pudiesen poblar.

Los señores de estos pueblos, considerando que les convenía sustentar lo que habían prometido, atando los mensajeros, los llevaron a Cortés, los cuales confesaron sin tormento a lo que habían venido, aunque lo dijeron de otra manera como sagaces y astutos, o como los que venían para esto bien enseñados. Confesaron que venían de México y por mandado de los señores de él, pero a rogar [a] aquellos señores fuesen a México, como amigos de los cristianos, a ser terceros y medianeros para la paz que los señores mexicanos pretendían tener con los nuestros. de esta confesión se rieron mucho los señores confederados y dijeron a Cortés no le engañasen aquellos falsos, porque México no estaba de aquel propósito, sino en destruir a los cristianos a fuego y a sangre. Cortés, aunque entendió que mentían los mensajeros y que aquellos señores decían verdad, haciendo como dicen, del ladrón fiel, por atraer a sí a los mexicanos, si pudiese, mandó desatar a los mensajeros. Díjoles que él los creía y que a esta causa no los mandaba ahorcar. Dióles algunas cosillas, rogóles que de su parte y de la de ellos contasen a los señores mexicanos todo lo sucedido, y que pues él no quería guerra, aunque tenía razón para ello, que fuesen sus amigos y que ya sabían que los que antes le habían hecho guerra eran muertos, los más a sus manos, y los otros por justicia de Dios; que ellos no tenían que tener respecto a nadie más de lo que les convenía; que mirasen, como buenos, por la conservación de sus tierras y casas, y que si de otra manera lo hiciesen les llovería encima, y que de esto, mensajeros se fueron con esto muy contentos, más por verse sueltos que por lo que les contentaba lo que Cortés les había dicho. Prometieron de volver con la repuesta, aunque nunca lo hicieron.

Los señores de Guatinchán y Guaxuta quedaron por esta buena obra en mayor crédito y amistad con el general, el cual por obras y palabras se lo dio bien a entender para confirmarlos más en su amor.

Capítulo L. La conjuración que hubo entre algunos españoles contra Cortés y cómo se supo, y del castigo que hizo en Villafaña
En el entretanto que esta cosas pasaban, la fortuna, que jamás está en un ser, procuraba de volver el rostro a Cortés, y así, habiendo, como acontece entre muchos, algunos quejosos del general, procuraron por medio de un Fulano de Villafaña, lo más secretamente que pudieron, levantarse contra él y elegir a Francisco Verdugo, hombre valeroso, cuñado y heredero de Diego Velázquez, casado con hermana suya, y esto sin que él lo supiese, porque estaban determinados, cuando de su voluntad no quisiese aceptarlo, forzarle a ello. Fueron en esta conjuración casi trescientos hombres; unos quejosos de que Cortés no los trataba tan bien como ellos quisieran; otros, y éstos eran los más, porque tenían en las entrañas a Diego Velázquez y deseaban que sus cosas fuesen adelante. Ya, pues, que algunos de ellos, de los más animosos y más indignados, estaban determinados de dar de puñaladas a Cortés y apellidar el nombre de Francisco Verdugo en nombre de Diego Velázquez, uno de ellos, que así Dios lo ordenaba y quería en tan gran negocio servirse de Cortés, se fue lo más secreto que pudo adonde él estaba y apartóle en lo más retraído de su aposento y díjole con el rostro demudado y la voz alterada: «Señor, si me concede vuestra Merced la vida y promete no descubrirme y en lo que se ofreciere hacerme merced, le diré un negocio que importa mucho saberlo, y si esto vuestra Merced no me concede, moriré primero que lo diga». Cortés, entendiendo que debía ser cosa importante, liberalmente le concedió todo lo que pedía. Entonces aquél le dijo que supiese que él era uno de los que estaban determinados de matarle y elegir a Francisco Verdugo, y que el que lo muñía y tramaba y tenía las firmas de casi trescientos hombres era Villafaña,

y que a éste convenía prender luego si quería saber y remediar el negocio. Llamábase éste que descubrió la conjuración Fulano de Rojas.

Cortés, nada alterado, antes dándole a entender que ninguno era parte para ofenderle, llamó de secreto a Gonzalo de Sandoval, su alguacil mayor; dióle mandamiento para prender a Villafaña y avisóle procurase tomarle un papel que traía en el pecho. Fue Sandoval con su guarda a poner en ejecución lo que Cortés le mandó, arremetió a Villafaña y primero que le pudiese quitar el papel, se lo había echado en la boca y se había comido la mayor parte. Apretáronle la garganta, hiciéronle echar lo que quedaba donde estaban escritos trece o catorce nombres de personas principales, de los cuales estaba bien satisfecho Cortés.

Echáronle en prisiones, confesó luego sin tormento que él había sido el muñidor de la liga y conjuración, y con tormento y tormentos no quiso descubrir a nadie, diciendo que él solo tenía la culpa y que los nombres que en el papel se hallaron, con otros muchos que él se comió, los había él escrito de su mano para hacer memoria cómo trataría el negocio con ellos, y que hasta aquella hora ellos estaban salvos y él solo condenado.

A Cortés, aunque entendió lo contrario, no le pesó de esta confesión, porque deseaba, castigando a uno, reconciliar así todos los demás. Concluyó el proceso, sentenció a muerte al Villafaña, mandóle ahorcar a vista de todos los del real, maravillados todos los que sabían la trama del secreto que había tenido y del esfuerzo con que había negado por salvar a los que él mismo había metido en la danza.

Capítulo LI. Cómo Cortés otro día mandó llamar a todos los suyos y del razonamiento que, leídos los nombres del papel, les hizo

Otro día, después de haber oído misa Cortés, mandó llamar a todos sus soldados. Honró más de lo acostumbrado [a] aquellos cuyos nombres o firmas tenía en el papel, y ya que todos estuvieron juntos, así los que sabía que eran de su parcialidad, como los de la de Diego Velázquez, les habló de esta suerte:

> Caballeros y amigos míos, virtud y fidelidad tengo muy conocida de muchas pruebas que he visto en los trances y peligros que después que a estas partes venimos

he visto: No os he llamado para persuadiros hagáis lo que hasta ahora habéis hecho conmigo, porque esto sería dudar de vuestra bondad, sino para deciros lo que en vuestras palabras debéis de estar recatados, para que sin enojo o con él no se os suelte palabra que parezca ser contra la fidelidad que debéis guardar a vuestro general y Justicia, que de vuestra voluntad elegistes, recibistes y jurastes; porque si entre pocos nunca falta un malo, entre muchos no pueden faltar algunos que, tomando con ánimo dañado palabras airadas y descuidadas, procuren e intenten de destruir en vosotros la fidelidad, que es la más preciosa joya de los hijosdalgo, maculando vuestra honra y la de vuestros deudos y descendientes. Esto digo por lo que con Villafaña (que Dios perdone) nos ha pasado, cuya traición no permitió Dios que por muchos días estuviese encubierta, el cual, por hacer su error más calificado, siendo un hombre nacido no más de para calumniar y malsinar, contrahizo los nombres y firmas de los más principales de vosotros y de quien yo estoy más confiado, y en este papel que os leo hay algunas, porque las demás se comió, por encubrir mejor su maldad, aunque, como el que sabía que había de morir, lo hizo como cristiano en no afirmarse en el artículo de la muerte en lo que falsamente había escrito, porque no permite Dios que la inocencia del que no pecó sea mucho tiempo culpada. Yo soy tan vuestro, ámoos tanto, deseo, quiero y procuro tanto vuestro adelantamiento, que ni los trabajos de mi persona, ni el derramar de mi sangre ni el perder mi vida, tendría en nada con que, señores, vosotros fuésedes en toda prosperidad adelantados. Uno soy, vosotros muchos, y yo sin vosotros no soy ni puedo nada, porque ni soy más que un hombre ni puedo más que por uno, y así como los que sois más podéis más y veis más, os ruego por el grande amor que os tengo, que si yo errare en algo me advirtáis, y si alguno, por lo que no sé, estuviere de mí quejoso, no se queje a otro que a mí, y si se quejare sea a persona de quien yo pueda tener verdadero crédito; y sabed, señores y amigos míos, que si cualquiera de vosotros estuviese en el lugar que vosotros en nombre del rey me pusistes, tendría tantas zozobras y más que yo, y por esto dicen que la guerra parece sabrosa al que no la prueba y que ve más el que ve jugar que el que juega. El culpado pagó lo que debía y los inocentes quedáis conmigo en mayor crédito y reputación. El que pretendiere parecer a Villafaña ni podrá ni permitirá Dios que sea menos afrentosamente castigado que él, pues al que Dios pone en este lugar para la gobernación y bien de muchos, siendo su celo como lo es el mío, le guarda y defiende de toda traición. Yo os he dicho a lo que os hice llamar, descubiértoos he mi pecho, no me queda otra cosa. Si algo, en público o en secreto cerca de esto, o de otras cosas, me quisierdes decir, oírlo he de buena gana y agradecerlo he.

Acabado de hacer este razonamiento, a que así los culpados como los sin culpa estuvieron muy atentos, los unos más inflamados, los otros disimulando lo que sentían, mudando parecer y alegres de que no fuesen descubiertos, dijeron a Cortés que todos le amaban entrañablemente y deseaban servir como a capitán y Justicia, por tan merecido nombre y título, y que se holgaban de que como padre y señor los hubiese advertido de lo que se debían recatar. Cortés se holgó mucho con todos, mostrando de ahí adelante a los más sospechosos mejor rostro y obras, con las cuales los volvió a su amor con tanta a mayor firmeza que a los que de antes tenía, aunque con todo esto, de ahí adelante se recató tanto, que jamás se quitó cota y jubón fuerte, y cuando sus muy amigos pensaban que dormía le hallaban velando, y cuando creían que estaba echado le hallaban que andaba mirando lo que los suyos hacían, de manera que de sueño ni de reposo tenía hora cierta para ser de repente salteado. Andaba de noche y de día con alguna guarda de los más amigos, cuyo capitán era un Fulano de Quiñones.

Capítulo LII. Cómo Cortés tuvo ciertos recuentros con los de Iztapalapa, y de un gran peligro en que se vio

Estuvo Cortés sin salir de Tezcuco ocho o nueve días, fortaleciendo parte de la casa en que posaba, porque toda no podía, por ser grandísima. Cerró puertas, hizo saeteras, levantó pretiles en la parte que mejor le pareció, abastecióse de lo necesario para más de cuatro meses, recelándose de que los contrarios le cercarían; pero como vio que en todo este tiempo no le acometían ni daban muestra de ello a los que con su licencia salían, aunque bien aderezados por la ciudad, determinó de buscar a sus enemigos, y así, salió de Tezcuco con doscientos españoles, en los cuales llevaba diez y ocho de a caballo y treinta ballesteros y diez escopeteros y cuatro mil indios amigos tlaxcaltecas. Fue boxando hacia el Mediodía la laguna, yendo por la orilla hasta llegar a una ciudad que se dice Iztapalapa, que por el agua está dos leguas de México y seis de la de Tezcuco.

Tenía Iztapalapa más de diez mil vecinos, y entonces la mitad de ella y aun las dos tercias partes puestas en la laguna, y al presente lo más de ella, está en tierra firme. Tiene una hermosa fuente junto al camino que va a México, donde los que vienen de España para México se refrescan y son recibidos de sus amigos.

El señor de esta ciudad, que era hermano de Moctezuma y a quien los indios después de su muerte habían alzado por señor, había sido el principal que había hecho la guerra contra los españoles y echádolos de México, y así por esto como porque sabía que todavía estaban de mal propósito, fue Cortés contra ellos, viendo que ni por amenazas ni buenas palabras querían venir en su amistad. No pudo ir tan secreto Cortés que los de Iztapalapa no fuesen luego avisados por los de la guarnición de México, con humos que hicieron de las atalayas, las cuales eran las casas y templos de los demonios, que todos eran torreados. Sabiendo. esto los de Iztapalapa, metieron luego la más ropa que pudieron y las mujeres y niños en las casas que estaban dentro del agua, y dos leguas antes que Cortés llegase parecieron en el campo algunos indios de guerra y otros por la laguna, a su modo bien armados. No salió toda la gente con ejército formado, porque pretendieron, como después lo intentaron, metiendo a los nuestros en la ciudad, matarlos con un nuevo ardid, y así, comenzaron los del agua y los de la tierra a escaramuzar, con los nuestros retrayéndose y reparando hasta llevar a los nuestros aquellas dos leguas y meterlos en la ciudad, a la entrada de la cual salió todo el golpe de la gente. Pelearon más de tres horas los unos con los otros bravamente hasta que después de haber los nuestros muerto muchos de ellos, dieron con los demás al agua, donde más con la prisa y alteración que con la hondura de ella, que no llegaba más de hasta los pechos, y todos son nadadores, se ahogaron algunos; los demás saltaban en las canoas, donde otros los recogían. Con todo esto, fue tan reñida y sangrienta la batalla, que de los enemigos murieron más de cinco mil, y de los tlaxcaltecas pocos y de los españoles ninguno, los cuales hubieron gran despojo, pusieron fuego a muchas casas, y si la noche no viniera acabaran de destruir el pueblo, porque entonces más que otras veces, como los que se vengaban de los daños recibidos, se señalaron tanto que no se podía dar a ninguno ventaja conocida.

Ya, pues, que hartos de pelear se querían aposentar, los de Yztapalapa dos horas entes habían rompido una calzada que estaba como presa dos tercios de legua de la ciudad, entre la laguna dulce y la salada. Comenzó con gran ímpetu a salir el agua salada y dar en la dulce; entonces, con la codicia de la victoria, los nuestros no sintieron el engaño, antes, como está dicho, siguieron el alcance, y como los enemigos estaban sobre aviso, habían despoblado todas las casas de la tierra firme; creció tanto el agua que ya comenzaba a cubrir el suelo donde los nuestros estaban. Acordóse Cortes cómo había visto rota la calzada, dio luego en el engaño, hizo a toda prisa salir la gente, mandando que nadie se detuviese si no quería morir anegado. Salieron a toda furia, que sería a las siete de la noche, pasando el agua en unas partes a vuelapié y en otras a los pechos y a la garganta. Perdieron el despojo, ahogáronse algunos tlaxcaltecas, acabaron de salir a las nueve de la noche, y a detenerse tres horas más, corrían todos mucho riesgo. Tuvieron ruin noche de frío, como salían tan mojados, y la cena fue ninguna, porque no la pudieron sacar. Todo se les hizo liviano, considerando que a no ser con tiempo avisados, no quedara hombre que no muriera. Los de México, que todo esto supieron, dieron luego por la mañana sobre los nuestros, porque los duelos fuesen doblados. Fuéles forzado, peleando, retirarse hacia Tezcuco; apretábanlos mucho los enemigos por tierra y por agua, aunque de ellos quedaron tendidos los que más se atrevían. Los del agua fueron los que menos peligraron, porque se acogían luego a las canoas. Los nuestros como estaban mojados y muertos de hambre y los enemigos eran muchos y venían de refresco, no osaron meterse en ellos, contentos con defenderse y matar a los que podían. Llegaron de esta a manera a Tezcuco, murieron algunos de los indios amigos, y un español, que fue el primero que murió peleando en el campo.

Capítulo LIII. La congoja que Cortés tuvo aquella noche, y de cómo otro día se le ofrecieron de paz ciertos pueblos
Estuvo Cortés aquella noche bien pensativo, revolviendo en sí diversos pensamientos, pues por la una parte se holgaba de haber escapado de tan gran peligro y muerto en su propio pueblo tantos enemigos, y por la otra estaba congojoso de haberle sido forzado retirarse, y a esta causa creía que los enemigos, así los de México como los confederados, habrían tomado ánimo

y puesto miedo a otros para que no viniesen de paz; pero como la matanza hecha no pudo ser oculta y ninguno de los españoles había quedado muerto, porque el que mataron le trajeron secreto consigo, desmayó mucho a los enemigos y encendió la voluntad a los que estaban dudosos, y así par la mañana vinieron ciertos mensajeros de la ciudad de Otumba, donde fue la memorable batalla, y de otras cuatro ciudades junto a ella que están de la de Tezcuco a cuatro y a cinco y a seis leguas.

Estos mensajeros, entrando donde Cortés estaba, con las devisas y señales de mensajeros, seguros en todas partes, haciéndole gran reverencia, diciendo cada uno la ciudad en cuyo nombre venía, dando los cuatro la mano al de Otumba, que era más sabio y más principal, brevemente habló en esta manera:

> Muy valiente e invencible capitán: Nos los embajadores de Otumba y de las ciudades a ella comarcanas, en nombre de ellas y de los señores que las gobiernan, te suplicamos nos perdones los enojos que con las guerras pasadas te hemos dado, que han sido más por fuerza que contra nuestra voluntad, por las amenazas y miedos que a la contina los mexicanos nos han puesto, tratándonos mal con las guarniciones que cerca de nosotros tienen, como lo han hecho con todos los que se han dado, y como hemos vuelto sobre nosotros y visto que andábamos errados y que contra tus fuerzas no hay poder en nosotros que resista, te suplicamos nos perdones y recibas en tu gracia, con que te prometemos de serte verdaderos servidores y amigos y que desde hoy damos la obediencia y vasallaje al gran emperador de los cristianos, en cuyo nombre vienes.

Mucho holgó Cortés con esta embajada, quitósele la congoja, que no le había dejado reposar, disimuló gravemente el gran contento que recibió, agradecióles la venida, y porque no sabía si era debajo de engaño, les dijo que aunque se ofrecían de paz, tenía entendido cuán culpantes eran por lo pasado; que para que los perdonase y creyese, convenía que ante todas cosas le trajesen atados aquellos mensajeros que habían ido de México y a todos los que de aquella ciudad estuviesen en su tierra, y que haciendo esto entendería que eran leales y verdaderos amigos, y que con esto se podían volver a sus tierras y estar en ellas quietos y pacíficos. Hízoseles de mal esto, respondieron muchas cosas, y aunque mucho porfiaron, no pudieron sacar de Cortés otra repuesta, y al fin, como no pudieron más, dijeron que ellos eran leales y verdaderos amigos y que por la obra lo verían de ahí adelante y que ellos procurarían cuanto pudiesen traer presos a los que les mandaba, y que si no pudiesen, que en otras cosas que se ofreciesen vería cuán de veras se le habían ofrecido, como a la verdad después lo hicieron.

Capítulo LIV. Cómo Cortés envió a Gonzalo de Sandoval con doscientos hombres de a pie y veinte de a caballo a dos cosas muy importantes, que se dirán
Estando Cortés, como dicho hemos, en Tezcuco y viendo que sus negocios no se hacían tan bien como deseaba, a causa que las guarniciones mexicanas tenían tomados los principales pasos, así los que iban a Tlaxcala, donde se labraba la madera para los bergantines, como los que iban a la Veracruz, de donde esperaba socorro, y así, por asegurar los caminos y hacer los negocios acertadamente, despachó a Gonzalo de Sandoval, alguacil mayor del ejército, con veinte hombres de a caballo y doscientos de a pie, escopeteros, ballesteros y rodeleros. Estos fueron el día siguiente, después que vino de la refriega de Iztapalapa. Allegábase a esto la necesidad que tenía de echar de la provincia ciertos mensajeros que enviaba a la Señoría de Tlaxcala para saber en qué términos andaban los bergantines y proveer otras cosas necesarias para la Villa Rica de la Veracruz. Despachado, pues, Sandoval para estos dos efectos, mandóle Cortés que después que hubiese puesto en los términos de Tlaxcala a los mensajeros, volviese a la provincia de Chalco, que confina con la de Cuyoacán, y que porque le habían enviado los de aquella provincia a decir que aunque eran de la liga y Señoría de Culhúa, deseaban ser vasallos del emperador de los cristianos y servidores y amigos suyos, y que no lo osaban intentar por miedo de las guarniciones mexicanas que alrededor tenían, les diese favor y ayuda. Certificado que pasaba así y no había otra cosa, Sandoval, prosiguiendo su camino con los indios de Tlaxcala que habían traído el fardaje y con otros que habían venido ayudar a los nuestros y volvían con algún despojo de las refriegas pasadas, sucedió que adelantándose los indios, creyendo iban bien seguros con que en la rezaga venían los españoles, que salieron de la laguna y de otras partes donde estaban en celada muchos mexicanos

y dieron en los tlaxcaltecas, mataron algunos de ellos y a los demás quitaron el despojo, pero pagaron luego la culpa de su atrevimiento, porque viendo Sandoval la polvareda y oyendo las voces y gritos que los indios más que otras naciones dan, arremetió con gran furia con los de a caballo y hallando a los mexicanos envueltos con los tlaxcaltecas, embistió en ellos. Alanceó y mató muchos, desbaratólos a todos; llegaron luego los peones, que con las escopetas y ballestas hicieron grande estrago, de manera que los que de ellos quedaron vivos, dejando el despojo que habían robado y aun sus propias armas, se acogieron la laguna y a unas poblaciones que cerca de allí estaban. Los tlaxcaltecas y mensajeros de Cortés, muy alegres, cargados de nuevos despojos, entraron por la Señoría de Tlaxcala, en la cual, como deseados y como vencedores, fueron muy bien recibidos, teniendo siempre en más el valor y esfuerzo de los españoles.

Capítulo LV. Cómo Gonzalo de Sandoval fue a Chalco y de la refriega que con los mexicanos hubo, y de cómo los de Chalco vinieron a ver a Cortés

Puestos los mensajeros en salvo, Sandoval volvió con su gente la vuelta de Chalco, y como en las sierras estaban siempre las guarniciones mexicanas para señorear los caminos y a los que por ellos fuesen y viniesen, bajaron en mucho concierto más de diez mil de ellos. Hicieron alto en un llano cerca de Chalco, presentando batalla a los nuestros, los cuales arremetieron con gran furia a ellos, rompieron los de a caballo los escuadrones mexicanos, trabóse la batalla, estuvo en peso cerca dedos horas, pero como los nuestros mataron e hirieron a los caudillos, los demás, desbaratados en breve, dejaron el campo. Desembarazado de esta manera el camino, los de Chalco, que tenían sus espías y sabían ya la victoria que los nuestros habían ganado, yendo los nuestros y saliendo ellos, se vinieron a encontrar en el camino. Holgáronse por extremo los unos con los otros; los españoles, por tener más amigos para su negocio, y los de Chalco por verse libres de la tiranía y servidumbre de los mexicanos. Acariciaron mucho aquella noche a los nuestros, en especial a Sandoval, que era discreto y valeroso capitán.

Motolinía dice que los de Chalco se ajuntaron luego con los nuestros y que de esta manera se riñó la batalla, quemando los vencedores los ranchos y asientos de los vencidos, llevando mucha presa, y que otras veces habían perdido. Lo que está dicho atrás, tengo por más cierto, porque conforma con lo que Cortés después escribió al emperador.

Otro día de mañana, habiendo primero hablado Sandoval muchas cosas con los principales de aquella provincia, determinó de partirse para Tezcuco, donde Cortés estaba, y como los hijos de los señores de Chalco y Tlalmanalco, que es la cabeza de aquella provincia, y otros principales, deseaban ver a Cortés, se fueron con él acompañados de muchos criados y vasallos, llevando, como tienen de costumbre, algunos presentes y entre ellos ciertas piezas de oro que pesarían hasta 400 pesos. Salió Cortés a la puerta de la sala a recibir a los dos hermanos, los cuales, haciéndole gran reverencia, después de haberle ofrecido el presente, como la muerte de su padre era fresca, con lágrimas en los ojos, se comenzaron a disculpar por no le haber venido a ver, pero, que supiesen que le serían leales y verdaderos amigos y que se venían a ofrecer por vasallos del emperador, así porque veían que ganaban en ello, como porque su padre antes de su muerte muchas veces les había mandado se diesen a los españoles, parque era gente belicosa y que pretendía deshacer tiranías, y que cuando estaba al punto de la muerte les había dicho que de ninguna cosa llevaba tan gran pena como de no haber visto y hablado primero que muriese a Cortés y que con este deseo le había estado esperando muchos días; y que ya que él no podía ver cumplido su deseo, les mandó y rogó que en viniendo que viniese por aquella tierra se le ofreciesen y tuviesen por padre y señor, y que si luego que vino no le habían venido a ver, había sido la causa el temor que a los de Culhúa tenían y que tampoco osaran venir entonces si el capitán Gonzalo de Sandoval no les asegurara el camino, y que asimismo no osarían volver si no les daba otros tantos españoles, y que bien sabía él que en guerra ni fuera de ella los de Chalco le habían sido enemigos, ni aun cuando en su ausencia los mexicanos combatían a Alvarado, y que cuando les dejó dos españoles para recoger maíz, los habían siempre servido y guardado y después llevados seguros a la provincia de Guaxocingo, que era enemiga de los de Culhúa.

Acabadas de decir estas y otras palabras, limpiándose los ojos, hecha cierta ceremonia de reverencia, esperaron a ver lo que Cortés respondería.

Capítulo LVI. Lo que Cortés respondió a los señores de Chalco y de cómo mandó a Sandoval volviese con ellos y de allí se llegase a Tlaxcala

Conociendo Cortés que aquellos señores esperaban repuesta a todo lo que le habían propuesto y suplicado, con la gracia y afabilidad acostumbrada les dijo que de la muerte de su padre le pesaba mucho y que pues no podía, por ser ya muerto, agradecerle la voluntad que siempre le había tenido, le agradecería de presente y en cuanto viviese con ellos, pues tan buenos caballeros eran y tan bien habían cumplido lo que su padre les había mandado; y que tuviesen por muy cierto que como cuerdo y hombre de experiencia, en el artículo de la muerte, donde especialmente los padres por la despedida suelen decir a sus hijos las más importantes y substanciales cosas que saben, les había dicho lo que les convenía para de ahí adelante poseer su estado seguro y alanzar de sí el duro y áspero señorío de Culhúa; y que perseverando en lo que su padre les había mandado, se vengarían de las injurias recibidas, porque él no les faltaría, y que en lo demás que pedían les diese españoles con quien volviesen seguros a su tierra, lo haría de muy buena gana, para que entendiesen, como en lo demás, los favorecía cuando menester lo hubiesen.

Ellos a estas palabras, con demasiada alegría, haciendo muchas reverencias, lloraron de contento, como antes lo habían hecho de pesar, lo cual es efecto de causas contrarías cuando son intensas; diéronle muchas gracias, ofreciéndosele de nuevo con las personas, hijos y mujeres, y por que más quedasen obligados, primero que de allí partiesen, mandando llamar a Sandoval, le dijo que con la gente de a caballo y de a pie que le pareciese, fuese luego a acompañar y poner en su tierra aquellos señores, y que después de hecho esto se llegase a la provincia de Tlaxcala y trajese consigo los españoles que allí estaban y a don Hernando, hermano de Cacamacín.

Partió luego Sandoval bien en orden, puso aquellos señores en su tierra sin acontecerle cosa memorable, aunque los enemigos, como solían, estaban sobre las sierras. Fue bien recibido y regalado de los de Chalco. Pasó de ahí a Tlaxcala, teniendo en el camino algunos recuentros y, finalmente, trayendo consigo a los españoles y al don Hernando, dentro de cinco o seis días volvió a Tezcuco.

Capítulo LVII. Cómo, llegando don Hernando el indio, Cortés lo eligió por señor de Tezcuco, y de la gente que luego vino a esta nueva

Cortés, cuando supo que Sandoval venía con tan buen despacho, le salió a recibir a la puerta de la calle, así por honrarle, que bien lo merecía, como por recibir a don Hernando, a quien deseaba dar contento para atraer a sí a los tecuzcanos y hacerlos de su bando. Abrazó a Sandoval, y después que le hubo dado la bienvenida, abrazó al don Hernando; hízole muchas caricias, dióle a entender lo mucho que le deseaba ver y cómo tenía determinado hacerle señor de Tezcuco, pues su hermano era tan malo que se había pasado con los mexicanos. Con estas palabras, tomándole por la mano, se entró a su aposento, donde le hizo sentar y tomar colación, preguntando primero a Sandoval, que él no lo entendió, qué pecho traía y con qué propósito venía, y sabiendo cuán fijo y estable venía en su amistad, con mayor gracia y afabilidad le trató, diciéndole que como él perseverase en el amistad de los españoles y atrajese a sus vasallos, le haría tan gran señor como había sido, Moctezuma, porque esperaba en Dios que antes de muchos días desharía la tiranía mexicana.

Don Fernando le respondió a esto cuerda y avisadamente (pues cierto era prudente y grande amigo de los españoles), que lo que su hermano lo había hecho de mal, esperaba él de hacerlo de bien y que asaz tenía entendida la tiranía mexicana y que cosa tan mala no podía durar mucho tiempo, por tener ofendidos a tantos reinos y señoríos y tener por enemigos a los cristianos, a los cuales su Dios a ojos vistas había dado tan grandes y señaladas victorias, y que él con el autoridad del señorío de que le hacía merced en nombre del emperador de los cristianos, procuraría poblar su ciudad y provincia como antes estaba, para que todos juntos hiciesen brava guerra a los mexicanos.

Esto dicho, que mucho contento dio a los nuestros, Cortés, tornándole a abrazar, mandó llamar los intérpretes, a los cuales dijo que luego llamasen a los principales y demás vecinos que a la sazón en la ciudad estaban, porque quería darles por señor a don Hernando, que de derecho sucedía en el señorío, y que se aderezasen de fiesta y trajesen toda la música, para que con la solemnidad que acostumbraban le recibiesen por señor. De esto holgaron los más de los vecinos, aunque les pesó a otros, entendiendo que el poder y fuerzas de Cortés se fortificaba más para sujetar y hacerse señor de los indios, que tanto se recataban de reconocer señor de otra nación. Mandó asimismo Cortés a los suyos que todos se vistiesen y aderezasen de guerra, con las trompetas, tambores y atabales que había; y hecho en el patio, a la costumbre de los indios, de hierbas, flores y rosas, un alto y hermoso xacal, ya que para el efecto los unos y los otros se juntaron, salió Cortés con mucha música, llevando consigo a su lado al que había de ser nuevo señor, asentándole par de sí en un banco, y sentado él en una silla de espaldas y toda la demás gente en pie, hecha señal de que todos callasen, a los vecinos y al nuevo señor hizo la plática siguiente:

Capítulo LVIII. La plática que Cortés hizo a los ciudadanos y nuevo señor de Tezcuco, y de cómo ellos le juraron por señor

Entendido habréis, caballeros y los demás vecinos de esta gran ciudad y reino de Tezcuco, que como en el cuerpo humano sin la cabeza los demás miembros no tienen fuerza ni vida ni cada uno puede usar el oficio para que fue hecho, así vuestra muy grande y señalada república, después que su cabeza y señor se apartó de vosotros, ha estado inquieta, desasosegada y divisa en muchas parcialidades, con contrarios y diversos pareceres, como donde hay tanta discordia por falta de la cabeza, no puede haber en los miembros, que sois vosotros, fuerzas ni vigor para sustentaros, antes os vais apocando, yéndoos a tierras y señoríos ajenos, dejando vuestra dulce y amada patria. Viendo yo esto, aunque vosotros no me lo agradezcáis, determiné enviar a llamar a don Hernando, que presente veis, hermano legítimo de vuestro ingrato señor Quaunacacín, para que sucediendo como legítimo heredero en ese señorío, como vuestro natural señor os favorezca, ampare y mantenga en justicia, al cual daré yo toda ayuda y favor para que él sea respetado de los suyos y temido de sus enemigos y vosotros viváis en quietud y sosiego, llamando como a estado seguro a vuestros deudos, amigos y ciudadanos, para que de hoy en adelante vuestra república florezca más que nunca. Recibirle heis y jurarle heis a vuestro rito y costumbre por vuestro señor natural, y por que no penséis que sospecho mal de vuestra fidelidad, cerca de esto no os quiero decir más, por decir a don Hernando lo que con vosotros debe hacer.

Ya, pues, don Hernando, sabéis que sois cabeza, y que como en ella está el entendimiento para entender, los oídos para oír, los ojos para ver y la lengua para hablar, todas estas cosas con gran cuidado las habéis de emplear en cómo los viciosos sean castigados y los virtuosos remunerados, pues de esta manera vuestra república irá siempre en crecimiento, y sabed que como no hay cosa más buena que el buen gobernador, así ninguna cosa más mala que el malo, el cual aunque tenga mucha guarda, no puede dormir seguro de los suyos como el bueno, que por doquiera que va, aunque vaya solo, todos miran por él.

Hecho este razonamiento, esperó que le respondiesen, y como había hablado con los caballeros y ciudadanos, tomando el más antiguo la mano, respondió por todos en esta manera:

Entendido hemos todos los que presentes ves, muy valiente y muy sabio capitán de los cristianos, la gran falta que nos ha hecho nuestro señor y los muchos daños que de su ausencia se han seguido, y así, estamos muy obligados par el remedio que al presente pones, con darnos por señor a don Hernando, legítimo sucesor y heredero en el reino y señorío de Tezcuco, del cual esperamos que seremos, como dices, bien gobernados y mantenidos en justicia, y así será causa que los demás que en México y en otras tierras están derramados, se junten y, como antes, ennoblezcan su ciudad; por lo cual, don Fernando, rey y señor nuestro, hoy, como a legítimo sucesor de tu hermano, para mientras los dioses te dieren vida, te recibimos y juramos por nuestro rey y señor natural y prometemos a nuestros dioses, a ti y a todos los que presentes están de te obedecer en todo lo que nos mandares, como no sea contra nuestra religión y contra nuestra patria, y así, te suplicamos que como a tuyos nos recibas y ampares debajo de tu favor y autoridad real.

Diciendo estas palabras, él y los demás, en señal de reconocimiento y vasallaje, hicieron cierta ceremonia, inclinando las cabezas, y luego, prosiguiendo su plática, dijo:

Los dioses inmortales te hagan dichoso, venturoso contra tus enemigos; en tus dichosos años y días nos dé Dios nuevas victorias, muchos amigos, guenos temporales y todo nos suceda próspera y dichosamente.

Acabada esta repuesta, hizo señal con la mano, tocaron los cuernos y caracoles, teponastles y los demás instrumentos, en testimonio de su gran contento, tras lo cual se siguió luego la música de los españoles, que muy suave, alegre y regocijada les pareció, la cual acabada, respondiendo don Fernando, dijo estas palabras:

> rey soy ya y señor vuestro, de vuestra voluntad recibido y jurado. Los dioses me sean contrarios, la tierra me niegue sus frutos, las fieras despedacen mi cuerpo, mis vasallos se rebelen, mis amigos me dejen y desamparen, todo me suceda al revés, siniestra y desdichamente, si en lo que en mí fuere no os tratase piadosamente, si no ejecutare vuestras leyes, si no cumpliere vuestros privilegios, si no os defendiere de vuestros enemigos, si no os mantuviere en justicia.

Diciendo esto se levantó en pie, llegaron los principales, hincadas las rodillas, inclinadas las cabezas. Abrazólos en nombre de todos los presentes y ausentes, mandóse apregonar por rey y señor de Tezcuco, y con gran ruido se tendieron por el aire las banderas y estandartes reales con las armas del nuevo rey y de la ciudad.

Concluido de esta manera este tan solemne acto, se levantó Cortés, y tomándole por la mano, tratándole con más respeto que antes, le trajo a su aposento, donde le dijo cómo se había de haber con sus vasallos y qué orden tendría para atraer a los demás, los cuales como supieron la nueva elección, de veinte en veinte y de ciento en ciento se volvieron a la ciudad, que no poco contento dio a Cortés.

Capítulo LIX. Cómo los señores de Guatinchán y Guaxuta vinieron a decir a Cortés cómo todo el poder de Culhúa venía sobre él y de lo que él respondió e hizo

Dos días después de la elección de don Fernando, ya que los más de los tezcucanos habían vuelto a la ciudad y Cortés ganaba cada día mayor autoridad y crédito, vinieron de repente, muy alterados los señores de Guatinchán y Guaxuta a Cortés, diciéndole que supiese de cierto cómo todo el poder de Culhúa venía sobre él y los suyos, determinados de no dejar hombre a vida, y que toda la tierra estaba llena de enemigos; por tanto, que viese lo que habían de hacer, porque ellos no estaban determinados si traerían sus hijos y mujeres adonde él estaba, o los meterían la tierra adentro, tanto era su temor. Cortés, nada alterado de esta nueva, les respondió que no tuviesen miedo ni saliesen de sus casas, porque aunque fuesen más que las hierbas del campo, no había por qué, estando él allí, que temer, especialmente siendo crueles y tiranos, y que no era bien por vía alguna mostrar que los temían, pero como hombres valientes y de consejo recogiesen las mujeres, niños y viejos en las casas más fuertes, y los demás estuviesen apercibidas y pusiesen sus velas y escuchas dobles por toda la tierra, y en viendo o sabiendo que los contrarios venían, se lo hiciesen saber, porque saldría luego con su gente, así la de a caballo [como] con la que de a pie fuese más menester, y verían la riza y estrago que en ellos hacía.

Con esto, muy animados se volvieron a su tierra aquellos señores, poniendo al pie de la letra por obra lo que Cortés les había dicho, lo cual hicieron con mucho concierto y ánimo, por el que recibieron en tener tan seguras las espaldas.

Cortés luego aquella noche apercibió toda su gente, puso muchas velas y escuchas en todas las partes que vio ser necesario; no se hizo vela por cuartos, porque ninguno durmió aquella noche, esperando que ellos o los otros o todos juntos fueran acometidos, que fuera fácil a los enemigos, según eran casi infinitos, si tuvieran ánimo. Con este cuidado también estuvieron lo más del día siguiente y los enemigos no vinieron ni perturbaron a los señores de Guatinchan y Guaxuta, o porque no osaron, o porque de sus espías, que es lo más creíble, entendieron cuán a punto estaban los unos y los otros, y así, como gavilanes de poca presa, se ocuparon en hacer daño en los indios de carga que proveían a los españoles, de los cuales mataron muchos alrededor de la laguna e hicieron otros saltos, procurando tomar indios vivos, especialmente tlaxcaltecas, sus mortales enemigos, para despacio encruelecerse en ellos, sacrificándolos con diversos tormentos; y para hacer esto y otros mayores daños se confederaron con dos pueblos sujetos a Tezcuco, los más cercanos a la laguna, donde hicieron acequias, albarradas y otros muchos reparos para desde allí, a su salvo, hacer todo el daño que pudiesen.

Capítulo LX. Cómo Cortés dio sobre aquellos pueblos y ellos le pidieron perdón, y lo que sobre esto hizo

Entendiendo esto Cortés, para atajar el fuego que de secreto se iba encendiendo, y estorbar los daños que se hacían, otro día que esto supo salió con doce de a caballo y doscientos peones, dos tiros pequeños de campo y algunos tlaxcaltecas. Andada legua y media, que poco más había hasta los pueblos, topó con unas espías, mató algunas, prendió a las más, alanceó a muchos que se le pusieron en defensa. Llegó a los pueblos, batió los fuertes, hizo mucho daño, porque quemó muchas casas, desportilló las albarradas y forzó a muchos que echándose al agua salvasen las vidas.

Con esta victoria volvió tan alegre cuanto los otros quedaron de tristes, confusos y perdidosos, de los cuales otro día por la mañana tres principales con algunos que los acompañaban, vinieron a Cortés, diciéndole palabras de grande arrepentimiento, suplicándole con grandes reverencias (que las hacen bien a menudo) que no los destruyese más y que con la enmienda que habría, vería cuán arrepentidos estaban de lo hecho, en lo cual habían sido engañados, y que primero morirían mil muertes, que en ningún tiempo recibiesen en sus pueblos a los mexicanos. Cortés, como vio que de su voluntad se había venido y que no eran personas de mucha cuenta y que eran vasallos de don Fernando, a quien deseaba hacer placer, los perdonó con buena gracia, amenazándolos bravamente de que si otra les acaeciese, no dejarían hombre a vida. Fuéronse con esto.

Otro día volvieron de la misma población unos indios descalabrados, diciendo cómo los mexicanos habían vuelto a fortalecerse en sus pueblos y que defendiéndoselo bravamente les habían muerto y algunos, heridos y prendido a muchos, y que a no defenderse se señoreaban de los pueblos; y que pues ellos habían hecho el deber y cumplido lo que habían prometido, le suplicaban estuviese a punto para cuando le diesen aviso que los enemigos venían, para socorrerlos y destruirlos, porque tenían por cierto que habían de volver con más gente para meterse en los pueblos. Cortés les agradeció lo hecho, hizo curar los heridos, de que ellos recibieron gran contento; díjoles estuviesen muy sobre aviso, puestas espías y que cuando entendiesen que los enemigos venían le diesen noticia, porque luego saldría él en socorro, de manera que otra vez no volviesen. Con esto, muy contentos, aunque descalabrados, se volvieron a sus pueblos.

Capítulo LXI. Cómo los de Chalco pidieron socorro a Cortés y de lo que respondió y de cómo le vinieron mensajeros de tres provincias

En el entretanto vinieron mensajeros de la provincia de Chalco, también harto necesitados del favor de Cortés, porque como se habían declarado par amigos de los cristianos y dados por vasallos del emperador, los de Culhúa les hacían brava guerra, no dejándolos de noche ni de día. Suplicaron con grande instancia a Cortés les diese españoles con que se defendiese[n], y le avisaron que supiese que los enemigos tan encarnizados que cada día convocaban y percibían gentes para acabarlos del todo, y que a él le convenía dar socorro, así porque ellos ya eran suyos, como porque muertos ellos, otros de los amigos se saldrían afuera y los enemigos contra él se harían más poderosos. Mucha fuerza tuvieron estas palabras y no poco movieron el pecho a Cortés; pero como cada día esperaba de enviar gente a Tlaxcala para traer los bergantines, no se determinó a darles el socorro que pedían, porque sin hacer falta notable y correr mucho peligro no podía acudir a tantas partes, aunque en todo hacía lo que podía, y así, con las mejores palabras que supo, les dijo que porque a la sazón quería enviar por los bergantines y para ello tenía apercibidos a todos los de las provincias de Tlaxcala, de donde se habían de traer en piezas, y tenía necesidad, por los infinitos enemigos, que de por medio había, de enviar para ello toda la más gente de a caballo y de a pie que pudiese no podía darles al presente el socorro que pedían; pero que pues las provincias de Guaxocingo y Cholula y Guachachula eran vasallos del emperador y amigos de los cristianos, fuesen a ellos y de su parte les rogasen, pues vivían tan cerca, les ayudasen y socorriesen, enviando gente de guarnición en el entretanto que él les socorría. Ellos, aunque no quedaron muy contentos con esta respuesta, por no perder su amistad, se lo agradecieron, porque en más tenían un español que cincuenta mil indios, y rogáronle que pues ya no se podía hacer otra cosa, para que fuesen creídos, les diese una carta suya y también para que con más seguridad y osadía se lo osasen rogar, porque entre ellos y los de las dos provincias, como eran de diversas parcialidades, había habido diferencias de donde habían nacido antiguos odios.

Estando en esto, llegaron mensajeros de aquellas provincias, Guaxocingo, Guacachula y Cholula, y estando presentes los de Chalco, dando primero, como suelen, sus presentes, dijeron a Cortés cómo los señores de aquellas provincias no habían sabido de él después que había partido de la provincia de Tlaxcala, aunque siempre habían tenido sus velas puestas por las sierras y cerros que confinan con su tierra y sojuzgan las de México, para que viendo ahumadas, que son señales de guerra, le viniesen a ayudar y socorrer con sus vasallos y gente, y que porque acá habían visto más ahumadas que nunca, venían a saber cómo estaba y si tenía necesidad, para luego proveerle de gente de guerra.

Capítulo LXII. Lo que Cortés respondió a los mensajeros y cómo confederó e hizo amigos a los de Chalco con ellos

Gran contento recibió Cortés con tan buena embajada, y más por ofrecerse tan buena ocasión en que pudiese confederar a los de Chalco con los de aquellas provincias; y así para hacer esto mejor, mandando dar de beber a los mensajeros, que eran personas principales y entre ellos los más sabios, haciéndoles otras caricias, les dijo que a ellos agradecía mucho su venida, y [a] aquellos señores la enviada y el ofrecimiento, que tenía en tanto cuanto era razón, y que así a él y a los suyos de ahí adelante tenían más obligados para hacer por ellos todo lo que se ofreciese, y que al presente no tenía necesidad de su socorro, porque, bendito Dios que les daba fuerzas y ánimo, aunque cada día se juntaban más enemigos, había salido siempre victorioso de los recuentros y batallas que con ellos había tenido, y que aunque fuesen muchos más, pensaba, con el favor de su Dios, como había hecho, destruirlos; pero que si algo se ofreciese en que los hubiese menester, como a sus hermanos, los enviaría a llamar; y que pues de ellos tenía tanto crédito y confianza y ellos habían llegado a tan buen tiempo, que los de Chalco estuviesen presentes, les rogaba mucho que olvidades y echadas pasiones aparte, pues ya todos eran sus amigos y vasallos del emperador, se confederasen, y de ahí adelante se hiciesen buena amistad y se aliasen y confederasen, por que de esta manera se vengasen de los de Culhúa, y que nunca, para mostrar su esfuerzo y valor, habían tenido mejor ocasión, que los de Culhúa molestaban y fatigaban a los de Chalco, a los cuales les rogaba socorriesen y ayudasen en el entretanto que él enviaba por los bergantines, y que por este placer les prometía de hacerles muy buenas obras cuando menester lo hubiesen.

Mucho se holgaron los unos y los otros con estas palabras, porque se sintieron muy favorecidos, y así, con mucho amor, hecha cierta ceremonia, se hicieron amigos en nombre de sus repúblicas y lo fueron de ahí adelante, tanto que en el discurso de la guerra se ayudaron y favorecieron como hermanos.

Capítulo LXIII. Cómo Cortés supo que los bergantines estaban hechos y que había llegado un navío al puerto, y del hecho que hizo un español

Los soldados que Cortés había dejado, con Martín López en la provincia de Tlaxcala, haciendo los bergantines, que fueron la fuerza de los nuestros, tuvieron nueva cómo había llegado al puerto de la Veracruz una nao en que venían, sin los marineros, treinta o cuarenta españoles, y entre ellos algunos ballesteros, ocho caballos y escopetas y pólvora, cosas para en aquel tiempo harto necesarias y bien deseadas, y como aquellos soldados no habían sabido cómo les iba en la guerra a los de Cortés ni tenían seguridad para pasar donde ellos estaban, tenían gran pena y estaban allí detenidos otros españoles que no se atrevían a venir, aunque deseaban mucho traer a Cortés tan buena nueva; pero como entre los españoles jamás faltaron hombres que con grande ánimo dejasen de abalanzarse a grandes cosas, por muy peligrosas y dificultosas que fuesen, un criado de Cortés, mozo de hasta veinticinco años, aunque estaba pregonado y mandado so graves penas que ninguno saliese de Tlaxcala sin expreso mandado de Cortés, como vido que con cosa ninguna su señoría habría más placer que con saber de la venida de la nao y del socorro que traía y que a tan buen tiempo estuviesen acabados los bergantines, aunque la tierra estaba tan peligrosa, se salió de noche, la cual caminó a muy grande furia con el mantenimiento que pudo sacar, metiéndose de día en las partes más ocultas y secretas que podía hallar. Vióse dos o tres veces en trance de morir. Finalmente, como hombre venturoso y de gran ánimo y esfuerzo, llegó muy alegre a Tezcuco, de que no poco se maravilló todo el real de los españoles, y aun el de los indios amigos, como hombres más temerosos y que sabían mejor que los nuestros las crueldades de los enemigos y los muchos que de ellos había en los pasos más peligrosos; le miraban y aun tocaban con las manos como cosa muy extraña, diciendo que si no se había hecho invisible, no sabían cómo había podido pasar sin que le matasen. Aquella noche en los dos reales, por las buenas nuevas, se hicieron alegrías, dieron al mancebo muchos de los principales y Cortés las albricias que pudieron, aunque él las merecía muy grandes.

Capítulo LXIV. Cómo Cortés envió a Sandoval por los bergantines y de lo que más le mandó y él hizo
Muy lleno de grandes esperanzas con tan buenas nuevas tenía Cortés el pecho, las cuales le rebosaban por la boca, porque después de dar gracias a Dios, decía palabras prometedoras de prósperos sucesos y con que mucho animaba y aliviaba a los suyos de los trabajos pasados, por que no se le fuese de las manos su próspera fortuna. Desde a tres días que recibió la nueva, despachó a Gonzalo de Sandoval con quince de caballo y doscientos peones para que trajese seguro por sus piezas los bergantines y la gente que con ellos había de venir. Mandóle con esto que de camino destruyese, quemase y asolase el pueblo de Zultepeque, que los nuestros después llamaron el pueblo morisco, sujeto a la ciudad de Tezcuco, que alinda con los términos de Tlaxcala, porque los naturales de él habían muerto cinco hombres de caballo y cuarenta y cinco peones y trescientos tlaxcaltecas que venían de la villa de la Veracruz a la ciudad de México cuando Cortés estaba cercado en ella. No creyendo que tan gran traición se hiciera a los nuestros, aumentó la indignación y coraje de Cortés hallar cuando llegó a Tézcuco, en los adoratorios o templos de los indios, los cueros de los cinco caballos con sus pies y manos y herraduras, cocidos y tan bien adobados como en todo el mundo lo pudieran hacer, y no contentos con esto, para mayor manifestación de su traición, que ellos tenían por señalada victoria, ofrecieron a sus ídolos la ropa y armas de los desventurados españoles. Hallaron con esto la sangre de ellos derramada y sacrificada por todos aquellos adoratorios y templos, que cierto fue cosa de tanta lástima que les renovó todas las tribulaciones y trabajos pasados.

Sandoval, que de esto no menos enojado estaba que Cortés, tomó el negocio bien a cargo, aunque Motolinía dice que en este caso siempre se excusaron los de Tezcuco de haber prendido y muerto los españoles, afirmando haberlo hecho las guarniciones de México, que después llevaron a sacrificar y comer los españoles a Tezcuco pero entonces, para que esto no sea creíble, no crean nada amigos los tezcucanos de los nuestros, y así, conforme a lo que Cortés escribió al emperador, y otros conquistadores, dijeron [que] los de Tezcuco fueron en esta maldad; y porque parecerá dificultoso de creer que sin gran resistencia y muertes de los indios fuesen presos y muertos tantos españoles, diré cómo pasó.

Capítulo LXV. La traición con que los del pueblo morisco prendieron y mataron tantos españoles

Yendo, pues, todos aquellos españoles juntos, confiados en ir tantos, pasaron por aquel pueblo, en el cual los vecinos les hicieran muy buen recibimiento para mejor asegurarlos y hacer en ellos la mayor crueldad que nunca se hizo. Ya que del pueblo habían salido, aunque otros dicen antes de entrar, bajando por una cuesta que hacía un mal pasa muy estrecho y angosto, que por los lados no se podía subir ni daba lugar donde los hombres se meneasen, cuanto más los caballos, llevándolos de diestro, y yendo unos en pos de otros, por el angostura del paso, los enemigos, que estaban puestos en celada de la una parte y de la otra, con tanta furia y alarido los tomaron en medio, que en muy breve espacio, matando de ellos, los demás tomaron a manos para traerlos a Tezcuco, donde, con muchas invenciones de crueldades, los sacrificaron y sacaron los corazones, untando, con ellos los rostros de sus ídolos.

Motolinía, aunque cuenta esto mismo, dice que es más de creer que los tomaron de noche, durmiendo, porque por toda aquella tierra no hay cuesta agra ni que allegue a un tiro de ballesta, ni que sea menester apearse del caballo para subirla ni bajarla, y que este camino es de todos bien conocido, que va de la Veracruz a México, y que el principal pueblo donde esto acaeció fue donde hoy está la venta de Capulalpa. A esto lo que se puede decir es que no vive más el leal de cuanto quiere el traidor, y que hombres asegurados no es mucho que los maten, aunque sea en llano, especialmente habiendo sido tantos en prenderlos y matarlos, y que no fuese de noche parece claro por dos cosas: la una, porque los indios jamás acometían de noche, y la otra porque los españoles siempre se velan, y en lo que toca el camino, poco hay de él que no tenga cuestas y barrancas.

Capítulo LXVI. Cómo Sandoval se partió y de un rétulo que vio, y del castigo que en el pueblo hizo
Salió Sandoval con gran determinación de asolar y destruir aquel pueblo, así por lo que Cortés le había mandado, como porque un poco antes que llegase al pueblo halló escrito de carbón en una pared blanca de una gran sala que había en unos aposentos: «Aquí estuvo preso el sin ventura de Juan Juste, que era un hijodalgo de los cinco de a caballo». Gran lástima puso este letrero a los que le leyeron, porque era uno de los más valientes y de más consejo que en el real se pudiera hallar, y así, todos unánimes los que con Sandoval iban, determinaron de vengar a fuego, y a sangre tan gran maldad; pero los del pueblo, conociendo la traición grande que habían hecho, sabiendo que Sandoval se acercaba, aunque eran muchos y se pudieran poner en resistencia, determinaron a toda prisa, con todos los niños y mujeres, salirse de él. Sandoval los siguió, alanceó a muchos, prendió y cautivó muchas mujeres y muchachos que no pudieron andar tanto, los cuales se dieron después por esclavos, atenta la gravedad del delito. Siguió el alcance, alanceando y matando no tantos cuantos pudiera, porque como iban en huída y desordenados no pudieron hacer resistencia.

Aplacó su saña Sandoval con la sangre de los muertos y con la poca resistencia y más con los ruegos y lágrimas, que acerca de los caballeros pueden mucho, que las mujeres y muchachos derramaban, arrojándosele a los pies del caballo, confesando la crueldad de su delito; pidieron misericordia por sí, por sus padres y maridos. No se dejó Sandoval rogar mucho, que condición es del ánimo fuerte y generoso ser piadoso con el rendido. Mandó hacer alto y que nadie de los suyos pasase adelante ni diese herida a indio alguno aunque pudiese, y así, antes que de allí partiese, haciendo señal de paz, hizo recoger la gente que quedaba en el pueblo y la que había ido adelante. Vinieron todos a su presencia, aunque algunos con recelo. Juntos todos, confesaron su maldad, diciendo que el demonio los había engañado y persuadido que lo hiciesen y que bien veían que en su mano estaba su muerte o su vida; que hiciese como valiente caballero en dar vida a los que se la pedían y que bastase la sangre que había derramado y los que había preso y cautivado, y que le prometían de nunca más creer al demonio y de ser muy leales vasallos del emperador y grandes amigas de los cristianos.

Con estas y otras palabras que la necesidad y aprieto en que se veían les enseñaba, acabaron de ablandar el pecho a Sandoval y a sus compañeros, el cual, con palabras graves y severas, los amenazó, con que si otra vez, les acaeciese otra tal, aunque fuese de palabra, contra algún español, que los había de quemar hasta los niños en las cunas, y que estuviesen ciertos que entonces no bastarían ruegos ni lágrimas. Con esto los dejó, diciéndoles que se acabasen de juntar e hiciesen el deber, como después lo hicieron.

Capítulo LXVII. Cómo en el entretanto que Sandoval caminaba, los españoles salieron con la tablazón de los bergantes

Al tiempo que Sandoval proseguía su camino, Alonso de Ojeda, Juan Márquez y Juan González y otros dos españoles determinaron, porque se les había acabado el tiempo en que Cortés les había mandado trajesen los bergantines, salir con ellos, aunque eran pocos, para meterse por tierra de guerra. Estos mismos españoles, saliendo de Tezcuco aquella noche, anduvieron catorce leguas, de manera que otro día bien temprano llegaron a Tlaxcala, apercibieron la gente, estuvieron cinco días en hacer esto; al sexto salieron con la ligazón, y demás aparato a un pueblo que se dice Gaulipa, donde se había de juntar la gente de guerra para asegurar los españoles y tamemes. Juntáronse ciento y ochenta mil hombres, estuvieron en aquel pueblo ocho días detenidos, aguardando que Cortés enviase algún capitán con gente a recibirlos al camino, aunque los tlaxcaltecas, como eran tantos y tan valientes, muchas veces dijeron que no eran menester más españoles para que ellos pusiesen en Tezcuco los bergantines sin que un palo se perdiese, y que primero morirían ellos sin quedar hombre a vida, que consentir llegar a los tamemes. Alonso de Ojeda, por no pasar de lo que su general le había mandado, aunque con tanta gente iba seguro, detúvose un poco, no mostrando cobardía, sino diciéndoles que aunque se acertase y sucediese bien, lo que el soldado hace contra el mandamiento de su capitán no es bueno y merece ser muy bien castigado, porque no está obligado a más de a obedecer, especialmente a Cortés, que tan valeroso y sabio capitán era. Con esto no porfiaron los indios, viendo que como ellos hacían, se ha de obedecer al capitán.

Capítulo LXVIII. Cómo Sandoval topó con los que traían los bergantines y el orden con que venían

Con todo esto, viendo que el capitán que esperaban se detenía, partió Ojeda de Guaulipa, hizo noche en unas cabañas que eran términos de la gente de guerra de Capulalpa, y estando aquella noche velándose los señores de Tlaxcala y sus capitanes por su orden y concierto, que a su modo le tenían bien grande, a hora de media noche oyeron los nuestros cascabeles, que eran de tres caballos en que venían tres españoles de la compañía de Gonzalo de Sandoval, el cual, adelantándose una legua de todos los demás de su compañía, como había visto grandes fuegos, envió aquellos tres a descubrir qué cosa era, y él los siguió con dos compañeros solos. Los tres, como reconocieron que era la gente de los bergantines corrieron con gran alegría hacia los nuestros, a los cuales dijeron que allí venía el capitán Sandoval y que la demás gente quedaría una legua de allí. Llegó luego Sandoval, aunque Ojeda dice que quedó con el cuerpo del ejército, por la matanza que el día antes había hecho, y que los tres de a caballo volvieron luego a darle la nueva de lo que pasaba. Sea como fuere, va poco en esto.

Otro día, bien de mañana, alzó el real Ojeda, marchando con el orden y concierto con que había salido de Tlaxcala, y como Sandoval también partió de mañana, viniéronse a topar a la mitad del camino, donde tendidas las banderas del un ejército y del otro, tocando de ambas partes la música que traían, fue grande el alegría que los unos con los otros recibieron. Apeóse Sandoval, abrazó a aquellos señores tlaxcaltecas y a los capitanes y alférez, holgóse mucho con ellos, agradeciéndoles mucho la venida y el grande ánimo con que se habían determinado de salir sin esperarle. Ellos le preguntaron cómo quedaba el general, y, respondiéndole que bueno y con deseo de verlos, le replicaron que mayor le traían ellos de verlo a él, porque ya no veían la hora que los bergantines se armasen para verse a las manos con los mexicanos.

En estas y otras razones se detuvieron un rato, y como era de mañana tornaron a marchar, repartiendo Sandoval la gente española de a caballo y de a pie, de manera que la mitad iba en la vanguardia y la mitad en la retroguardia. Y porque fue de ver y digno de escribir el concierto con que marchaban, decirlo he en el capítulo que se sigue. Vinieron aquella noche a dormir al pueblo morisco, donde habían muerto a Juan Juste y a Morla y sus compañeros y tomádoles la plata que llevaban.

Capítulo LXIX. Donde se prosigue el orden y concierto con que iban los indios hasta llegar a Tezcuco

Traían la tablazón y ligazón de los bergantines más de ocho mil hombres de dos en dos, sin salir el uno del otro, que era cosa bien de ver y así bien digna de escribir y oír, pues se ha visto pocas veces que la tablazón y ligazón de trece fustas se llevase en hombros veinte leguas por tierra cuajada de enemigos. Duraba el orden desde la vanguardia hasta la retroguardia casi dos leguas. En la delantera iban ocho de a caballo y cien españoles de a pie; a los lados de ella, por capitanes de más de diez mil hombres de guerra, Ayutecatl y Teptepil, señores de dos principales de Tlaxcala, y en la rezaga venía por capitán con otros diez mil hombres de guerra muy bien aderezados Chichimecatle, uno de los más principales señores de aquella provincia, con otros capitanes que traía consigo. La demás gente de guerra, que era la que dije, se volvió porque no era menester.

Había en este orden sargento mayor y otros sargentos y un general que iba y venía, poniendo en concierto la gente; llevaban las banderas tendidas, no cesando el ruido de la música; andaba el general siempre al lado del general Sandoval. Caminaron por este concierto y orden hasta llegar a los términos de Culhúa, donde, como diré, se trocó el orden.

Capítulo LXX. Cómo, entrando, por los términos de México, se trocó el orden, y de lo que dijo el capitán que llevaba la delantera

Como entraron con este orden los indios tlaxcaltecas por la tierra de Culhúa, recelándose los Maestros de los bergantines de alguna emboscada, porque toda era tierra de enemigos, determinaron de mudar el orden, mandando que en la delantera fuese la ligazón de los bergantines, y que la tablazón se quedase atrás, porque era cosa de más embarazo, por si algo les acaeciese, lo cual, si fuera, había de ser en la delantera. Chichimecatl, que traía con su gente de guerra la tablazón y había venido siempre en la delantera, tomólo por gran afrenta, diciendo que por la tierra de sus enemigos quería entrar como había venido, en la vanguardia, y que primero moriría que consintiese tal afrenta, que él y los de su linaje habían siempre seguido la guerra y que jamás se habían puesto sino en los lugares donde había de acudir el ímpetu y furia de los enemigos, y que así, a la entrada de México había de ir él delantero, y que sobre esto no le porfiasen, porque con su gente se volvería a Tlaxcala. Los Maestros le replicaron cuán entendido tenían su gran esfuerzo y valor y que no lo hacían por afrentarlo ni tener su persona en menos, sino porque la tablazón convenía quedase atrás, por ser de más embarazo, si los enemigos saliesen; y que para esto convenía que él y los suyos, que eran más valientes, quedasen atrás, para que si los delanteros huyesen, él los recibiese e hiciese cara a los enemigos; y que porque no había otro que como él lo pudiese hacer, le rogaban mudase lugar y no lo recibiese por afrenta, pues por darle más honra lo hacían. El, persuadido, aunque con harta dificultad, dijo que lo haría, pero que no habían de ir españoles, en su guardia. Sandoval condescendió con él, porque, cierto, era muy valiente y de gran consejo en la guerra y holgó que ganase aquella honra, pues ya no iba en la delantera.

Llevaban los capitanes dos mil indios, cargados con su vitualla, y así con este orden y concierto, prosiguieron su camino, en el cual se detuvieron tres días. Adelantándose Martín López, halló a Cortés comiendo y le dijo: «Señor, bien comerá vuestra Merced hoy con el presente que le traemos; acuérdese vuestra Merced a su tiempo del servicio que le he hecho». Cortés no pudo comer más de contento, levantóse de la mesa, abrazólo y apercibióse para salir.

Al cuarto día entró en la ciudad de Tezcuco Sandoval con toda su gente, con gran contento y ruido de todas músicas, que cierto fue cosa muy de ver, así por el orden y multitud de gente con que entraron, como por las hermosas devisas y ricos aderezos que traían, con que mucho lucían. Saliólos a recibir Cortés, vestido de fiesta, aunque armado de secreto, con todos los demás sus compañeros que tenía. recibió con grande alegría aquellos señores tlaxcaltecas y a los capitanes y demás gente. Mirábanle y revenciábanle, como a cosa del cielo, y así le llamaban hijo del Sol.

Tardó tanto en entrar la gente, que desde que los primeros comenzaron hasta que los postreros acabaron se pasaron más de seis horas sin quebrar el hilo de la gente; y después que ya todos hubieron entrado, Cortés, acompañado de aquellos señores, se volvió a su aposento, donde de nuevo, haciéndoles grandes caricias, agradeciéndoles las buenas obras que habían hecho, los mandó aposentar y proveer de lo necesario lo mejor que ser pudo. Ellos al despedirse le dijeron que venían con gran deseo de verse con los de Culhúa, que viese lo que mandaba, porque ellos y su gente y la demás que quedaba en Tlaxcala estaban de propósito de se vengar o morir con los cristianos, y que tenían por cierto, según eran grandes las maldades de los de Culhúa, que por muchos más que fuesen, con el ayuda y favor de los cristianos, los destruirían y asolarían y se enseñorearían de sus mujeres, hijos y tierras y haciendas, y que en esto estaban tan determinados que, aunque lloviesen mexicanos o las hierbas se tornasen hombres, no habían de volver paso atrás sin que primero venciesen o perdiesen la vida en la demanda.

Cortés holgó cuanto debía con tan buena determinación; respondióles que nunca los tlaxcaltecas (según él había oído decir) jamás habían hablado ni peleado sino como nacidos para la guerra y ganar en ella gran prez y honra; que reposasen y descansasen, que presto les daría las manos llenas.

Capítulo LXXI. Cómo llegada la tablazón y ligazón de los bergantines, vino socorro de españoles y caballos que habían venido de Santo Domingo, y de lo que Cortés les dijo y ellos respondieron

Encaminaba Dios los negocios de Cortés tan prósperamente, que no habían acabado de llegar los tlaxcaltecas con la ligazón y tablazón de los bergantines, que de tanta importancia fueron, cuando luego tuvo nuevas cómo habían llegado navíos al puerto, que fue al principio del mes de marzo del año de 1521. Llegó primero el tesorero Julián de Alderete, que fue el primero tesorero de Su Majestad en esta Nueva España. Vino con él el almirante don Diego Colón, de España a Santo Domingo, en fin del año de quinientos y veinte, con quien vino mucha gente, y a este mismo tiempo los indios de la costa que llaman de Las Perlas, que es cosa notable, se rebelaron, matando muchos españoles, tanto que los que quedaron, dejando la tierra, se vinieron a Santo Domingo y con el Tesorero y otros se embarcaron en cuatro navíos con muchos caballos y armas.

Traía el tesoro Alderete un navío por sí, en que traía criados, caballos y armas. Vino Rodrigo, de Bastidas, vecino de Santo Domingo, con dos navíos, el uno muy grande, cuyo capitán era Jerónimo Ruiz de la Mota, natural de Burgos, que también fue después capitán. Venían en este navío, como era tan grande, muchos hijosdalgo, y entre ellos Francisco de Orduña, muchos caballos y armas y otros pertrechos.

Vino asimismo otro navío del licenciado Ayllón, oidor de la Española, también con hombres, armas y caballos. Llegaron a tan buen tiempo que no pudo ser mejor. Serían los hombres de guerra casi doscientos y los caballos y yeguas de silla más de ochenta, muchas y muy buenas armas, artillería y munición bastante, con la cual se hizo después gran hacienda, de manera que con los que Cortés tenía y después llegaron halló casi mil hombres de armas tomar, con que, como era razón, estaba muy contento. Fueron recibidos estos capitanes y la demás gente con gran alegría en la villa de la Veracruz, de la cual se despacharon lo más breve que pudieron, porque cada día se les hacía un año hasta verse con el general, el cual hasta ver los nuestros no sosegaba, y así, cuando llegaron a Tezcuco, porque vinieron en muy gentil orden, los salió a recibir, acompañado de sus capitanes y otros soldados de preeminencia. recibió al Tesorero y a Jerónimo Ruiz de la Mota y a los otros capitanes con muy grande alegría y contento, tanto que primero que le dijesen palabra les dijo:«Caballeros muy deseados: Más de mil veces seáis bien venidos, que Dios, cuyo negocio tratamos, os ha traído buenos y sanos para adelantaros en esta tierra y tomaros por instrumento para que su santa Fe se plante y el demonio pierda la silla que tanto tiempo ha tenido usurpada». Con esto los abrazó, y a ellos de alegría se les arrasaron los ojos de agua, y respondiendo por todos el Tesorero, como Oficial del rey, le dijo: «Todos nuestros trabajos, valeroso y venturoso capitán, merecedor de la empresa que entre las manos tenemos, damos por bien empleados, porque claro se nos trasluce la victoria que Dios nos ha de dar contra su adversario el demonio, y esperamos en Dios que pues a tan buen tiempo venimos, le hemos de hacer algún gran servicio, para que de nosotros que de perpetua memoria». Y Jerónimo Ruiz, que muy entendido y leído era, a esto añadió otras muchas, buenas y avisadas razones.

De esta manera entraron en Tezcuco, hundiéndose la ciudad del ruido que las músicas hacían, así de los tlaxcaltecas, que como a hermanos los recibieron, como de los españoles, que como a su sangre los deseaban. Hiciéronse aquella noche muchas alegrías; regocijáronse el otro día tanto los unos con los otros, que no se podía entender en cuales había más contento, o en los que vinieron, por haber llegado a tan buen tiempo, o en los que estaban, por ver que ya tenían la empresa en las manos.

Capítulo LXXII. Cómo se armaron los bergantines y de la manera cómo se echaron al agua y con cuánta devoción y solemnidad
En el entretanto que estas cosas pasaban, los Maestros de los bergantines se dieron la prisa posible en armarlos, y ya que estaban para echarlos al agua, como estaban más de media legua de la laguna y un arroyo que iba a ella llevaba poca agua, abrieron una zanja por él, tan ancha que cupiesen los bergantines, y porque no era posible que en tan poca agua nadasen los bergantines, de trecho a trecho hicieron presas, de manera que era necesario saltar casi dos estados, y para que no se quebrasen fue menester hacer invenciones e ingenios con que, aunque con trabajo, sin peligro, saltaban. Sucedió, que fue cosa misteriosa, estando surtos en una de las presas, que fueron doce, se levantó un bravo viento, tras el cual se siguió un muy bravo aguacero; desamarráronse los bergantines que estaban amarrados, como quiera dieron aviso los indios, y a detenerse un poco los españoles, saltaban con el aire, que los llevaba fuera de la presa donde estaban, y los unos con los otros se hacían pedazos. Acudieron los Maestros, atravesaron vigas al cabo de la presa, para que si no los pudiesen detener, reparando el primero en las vigas, los demás se detuviesen, pero antes que [se] viniese a esto, saltando gente en el agua, los amarraron de suerte que estuvieron fijos, para con seguridad echarlos a la laguna, que ya no quedaba más de una presa, de donde, como debían de hacer gran salto, fue necesario con picos y almadanas romper algunas piedras grandes, represando el agua un poco atrás. Finalmente, con grande industria, hicieron uno como deslizadero para que, soltando la presa aunque con mucha furia, sin peligro del gran salto, los bergantines, el uno tras el otro, diesen la laguna. Iban todos aderezados como convenía, aunque las velas cogidas, porque con la furia del agua y viento que les daba en popa, no sucediese alguna desgracia. Iban advertidos los pilotos de, en saltando en la laguna, hacerse

231

a lo largo, porque con la furia del agua los bergantines no topasen los unos con los otros.

Hecho esto así, aquella mañana se juntó todo el ejército de españoles y tlaxcaltecas, que era cosa bien de ver, por la orilla de la laguna, de aquella parte por donde los bergantines habían de saltar en el agua; y como había tanto riesgo, armada una gran tienda y en ella puesto un altar, revestido un sacerdote y confesados los más de los españoles, con gran devoción, después que hubo bendecido el agua, dijo la misa al Espíritu Santo, que los españoles oyeron con lágrimas y contrición, suplicando a Dios apartase y librase de todo peligro aquellos bergantines, sin los cuales no se podía hacer la guerra tan cómodamente contra los que tenían sus casas dentro del agua y tantas canoas de donde podían ofender y defenderse. Cortés, que en todo género de virtud, como debe el buen caudillo, se adelantaba de los demás, en este día, oyendo la misa, derramó tantas lágrimas y rezó sus devociones con tanta eficacia, que a los demás provocaba a mucha devoción.

Acabada la misa, quitada el sacerdote la casulla, con el misal en la mano y un hombre par de él, que le llevaba el aceite e hisopo, y otros con candelas encendidas y una cruz delante, todos de estocados e hincados de rodillas, llegó do los bergantines estaban, que era cerca de la tienda; bendíjoles, dijo muchas oraciones, suplicando a Dios con muy grande instancia los librase de todo peligro, así del agua, fuego, aire y tierra, como de los enemigos. Dichas muchas oraciones, después de haber invocado el socorro y favor de la Virgen sin mancilla y de los Santos y santas, especialmente del abogado san Pedro y Santiago, santiguó los bergantines y echóles agua bendita, hecho lo cual, vuelto a los españoles, les dijo: «Señores, yo he hecho todo lo que he podido; ahora todos y cada uno de vosotros ponga en su pecho por intercesor a Dios, el Santo o santa a quien más devoción tuviere, para que multiplicados, como la Iglesia canta, los intercesores, Dios dé buen suceso a tan importante negocio. Hiciéronlo así todos con la mayor devoción que pudieron, y hecha luego señal para soltar la presa, salieron con gran furia los bergantines, sin tocar uno en otro, y sin peligro saltaron en la laguna, y derramados por ella, como estaba concertado, soltaron las velas, tiraron muchos tiros, descogieron los capitanes las banderas, tocaron la música que tenían; respondióles de tierra el ejército de los españoles y el de los indios. Dio tan extremado contento, que no con menos que con lágrimas le manifestaron. El sacerdote, que aún no se había desnudado al alba, hincándose de rodillas, levantadas las manos al cielo, dijo aquel cántico de «Te Deum laudamus» el cual acabado, Cortés se volvió a su alojamiento, a entender en lo demás que le restaba de hacer.

Capítulo LXXIII. Cómo Cortés envió [a] Alonso de Ojeda a la Villa Rica por dos tiros y de lo que le sucedió en el camino, y cómo a la vuelta Cortés le encargó la gente Tlaxcalteca

Luego como Cortés llegó a sus alojamientos, llamó a Alonso de Ojeda y a otros dos españoles, sus amigos. díjole que sacase consigo cuatro o cinco mil hombres tlaxcaltecas y se fuese a la Villa Rica la Vieja y que trajese dos tiros de artillería de hierro grueso, que había dejado allí una nao grande que había venido de Jamaica. Partióse luego Ojeda con aquella gente, acometiéronle algunos de los enemigos, y tuvo con ellos algunas escaramuzas en que llevaron lo peor los enemigos. Dábanles en otras partes desde las sierras los de Culhúa grita a los tlaxcaltecas; pero no osaban decendir, de temor, por el grande ánimo y esfuerzo, aliende del que de su natural tenían, que tomaban con la compañía de los españoles, y así los que no eran muchos les huyeron, y los que eran muchos, cuando se atrevían, salían descalabrados.

De esta manera Ojeda llegó a la mar, desencabalgó los tiros, dio orden cómo con facilidad se llevasen puestos en unas barbacoas o lechos de madera, cada uno por sí, y asimismo las cámaras. Llevaban cada lecho veinte indios en los hombros; remudábanse de trecho a trecho. Llevó también Ojeda ciertos barriles de sardina y otras cosas que halló en la costa, que entendió que no daría poco contento al real de los españoles, que nunca estuvo muy harto hasta tener la tierra sujeta. Partió con este recaudo, atreviéronsele algunos, como le vieron embarazado con aquellas cargas, pero él iba tan advertido y los indios de guerra tan en orden, que antes deseaban topar con enemigos, que buscar caminos por donde fuesen más seguros. Finalmente, después de algunos recuentros, de que siempre salieron con lo mejor, entrando por los términos de Tlaxcala, de todas las alcarías los salían a recibir mucha gente con comida. Holgóse mucho Ojeda con ellos, y los unos y los otros, como parientes y amigos y de una nación. Entró en Tlaxcala, descansó él y sus compañeros aquel día. Hospedáronle muy bien los señores de la provincia, diéronle de refresco otros indios de carga y otra gente de guerra, porque la que traía venía cansada; proveyéronle muy bien de todo lo necesario; salieron con él más de dos leguas, porque, cierto, tenían muy en el corazón a Cortés, no queriendo jamás salir a partido de los que los mexicanos les hacían, respondiendo que ni quebrarían el juramento que habían hecho, ni reposarían hasta morir o hacerlos esclavos. Despidióse Ojeda de aquellos señores y caballeros, vino a dormir a Xaltoca y otro día a Guaulipán, donde estuvo dos días descansando. Partió de allí y vino a Capulalpa, y otro día, a dos horas de la noche, entró en Tezcuco. envióle a llamar Cortés, que estaba ya acostado. Rescibiólo con mucha alegría, preguntóle muchas cosas, especialmente cómo estaba el teniente y los demás de la Villa Rica, y como de todo le dio muy buena razón y trajo, tan buen recaudo y vio que los indios todos le eran aficionados y que entendía bien la lengua, le dijo a Alonso de Ojeda: «Los que como vos hacen con tanto cuidado lo que se les encomienda, merecen que sus capitanes los honren y aventajen de los otros, para que ni ellos queden quejosos ni los que estuvieren a la mira desmayen. Ya sabéis cómo de Tlaxcala ha venido mucha gente, que con los que había y han venido hay más de ciento y ochenta mil hombres. Determino de encomendároslos todos y que vos seáis su general; por tanto, haced el deber como hasta ahora lo habéis hecho, que en lo que yo pudiere os favoreceré». Ojeda le besó por esto las manos, diciendo que asaz le pagaba los servicios que le había hecho, y que en lo de adelante vería con cuánto mayor cuidado le serviría. Con esto se despidió muy contento. Luego por la mañana los carpinteros hicieron cepos para encabalgar los tiros que se trajeron.

Capítulo LXXIV. Cómo Cortés, sin decir adónde iba, salió otro día con mucha [gente] a bojar la laguna, y de lo que le sucedió
Después que la gente de Tlaxcala hubo reposado del camino y vio Cortés que estaban algo desabridos por no venir a las manos con los mexicanos, apercibió treinta de a caballo y trescientos peones y cincuenta ballesteros y escopeteros y seis tiros pequeños de campo, y mandó que con Ojeda saliesen treinta o cuarenta mil tlaxcaltecas, y sin decir a persona alguna dónde iba, porque se recelaba, y con razón, de los de Tezcuco, que diesen aviso a los mexicanos, salió de la ciudad y fue a la mano derecha, que es hacia el norte, a la otra

vuelta, y andadas cuatro leguas, topó con un muy grande escuadrón de enemigos. Rompió por ellos con los de a caballo; desbaratólos, dejando, muchos muertos; puso los demás en huída. Los tlaxcaltecas, como son muy ligeros, los siguieron bravamente; mataron muchos de los contrarios, no tomando hombre a vida, porque estaban ya de las antiguas injurias y agravios muy sedientos de su sangre. Señaláronse aquel día hasta la noche, que duró el alcance, cuatro o cinco capitanes tlaxcaltecas que para entre ellos se mostraron leones, matando por sus manos muchos capitanes y principales de los enemigos; volvieron, aunque algo heridos, de que ellos no venían poco contentos, cargados de ricos despojos de plumajes, mantas y rodelas. Viniéronse derechos a do Cortés estaba, y como varones muy animosos, le dijeron: «Señor, con tu favor y ayuda esperamos que nosotros y nuestros hijos nos hemos de vestir y armar de los despojos que a estos perros mexicanos, quitándoles las vidas, hemos de tomar». Cortés, hablándoles graciosamente, les respondió que lo que decían habían comenzado a cumplir por la obra, y que así lo habían de hacer todos los capitanes, que tan valientes fuesen como ellos.

Acercándose la noche, no teniendo dónde ir a poblado, asentó su real en el campo. Durmió aquella noche muy sobre aviso y no con menos recaudo los tlaxcaltecas, que después de haber asentado su real, estuvieron casi toda la noche con muchos fuegos encendidos, tocando atabales y caracoles, festejando la victoria pasada, cantando venganza contra sus enemigos. Velaron por sus cuartos lejos del real, en compañía de los de caballo, cada cuarto más de mil hombres.

Otro día por la mañana, Cortés, hecha señal, sin decir adónde iba, por el recelo que tenía de los de Tezcuco que consigo llevó salió del alojamiento y prosiguió su camino. Llegó a un pueblo que se dice Xaltoca, que está puesto en otra laguna diversa de la que está entre México y Tezcuco, que es la de la mala agua y que ninguna cosa cría, ni en la otra que llaman dulce, que es tan grande como la salada, que es tan grande como la que cerca a México, sino otra tercera que está a la parte del norte, que tiene tres buenos pueblos y de harta gente. El uno llama Atlaltepeque y el otro Zumpango, donde se hace mucha cal, y el otro Xaltoca, abundante en pescado. Tiene muchas acequias anchas y hondas y llenas de agua, que hacían la población muy fuerte, porque los caballos no podían entrar a ella, y así, los vecinos, como si estuvieran tan fortalecidos que con fuerza humana no se pudieran combatir, dieron muy gran grita a los españoles, haciendo muy gran burla de ellos, tirándoles muchas varas y piedras. Los españoles, a quien la mofa encendía más la ira, los de a pie con rodelas y espadas, se arrojaron a las acequias, que algunas veces el agua les llegaba a los hombros; recibieron en los morriones muy duros y fuertes golpes. Finalmente, aunque con muy gran trabajo y con algunas heridas, entraron en el pueblo, haciendo lugar a los que los seguían, así indios como españoles. Hicieron allí mucho estrago con solas las espadas, que tuvieron harto lugar de emplearse. Echaron fuera los enemigos, quemaron gran parte del pueblo y con él los mantenimientos que hallaron. Salieron aquella noche de allí y fueron a dormir una legua adelante, donde hechos agua tuvieron la cena tan liviana que casi no comieron nada, y como la cama había sido dura, en amaneciendo tornaron el camino, en el cual hallaron que los enemigos desde lejos, sin osarlos acometer, les dieron gran grita. Los nuestros los siguieron, y como, la ventaja era grande, no los pudieron alcanzar.

De esta manera, sin hacer nada entonces, llegaron a un muy grande y hermoso pueblo que se dice Guautitlán, que es hoy de Alonso de Ávila Alvarado, regidor de México, sobrino de Alonso de Ávila, que tanto se señaló en esta conquista. Hallaron este pueblo despoblado, porque el señor de él, que era muy principal, de temor de los nuestros se había ido, y la demás gente de guerra estaba en México, que está cuatro leguas de allí. Los nuestros durmieron allí aquella noche en los aposentos del señor y no sin gran recato, no los tomasen de sobresalto.

Otro, día siguiente, pasando adelante hacia México, llegaron a un pueblo que se dice Tenayuca, que está dos leguas de la gran ciudad de México. Llegaba hasta allí entonces la laguna. Entraron en el pueblo sin ninguna resistencia, y sin detenerse allí pasaron a otro pueblo que se dice Escapuzalco, una legua de México, que todos estos pueblos están alrededor de la laguna. Todo esto pasaron sin resistencia y así no pararon, por el deseo que Cortés tenía de llegar a una gran ciudad que estaba un cuarto de legua de allí, que se decía Tacuba, por donde pasaron los españoles cuando salieron de México desbaratados, a quien dicen los viejos de aquella ciudad que los suyos nunca los ofendieron. Residía en esta ciudad el tercero señor de la tierra, cuyo descendiente es hoy don Antonio Cortés. Estaba fuerte de gente y de muchas acequias de agua, las cuales, por los muchos manantiales de la tierra eran más anchas y hondas que la de otros pueblos, y aunque los vecinos de ella se pusieron en defensa, que estaban para ello muy a punto, Cortés les entró; mató algunos, y los demás, que eran muchos, echó fuera de la ciudad, y como sobrevino la noche no hizo otra cosa más de aposentar a los suyos en una casa del señor, que era tan grande que cupieron todos en ella a placer. Veláronse con el cuidado que solían.

Capítulo LXXV. Cómo otro día los tlaxcaltecas saquearon la ciudad, y cómo Cortés estuvo allí seis días escaramuzando, siempre con los enemigos

Otro día en amaneciendo, los tlaxcaltecas y los demás indios amigos comenzaron a saquear y a quemar la ciudad, salvo el aposento donde los españoles, aunque se dieron tanta prisa que de él quemaron un cuarto, aunque algunos dicen que por ser las casas de terrados fue mayor el ruido y espanto que el daño que hicieron, y esto decían ellos que lo habían hecho por vengarse de la matanza que en los nuestros y en sus naturales habían hecho cuando de México, saliendo desbaratados, pasaron por aquella ciudad. Lo que sé decir es, como testigo de vista, que para haber recibido tan buenas obras, no nos quieren mucho.

Estuvo Cortés seis días en esta ciudad, en ninguno de los cuales estuvo ocioso, antes siempre tuvo encuentros y escaramuzas con los mexicanos que estaban cerca de ellos, y hubo algunos recuentros con tanta grita y barahúnda, como suelen, que pareció que el cielo se venía abajo. Los tlaxcaltecas, como deseaban mejorarse con los mexicanos y los mexicanos se tenían por valientes, era cosa de ver los desafíos que entre los capitanes y principales soldados había, desafiándose uno a uno, dos a dos y cuatro a cuatro. Las más veces los mexicanos llevaban lo peor y en los particulares desafíos no había más que morir o vencer, porque se querían tan mal y tenían por tanta gloria llevar el brazo o cabeza del vencido a los suyos, que jamás se tomaban a vida. Decíanse los unos a los otros tantos denuestos, tan extraños y encarecidos, que era cosa de ver; pero entre otras cosas, no son de pasar en silencio, lo que los mexicanos decían a los tlaxcaltecas. Decíanles: «Vosotros, mujeres mancebas de los cristianos, nunca osastes llegar adonde ahora estáis sino con el favor de vuestros amigos los cristianos. A vosotros y a ellos comeremos en chile, porque no nos preciamos de teneros por esclavos». Los tlaxcaltecas respondían: «Nosotros, como a gente bellaca, temerosa y sin Fe, siempre os hemos hecho huir y nunca de nuestras manos habéis escapado menos que vencidos. Vosotros sois las mujeres y nosotros los hombres, pues siendo tantos y nosotros tan pocos jamás habéis podido entrar en nuestros términos como nosotros en los vuestros. Los cristianos no son hombres sino dioses, pues cada uno es tan valiente que a mil de vosotros espera y mata».

Con estas y otras injurias se encendían y enojaban tanto los unos contra los otros, que como canes rabiosos se despedazaban sin dar lugar a que, si no era en la figura, pareciesen hombres, sino fieras.

Capítulo LXXVI. Las cosas que los mexicanos decían a los españoles y de lo que Cortés les dijo y ellos respondieron

Prosiguiendo en su coraje los mexicanos, deseosos de vengarse de los nuestros, saliendo por la calzada, fingían huir para meterlos en alguna celada donde los pudiesen tomar a manos y sacrificarlos, que es lo que ellos más deseaban y en que más mostraban el odio que les tenían, y como veían que no salían con esto, otras veces los convidaban a la ciudad, diciendo:

Entrad, esforzados, a pelear. ¿Por qué perdéis tan buena ocasión, que hoy seréis señores de México?

Otros decían:

Venid a holgaros, que la comida hallaréis aparejada. ¿No queréis?, pues aquí moriréis como antaño.

Otros:

Íos a vuestra tierra, que ya no hay Moctezuma que haga lo que vosotros queréis.

Entre estas pláticas, Cortés, con todo recato, poco a poco se fue llegando a una puente que estaba alzada; hizo señas a los de la una parte y de la otra, que callasen. Ellos, por ver lo que diría, sosegándose, le dijeron que hablase. El entonces les preguntó si estaba allí el señor, porque deseaba decirle cosas que mucho le convenían. Ellos le respondieron: «Todos los que veis son señores; decid lo que queréis»; y él, como no estaba allí el señor, calló un poco. Ellos, sintiéndose de esto agraviados, le deshonraron bravamente, diciéndole, entre otras cosas:

> ¿Tú piensas, Cortés, que ha de ser la de antaño, y que es viva aquella gallina de Moctezuma? Mal lo has pensado; que de ti y de los tuyos hemos de hacer un gran banquete a los dioses.

Cortés se rió; no les respondió palabra, porque hablaba con canalla, y diciéndoles un español que para qué parlaban tanto estando encerrados y sin comida, por la falta de la cual, aunque más valientes fuesen, si no se rendían habían de morir de hambre, replicaron con doblado enojo que no tenían falta de pan, pero que cuando la tuviesen comerían de los españoles y tlaxcaltecas que matasen, pues tenían la caza delante. Con esto arrojaron ciertas tortillas, diciendo: «Malaventurados, comed, que tenéis hambre; que a nosotros, por la bondad de los dioses, todo nos sobra y apartáos de ahí, si no haremos os pedazos». Dichas estas palabras, gritando todos, tornando con mayor furia a la pelea, la cual no dejaron hasta volver bien descalabrados, Cortés, como no pudo hablar con Guatemuci, y que para esto había venido, al cabo de los seis días, determinó de volverse por el camino que había venido a Tezcuco, salvo que no fue por Xaltoca, que es a trasmano.

Capítulo LXXVII. Cómo Cortés, volviendo a Tezcuco, siguiéndole los mexicanos, les puso celadas y mató muchos de ellos

Los enemigos, como vieron levantar el real de los nuestros, creyendo que iban huyendo, determinados de seguirlos, los dejaron dormir aquella noche en la ciudad de Guatitlán para más asegurarlos, y luego otro día de mañana, saliendo de allí los nuestros, los enemigos, más espesos que granizo, los comenzaron a seguir, pero los de caballo, revolviendo de cuando en cuando, les hacían por un rato perder la furia, porque a los que alcanzaban dejaban tales que no volvían jamás a la burla. Con todo esto, como los españoles todavía marchaban, pensando que iban huyendo, como eran tantos, quedase el que quedase, los seguían bravamente, tanto que fue necesario que Cortés usase de algún ardid, de los que solía, y así, mandó a la gente de a pie que se fuese adelante y que no se detuviesen, proveyendo, para la defensa de ellos, que en la rezaga fuesen cinco de caballo, y quedándose él con veinte, mandó a los seis se pusiesen en cierta parte en celada y a otros seis en otra y a otros cinco en otra, y él con otros tres, poniéndose en otra, les dijo que cuando él apellidase ¡san Pedro! o ¡Santiago!, diesen en los enemigos, que con el cebo de ir tras los españoles, irían descuidados, pensando que todos iban juntos adelante. Fue así como Cortés lo pensó, el cual, desde que vio que había pasado gran multitud de gente, apellidando ¡san Pedro!, de súbito dieron todos los de caballo en ellos, y como los desbarataron fue fácil de hacer gran matanza en ellos. Siguiéronlos, dos leguas por tierra llana, quedando a pequeños trechos muchos de los enemigos muertos, con lo cual los vivos escarmentaron de tal suerte que no los osaron más seguir.

Capítulo LXXVIII. Lo que demás de lo contenido en el capítulo pasado Ojeda dice en su Relación

Cerca de lo contenido en el capítulo antes de éste, Ojeda, que a todo se halló presente, dice otras cosas no dignas de pasar en olvido en la Relación que, aprobada con otros testigos, me envió. Dice, pues, que cerca de Xaltoca, una legua antes, salió mucha gente de los enemigos a meterse en Xalcota, y como por allí los caballos no podían correr, a causa de las acequias y por ser la tierra marisma, Cortés dijo a Ojeda que con la gente de quien tenía cargo fuese en su seguimiento. Ojeda con los señores tlaxcaltecas y con sus soldados siguió el fardaje. Tomaron los tlaxcaltecas gran cantidad de mujeres y muchachos, y así entraron por el pueblo sin hallarse otro español, sino uno que se decía Martín Soldado. Hicieron gran riza en los enemigos, matando y robando, y desde a poco llegaron los de a caballo, el primero de los cuales fue un Hernán López.

Los indios de Xalcota desampararon el pueblo, y pasándose de la otra parte de las acequias, por estar más seguros, se comenzaron a defender bravamente de los tlaxcaltecas, que iban en su seguimiento; pero como llegaron los españoles de a pie y de a caballo, rompieron por ellos, abrasaron el pueblo, y aquella noche vinieron a dormir a otro donde el general asentó su real. Ojeda aposentó su gente media legua adelante en otro pueblo y otros aposentos, donde los señores tlaxcaltecas por sus personas velaron y repartieron las velas y las espías.

Ocupaban los escuadrones una gran legua, porque como acudió gente eran ciento y ochenta mil hombres. Yendo así marchando el campo hacia Guatitlán, como Cortés iba contento y en las burlas era no menos gracioso que sabio, y cuerdo en las veras, viendo a Ojeda acaudillar tan gran número de gente, dijo a algunos caballeros que con él iban, presente Ojeda: «Por cierto, señores, que si Ojeda fuese a su tierra y dijese que había sido capitán de ciento y ochenta mil hombres y de más de mil capitanes y caballeros, que, como a cosa de disparate, le tirarían de la falda y aun dirían que de mosquitos era mentira, cuanto más de hombres».

Con esta conversación, que la tenía muy buena, llegaron a Guatitlán, donde en un cu hallaron tres mujeres metidas por su natura por unos palos muy agudos que les venía a salir por la boca, nuevo género, cierto, de diabólica y bestial crueldad. Dijeron algunos, que en castigo de los adulterios que habían cometido, estaban puestas así para que pagasen por la parte que habían pecado.

Salieron de Guatitlán. Como los indios amigos eran tantos y ocupaban tanta tierra, levantándose entre ellos algunas liebres (que las hay en abundancia en esta tierra) las tomaban a manos vivas y las llevaban a Ojeda, el cual las daba al general, el cual dijo: «El cobarde, por mucho que huya, viene a manos del animoso».

De allí pasó a otros pueblos que están asentados en la laguna y allí vieron la mucha prisa con que infinitas canoas metían en los pueblos varas tostadas, flechas, piedras y otras municiones. Dieron los indios tlaxcaltecas en los aposentos reales, robaron más de quinientos cueros de grandes tigueres y mucho oro y ropa rica. De esto dio aviso Ojeda a Cortés, porque vio a muchos de los tlaxcaltecas vestidos de ropa rica, de que ellos carecían, y que en las cabezas y brazos traían piezas de oro, que por su pobreza nunca usaron. Iba con Ojeda su compañero Juan Márquez. Díjoles Cortés: «¡Oh!, pese a vosotros, cataldos y tomaldes el oro, que no han menester, y dejaldes los cueros y ropas con que se vestan, y honren, en premio de su esfuerzo y diligencia».

Capítulo LXXIX. Cómo Ojeda y Juan Márquez cataron a los indios tlaxcaltecas, y del oro que les hallaron, y cómo por esto muchos de ellos se ausentaron

No dijo Cortes a sordos lo que está dicho arriba, porque luego con toda diligencia, porque se les había de pegar algo comenzaron a catar los indios; recogieron hasta 3.000 pesos de oro; pero otro día, cuando volvieron a hacer lo mismo, hallaron que se habían ido, porque no los catasen, más de diez mil hombres, que a lo que se podía presumir, según lo pasado, llevaban más de 20.000 pesos; pero catando a algunos de los otros, hallaron 1.700 pesos, y cuando vino el otro día faltaban ya más de cincuenta mil hombres, que también se cree llevaban grandísima cantidad de oro. Andando de esta manera Ojeda, halló a unos indios al rincón de un cu, que tenían escondida detrás de un pilar una carga de ropa rica, liada en un cacastle. Comenzóla a desliar; díjole un indio que le dejase, que era naboría del general. Ojeda vio que mentía, porque por menos lo suelen hacer; descogió la carga, y dentro de ella halló un mástil blanco, que sirve de pañetes pequeños; tomólo el indio, metióselo debajo del brazo. Disimuló Ojeda hasta ver qué más había en la carga, y cuando vio que todo era ropa, quitóle el mástil; halló dentro dos ídolos de oro, muy fino, con sus alas, envueltos en algodones, y los algodones y ellos salpicados de sangre. Pesaban los ídolos casi 400 pesos. Halló asimismo media braza de chalchuíes, piedras entre ellos ricas; había al pie de ciento, ensartados todos en un hilo grueso de oro que pesaba once o doce castellanos. El indio, como vio el pleito mal parado, díjole, que también lo saben hacer con muy buenas palabras: «Señor, pues me has tomado el oro, dame parte de estos chalchuíes». Ojeda corrió la mano por el cordón y dióle la mitad de ellos, con que el indio quedó bien contento. No se prosiguió más en catarlos porque ya faltaban casi la tercia parte, aunque los señores, o porque no los cataron, o por vergüenza, no se osaron ir.

La ropa que llevaron de despojo en este tiempo, valía más de 300.000 ducados. Ojeda, guardando los chalchuíes, llevaba descubiertos los ídolos para darlos al general; topó con Cristóbal de Olid, que salía de con él, el cual le dijo: «¡Oh, qué buenas joyas, Ojeda! Dádmelas, que yo las daré al capitán». Dióselas Ojeda, y como era río vuelto, no supo si las vio Cortés. Halló Ojeda entre los chalchuíes uno labrado con una cara de hombre, que le daban por él en Tlaxcala quince esclavas, y si quisiera ropa, más de doscientas cargas.

Capítulo LXXX. Lo que Ojeda escribe que acaeció a Cortés en Tacuba cuando se subió a un alto, y de la gracia que Pedro de Ircio dijo a su alférez
Estando Cortés en Tacuba, dice Ojeda que muchas veces mandaba subir una silla a lo alto de un cu, y que asentado en ella, mirando hacia México, daba mil suspiros, acordándosele del gran desmán que por su culpa y presunción le había sucedido. Arrasábansele los ojos de agua, y, cierto, con razón, porque para en aquel tiempo ningún capitán en el mundo hizo tan gran pérdida. Revolvía consigo, como el que tan gran negocio traía sobre sus hombros, por qué vía podría restaurar el mal pasado, señorearse de aquella tan rica, tan fuerte y tan poderosa ciudad; y escarmentado de lo pasado, como algunas veces yo le oí, aunque tenía más gente y a punto los bergantines, nada confiado de esto, lo encomendaba todo a Dios, y así le sucedió [que] un día, juntándose los mexicanos y los nuestros en la calzada, trabaron una muy brava escaramuza, y por socorrer los nuestros al Chichimecatl, señor de Tlaxcala, y a otros señores que estaban en gran riesgo, ainas cogieran a manos a tres españoles, donde un Juan Bolante, que no debía de ser muy hidalgo, alférez de Pedro Dircio, soltó la bandera en el agua. Iba en la bandera una imagen de Nuestra Señora. Pedro Dircio, aunque se vio en aquel aprieto, recogiendo la bandera, se volvió al alférez, diciendo: «¡Oh, traidor; crucificaste al Hijo y quieres ahora ahogar a la Madre!». Este dicho, contándose después al emperador, dijo, como era prudentísimo: «capitán que en tal aprieto decía gracias, consigo las tenía todas».

Esta misma tarde llegó una canoa junto a la calzada. Echó en tierra solo un indio, bien dispuesto de cuerpo y a su modo bien armado, el cual en su lengua, haciendo fieros, comenzó en voz alta a maltratar [a] los españoles, desafiando a cuantos estaban en el real, que uno por uno saliesen a matarse con él. Dichas estas palabras, comenzó a jugar de su espada y rodela, y acabando de decir y hacer esto, dijo: «¡Ea, cristianos!; ¿qué estáis parados?;

salga ya alguno de vosotros con quien este día haga yo fiesta y sacrificio a mis dioses, que están ya sedientos de la sangre de vosotros, por las muchas ofensas que después que vinisteis les habéis hecho».

Salió luego a él un bien determinado soldado que se decía Gonzalo Hernández, el cual se fue derecho a él con buen denuedo, pero cuando el indio vio que ya se acercaba, o porque le hubo miedo, o porque para él y para otros tenían armada celada, saltó en el agua. El español, enojado de la burla, echándose en pos de él, aunque huía bien, le alcanzó y dio de estocadas, y ya que le estaba cortando la cabeza, acudieron muchas canoas de gente de guerra; pero como esto, vieron los nuestros, acudieron luego algunos, y, finalmente, si no fuera por los ballesteros y las voces que el general daba, y que un Diego Castellanos había muerto de un xarazo a un señor, con cuya muerte se ocuparon y aun desmayaron, sacaran y llevaran vivo al Gonzalo Hernández, el cual, como, salió de su poder con hartos golpes, aunque había dado muchas heridas, luego los de las canoas se retrajeron, metiendo en una de ellas al indio desafiador, alcual con la mayor honra que pudieron llevaron a su casa.

Capítulo LXXXI. Cómo Cortés entró en Tezcuco y del regocijo con que fue recibido

Hechos así los negocios Cortés durmió en un pueblo cerca de Tezcuco, para otro día de mañana entrar en él. Súpolo aquella noche Sandoval, que había quedado con la demás gente por general en lugar de Cortés. Mandó hacer aquella noche regocijos y que para el día siguiente todos estuviesen a punto para recibir a Cortés, a quien ya los suyos deseaban ver, porque de él ni de los demás que con él habían ido hasta entonces habían sabido cosa, como tampoco Cortés de ellos, y así los unos con deseo de entrar en Tezcuco y los otros con deseo de salirlos a recibir, fue cosa de ver cómo todos, para cuando se encontrasen, se aderezaron. Salió Sandoval media legua larga de la ciudad, porque más no convenía, a caballo, con algunos caballeros, y los demás españoles por su orden, con sus tambores y banderas tendidas. Salieron con ellos muchos vecinos y personas principales de la ciudad, también con su música de caracoles y trompas.

Salió Cortés de donde había dormido, no de mañana, porque mandó ordenar todo el real, los tlaxcaltecas por hilera, de veinte en veinte, y los texcucanos entre ellos, todos muy lucidos, los más vestidos de camisas y mantas ricas que ellos antes no alcanzaban, tomadas en los saltos y batallas que con los mexicanos habían temido. Llevaban oro y mucha sal, de que siempre habían estado necesitados. La mitad de los señores de Tlaxcala, ricamente aderezados con plumajes ricos y otros despojos, iban en la retroguarda, y la otra mitad, por la misma manera, en la vanguardia, los capitanes y Alféreces cada uno con su compañía, y como la gente era mucha y tan lucida y campeaba tanto, por ir vestida de blanco, lucía mucho y parecía muy bien; tomaban mucha tierra.

Cortés partió los de a caballo y de a pie, de manera que él con los unos se puso en la delantera de los indios, y los otros mandó que fuesen en la rezaga, de manera que siempre llevaban a los indios en medio, a los cuales regía su capitán Ojeda. Iban las trompetas y tambores delante y detrás, y cerca de Cortés su bandera y estandarte. Iban los indios muy contentos, como era razón, de muchas cosas, que eran haber puesto los bergantines en salvo, vencido batallas y en ellas muerto a muchos de sus capitales enemigos, haciendo la salva para los muchos que después habían de matar en el cerco de México; iban cargados de despojos ricos de joyas y sal. De esta manera, marchando los unos y los otros, se vinieron a juntar media legua de Tezcuco, donde Sandoval, inclinando su bandera, se apeó para besar las manos a Cortés; abrazáronse con grande amor, y lo mismo los unos españoles con los otros. Fue cosa de contento ver la alegría y ruido de música con que se recibieron y cómo honraron los de Tezcuco a aquellos señores tlaxcaltecas, mirándolos y respectándolos como a más que indios.

De esta manera a horas de comer entró Cortés en Tezcuco, donde lo que después hizo, se dirá en los capítulos siguientes.

Capítulo LXXXII. Cómo los tlaxcaltecas se despidieron de Cortés, y cómo vinieron mensajeros de Chalco a pedir socorro

Como la provincia de Chalco era tan provechosa a los señores de México, así por la mucha renta que de ella tenían, como porque de ella se proveían de maíz, madera, leña y otras cosas, la cual tiene dos puertos, para provisión de México, muy principales, el uno se llama Chalcoatengo, y el otro Ayocingo, pesábales mucho que los vecinos de aquella provincia se hubiesen rebelado y pasado a los españoles, y así, pensando por mal hacer lo que no podían por ruegos ni halagos, determinaron de juntarse gran cantidad de ellos, para destruirlos. En este comedio, que fue dos días después de entrado Cortés en Tezcuco, los tlaxcaltecas, como venían ricos y contentos, pidieron licencia a Cortés para volverse a su tierra y gozar lo que llevaban con sus hijos y mujeres, diciendo que cuando fuese tiempo volverían para hacer la guerra a México. Cortés los despidió con mucha afabilidad y contento, trayéndoles a la memoria lo mucho que de ellos confiaba y lo bien que les iría en el despojo de México, como de lo pasado lo habían entendido.

No hubieron acabado de salir los tlaxcaltecas, cuando, de parte de los señores de Chalco, vinieron mensajeros a Cortés, haciéndole saber cómo los de Culhúa con gran poder venían sobre ellos, por las razones ya dichas, pidiéndole que pues ellos eran ya vasallos del emperador y servidores y amigos suyos, que con toda presteza, antes que los negocios viniesen a peor, los socorriese, porque ellos estaban determinados de morir primero que volver a la servidumbre mexicana y dejar de ser vasallos de un tan poderoso y buen señor como él les había dicho, ni dejar el amistad de tan valientes y esforzados amigos, con cuyo favor y ayuda pensaban, no solo resistir a sus enemigos, pero vengarse de ellos, como las injurias recibidas merecían. Cortés recibió bien los mensajeros, holgóse de que los de Chalco estuviesen tan enojados con los mexicanos y tan firmes la amistad con los españoles, porque pensaba en el cerco de México (como lo hizo) ayudarse mucho de ellas, y así, sin más dilación, despachó luego a Sandoval con veinte de a caballo y trescientos peones, al cual encargó que marchase a toda furia y con todo cuidado y diligencia favoreciese aquellos señores, pues eran amigos y tan leales vasallos del emperador. Sandoval partió luego, hizo noche en Tlalmanalco, seis leguas de Chalco, que es la cabecera, seis leguas adelante de la cual estaba la guarnición mexicana en Guastepeque.

Capítulo LXXXIII. Cómo Sandoval llegó a Chalco y allí ordenó lo que había de hacer, y de un bravo recuentro que hubo con los mexicanos

De Tlamanalco caminó Sandoval a Chalco, donde halló mucha gente junta, así de aquella provincia como de las de Guaxocingo y Guacachula, que estaban esperando el socorro, y dando orden en lo que se había de hacer; partiéronse luego, tomaron su camino hacia Guastepeque, donde estaba la guarnición de Culhúa, de donde hacían gran daño a los de Chalco. La guarnición que era de mucha gente, salió al encuentro contra los de Chalco y los nuestros a un pueblo cerca de Guastepeque. Los de Chalco, como llevaban las espaldas seguras con los españoles, con grande ánimo rompieron con los mexicanos. Adelantáronse Sandoval y Andrés de Tapia, que aquel día hicieron maravillas. No pudieron los mexicanos sufrir mucho tiempo las muchas lanzadas y bravas cuchilladas de los españoles, desampararon el campo, retrajéronse a aquel pueblo de donde habían salido. Los nuestros los siguieron, mataron a muchos y a los vecinos del pueblo echaron de él, los cuales ya habían sacado las mujeres y niños.

Reposaron y comieron los españoles, aunque los indios amigos, especialmente los tlaxcaltecas, algunos de los cuales holgaron de venir esta jornada, se ocupaban en buscar ropa, porque aquella tierra es de mucho algodón.

Estando así los españoles descuidados y los amigos ocupados en robar, volvieron los enemigos de repente con gran furia y grita; entraron en el pueblo hasta la plaza de los aposentos principales, echaron muchas varas, flechas y piedras, con que hirieron, primero que se apercibiesen, a muchos de los nuestros, los cuales tocando al arma se recogieron, y con ellos los amigos, y así juntos salieron a grande prisa, los cuales lo hicieron tan bien que antes de una hora los echaron otra vez del pueblo; siguieron el alcance más de una legua; mataron muchos de ellos. Volvieron aquella noche harto cansados, a Guastepeque, donde estuvieron descansando dos días.

Capítulo LXXXIV. Cómo Sandoval fue a Acapistla, donde requirió a los mexicanos se diesen de paz, y de la batalla que con ellos hubo

Supo allí Sandoval que en un pueblo más adelante, dos leguas de Guastepeque, que se decía Acapistla, había mucha gente de guerra de los enemigos. Fue allá por ver si darían de paz y a requerirles con ella. Este pueblo, según después Cortés escribió al emperador, era muy fuerte y puesto en un alto, aunque

Motolinía dice que en llano. Como los mexicanos vieron que los de caballo no podían subir a lo alto donde ellos estaban, sin esperar a requerimientos de paz, cuanto más a responder, llegando los nuestros, comenzaron con gran grita y palabras afrentosas a pelear con ellos, echándoles desde lo alto muchas galgas, varas y flechas, con que de sí arredraban a los nuestros. Los indios amigos no se osaban acercar, por la dificultad de la subida y peligro que en ello corrían, lo cual, como vieron Sandoval y Andrés de Tapia, que muy valientes y animosos eran, apeándose de los caballos y embrazando las rodelas, dijeron, volviendo la cara a los compañeros: «Hidalgos, grande mengua será la nuestra, que estos perros, porque no los podemos acometer con caballos, piensen que han de hacer burla de nosotros. Bien será que sepan que no hay lugar fuerte para españoles. Subamos, caiga el que cayere, que nunca mucho costó poco». de esta manera los dos juntos, apellidando «¡Santiago, Santiago y a ellos!» comenzaron a subir, recibiendo muy duros y graves golpes; siguiéronlos otros muchos; rodaban unos, arrodillaban otros; finalmente, teniéndose unos a otros, porfiaron tanto, que con el ayuda de Dios, aunque fue mucha la defensa, entraron en el pueblo. Fueron heridos de los hombres señalados en esta entrada Andrés de Tapia, Hernando de Osma; los otros eran muchos. Los indios amigos, como vieron subir a los españoles con tanto ánimo y que iban ganando tierra a los enemigos, siguiéronlos de tropel, y así los unos y los otros hicieron tan gran matanza en los enemigos y de ellos se despeñaron tantos de lo alto, que todos los que allí se hallaron afirman que un río pequeño que cercaba casi aquel pueblo, por más de una hora fue tan teñido en sangre, que no pudieron beber por entonces los nuestros de él, aunque estaban bien sedientos por el cansancio y el gran calor que hacía. Motolinía (por [que] no quiero dejar de decir lo que hallé escrito) dice que echaron a los mexicanos del pueblo a lanzadas y cuchilladas y fueron en su alcance media legua hasta un río pequeño, de grandes barrancas, de donde se despeñaron muchos, tanto que de todos (que eran muchos) quedaron pocos vivos por no querer la paz o por no merecerla, y que de dos arroyos el uno fue tinto en sangre y del otro bebieron. En esto tiene gran crédito lo que Cortés escribió, o por verlo él por sus ojos, o por saberlo de muchos testigos de vista.

Hecho esto, Sandoval se volvió a Tezcuco, quedándose los de Chalco muy contentos en su tierra y con deseo de volverse a ver otra vez con los mexicanos. Fueron Sandoval y Andrés de Tapia más bien recibidos de Cortés que nunca, porque cierto, así ellos como los demás mostraron bien el grande y singular esfuerzo que en semejantes trances la nación española suele mostrar.

Capítulo LXXXV. Cómo ido Sandoval, los mexicanos revolvieron sobre los de Chalco, y cómo antes que allá fuese Sandoval los de Chalco habían vencido

En sabiendo que supieron los de México que los españoles y los de Chalco habían hecho tanto daño en su gente, determinaron de enviar sobre ellos ciertos capitanes con mucha gente, y esto tan presto, que los españoles no tuviesen lugar de poder socorrerlos. Como los de Chalco tuvieron aviso de esto, enviaron a toda prisa a suplicar a Cortés les tornase a enviar socorro; Cortés lo hizo así con el mismo Sandoval, y así con la misma gente de pie y de caballo. En el entretanto que los de Chalco despacharon, llegaron las guarniciones mexicanas. Salieron los de Chalco al campo con ánimo español más que índico, como los que habían andado en compañía de españoles y los tenían cerca, y que por horas los esperaban. Presentóse la batalla de una parte y de la otra en un gran campo, con mucho ardid y ánimo; los mexicanos, por tener en poco a los de Chalco y haber tanto tiempo antes que los tenían sujetos y tener espiados a los españoles, que para aquel tiempo no podían venir en socorro; los de Chalco, no estaban menos animosos, ni con menos coraje salían a la batalla, porque como ya libres de la antigua subjección y aliadas con gente tan valiente, les habían perdido todo temor y respecto; antes cebados en ellos, deseaban tomar venganza de todo.

Encendidos de esta manera los unos y los otros, rompieron, según sus fuerzas, con gran furia los unos con los otros; trabóse de tal suerte la batalla que por grande espacio, no se pudo conocer la victoria. Finalmente, muriendo muchos de los mexicanos, quiso Dios que los de Chalco saliesen victoriosos. Siguieron el alcance buen trecho, haciendo gran matanza, como los que tenían a España en el cuerpo; tomaron cuarenta vivos y entre ellos un capitán.

Fue para ellos esta victoria de tanta importancia, porque alanzaron de su tierra a los que los trataban peor que a esclavos, que no se puede creer.

Cuando Sandoval llegó, halló los campos poblados de muertos y huyendo por el agua en canoas los mexicanos que quedaron. Llegado que fue, los de Chalco muy ufanos por la victoria pasada, mostrándole los muertos, le entregaron los vivos y con aquel capitán dos principales, y esto hicieron para que luego los enviase a Cortés, porque sabían que de ello había de recibir contento. El envió de ellos y de ellos dejó consigo, por asegurar más a los de Chalco. Estuvo con toda la gente en un pueblo que era frontera de los mexicanos, y después que le pareció que no había necesidad de su estada, se volvió a Tezcuco, trayendo consigo a los otros prisioneros que le habían quedado.

Capítulo LXXXVI. El socorro que vino a Cortés, y cómo de los prisioneros envió dos a los mexicanos

Como ya el camino para la villa de la Veracruz desde Tezcuco estaba seguro, de manera que podían ir y venir por él, los de la Villa tenían cada día nuevas de Cortés y él de ellos, lo que antes no podían. Enviáronle con un mensajero ciertas ballestas, escopetas y pólvora, con que hubieron gran placer, y desde a dos días le enviaron otro mensajero, haciéndole saber que al puerto habían llegado tres navíos y que traían mucha gente y caballos y que luego los despacharían; creo que eran los mismos de quien atrás hemos hablado. Con todo esto, procuraba Cortés, por todas las vías y formas que podía, atraer a los mexicanos a su amistad, por no destruirlos y descansar de los trabajos de las guerras pasadas, y así, dondequiera que podía haber alguno de México, le prendía, y sin hacerle mal, sino todo buen tratamiento, le tornaba a enviar a México, para que por aquella vía los mexicanos se ablandasen y viniesen a lo bueno. Persistiendo en esto, el Miércoles Santo, 27 de marzo del año de 521, hizo traer ante sí a aquellos principales de México que los de Chalco le habían enviado. Díjoles si algunos de ellos querrían ir a México, que les daría libertad con tal que le prometiesen hablar de su parte a Guatemuoín y a los otros señores mexicanos y les dijesen que no curasen de tener más guerra con él, pues habían de llevar siempre lo peor, y que se diesen, como antes lo habían hecho, por vasallos del emperador, porque no los quería destruir ni había venido a eso, sino a ser su amigo. Ellos, aunque se les hizo de mal, porque tenían temor que yendo con aquel mensaje los matarían, dos de ellos se determinaron de ir, pidiéndole una carta, no porque los mexicanos la habían de entender, sino porque viesen que Cortés los había soltado y enviado libres, encargándoles aquel mensaje. Cortés escribió la carta y cerrada se la dio, dándoles a entender con la lengua que lo que en la carta iba era lo mismo que él de palabra les había dicho, y así se partieron, y Cortés mandó a cinco de a caballo saliesen con ellos hasta ponerlos en salvo; pero ni de los mensajeros ni de la carta hubo repuesta, antes, como hombres empedernidos y obstinados, cuando más con paz, los convidaban, tanto más respondían con guerra, como luego se dirá.

Capítulo LXXXVII. Cómo los mexicanos revolvieron sobre los de Chalco, y haciéndolo saber a Cortés, respondió que él quería ir al socorro

El Sábado Santo los de Chalco y otros sus aliados y amigos enviaron a decir a Cortés que los de México venían sobre ellos, porfiando de vengarse. Mostráronle pintados en un paño blanco grande los pueblos con sus nombres que contra ellos venían y los caminos que traían; rogáronle con grande instancia, por ser sobrada la gente, que en todo caso los socorriese. Cortés les respondió que desde a cuatro o cinco días enviaría socorro. Ellos al tercero día de Pascua de Resurrección volviendo, le dijeron que era menester que con toda brevedad los socorriese, porque a más andar se acercaban los enemigos. Cortés les dijo que él quería ir a socorrerlos y mandó pregonar que para el viernes siguiente estuviesen apercibidos veinticinco de a caballo y trescientos peones.

Estando los negocios de esta manera, el jueves antes vinieron de paz a Tezcuco, trajeron gran presente de ropa los mensajeros de las provincias de Tucupán y Mexcalcingo y Autlán, grandes pueblos, con otros sus vecinos que estaban en su comarca. Dijéronle y con muy gran voluntad que venían a darse por vasallos del gran señor de los cristianos y a ser sus amigos, porque ellos no habían muerto español, ni ofendido en otra manera a Cortés, el cual los recibió y trató muy bien. Respondióles alegremente y en breve, porque estaba de partida para Chalco, que él en nombre de Su Majestad los recibía y ampararía contra sus enemigos, como al presente quería hacer por los de Chalco, y con esto se fuesen en buen hora, hasta que más despacio los pudiese hablar. Ellos se despidieron muy contentos de él, porque pocos o ningunos iban menos.

El viernes siguiente, que fueron 5 de abril del dicho año, salió Cortés de la ciudad de Tezcuco con treinta de a caballo y trescientos peones, que estaban ya apercibidos, y dejó en ella otros veinte de a caballo y trescientos peones, y por capitán de ellos a Gonzalo de Sandoval. Salieron con Cortés más de veinte mil amigos tlaxcaltecas y tezcucanos y en su ordenanza, como siempre solía. Fue a dormir a una población de Chalco, llamada Tlalmanalco, donde fue bien recibido y aposentado, y allí, porque estaba una buena fuerza, después que los de Chalco fueron nuestros amigos, siempre tuvieron una buena guarnición, porque era frontera de los de Culhúa.

Otro día, que se le llegaron más de otros cuarenta mil amigos, llegó a Chalco a las nueve del día, sin detenerse más de hablar a aquellos señores y decirles que su intención era dar una vuelta en torno de las lagunas, porque para entonces estarían ya los bergantines prestos, y si alguna falta tenían, enmendados. Como les hubo dicho esto, aquel día, a vísperas, partió de allí y llegó a una población de la misma provincia donde asimismo se les llegó mucha gente. Durmió allí aquella noche; y porque los naturales de aquella población le dijeron que los de Culhúa le estaban esperando en el campo, mandó que al cuarto del alba toda la gente estuviese en pie apercibida.

Capítulo LXXXVIII. Cómo otro día partió Cortés de allí, y cómo halló un peñol muy fuerte, y de la manera que tuvo en acometerle

Otro día, en oyendo misa, comenzó a caminar Cortés, tomando él la delantera, con veinte de a caballo, mandando ir en la rezaga los diez que restaban, y así, con gran cuidado, pasó por entre unas sierras muy agras. Como a las dos, después de mediodía, llegó a un peñol muy alto y muy agro, encima del cual estaba mucha gente de mujeres y niños, y todas las laderas llenas de gente de guerra. Comenzaron luego, como suelen, a dar grandes alaridos, haciendo muchas ahumadas, tirando a los nuestros con hondas y muchas piedras, flechas y varas, por manera que llegándose cerca recibían mucho daño, y aunque Cortés había visto que no le habían osado esperar en el campo, parecíale que era otro el camino y que le había errado, según los de Chalco le dijeron, que no menos que en el campo le esperarían. Estuvo

Cortés muy dudoso qué haría, porque pasar adelante sin hacerles algún mal sabor y que los indios amigos pensasen que de cobardía lo hacía, parecíale mal caso, y acometer, cosa temeraria por la terrible fortaleza que el peñol tenía, era atrevimiento demasiado. Finalmente, queriendo más morir que dar muestra de temor, comenzó a dar una vista en torno del peñol, que tenía casi una legua; vióle tal que le pareció locura ponerse a ganarlo, y aunque pudiera, cercándole, poner en necesidad de darse a los que en él estaban, no quiso, por no detenerse, y así, abrazándose con aquel dicho que dice: «Al mayor temor, osar», determinó de subir el risco por tres partes que él bien había visto. Mandó a un Cristóbal Corral, alférez de sesenta hombres, que él siempre traía consigo, que con su bandera acometiese y subiese por la parte más agra, y que ciertos escopeteros y ballesteros le siguiesen. Mandó a Juan Rodríguez de Villafuerte y a Francisco Verdugo, capitanes, que con sus gentes y con ciertos ballesteros y escopeteros subiesen por la otra parte, y que asimismo Pedro Dircio y Andrés de Monjaraz, capitanes, acometiesen por la otra parte con los ballesteros y escopeteros que quedaban, y que todos a una, en oyendo soltar una escopeta, aunque Motolinía dice tocar una trompeta, acometiesen con grande furia y ímpetu, determinados de morir primero que volver atrás; y luego, en disparando la escopeta, fue cosa de ver, apellidando ¡Santiago, y a ellos! con cuánto esfuerzo acometieron los nuestros. Ganaron a los enemigos dos vueltas del peñol, que no pudieron subir más, porque con pies y manos no, se podían tener, a causa de la increíble aspereza y agrura del cerro, especialmente que los de arriba, como gente fortalecida, echaban de lo alto con ambas manos, y muchas veces dos y tres hombres juntos, tan grandes piedras que haciéndose pedazos por el camino hacían gran daño. Finalmente, fue tan recia la defensa, que habiendo herido más de veinte españoles, mataron dos, el uno de los cuales perdiendo el sentido, de una pedrada que le habían hundido los cascos, Cortés con un cuchillo de escribanía se los levantó, y de esta manera tuvo lugar, primero que muriese, de confesarse; y a tener los enemigos más entendimiento, no quedaba español vivo, y en fin, como Cortés vio que en ninguna manera podía pasar de las dos albarradas y que se iban juntando muchos de los contrarios en socorro del peñol, que todo el campo estaba lleno de ellos, hizo señal de recogerse. Bajaron los capitanes con su gente, arremetieron los de caballo a los que en el campo estaban, rompiéronlos y alanceándolos los echaron del campo, y matando en ellos, duró el alcance más de hora y media.

Capítulo LXXXIX. Cómo Cortés combatió otro peñol, y cómo ambos se le dieron de paz, y de lo que le dijeron y él les dijo
Como era mucha la gente que los de caballo siguieron, derramáronse a una parte y a otra, y a esta causa reconocieron mejor la tierra, de manera que después de haberse juntado, hubo algunos que dijeron que habían visto otro peñol no tan grande ni tan fuerte, con mucha gente, una legua de allí, y que por lo llano, cerca de él había gran población y que no podían faltar las dos cosas que en el otro habían faltado, la una el agua, y la otra la facilidad de poderle entrar. Informado de esto Cortés, aunque harto mohino de haber hecho tan poco en el otro peñol, se holgó con aquellas nuevas, por suplir en lo uno lo que había faltado, en lo otro, y así, sin más detenerse, partió luego de allí y fuese aquella noche cerca del otro peñol, adonde él y la gente pasó harto trabajo, porque tampoco halló agua ni en todo aquel día habían bebido ellos ni sus caballos; y como la cena que llevaban no era muy grande, pasaron aquella noche con no menos hambre que sed, oyendo a los enemigos el grande estruendo que con atabales y caracoles y grita hacían, y en siendo de día claro, Cortés con algunos capitanes, comenzó a mirar el risco, el cual le pareció no menos fuerte que el otro, pero tenían dos padrastros más altos que él, que por todas partes le señoreaban, y no tan agros de subir. En éstos había mucha gente de guerra para defenderlos. Cortés con sus capitanes y con otros hidalgos que le acompañaban, embrazando sus rodelas, se fueron a pie hacia el un padrastro, porque los caballos los habían llevado a beber una legua de allí. El intento de Cortés era ver entonces la fuerza del peñol y por dónde se podía combatir, y como la demás gente lo vio ir así, aunque no se les había dicho nada, siguieron tras de él, y como por entre los padrastros llegaron hasta la falda del peñol, los que estaban en los padrastros como en lugar menos fuerte aunque alto, creyendo que los nuestros querían acometer, desampararónlos, o por miedo, o por socorrer a los suyos, que estaban en el peñol. Como Cortés vio el desconcierto de los enemigos y que tomados aquellos dos padrastros se les podía hacer desde allí mucho daño, muy al descuido y sin bullicio mandó a un capitán que de presto con su gente

tomase el padrastro más agro y fuerte. Hízolo así el capitán, y Cortés con la otra gente comenzó a subir el cerro arriba, donde estaba la más fuerza de la gente. Ganóles luego una vuelta y púsose en una altura que casi igualaba con lo alto, de donde los enemigos peleaban, lo cual así a los españoles como a los indios pareció cosa imposible, y de lo que más se maravillaron que fuese tan sin sangre y peligro de los nuestros.

En este comedio un capitán se dio tan buena maña que con su gente puso su bandera en lo más alto del cerro, y desde allí comenzando a soltar escopetas y ballestas, hacía tan mala vecindad a los enemigos, que ellos viéndose apretados por lo alto y por lo bajo, y que si el negocio iba adelante habían de perecer todos, hicieron señal, poniendo las armas en el suelo, que se querían dar. Visto esto por el general, como siempre era su motivo traerlos por bien, aunque ellos eran malos y los más merecían muerte, mandó hacer señal también de paz.

Capítulo XC. Do se prosigue cómo los de este peñol se dieron de paz y con ellos los del otro, y lo que más pasó
Los indios, como vieron esto, dejadas las armas, bajaron todos a lo llano, donde los capitanes y principales, pidieron en nombre de todos los demás, perdón a Cortés por lo pasado, diciendo que en lo de adelante lo enmendarían, y que bien veían que era trabajar en balde tomarse con los españoles, que tan fuertes y valientes eran, pues para contra ellos no había fuerza, castillo ni sierra que ellos luego no lo allanasen, y que lo que habían de hacer por fuerza y a costa de su sangre y vida, lo querían hacer de su voluntad, para que con razón se lo agradeciese; y que para que viese cuán de voluntad se le daban y querían ser sus amigos y vasallos del emperador, enviaron luego a los del otro peñol a decirles que luego se diesen de paz, y lo mucho que lo acertaron en hacerlo. Cortés a este punto mostró más contento; díjoles que él se holgaba mucho de que entendiesen de los españoles dos cosas, la una que para ellos no había cosa fuerte, la otra que cuando son vencedores, son benignos y clementes y que con gran facilidad perdonan las injurias y agravios, amparando y defendiendo como a bienhechores los que se les rinden, y que hiciesen luego lo que decían, porque si los del otro peñol perseveraban en su mal propósito, pagarían cruelmente por sí y por los otros. Respondiendo a esto, luego cuatro

o cinco capitanes, con muchos que los acompañaron, a toda prisa fueron al otro peñol. dijéronles lo que había pasado y que los españoles tenían alas, que subían adonde los pájaros no podían, que se diesen luego, como ellos habían hecho, y que los españoles eran de tan buen corazón que en rindiéndoseles los ofensores no sabían levantar el espada ni acordarse de agravios recibidos, como con ellos habían hecho, y que, como lo entenderían adelante, aquellos cristianos hasta vencer eran bravos y crueles, pero que después de vencedores eran clementes y piadosos, y que siendo esto así, valía más hacer de grado luego lo que después habían de hacer por fuerza.

Los del peñol, oídas estas razones de sus naturales y amigos, aunque estaban muy fortalecidos, como les faltaba el agua, y cercados habían de perecer de sed, bajados del peñol los capitanes y hombres principales, se fueron con sus amigos do Cortés estaba, al cual pidieron con lágrimas perdón de lo pasado. El los recibió y perdonó con gran afabilidad, mostrando bien por la obra ser verdad lo que los que habían ido a traerlos habían dicho de palabra. Hecho esto, estuvo allí dos días, de donde envió a Tezcuco los heridos, y otro día se partió para Guastepec.

Capítulo XCI. Cómo Cortés partió para Guastepec y de cómo allí fue recibido, y de la frescura de este pueblo, y cómo de allí pasó a Yautepec

Aquel día a las diez de la mañana que partió del peñol llegó Cortés a Guastepec, do fue bien recibido. Aposentóse en una gran casa que estaba en la huerta del señor y los demás en otros aposentos alrededor de aquella casa, que era muy principal y fabricada conforme a la grandeza y frescura de la huerta, la cual en aquel tiempo era la mejor que en todo este Nuevo Mundo ni en el antiguo hallar se podía, porque tenía de circuito dos grandes leguas y por medio corría un hermoso río poblado de la una parte y de la otra de muchos y frescos árboles, y de trecho a trecho, como dos tiros de ballesta, había aposentos y jardines graciosísimos, poblados de muchas verduras y flores y rosas y de todas las flores y frutas que la tierra llevaba. Había dentro caza de conejos y liebres y venados mansos, aves las que se podían haber, muchas sementeras, muchas fuentes de clara y hermosa agua, especialmente una que regaba la mayor parte de la huerta, con caños encalados; es una de las buenas fuentes del mundo. Finalmente, tenía esta huerta, aliende de los edificios, peñascos graciosos, y labrados en ellos escaleras, cenaderos, oratorios y miradores, todo lo que se puede pedir y desear para hacer muy apacible y deleitosa cualquiera muy suntuosa y real huerta, y así Moctezuma la tenía en mucho y con aparato real se iba a recrear a ella.

En esta huerta reposó aquel día Cortés con todo su ejército; hiciéronle los naturales todo el placer y servicio que pudieron, especialmente el señor, que muy rico y comedido era. Otro día de mañana se partió, y a las ocho del día llegó a una población bien grande que se dice Yautepec, en la cual mucha gente de guerra de los enemigos le estaba esperando; y como llegó, pareció que querían hacer alguna señal de paz, o por el temor que tuvieron, o por engañar a los nuestros, pero luego sin más acuerdo, ni hacer resistencia, comenzaron a huir, desamparando su pueblo. Cortés no se quiso detener; siguiólos con treinta de a caballo, dio tras de ellos bien dos leguas hasta encerrarlos en otro pueblo que se dice Xiutepec, donde alancearon y mataron mucha gente.

En este pueblo hallaron los nuestros la gente muy descuidada, porque llegaron primero que sus espías; mataron algunos que se quisieron poner en defensa, tomaron muchas mujeres y muchachos, y todos los demás huyeron. Cortés estuvo dos días en este pueblo, creyendo que el señor de él se viniera a dar de paz, y como nunca vino, cuando se partió hizo poner fuego al pueblo, que esto convenía entonces; y antes que de él saliese, vinieron ciertas personas del pueblo, de atrás, llamado Yautepec, los cuales le rogaron los perdonase y que ellos de su voluntad querían ser vasallos del emperador de los cristianos y amigos verdaderos de los nuestros. Cortés los recibió de buena voluntad, porque en ellos se había hecho buen castigo, y así no les dijo más de que por el castigo pasado verían cuánto les convenía perseverar en el amistad que ofrecían.

Capítulo XCII. Cómo Cortés fue a Quaunauac, fuerte y grande pueblo, y cómo por el ánimo de un indio tlaxcalteca vino a ser señor de él

Aquel día que Cortés se partió, llegó a las nueve de la mañana a vista de un pueblo entonces muy fuerte, que se llama Quaunauac, dentro del cual había mucha gente de guerra, muy lucida, y era tan fuerte el pueblo por la cerca de muchos cerros y barrancas que la rodeaban (porque había alguna de diez estados y más de hondo) que ningún hombre de a caballo podían entrar sino por dos partes, y éstas entonces los nuestros no las sabían, y aun para entrar por aquéllas habían de rodear más de legua y media. También se podía entrar por puentes de madera, pero teníanlas, por miedo de los nuestros, alzadas, y a esta causa estaban tan fuertes, y a su parecer, y aun al de los nuestros, tan a su salvo, que aunque fueran diez veces más los españoles e indios amigos no los tuvieran en nada, y así, cada vez que los nuestros se atrevían a llegarse hacia ellos, los enemigos a su placer les tiraban muchas varas, flechas y piedras, haciendo más daño que recibían, aunque con todo esto, siempre porfiaron los nuestros, pareciéndoles (como fue) que no había de faltar manera cómo les poder entrar, y así, estando en la furia del combate, un indio tlaxcalteca, muy valiente y animoso, pasó por un paso muy peligroso, de tal manera que los enemigos nunca le vieron, y como ellos de súbito y sin pensarlo le vieron cerca de donde ellos peleaban, creyendo que los españoles les entraban por allí, pues nunca pudieron dar en que indio se atreviese a pasar por allí, y así ciegos, desatinados y espantados, comenzaron a ponerse en huída, y el indio tras de ellos, en pos del cual siguieron luego tres o cuatro mancebos, criados de Cortés, y otros dos soldados de una capitanía. Pasaron de la otra parte Cortés con los de caballo; comenzó a guiar hacia la sierra para buscar entrada, y como entre los nuestros y los enemigos no había más que una barranca a manera de cava, estándose tirando los unos a los otros muy embebecidos, sin atender, como diestros en guerra, a más de lo que hacían los españoles que habían pasado tras del indio, de improviso, con grande ánimo y grita, desnudas las espadas, hiriendo y matando, dieron sobre ellos, los cuales, como salteados y fuera de todo pensamiento que por las espaldas se les podía hacer alguna ofensa, porque no sabían que los suyos hubiesen desamparado aquel paso por donde los nuestros entraron, embazaron y perdieron de tal manera el ánimo, que no acertaban a pelear. Los nuestros mataban en ellos y hacían sin resistencia gran carnicería, y desque reportándose un poco, cayeron en la burla, comenzaron a huir y ya la gente española de a pie con muchos tlaxcaltecas estaba dentro en el pueblo, quemando y saqueando las casas. Los enemigos que en ellas estaban, a toda furia las desampararon, y huyendo, se acogieron a la sierra, aunque murieron muchos de ellos, y los de caballo, siguieron y mataron también muchos, y después que hallaron por donde entrar al pueblo, que sería a mediodía, aposentáronse en las casas de una huerta, porque lo hallaron todo casi quemado, y ya bien tarde el señor de aquel pueblo, con algunos otros principales, viendo que en cosa tan fuerte no se habían podido defender, temiendo que allá a la sierra los irían a buscar, acordaron de venir a darse de paz, prometiendo de guardar de ahí adelante el amistad. Cortés los recibió muy bien y reprehendiéndoles que por qué habían querido que los destruyesen y quemasen sus casas, respondieron (cosa cierto donosa) que por satisfacer más por sus culpas y delitos, quisieron más consentir primero se les hiciese daño, porque hecho, los nuestros después no tendrían tanto enojo de ellos.

Capítulo XCIII. Cómo Cortés fue a Xochimilco, y del trabajo que en el camino pasó, y de la guerra que hizo a los del pueblo

Después de haber Cortés dormido aquella noche en el pueblo, siguió su camino hacia México por la mañana y por una tierra de pinares despoblada y sin ningún agua y con un puerto que tiene casi tres leguas de subida. Pasáronle los nuestros con grandísimo trabajo y sin beber, tanto que muchos de los indios amigos perecieron de sed. Pararon a siete leguas de donde habían salido, en unas estancias, aquella noche, y por ir con la fresca y sentir menos el camino, salieron en amaneciendo; llegaron temprano a vista de una gentil ciudad que se dice Xochimilco, la cual está asentada en el alaguna dulce; y como los vecinos de ella estaban avisados de la venida de los nuestros, tenían hechas muchas albarradas y acequias y recogida mucha munición de varas, flechas y piedras y alzadas las puentes de todas las entradas de la ciudad, la cual está de México cuatro leguas.

Estaba dentro mucha y muy lucida gente, determinada de se defender o morir. Cortés les envió a decir, lo que siempre solía, que era mejor se diesen de paz, excusando los daños que se les podían seguir, que no perseverar en su mal propósito, pues tendrían entendido lo que les había sucedido a los demás. Ellos, como eran tantos y tan fortalecidos, hicieron las orejas sordas, dando por repuesta el tirar flechas y varas. Cortés, visto esto, ordenó su gente, hizo apear a los de caballo, y puestos todos en orden y concierto, se apeó él y con ciertos peones escopeteros, ballesteros y rodeleros, que llevaban cargo de rodelar a los ballesteros y escopeteros, acometió la primera albarrada, detrás de la cual había infinita gente de guerra, y como comenzaron a disparar los ballesteros y escopeteros, diéronles tanta prisa e hiciéronles tanto daño, sin recibir casi ninguno, que los del albarrada, no pudiéndolo sufrir, feamente la desampararon, y los españoles, con ánimos de tales, se echaron luego al agua y pasaron, aunque bien mojados, adelante por donde hallaban tierra firme, y en media hora poco más, que pelearon con los enemigos, les ganaron la principal parte de la ciudad y una muy fuerte puente en la cual estaba la principal fuerza. Los que la defendían se echaron en el agua, metiéndose en sus acales, y los demás retrayéndose y haciendo lo mismo, pelearon fuertemente con los nuestros hasta la noche. Unos daban voces pidiendo paz, y otros peleaban valientemente; y moviendo tantas veces paz y peleando, juntamente, cayeron los nuestros en el astucia y ardid, que era por entretener a los nuestros y alzar ellos sus haciendas y poner en cobro las joyas y ropas que tenían guardadas, y también por dilatar tiempo en el entretanto que les venía socorro de México.

Este día mataron los indios dos españoles, porque se desmandaron de los otros a robar y vinieron en tanta necesidad que nunca pudieron ser socorridos. Esto suele hacer la demasiada codicia.

Capítulo XCIV. Do se prosigue la batalla y se trata de un caso extraño que sucedió a Cortés
En la tarde pensaron los enemigos cómo podían atajar a los nuestros de manera que no pudiesen salir de su ciudad con las vidas, y juntos muchos de ellos determinaron venir por la parte que los nuestros habían entrado, los cuales como los vieron venir tan de súbito, espantáronse de ver su ardid y presteza. Cortés entonces, viendo que el negocio iba perdido, con seis de caballo arremetió a ellos, rompiólos, y muchos, de temor de los caballos, se pusieron en huida, aunque otros fueron tan valientes que con sus espadas y rodelas esperaban a los de a caballo. Abrió Cortés el camino para que todos los suyos pudiesen salir tras de él, los cuales, cuando se vieron fuera de la ciudad, aunque había muchos trampales, hirieron y mataron a muchos de los enemigos, y como eran tantos, trabóse de tal manera la batalla, que los nues-

tros, no solamente se cansaban de matar y herir, pero los caballos andaban ya fatigados de tal manera que el de Cortés, como trabajaba más, andando de acá para allá, no pudiendo sufrir el trabajo, se dejó caer en el suelo. Cortés se apeó con gran presteza, y tomando la lanza con ambas manos, la jugó de manera que no menos mal hacía con el regatón que con el hierro. Defendiéndose de esta manera un rato de muchos que le tenían rodeado, llegó allí un tlaxcalteca con su espada y rodela, que no supo por dónde entró díjole: «No tengas miedo, que yo soy tlaxcalteca». Ayudóle luego a levantar el caballo, que estaba ya algo alentado, y a subir en él a Cortés. Acudió luego un criado suyo, y tras él muchos españoles. Miró Cortés en el indio, que le pareció bien alto y muy valiente.

Revolvió Cortés con los compañeros sobre los enemigos; dióles tanta prisa que desampararon el campo sin volver a su ciudad, y en el entretanto que los que tenían caballos para ello y los tlaxcaltecas seguían el alcance, Cortés, con otros de a caballo que no podían seguirle, se volvieron a la ciudad, y aunque era ya casi noche y razón de reposar, mandó cegar de tierra y piedra los puentes alzadas por do iba el agua, para que los de a caballo pudiesen entrar y salir sin estorbo, y no se partió de allí hasta que todos aquellos malos pasos quedaron muy bien aderezados y con mucho aviso y recaudo de velas. Pasó aquella noche durmiendo a ratos, recibiendo a los que del alcance volvían, aunque no fue grande, porque ya anochecía cuando se acabaron de romper los enemigos.

Otro día por la mañana cabalgó Cortés, buscó con gran cuidado por sí y por las lenguas aquel indio que le había ayudado, para honrarle y favorecerle, agradeciéndole lo que por él, en tan gran peligro, había hecho, y después de haberle buscado con toda la diligencia posible, ni entre los vivos ni entre los muertos lo pudo hallar, porque llevarle preso los indios no lo acostumbraban. Creyó, según Cortés era devoto de san Pedro, que en aquella aflicción y trance le socorrió y ayudó en figura de tlaxcalteca. Duróle a Cortés el cuidado hartos días de saber de aquel indio, y jamás pudo saber nada más de lo que presumió.

Capítulo XCV. Un bravo y soberbio razonamiento que Guautemucín, señor de México, hizo a los suyos,

persuadiéndolos y exhortándolos a que de improviso diesen sobre Cortés en Xochimilco

Como supo Guautemuza que los nuestros estaban a Xochimilco, llamando a los señores y capitanes, para animarlos e indignarlos contra los nuestros, para que con la presteza posible se efectuase lo que él tanto deseaba, les dijo con gran coraje: «¿Qué es esto, señores y valientes capitanes, que estando nosotros vivos, en nuestra gran ciudad de México, cabeza del mundo, después de vencidos rotos y desbaratados y muertos más de seiscientos de estos perros cristianos, vuelvan delante de nuestros ojos a rodear nuestra ciudad, robar, destruir y quemar nuestros pueblos, levantar otros que en nuestro servicio teníamos, vencieron los fortalecidos en los peñoles, que no bastaran nuestros dioses a hacerlo, [y] por doquiera que van, como tigres y leones, son vencedores? Las manos me quiero comer de rabia y pelarme las barbas, de que no hayamos puesto remedio. ¿Qué esperamos, señores, sino que vencidos y rendidos los pueblos y ciudades que están alrededor de la nuestra, con mayores fuerzas vendrán sobre nosotros estos perros cristianos, enemigos nuestros y de nuestros dioses? Ya el negocio está puesto en términos que, no solamente nos conviene pelear por nuestros amigos, por nuestra gloria y fama, por nuestra hacienda, por nuestra ciudad, por nuestras mujeres e hijos, sino por nuestras vidas, por nuestra libertad y, lo que más es, por nuestros dioses. ¿Para qué queremos las haciendas, los triunfos ganados, los amigos, las mujeres e hijos y las vidas, si hemos de perder la libertad y permitir que nuestros buenos dioses, de quien tantas mercedes hemos recibido, sean tan gravemente ofendidos, que ellos con sus templos tan afrentosamente sean quemados y deshechos? Si os duele su honra, si os acordáis que sois mexicanos, señores del mundo; si tenéis en la memoria las victorias ganadas y los grandes reinos y señoríos que vosotros y vuestros antepasados ganaron, no sé cómo os podéis sufrir sin que, como leones furiosos, arremetáis y saltéis contra tan malos hombres. Cuando faltaren los arcos, las varas, las macanas y rodelas, las piedras y las demás armas, de que asaz tenéis abundancia, aguzad los dientes, dejad crecer las uñas, para que despedazando, con los dientes y deshaciendo con las uñas a estos perros, venguéis a vos y a vuestros dioses de las injurias recibidas, atajando las que os pretenden hacer, y para esto ninguna ocasión se ha ofrecido tan buena como la presente, que están Cortés y los suyos en Xochimilco, como en su casa, descuidados. Acometámoslos de súbito, por el agua y por la tierra con todo nuestro poder, que no se nos puede escapar hombre de ellas que no muera, y así muertos con su capitán, los que están en Tezcuco quedarán para sacrificarlos vivos a nuestros dioses, los cuales, volviendo por su honra, no dudéis sino que serán en nuestra ayuda y favor».

Capítulo XCVI. Lo mucho que los mexicanos se encendieron contra los nuestros con el razonamiento de su señor, y de cómo luego pusieron por obra lo que les dijo
Pudo, tanto y tuvo tanta fuerza el soberbio razonamiento de Guautemuza con los suyos (que valiente y facundo era) que no se podría decir cuán encendidos quedaron todos a poner por la obra, sin faltar punto, todo lo que su señor les dijera; y como naturalmente y tan de atrás eran enemigos de los nuestros, la plática brava de su señor hizo en sus pechos y corazones lo que en el fuego encendido hace el aceite, y así, ciegos de enojo y ardiendo en ira, no respondiendo palabras compuestas y ordenadas, como en otros casos hacían, saliendo como furiosos de ayuntamiento y congregación, olvidados de la comida, sin decir más que: «¡Mueran los perros cristianos!», los unos apercibieron las canoas, que eran más de dos mil, en las cuales entró luego la gente de guerra, que serían más de doce mil hombres; los otros apercibieron y juntaron los que habían de ir por tierra, que casi no tenían cuento; y para no ser sentidos, primero que llegasen a Xochimilco, no llevaron por el camino las banderas levantadas ni tocaron los instrumentos de guerra ni hicieron otros alborotos por donde fuesen sentidos, sino como diestros cazadores, fueron callando, por no levantar la caza, teniendo por entendido que si los nuestros no huían, no podían escapar de muertos o presos.

Salieron de esta manera, haciéndoseles larga la jornada, aunque era bien corta, braveando, como ellos suelen, más que los de otras naciones, los unos con los otros, diciendo cómo habían de matar y hender. Cortés, que en el entretanto no dormía, teniendo sus espías dobladas, supo cómo venía gente. Subióse a una torre de un templo, para ver, como sagaz capitán, qué gente y en qué orden y por dónde venía y por qué partes podría acometer, para proveer en lo que más conviniese. Vio como langosta muy espesa, así por el agua como por la tierra, venir tanta gente que a otro que no fuera de su ánimo y esfuerzo pusiera gran terror y espanto. Abajó muy alegre, disimulando en su pecho el peligro que se ofrecía; dijo a sus capitanes: «Estos perros vienen por el agua y por la tierra, pensando que nosotros estamos descuidados; armémoslos con quesos, que este es el día en que se han de hallar muy necios». Dichas estas palabras, sin hacer ruido, por que los enemigos entendiesen que estaban descuidados, ordenó su gente española e índica, púsola en dos o tres partes, por donde le pareció que le podían acometer los enemigos. Acabado de hacer esto y de haberse él comendado a Dios, andando de una parte a otra, vio llegar los que venían por el agua y los que venían por la tierra, casi a un tiempo, que los unos cubrían el agua y los otros la tierra. Fuése a los suyos, díjoles palabras de gran virtud y esfuerzo. Los capitanes que de los enemigos venían delante traían desnudas en las manos las espadas que en la muerte grande de los españoles habían tomado; llegáronse poco a poco con gentil denuedo, apellidando los nombres de sus provincias y apellidando todos «¡México, México! ¡Tenuxtitlán, Tenuxtitlán!», pareciéndoles que con solo el apellido de México Tenuxtitlán los nuestros habían de desmayar. Amenazáronlos, dijéronles palabras injuriosas, y entre ellas, que con aquellas espadas, que la otra vez en México les habían tomado, los habían de matar y sacar los corazones para ofrecer a sus dioses. Los nuestros callaron, guardándose para la obra, y como, los enemigos se fueron acercando, se trabó la batalla bien brava y reñida, como diré.

Capítulo XCVII. Cómo se trabó la batalla y cómo la vencieron los nuestros
Después que todo lo tuvo Cortés tan a punto como convenía y vio que los enemigos se acercaban, y con tanta furia, a trecho de romper, viendo que por la tierra firme acudía la mayor fuerza del ejército, mandando hacer señal, salió con veinte de a caballo y con quinientos indios tlaxcaltecas, los cuales repartió en tres partes, para romper por otras tantas. Mandóles que desque hubiesen rompido, se recogiesen al pie de un cerro que estaba media legua de allí, donde también había muchos de los enemigos. Díjoles: «Caballeros: De otros tan grandes y mayores trances como éste nos ha sacado Dios con victoria; pocos son éstos para los que nosotros en su virtud y nombre podemos ven-

cer». Divididos en la manera dicha y dichas estas palabras, cada escuadrón, apellidando, «¡Santiago!» rompió con gran furia por su parte por los enemigos, a los cuales desbarataron, alancearon y mataron muchos. Recogiéronse al pie del cerro, donde Cortés mandó a ciertos criados suyos muy sueltos y ligeros, que, bien arrodelados, procurasen de subir por lo más agro de él, y que él, entretanto, con los de a caballo rodearía por detrás, que era más llano, y tomarían a los enemigos en medio, y fue así que como los enemigos vieron que los españoles les subían el cerro, volvieron las espaldas, y creyendo que huían a su salvo, toparon con los de a caballo, y así embazaron y casi se les cayeron las armas de las manos. Hicieron los nuestros y los indios tlaxcaltecas tan grande estrago en ellos, que en breve espacio mataron más de quinientos; los demás se salvaron huyendo a las sierras.

Los de a caballo, que eran quince, porque los otros seis acertaron a ir por un camino ancho y llano, alanceando en los enemigos, los cuales, a media legua de Xochimilco, dieron sobre un escuadrón de gente muy lucida, que venía en su socorro, desbaratáronlos asimismo y alancearon algunos, y ya que se hubieron todos juntado donde Cortés les había dicho, que serían las diez del día, volvieron a Xochimilco y a la entrada hallaron a muchos españoles que con gran deseo estaban esperando a Cortés, deseosos de saber lo que le había sucedido. Contáronles el grande aprieto en que se habían visto con los enemigos y cómo habían hecho más que hombres por echarlos del pueblo y que habían muerto gran cantidad de ellos y tomádoles dos de las espadas españolas con que ellos estaban tan soberbios. dijéronles asimismo cómo los ballesteros no tenían ya saetas ni almacén.

Estando en esto, llegó Cortés, el cual, antes que se apease ni hablase palabra, por una calzada muy ancha asomó un grandísimo escuadrón de los enemigos dando grandes alaridos. Arremetió a ellos Cortés con sus compañeros, a los cuales rompiendo, forzó a que por el un lado y el otro de ella se echasen al agua. Quedaron muertos los que no hicieron otro tanto, que fue en gran cantidad. Hecho esto, muy cansados se volvieron a la ciudad, la cual Cortés mandó quemar luego, no dejando cosa en ella más de los aposentos donde él y los suyos estaban, para que no hubiese dónde meterse los enemigos. De esta manera estuvo allí tres días sin pasarse mañana ni tarde que dejase de pelear.

Capítulo XCVIII. Cortés salió de Xochimilco y cómo todavía los enemigos le seguían, y cómo revolvió sobre ellos hasta que le dejaron y cómo entró en Cuyoacán
Pasados los tres días, dejando quemada y asolada toda la ciudad, que puso gran espanto después a los moradores de ella, porque, cierto, según dicen los que la vieron, tenía muchas y muy fuertes casas, grandes y suntuosos templos de cal y canto y otras cosas muy notables, que el mismo Cortés en la Relación que de esto escribió deja de decir, por seguir su brevedad, salió al cuarto día por la mañana a una gran plaza que estaba en la tierra firme, junto a la ciudad, donde los naturales hacían sus tiánguez, y estando dando orden cómo, diez de caballo fuesen en la delantera y otros diez en medio de la gente, y él con otros diez en la rezaga, los de Xochimilco, con gran grita dieron sobre los nuestros por las espaldas, creyendo que de miedo se iban huyendo. Cortés con los diez de a caballo de su compañía, revolvió sobre ellos, y habiendo alanceado muchos de ellos, los compelió a volver las espaldas, y así los siguió hasta meterlos en el agua, de tal manera que tuvieron por bien de no volver a probar más su ventura. Volvió Cortés, y por el orden que había comenzado prosiguió su camino, y así llegó a las diez de la mañana a la ciudad de Cuyoacán, que está de la de Xochimilco dos leguas. Hallóla despoblada; aposentóse en las casas del señor y estuvo allí aquel día que llegó, porque en estando que, estuviesen prestos los bergantines, pensaba de poner cerco a México, y así le venía muy a cuenta ver la disposición de esta ciudad y las entradas y salidas de ella y por dónde los españoles podían ofender o ser ofendidos, y así otro día que llegó, tomando consigo cinco de a caballo y doscientos peones, se fue hasta el alaguna, que estaba muy cerca, que entra en la gran ciudad de México, donde vio tanto número de canoas por el agua, y en ellas tanta gente de guerra, que ponía espanto, aunque a él más que aquéllo no lo acobardaba.

Llegó a un albarrada que los enemigos tenían hecha en la calzada, mandó a los peones que la combatiesen, y aunque fue muy recia de combatir y en la resistencia hirieron diez españoles, al fin la ganaron y mataron muchos indios, aunque los ballesteros y escopeteros se quedaron sin saetas y pólvora, que a revolver los enemigos sobre los nuestros, pudieran hacer muy gran daño, aunque adonde podían andar los caballos, hacían gran estrago y ponían gran espanto. Desde aquí vio Cortés cómo la calzada iba derecha por el agua, bien legua y media, hasta dar en México, y cómo ella y la otra, que va a dar a Estapalapa, estaban llenas de gente sin cuento. Visto bien el sitio y disposición de la ciudad, entendió lo mucho, que convenía para poner el cerco a México, asentar allí una parte de su real de la gente de pie y de a caballo. Hecha esta consideración, recogiendo los suyos, se volvió quemando las casas y torres de aquella ciudad y destruyendo y haciendo pedazos cuantos ídolos podía topar.

Capítulo IC. Cómo Cortés fue a Tacuba y de los recuentros que tuvo con los vecinos de la ciudad, y de cómo le llevaron dos españoles vivos

Deseoso Cortés de volver adonde había dejado los demás compañeros, determinó desde Cuyoacán dar la vuelta por la ciudad de Tacuba, aunque ya la había visto otra vez, por ver la comodidad que podría haber para asentar otra parte de su real para el cerco de México, donde se enderezaban todos sus pensamientos y cuidados, como el que veía que toda la suma de sus negocios consistía en señorearse de aquella ciudad, y así, otro día se partió para la ciudad de Tacuba, que estaba dos leguas pequeñas de allí, a la cual llegó a las nueve del día, alanceando y matando por unas partes y por otras indios que a nubadas, como pájaros, salían de la laguna, por dar en los indios de carga que llevaban el fardaje de los nuestros, a los cuales no pudieron empecer, a causa de la buena orden que llevaban; antes, su atrevimiento les costaba muy caro, porque a los que más se atrevían les costaba la vida. Hostigados de esta manera algunos, los demás dejaron libremente pasar a los nuestros. Ojeó Cortés lo mejor que pudo de camino el asiento donde podría poner la otra parte de su real y no se quiso detener más en Tacuba para este efecto, pues bastaba lo que había visto, y para otro no había para qué.

Los de México, que se extendían por tierra muy cerca de los términos de Tacuba, como vieron que los nuestros no paraban en aquella ciudad, creyendo que de miedo pasaban adelante, cobraron grande ánimo, y así, con gran denuedo, acometieron a dar en medio del fardaje, pero como los de a caballo venían bien repartidos y todo por allí era llano, revolvieron de tal suerte sobre ellos, que aunque eran casi infinitos, los desbarataron, aprovechándose bien de ellos, sin recibir, que fue cosa maravillosa, los de a caballo ningún daño, aunque para Cortés y mayor para ellos, sucedió una gran desgracia a dos mancebos, criados suyos, que le seguían a pie, por ser ligeros; que apartándose de él, lo que nunca habían hecho, los tomaron los indios vivos, sin ser vistos de los nuestros. Lleváronlos do nunca más parecieron; créese les darían cruda muerte. Pesó mucho a Cortés de esta desgracia, porque a la verdad eran muy valientes, muy sueltos, y en los recuentros y batallas pasadas se habían mucho mostrado, y quisiera Cortés agradecerles y pagarles sus buenos servicios. Salió de los términos de esta ciudad sin recibir más daño que el dicho. Comenzó a seguir su camino por entre otras poblaciones, donde tampoco le faltaron recuentros, porque todo hervía de enemigos.

Aquí dice Cortés que alcanzó la gente suya que había dejado, y que allí supo cómo faltaban aquellos dos mozos que tanto él amaba, y así, muy enojado, por vengar su muerte y porque los enemigos, todavía le seguían como canes rabiosos, se puso con veinte de a caballo detrás de unas casas en celada, y como los enemigos vieron a los otros diez con toda la gente de pie y fardaje ir adelante, cebados en la caza que pensaban hacer, iban en su seguimiento a toda furia por el camino adelante, que era muy ancho y muy llano, no se temiendo de cosa alguna. Pasado que hubieron buena parte de ellos, apellidando Cortés «¡Santiago, Santiago!» dio reciamente en ellos, de manera que antes que se le metiesen en las acequias que estaban cerca, había muerto más de cien principales por extremo lucidos, cuyas armas y ropas tomaron los capitanes tlaxcaltecas, que volvieron a la refriega, sabiendo que el general quedaba atrás, delante del cual (tanto confiaban de su valor) que peleaban como leones. Los enemigos, no sabiéndoles bien tan mala burla, no curaron más de porfiar en su propósito; volviéronle a cencerros atapados, como dicen, sin ir peleando, que lo hacen sin discreción y sin oírse unos a otros cuando tienen algún buen suceso.

Este día durmió Cortés dos leguas adelante, en la ciudad de Guatitlán, que allí los suyos llegaron bien cansados y trabajados de dos cosas, la una de siempre pelear y no ir hora seguros, la otra de la mucha agua que aquella tarde les dio encima, de manera que les entraba por los cabezones y les salía por las piernas. Hallaron la ciudad despoblada; ninguna cena. Comenzaron a hacer fuegos, en que no trabajaron menos que en lo pasado, por estar la leña mojada, y así, se hincharon más de humo, que se calentaron ni enjugaron.

Otro día, porque deseaba que amaneciese, hechos patos de agua, comenzaron a caminar bien de mañana, alanceando de cuando en cuando algunos indios que les salían a gritar, como haciendo burla de que fuesen tan mojados, con que muchos de ellos se amohinaban tan de veras, que hicieron a hartos de los enemigos que la risa y mofa se les volviese en muerte.

Capítulo C. Cómo Cortés prosiguió su camino y aquella noche fue a dormir a Tezcuco, y de cuán bien fue recibido

Prosiguiendo Cortés su camino sin acontecerle cosa memorable, llegó a una ciudad que se dice Citlaltepec. Hallóla despoblada; descansó allí un día, donde se acabaron de enxugar los mojados, y otro día a las doce llegó a una ciudad que se dice Aculma, sujeta a la ciudad de Tezcuco, donde fue aquella noche a dormir.

Supieron los que estaban en la ciudad la venida de Cortés; saliéronle a recibir, una hora antes que se pusiese el Sol, los que pudieron, porque los demás convenía que quedasen en la ciudad, por los rebatos, como diré, que habían tenido; y topándose los unos con los otros, se dieron la bienvenida y llegada, abrazándose tan amorosamente que no sabían los unos apartarse de los otros. De esta manera los unos y los otros, poco antes que anocheciese, por dar contento con su llegada a los que estaban en Tezcuco, se dieron prisa a entrar antes que el Sol se pusiese. Fue recibido Cortés como padre, como señor, como amigo, como capitán, como triunfador, que de todos estos títulos era digno el que en todo se mostraba tal. Hizo la alegría mayor la pena que todos antes habían tenido en no saber los unos de los otros. Contóles Cortés sus prósperos y dichosos sucesos, dando gracias a Dios que en todo tanto le había favorecido, prometiéndoles, como si lo viera presente, que en breve, según iban los negocios, se habían de ver señores de aquella gran ciudad, de la cual tan afrentosamente y con tanta pérdida de los suyos habían sido echados. Enterneciéronse todos mucho a esto, con la memoria de lo pasado; contóles por orden los muchos y grandes rebatos en que se había visto después que salió de aquella ciudad, y ellos a él lo mucho que habían echado menos su presencia, porque habían tenido grandes sobresaltos, aunque todo les había sucedido bien, como los naturales de la ciudad andaban de mala, y como cada día les decían que los de México Tenuxtitlán con todo su poder habían de venir sobre ellos, que no poco temor causaba a los más, especialmente viéndolo ausente, pero que o en su buena ventura o porque Dios no había querido alzar la mano de ellos, siempre habían sido victoriosos.

Con estas y otras razones gustosas para todos, bien tarde se fueron [a] acostar, aunque no tenían colchones mollidos.

Capítulo CI. Lo que pasó a Cortés, y cómo fueron tratados en Chinantla Barrientos y Heredia, y de la astucia de Barrientos, con que se hizo temer

Halló Cortés en Tezcuco muchos españoles que de nuevo a seguirle en aquella jornada habían venido. Trajeron algunas armas y caballos, y decían que todos los otros que en las islas estaban morían por venir a servirle, aunque Diego Velázquez lo impedía a muchos. Cortés les hizo todo el placer que pudo, dióles de lo que tenía, con que volaba tanto su nombre, que se tenía por dichoso el que a servirle venía.

En este comedio vinieron muchos pueblos a ofrecerse, unos por miedo de no ser destruidos, otros por temor que a mexicanos tenían, otros por ser favorecidos y vengarse a su tiempo. De esta manera se halló Cortés con buen número de españoles y con grandísima multitud de indios, que no poco hacía al caso. Y porque lo que adelante diré de la carta e industria de Barrientos, no se puede entender sin que primero diga otras cosas, es de saber que después que la primera vez que Cortés entró en México, procuró luego informarse de algunas provincias y de las granjerías, así de labor como de minas, que se podían hacer para el adelantamiento de la Hacienda real. Envió después de bien informado, por consejo de Moctezuma, a una provincia que se dice Chinantla, que es hacia la costa del Norte, la cual no era sujeta al imperio de Culhúa, encima de la Villa Rica, treinta leguas, dos españoles, que el uno se decía Hernando de Barrientos y el otro Heredia, para que descubriesen oro e hiciesen relación de los secretos de la tierra, y trocándose aquel próspero tiempo de Cortés con la afrentosa y sangrienta salida de la ciudad de México, los de las otras provincias mataron cruelmente a los españoles que Cortés había enviado (que había sido a diversas partes) y alzáronse con las granjerías, y como se habían rebelado todos, ni Cortés pudo saber de Barrientos ni Barrientos de él por más de un año.

Fueron venturosos aquellos dos españoles en caer en aquella provincia que no reconocía al imperio mexicano, antes era grande enemiga suya. Rescibiéronlos muy bien y tratáronlos mejor que a sus naturales, tanto que el señor de la provincia hizo capitán a Barrientos contra los de México, sus enemigos, que le daban guerra, por tener españoles consigo, y esto después que Moctezuma murió, porque antes no osaban. Salía siempre vencedor. Tenía el compañero en otro pueblo, que también peleaba y era capitán de los indios. Susustentaron los dos aquella provincia, así para que no viniese en poder de los mexicanos, como para que no se levantasen contra los nuestros. Confirmólos en este propósito con el ardid de que un día usó, porque como acostumbrase a llamarlos al sonido de la escopeta, disparando, y no viniesen, recelándose de alguna traición, derramó por el suelo de un aposento un poco de pólvora, y llamando allí a los principales, estando sentados, como suelen, en cuclillas, teniendo una varilla en la mano encendida por el un cabo, les dijo muy enojado: «Vosotros, ¿qué pensáis? ¿Entendéis que yo no sé vuestros pensamientos y que no sé por qué dejaste de venir cuando hice señal con la escopeta? Mirad cómo andáis y no os engañe el diablo, que yo soy poderoso, tocando con esta vara en este suelo, de quemaros a todos, sin que yo reciba daño, y porque lo veáis, mirad lo que hago». Diciendo esto, pegó fuego a la pólvora, la cual, en un momento encendida, les quemó las nalgas, y como era poca y echada con tiento, fue mayor el espanto que les causó que el daño que les hizo.

Aprovechó tanto este ardid, que de allí adelante le temieron, reverenciaron y obedecieron como a cosa del cielo, diciendo que del cielo era venido, pues sacaba fuego del suelo, y así cuando supieron que muertos tantos españoles, los demás con dificultad se habían escapado de las manos de los mexicanos e ido a Tlaxcala heridos y destrozados, le dijeron a él y a sus compañeros Heredia que no saliesen de la provincia, porque sabían que los otros sus compañeros eran muertos y que quedaban muy pocos vivos. Ellos se estuvieron quedos y daban muchas gracias a Dios por no haberse hallado en aquella refriega, aunque no creyéndolo luego por no parecerles posible, adelante se certificaron.

Capítulo CII. Cómo los de Chinantla enviaron dos indios, y con ellos la carta de Barrientos, y de lo que más sucedió
Después de esto, sabiendo los indios de Chinantla que había españoles en la provincia de Tepeaca, por darle contento, lo dijeron a Barrientos y a su compañero, los cuales, no creyéndolo, no les dieron crédito ni mostraron el contento que mostraran estando certificados de ello, lo cual viendo los indios, les dijeron que pues no lo creían, aunque la tierra estaba peligrosa, que ellos enviarían dos indios valientes, grandes caminantes, que de noche caminasen y de día se escondiesen, donde de los enemigos no pudiesen ser habidos. Barrientos holgó mucho de ello y se lo agradeció, y así escribió luego a los españoles que en Tepeaca podían estar, una carta del tenor siguiente, trasladada al pie de la letra de su original:

> Nobles señores: Dos o tres cartas he escrito a vuestras Mercedes, y no sé si han aportado allá o no, y pues de aquéllas no he visto repuesta, también pongo duda haberla de aquésta. Fágoos, señores, saber cómo todos los naturales de esta tierra de Culhúa andan levantados y de guerra y muchas veces nos han acometido, pero siempre, loores a Nuestro Señor, hemos sido vencedores, y con los de Tustebeque y su parcialidad de Culhúa tenemos guerra. Los que están en servicio de sus Altezas y por sus vasallos, son siete villas. Yo y Nicolás siempre estamos en Chinantla, que es la cabecera. Mucho quisiera saber adónde está el capitán, para le poder escribir y hacer saber las cosas de acá; y si por ventura me escribiéseredes adonde él está y enviáredes veinte o treinta españoles, irme hía con dos principales, naturales de aquí, que tienen deseo de ver y hablar al capitán, y sería bien que viniesen, porque como es tiempo ahora de coger el cacao, estórbanlo los de Culhúa con las guerras. Nuestro Señor las nobles personas de vuestras Mercedes guarde como desean. De Chinantla, a no sé cuántos del mes de abril de 1521 años. A servicio de vuestras Mercedes, Hernando de Barrientos.

Capítulo CIII. Cómo el capitán que estaba en Tepeaca, recibió la carta y la envió a Cortés, y de lo que con ella se holgó
Los indios que llevaron esta carta diéronse tan buena maña que caminando fuera de camino y por despoblado, no llevando otra carga consigo que la

comida, en pocos días, sin sucederles desgracia ni ser sentidos, llegaron a Tepeaca. Dieron la carta al capitán que Cortés allí había dejado. Leyóla con gran contento y alegría y envióla luego a Tezcuco donde Cortés estaba, con ciertos españoles, para que con más seguridad la llevasen. Leyóla muchas veces, y así la puso en la tercera carta y Relación que el emperador envió. Holgó por extremo de que Barrientos fuese vivo, así porque era valiente y sabio en las cosas de la guerra, como por tener de tan larga experiencia tan conocida de fidelidad de los de Chinantla, porque como en tanto tiempo no había sabido de Barrientos, y la inconstancia de los indios es grande, tenía de él, como de los demás españoles, tragada la muerte.

Escribió luego a Barrientos el estado en que estaban sus negocios y lo mucho que se había holgado que fuesen vivos y que hubiesen salido victoriosos en las batallas que en aquella tierra habían tenido, y que a los de Chinantla les agradecería a su tiempo lo bien que lo habían hecho, y que ellos se holgasen y no tuviesen pena aunque por todas partes estuviesen cercados de enemigos, porque, placiendo a Dios, más presto de lo que pensaba les aseguraría el camino como libremente y sin daño alguno pudiesen ir y venir. Con estas cosas les escribió otras particularidades que a hombres tan cercados y tan deseosos de verse con su capitán y con los suyos dieron gran contento y esperanza.

Capítulo CIV. Cómo Cortés, después de haber vuelto a Tezcuco entendió en acabar de aprestar los bergantines para la guerra

Después que Cortés hubo dado vuelta a las lagunas, en que tomó muchos avisos para poner el cerco a México por la tierra y por el agua, comenzó a fornecerse lo mejor que pudo de gente y de armas, dando prisa en que se acabasen de aprestar los bergantines, de los cuales he hablado antes, según la relación de algunos; y ahora, por no dejar cosa por tratar, que pertenezca a la verdad de esta historia, diré lo que el mismo Cortés dice, que lo tengo por más cierto, porque de ello parece no haberse los bergantines echado al agua.

Luego, pues, que Cortés llegó a Tezcuco, aunque de antes la tenía comenzada, prosiguió una zanja, bien media legua en largo, desde donde los bergantines se armaban hasta la laguna. Andaban en esta obra ocho mil indios cada día, naturales de la provincia de Culhuacán y Tezcuco. Tardaron en abrir la zanja cincuenta días porque tenia más de dos estados de hondo y otros tantos de ancho. Llevábanla toda chapada y estacada por los lados, de manera que pusieron el agua que por ella iba en el peso de la laguna, y así, sin trabajo y peligro, los bergantines se podían llevar, aunque Martín López, por cuya industria ellos se hicieron, dice lo que atrás tengo dicho, que se hicieron presas y artificio para el salto del agua. Finalmente, dice Cortés, y con razón, que la obra fue grandísima y mucho para ver, y que se acabaron los bergantines y se pusieron en la zanja a 28 de abril del aquel año, y según dice Motolinía, por el número dicho, entendieron en la obra cuatrocientos mil indios.

Echó Cortés los bergantines al agua con la ceremonia y solemnidad que dijimos, y luego entendió en hacer alarde de la gente, del cual [se] trata así en el capítulo siguiente.

Capítulo CV. Cómo Cortés hizo alarde de la gente que tenia y eligió capitanes para los bergantines

Como los bergantines, ya del todo aprestados, se hubieron echado al agua, determinó Cortés hacer alarde, así de los hombres como de armas y caballos. Apercibiólos dos o tres días antes, para que tuviesen lugar de poder aderezar sus armas y hacer otras cosas para aquel caso, necesarias. Venido el día, mandó Cortés tocar su trompeta; juntóse mucha gente de fuera, por ver el alarde, que fue bien nuevo y aun espantoso a los naturales.

Púsose a caballo Cortés, aunque otros dicen que se sentó en una silla con un escribano que escribía los nombres de los soldados, armas y caballos. Halló que eran novecientos españoles, de los cuales los ochenta y seis eran de a caballo; ciento y diez y ocho ballesteros y escopeteros, (Motolinía dice dos más) y sietecientos y tantos peones, piqueros y espadas y rodelas y alabarderas, sin los puñales que algunos traían. De los principales, llevaban algunos cotas, y otros cotas y armas de algodón encima. Halló tres tiros de hierro gruesos y quince pequeños de bronce, con diez quintales de pólvora y muchas pelotas. Había herreros que hicieron muchos casquillos y otros que hicieron saetas. Esta fue la gente, y no más, con que el muy valeroso y bien afortunado Cortés cercó a la más fuerte, a la más rica, la más grande, la más poblada y la más insigne ciudad de todas las hasta hoy descubiertas en este Nuevo Mundo, y tiene partes para serlo también entre las del antiguo.

Hecho de esta manera el alarde, fortaleció luego los bergantines, puso en cada uno un tiro, y en la capitana dos en la proa; los demás dejó para el ejército. Eligió Oficiales del campo y capitanes, así para las guarniciones de tierra como [para] las del agua. Nombró por Maestro de campo a Cristóbal de Olid, natural de Baeza; por capitán a Pedro de Alvarado, natural de Badajoz; a Gonzalo de Sandoval, natural de Medellín, que siempre fue alguacil mayor, capitán; pero de tal manera a estos tres, que fueron como generales de sus guarniciones en Tacuba, Cuyuacán y Tepeaquilla, porque en estas tres partes se repartió todo el ejército. Fueron capitanes de infantería Jorge de Alvarado, hermano de Pedro de Alvarado; Andrés de Tapia, natural de Medellín; Pedro Dircio natural de Briones; Gutierre de Badajoz, natural de Ciudad Rodrigo; Andrés de Monjaraz, vizcaíno, nascido en Escalona; Hernando de Lema, gallego. De los bergantines fueron capitanes Juan Rodríguez de Villafuerte, natural de Medellín; Juan de Xaramillo, de Salvatierra en Extremadura; Francisco Verdugo, de tierra de Arévalo; Francisco Rodríguez Magarino, de Mérida; Cristóbal Flórez, de Valencia de don Juan; Garci Holguín, de Cáceres; Antonio de Carvajal, de Zamora; Pedro Barba, de Sevilla; Jerónimo Ruiz de la Mota, de Burgos; Pedro de Briones, de Salamanca; Rodrigo Morejón de Lobera, de Medina del Campo; Antonio de Sotelo, Juan de Portillo, natural de Portillo. Dio Cortés a Sandoval y a Alvarado seis bergantines, y De éstos pusieron dos en la calzada que va de Tlatelulco a Tenayuca, de lo cual trataré más largo adelante.

Esta relación, tan debida a los que bien trabajaron, debo yo a Jerónimo Ruiz de la Mota, varón sagaz, muy leído y cuerdo y de gran memoria y verdad en lo que vio.

Capítulo CVI. Cómo, hecho el alarde y elegidos capitanes, mandó pregonar de nuevo, las ordenanzas, y de las armas falsas que hizo dar

Hecho el alarde y elegidos los capitanes y Oficiales del ejército, según dicho tengo, mandó Cortés, con toda la solemnidad que pudo, pregonar las Ordenanzas que atrás están escritas. Encargó mucho a los capitanes que las guardasen e hiciesen guardar, trayéndoles a la memoria cómo ninguna cosa se podía hacer acertada en la guerra no guardándose con toda severidad las leyes y reglas con que la guerra se sustenta y mantiene en el deber. Habló por sí a cada una de las personas principales, diciéndoles que si habían de ser sus amigos y darle contento, que fuesen ellos los primeros en el cumplir y guardar aquellas Ordenanzas, porque a su imitación y ejemplo, los demás las guardarían enteramente, y que no se descuidasen, porque cada uno, según la calidad de su persona sería castigado, y que en lo que él hiciese, que sería el primero en cumplirlas, verían los demás lo que debían hacer; y cierto, ninguno las guardó tan bien como él, pues da gran fuerza y vigor a la ley cuando el que la hizo la cumple. Publicadas de esta manera las Ordenanzas y encomendadas con tanto cuidado, los mejores las obedecieron y guardaron con gran cuidado que fue la causa por qué la guerra se hizo más acertadamente.

Estando, después de hecho esto, Cortés asentando los negocios y cosas que convenían para el cerco, como sagaz y sabio capitán, deseoso de saber si para cualquier rebato los suyos estaban prestos, de secreto, comunicándolo con muy pocos, dio un arma falsa. Dióle gran contento ver la presteza con que los de a caballo cabalgaron y el ánimo con que salieron por aquellas calles, los unos yendo la laguna a ver si los enemigos habían desembarcado, y los de a pie acudiendo a su bandera y capitán para ver lo que se les mandaba. Esto, hizo ciertas veces, al cabo de las cuales se ordenó aquella conjuración, de que traté muchos capítulos antes de éste, que aquí tornaré a referir, por no dejar cosa que de nuevo tenga entendida que pertenezca a la verdad de esta historia; y así dicen que muchos de los que con Narváez vinieron, amigos y servidores de Diego Velázquez, tomando de secreto por cabeza de la conjuración al tesorero Alderete, criado que había sido de don don Fulano, de Fonseca, obispo de Burgos, el cual favorecía a Diego Velázquez, por industria de un Villafaña, y según dicen, ayudándole Garci Holguín, tomando firmas, unas verdaderas y otras falsas, trataron de matar a Cortés y elegir por capitán, sin que él lo supiese, a Francisco Verdugo. Acometieron también de secreto a Alonso de Ávila, el cual, como leal y buen caballero, se lo reprehendió mucho, diciéndoles que de motines nunca se habían seguido, sino muchos desconciertos y que tenían el general que habían menester y que se engañaban en querer otro que por ventura, teniéndole, según son todas las cosas, estarían más descontentos. Finalmente, descubierta la acusación, como en ella había, con verdad o con mentira, muchas personas principales, el que más lo bullía que era el Villafaña, aunque se comió las más de las firmas al tiempo que le prendieron, otro día amaneció ahorcado a una ventana. Con la muerte de éste se apaciguó el motín, y Cortés, como dije, fue tan cuerdo que de ahí adelante habló y trató mejor [a] aquellos de quien tenía sospecha. Dicen los que lo oyeron a la boca de Cortés, que supo de quién le avisó que Alderete con los de su bando tenían concertado que estando en misa, al tiempo del alzar, echasen una toca a Cortés a la garganta, y que luego le diesen de puñaladas. Cortés habló [a] aquellos de quien se fiaba y tenía por amigos; mandóles que uno a uno y dos a dos, armados de secreto, entrasen en la iglesia, y él entró con solos tres o cuatro. Miró a Alderete, que ya estaba allá, con tanta severidad que luego se salió de la iglesia y no hubo efecto la traición y sucedió lo que dicho tengo.

Capítulo CVII. Cómo Cortés envió a Alonso de Ojeda a Cholula a cierto negocio, y de ahí a que apercibiese a los de Tlaxcala y a los demás amigos para ir sobre México
Luego que se apaciguó aquella conjuración, vinieron ciertos principales de Cholula a quejarse a Cortés de los de Topoyanco, vecinos suyos, porque se les entraban en sus términos, alegando lo mismo los de Topoyanco. Envió Cortés luego, porque deseaba dar contento a los indios, a Ojeda, al cual llamó un paje, dicho Bautistilla. Venido, le dijo que fuese a Cholula y desagraviase a los que hallase agraviados, o los concertase lo mejor que pudiese, de manera que quedasen amigos, y que hecho esto se partiese luego a Tlaxcala y apercibiese la gente de guerra para que dentro de diez días todos estuviesen en Tezcuco para ir sobre México; y para incitarlos más dijo que les avisase que si dentro de aquel tiempo, no venían, que haría la guerra sin ellos y no gozarían de la victoria y despojos que pensaba haber de sus capitales enemigos.

Ojeda fue a Cholula, donde fue muy bien recibido, así de ellas como de los otros contendores, y dejando algunas menudencias que acontecieron. Ojeda dio las tierras a cuyas eran, dejando a los unos y a los otros amigos. Trajéronle en presente cuatro hermosas mujeres con guirnaldas de rosas en las cabezas, costumbre usada entre ellos cuando querían hacer algún gran servicio.

Habló a los de Topoyanco y a los de Cholula; díjoles que de ahí adelante no se quejasen más, porque se enojaría mucho el general y les podría costar caro, y que viesen qué gente podrían dar de guerra para poner el cerco a

México. Los de Topoyanco prometieron doce mil hombres, y hartos más los de Cholula, porque era y es muy gran población.

Hecho esto, se partió luego a Tlaxcala, do fue muy bien recibido, porque los de aquella provincia fueron los que más amaban a los españoles; y después de haber descansado aquella noche, estando otro día de mañana juntos en las casas del capitán general Xicontencatl los señores y capitanes de aquella Señoría y provincia, los saludó en su lengua, de parte de Cortés, con mucha gracia y comedimiento, con que ellos mucho se holgaron. Díjoles cómo ya se iba cumpliendo su deseo de verse vengado de sus enemigos los mexicanos, y que supiesen que si dentro de diez días no enviaban la gente de guerra, que sin ella Cortés comenzaría la guerra contra los mexicanos y que se quedarían sin la gloria y despojos de aquella victoria; por tanto, que procurasen, pues eran los más valientes indios del mundo, hallarse los primeros en cosa tan señalada y por ellos tan deseada, tan honrosa y provechosa, y que luego sin más dilación los capitanes enviasen sus señas para que recogiesen y apercibiesen toda la gente en el entretanto que él iba a apercebir otros pueblos.

Dado este recaudo, Xicotencatl y su hermano Teotlipel, que gobernaba por Tiangueztatoa, hijo de Magiscacín, y Chichimecatleque, el de Ocotelulco, y Aguaoloca, señores y cabezas, respondieron lo que se sigue:

Capítulo CVIII. Lo que Xicotencatl, en nombre de toda la señoría de Tlaxcala, respondió a Ojeda

Dado por parte de Cortés en esta manera el recaudo, Xicotencatl, como capitán general, y de su condición orgulloso, sin hacerse mucho de rogar, tomando la mano para responder por sí y por la Señoría de Tlaxcala, dijo:

> Mucho nos hemos holgado estos señores y yo de que los negocios estén en tal estado, que sea menester que nosotros vamos y tan presto, y asimismo no holgamos de que no otro, sino tú, nos lo venga a decir, porque te queremos mucho, aunque estamos corridos de que piense Cortés, hijo del Sol, o que somos tan poco sus amigos, o tan poco enemigos de los mexicanos, que por cosa alguna habíamos de perder ocasión tan deseada, en la cual recibiremos dos muy grandes contentos; el uno, satisfacer y contentar a nuestros corazones, tomando venganza de aquellos perros; el otro, servir a tu valeroso e invencible capitán, a quien amamos y quere-

mos tanto los tlaxcaltecas que moriremos por él; y ya que él no lo mereciera, por ser enemigo de nuestros grandes enemigos, cualquiera otro que contra ellos nos pidiera ayuda, se la diéramos, porque nuestro contento y gloria es andar en guerra, especialmente teniendo tan justas causas como ahora tenemos, y como tú sabes, pues nunca hemos vuelto la cara ni a ellos ni a otros enemigos, no hay razón para pensar que luego que nos avisases no nos habíamos de aprestar, y así, antes que vayas de aquí verás cómo luego despachamos nuestras señas y banderas, y que con toda brevedad salgamos a lo que tanto habemos deseado.

Concluyó Xicotencatl con estas palabras, que bien parlero era, y diciendo lo mismo los otros señores, Ojeda, contento de la repuesta, salió a entender en lo que más le quedaba.

Capítulo CIX. Cómo Ojeda entendió en recoger la gente y de lo que con ella le aconteció
Era Ojeda muy diligente, y como con amor hacía lo que Cortés le mandaba, no dormía ni comía con reposo hasta hacerlo lo mejor que podía, y así, saliendo de dar aquel recaudo, envió luego a llamar a los señores de Zacotepec, que eran de Chichimecatlequi y Tequepaneca, a los cuales con gran cuidado les encargó que con toda brevedad despachasen la más gente de guerra que pudiesen. Prometiéronlo e hiciéronlo así. Apercibió también al señor de Compancingo, que se decía Axiotecatl, el cual también con harto cuidado y voluntad aprestó luego su gente. Salió Ojeda por la comarca [a] dar prisa a los que habían de ir a la guerra, volviendo luego a Tlaxcala, donde, desde que entró hasta que salió, estuvo seis o siete días, en los cuales dio a los tlaxcaltecas la prisa posible; y como vio que no se despachaban tan presto como él quería, porque tiene tal costumbre que diciendo: «Luego, luego», se tardan en concluir lo que prometen, tomó los que pudo, que estaban apercibidos, por delante; llevólos hasta Guaulipa, aunque ellos le decían no tuviese pena, que presto vendrían los demás. Estando, pues, en Guaulipa con los señores que llevó por delante y obra de cuatro mil hombres entre sirvientes y apaniaguados, a una hora de la noche que hacía buena Luna, entró mucha gente, de manera que amanecieron al pie de treinta mil hombres, y en aquel mismo día,

cuando anocheció, había más de sesenta mil, y cuando el otro día vino, en la noche se hallaron al pie de doscientos mil, todos contados por xiquipiles.

Partió luego, Ojeda de Guaulipa. Fue a dormir a Capulalpa, yendo en la delantera todos los señores en ordenanza. Era tanta la gente y tan bien ordenada que los señores habían entrado en Capulalpa y los de la rezaga no había acabado de salir de Guaulipa, con ir el camino lleno y el trecho del un pueblo al otro ser muy grande, que parece cosa increíble. Fuéle forzado esperar allí aquel día, esperando que acabase de entrar la gente de la retroguarda. Partió otro día de Capulalpa; vino a dormir dos leguas de Tezcuco, de cuya entrada será bien hacer capítulo, porque la prolijidad no dé fastidio.

Capítulo CX. Cómo entró Ojeda con los tlaxcaltecas y Cortés los salió a recibir

Había Cortés despachado otros mensajeros para otros pueblos de los confederados, haciéndoles saber que pues los bergantines con que a los mexicanos había de hacer tan gran guerra estaban acabados, y ellos habían dado su palabra de en siendo llamados acudir luego, que lo hiciesen, pues les iba en ello verse libres de la servidumbre y tiranía de los mexicanos. Respondieron los más muy bien, aprestándose luego a lo que se les mandaba, por el deseo grande que tenían de verse a las menos con sus enemigos, y así, como más cercanos, llegaron primero los de Cholula y Guaxocingo. Viniéronse a Chalco, porque así Cortés se lo había mandado, porque junto por allí habla de entrar a poner el cerco a México.

Poco después comenzaron a entrar los tlaxcaltecas. Adelantóse Ojeda; halló a Cortés en la acequia, que iba por los acipreses, que era por donde echaron los bergantines; díjole cómo los tlaxcaltecas llegaban muy cerca. Holgóse mucho Cortés; preguntóle si traía buen recaudo, y como le respondió que traía todos los señores y más de ciento y ochenta o doscientos mil hombres, a la cuenta que los señores daban, dijo muy alegre: «Volved luego y detenedlos, porque yo quiero salir a recibir a esos señores y a su gente». Cabalgó luego Cortés con ciertos de a caballo. Salió al recibimiento y vio la más bien lucida y más bien ordenada gente que jamás había visto. Dijo a los caballeros que con él iban: «Grandes muestras nos da Dios de que hemos de hacer gran negocio». Topó luego con los señores, que venían ricamente aderezados. Abrazólos, díjoles muchas y muy buenas palabras y volvió acompañado de ellos, hablando muchas cosas, hasta entrar en su aposento. Mandólos luego aposentar lo más regaladamente que pudo, de que ellos se tuvieron por bien pagados. Entraron cinco o seis días antes de Pascua de Espíritu Santo. La demás gente, según dice Ojeda, no acabó de entrar en los tres días siguientes ni cabían en Tezcuco, aunque es pueblo muy grande.

Fue cosa de ver el ánimo y deseo de pelear con que entraban los tlaxcaltecas, como después por la obra lo mostraron. Espantábanse los unos de los otros, viendo que eran tantos.

Capítulo CXI. Una solemne plática que Cortés hizo a los suyos antes que cercasen a México

Estando ya toda la gente junta y los bergantines aprestados, mandó Cortés que se juntasen todos los españoles y con ellos los señores tlaxcaltecas, para que después supiesen por las lenguas lo que Cortés había dicho a los suyos, y desque todos estuvieron juntos, les habló en esta manera:

> Caballeros, hermanos y amigos míos: Nunca, después que entramos en aquesta nueva tierra, se ha ofrecido ocasión tan importante como al presente tenemos, para que yo más de propósito y con más cuidado pensase de antes lo que ahora os diré, porque como el negocio presente, que presto, con el favor de Dios, intentaremos, es el mayor y de más riesgo que yo me acuerdo haber visto, oído, ni leído, así conviene que con toda prudencia y esfuerzo de ánimo se trate y vosotros me estéis muy atentos; pues del persuadiros ser así, como ello es, lo que os diré, depende toda vuestra honra, adelantamiento y descanso. Bien sabéis, tomando el negocio de atrás, cómo Dios fue servido que ni Diego Velázquez ni Francisco Hernández de Córdoba, ni Juan de Grijalva, ni otros que lo intentaron, saliesen como nosotros, ni entrasen en este Nuevo Mundo con tan dichosos y bien afortunados principios, que no podían dejar de prometer grandes y prósperos fines, a los cuales, no llegamos, o por mi soberbia, confiando de la mucha gente que tenía, menospreciando a Moctezuma, o por pecados nuestros y oculto juicio de Dios, el cual después acá, o por conocer nosotros nuestras faltas, o por usar de mayor misericordia y creer que por otros medios que nosotros pensábamos, el demonio perdiese su antigua silla, fue servido, saliendo tan pocos y tan destrozados de aquella gran matanza,

guardarnos y poner en corazón a los tlaxcaltecas, siendo tan persuadidos a ello, que no nos matasen. Trájonos sanos y recios a esta ciudad, donde después que llegamos sin saber cómo, sino por su inefable providencia, así de las Islas como de España, viniendo por otros fines, se hayan juntado tantos y tan buenos caballeros e hijosdalgo con armas, caballos y otras cosas para la guerra necesaria, que tenemos para de tantos por tantos el más lucido y fuerte ejército que entre romanos y griegos yo he leído. Tenemos trece bergantines, acabados y echados al agua, que son, después de vuestra fuerza, la mayor fuerza que pudiéramos tener para combatir tan grande y tan fuerte ciudad, contra los cuales no habrá cosa fuerte, porque con ellos entraremos por sus calles, que son todas de agua; batiremos las casas fuertes, amontonaremos y desharemos sus canoas aunque son infinitas; la comida para algunos meses, así de los nuestros, como de los indios amigos, yo la tengo en casa, y grande aparejo, cercada México, para que nos venga de diversas partes y en ella no pueda entrar; de manera que cuando con la espada no pudiéremos, con la hambre nos enseñorearemos de nuestros enemigos. Armas y munición tenemos bastante, doscientos mil indios amigos, y los más de ellos tlaxcaltecas, muy valientes, como sabéis, y por extremo deseosos de vengarse de los mexicanos. En sitio, somos mejores y más fuertes que nuestros enemigos, porque con los bergantines somos señores de la laguna, y con los caballos, del campo, para podernos, lo que nuestros enemigos no pueden, retirarnos, cuando se ofrezca, por tierra firme. Pues tratar de vuestro esfuerzo y valentía y buena ventura en la guerra no hay para qué, pues muchos menos de los que estáis ahora juntos habéis salido con grandes empresas. Este negocio, principalmente, es de Dios, a quien venimos a servir en esta jornada, procurando como católicos, con su favor y ayuda, alanzar el príncipe de las tinieblas de estos tan grandes y espaciosos reinos, lo cual, como espero, hecho, se le hará gran servicio.

Fuera de este fin y motivo, que es y debe ser el principal, considerad, caballeros, a lo que os obliga el nombre de españoles, nada inferior del de los romanos y griegos; considerad cuán bien os estará vengar las muchas y crueles muertes de los vuestros; considerad que ya el volver atrás es peor, y no solamente ha de ser con afrenta, pero con muerte desastrada; considerad que todas las victorias habidas y trabajos pasados, no rindiendo a México, han de ser de ninguna ayuda y provecho, porque de esta ciudad se mantienen y gobiernan todas las demás provincias y reinos, como del estómago en el cuerpo humano se sustentan los demás miembros; considerad, finalmente, que nunca mucho costó poco y que conviene que cada uno tenga prevenida y tragada la muerte, porque en tales casos es forzoso el morir y derramar sangre. Los que muriéremos, moriremos haciendo el deber, y los que viviéremos, quedando, como espero, victoriosos, tendremos descanso, quietud y honra para nos y para los que de nosotros descendieron, contentos y alegres, como deben los caballeros e hijosdalgo, de haber, por la virtud de nuestras personas, adelantado nuestra hacienda, ennoblecido nuestro linaje, ilustrado nuestra nación, servido a nuestro rey; por lo cual conviene que, pues los premios que se prometen son tan grandes, que en vosotros crezca el ardid, esfuerzo y orgullo, poniendo toda vuestra esperanza en Dios, ordenando vuestras conciencias y perdiendo rancores, si algunos hay; que con estos presupuestos, según de vuestra natural inclinación sois de animosos, invencibles, deseosos de honra y gloria, creo ya estáis tan persuadidos, que por mejor decir, tan encendidos, que ya creo que os habrá parecido largo mi razonamiento con el deseo que tenéis de veros ya a las manos con vuestros enemigos; pero he dicho lo que habéis oído como aquél, que como vuestro capitán y caudillo, estoy obligado a ello, no por añadiros ánimo, que éste siempre le tuvistes, sino para que trayéndoos a la memoria quién sois y lo que intentáis, lo emprendáis con mayor alegría y contento.

Capítulo CXII. El público consentimiento, y alegría con que Cortés fue oído y de lo que muchos, unos a otros, se dijeron
Como Cortés hubo hecho este razonamiento, y los antiguos y los que poco antes vinieron entendieron la mucha verdad que trataba, contentos y alegres, mirándose los unos a los otros, sin determinarse, especialmente los caballeros, cuál de ellos tomaría la mano para responder en nombre de los demás, se fueron a Cortés algunos de los más principales, como fueron Pedro de Alvarado, Gonzalo de Sandoval, Alonso de Ávila y otros de esta suerte. Dijéronle que ya no deseaban cosa tanto como verse con los enemigos, pues el morir en tal demanda no había de ser menos honroso que el quedar con la vida vencedores. Alabáronle mucho las muchas y buenas cosas que había dicho, el celo y voluntad con que las había tratado y cuán clara y evidentemente, como

sabio y valiente capitán, había tratado los negocios de la guerra. Dijéronle, en reconocimiento de esto, que aunque de lo pasado tenían tanta experiencia, que para lo que les mandaba en lo por venir, los hallaría tan a su mano que ninguna cosa tendrían por tan principal como seguir su voluntad, en lo cual creían que acertarían mucho y que tendrían la dicha y ventura que en otras cosas, siguiéndole, habían alcanzado; y que pues todo estaba ya tan a punto, que no restaba más que sitiar a México, le suplicaban lo hiciese luego, pues la oportunidad y coyuntura estaban tan en las manos.

Cortés, muy contento de ver cuán bien estaban todos en el negocio, respondiéndoles con la gracia que solía, les dijo que él era no más de un hombre y no para más que otros, y que el autoridad que tenía, en nombre del rey y por el rey, la había recibido de ellos, y que así, sin ellos, no podía acertar en lo que pretendía y deseaba, por lo cual estaba muy alegre, así de que todos estuviesen de su parecer, como de que para ejecutarle y ponerle por obra, por la mayor parte fuesen todos tan valientes y de tanto esfuerzo y consejo, que no sin razón, mediante el favor divino, se pudiese tener por cierta la victoria; y que en lo demás el quería sitiar luego la ciudad por tres partes, como antes tenía con ellos comunicado.

Con esto, aquellos caballeros, con los cuales había ido otra mucha gente, se despidieron de Cortés. Los demás, todos llenos de grandes esperanzas, los unos con los otros comunicaban el negocio, y como de todos era tan deseado, aunque eran diversos los pareceres, porque muchos en negocios dudosos, cuyas salidas son inciertas, no pueden tener todos un parecer, en esto, a lo menos unánimes y concordes, venían todos en que, muriendo o viviendo, les convenía no mudar pie del cerco hasta señorearse de México, o que todos quedasen muertos. Hicieron los celosos de sus conciencias y los que tenían de qué, luego sus testamentos, dejando los unos a los otros el cuidado de cumplirlos. Confesáronse también muchos y reconciliáronse los que estaban entre sí discordes y enemigos, y hechas estas diligencias, con gran contento y alegría, se comenzaron a disponer al negocio que ya entre las manos tenían, esperando cómo Cortés ordenaría y dispondría su ejército.

Capítulo CXIII. Cómo Cortés ordenó su ejército, y cómo primero salieron todos los españoles en orden a la plaza con los indios amigos

Para este fin mandó Cortés tornar a salir a la plaza toda la gente española y índica en orden de guerra, para repartir la gente en sus capitanías, lo cual hizo el segundo día de Pascua por el orden siguiente: Repartió (dejando para sí trescientos hombres, con los cuales había de meterse en los bergantines y ser caudillo de ellos por el agua) en tres capitanes como generales o Maestres de campo toda la demás gente, para que por tres partes, como diré, sitiasen a México. A Pedro de Alvarado dio, treinta de a caballo y ciento y cincuenta peones de espada y rodela y diez y ocho ballesteros y escopeteros, con sus capitanes, dos tiros de artillería y más de treinta mil indios tlaxcaltecas, aunque Cortés dice en su Relación más de veinticinco mil, para asentar en Tacuba. A Cristóbal de Olid, en compañía del tesorero Alderete, dio treinta y tres de a caballo, diez y ocho ballesteros y escopeteros, ciento y sesenta peones, dos tiros y cerca de treinta mil tlaxcaltecas, para que se pusiese en Cuyoacán. A Gonzalo de Sandoval, su alguacil mayor, dio treinta y tres de a caballo, aunque él dice veinte y cuatro, cuatro escopeteros, trece ballesteros, ciento y cincuenta peones de espada y rodela, los cincuenta de ellos mancebos escogidos, que él traía en su compañía, con toda la gente de Guaxocingo, Cholula, y Chalco, que a lo que dice Motolinía, eran más de cuarenta mil indios, y éstos habían de ir a destruir la ciudad de Estapalapa y tomar asiento do mejor le pareciese, para su real, juntándose primero con la guarnición de Cuyoacán y pasando adelante por una calzada de la laguna, con favor y espaldas de los bergantines, para que después, entrando Cortés con ellos por la laguna, más a su placer y con menos riesgo asentase, como dije, Sandoval, do mejor le pareciese. Para los trece bergantines con que él había de entrar escogió, fuera de los capitanes, los más de los trescientos hombres, que fuesen hombres de la mar y ejercitados en navegaciones, diestros, valientes y de huir consejo, de los cuales halló muchos, especialmente a Martín López, que fue hombre que dijo e hizo, el cual tenía todo el cuidado de la flota como aquel por cuya industria se habían hecho los bergantines, en cada uno de los cuales iban veinticinco españoles con su capitán y Veedor y seis ballesteros y escopeteros.

Capítulo CXIV. Cómo se partieron los maestros de campo, y de ciertas diferencias que hubo entre ellos

Dada la orden que tengo dicha, los dos capitanes que habían de estar con su gente en las ciudades de Tacuba y Cuyoacán, después de haber recibido las instrucciones de lo que debían hacer, se partieron de Tezcuco a 22 días de mayo. Fueron a dormir dos leguas y media de allí, a una población buena que se dice Aculma, donde aquellos capitanes, sobre el alojamiento de sus gentes, tuvieron pasión, que para en aquel tiempo, pasando adelante, fuera bien dañosa. Cortés, como lo supo, porque luego fue avisado, para que el negocio no fuese adelante, envió un caballero (créese que era Alonso de Ávila) a que los reprehendiese mucho y dijese el enojo con que quedaba. También dicen que les escribió y afeó bien el negocio. Aquel caballero, ido adonde los dos capitanes estaban, los reprehendió y apaciguó, y como respectaban tanto a Cortés, aunque tenían los pechos acedos, no lo osaban mostrar.

Hubo también, antes que estos capitanes saliesen de Tezcuco, en todo el real de Cortés alguna alteración y murmuración, por haber querido ser general de la flota, pareciendo a algunos principales de su compañía (que iban por tierra) que ellos corrían mayor peligro (tanto, donde quiera que iba, valía su persona), y así le requirieron que fuese en el ejército por tierra y no en la laguna en la flota. Respondió que más peligroso era (como ello es) pelear por el agua, que por la tierra, y de más, cuidado mirar por la flota que no por el ejército, y que a esta causa convenía más que su persona fuese en el armada, que no en el ejército por tierra, pues a todos convenía mirar por lo que más cumpliese. Convencidos con esta repuesta, callaron, vista la razón que tenía, porque por la tierra muchas veces habían probado su ventura, y por el agua hasta entonces nunca.

Los capitanes, al parecer muy amigos, después de la reprehensión, otro día fueron a dormir a un pueblo que hallaron despoblado, del cual se había ido la gente a México. Luego, al tercero día, entraron temprano en Tacuba, que también estaba, como todos los pueblos de la costa de la laguna, desierto. Aposentáronse en las casas del señor, que son muy hermosas y grandes, y aunque era ya tarde, los naturales de Tlaxcala dieron una vista por la entrada de las calzadas de la ciudad de México y pelearon dos o tres horas valientemente con los de la ciudad, hasta que la noche los despartió y se volvieron a Tacuba sin daño.

Capítulo CXV. Cómo los dos capitanes fueron a quitar el agua dulce a México y aderezaron algunos malos pasos, y de otras cosas que hicieron
Otro día de mañana los dos capitanes acordaron (como Cortés les había mandado) de ir a quitar el agua dulce que por caños de madera, guarnecidos de cal y canto, entraba en la ciudad de México. El uno de ellos fue al nacimiento de la fuente con veinte de a caballo y ciertos ballesteros y escopeteros. Llegó el capitán, y aunque había mucha gente en defensa, cortó y quebró los caños, peleando bravamente con los que se lo procuraban estorbar, lo cual hacían por la laguna y por la tierra. Murieron muchos indios, y de los nuestros salieron heridos algunos, pero al fin, después de haberse reñido aquella batalla con grande porfía de los unos y de los otros, los nuestros acabaron de romper los caños y quitaron el agua a la ciudad, que les hizo más daño que les pudieran hacer muchos enemigos que sobre ellos fueran. Fue este grande ardid e hizo mucho efecto.

En este mismo día los dichos capitanes hicieron aderezar algunos malos pasos, puentes y acequias que por allí alrededor de la laguna estaban, porque los de a caballo pudiesen libremente y sin peligro correr por una parte y por otra. Hecho esto, en que con aquel día se tardaron otros cuatro, en los cuales siempre tuvieron grandes rencuentros con los de la ciudad, de los cuales murieron muchos, y de los nuestros fueron algunos heridos, ganáronles muchas albarradas y puentes. Hubo entre los de la ciudad y los de Tlaxcala bravas hablas y desafíos, diciéndose los unos a los otros cosas bien notables y para oír.

El capitán Cristóbal de Olid con la gente que había de estar en guarnición en la ciudad de Cuyoacán, que está dos leguas de Tacuba, se partió, y el capitán Pedro de Alvarado se quedó en guarnición con su gente en Tacuba, donde cada día tenía escaramuzas y peleas con los indios. Llegó aquel día Cristóbal de Olid a Cuyoacán a las diez de la mañana; aposentóse en las casas del señor de allí. Hallaron despoblado el pueblo.

Capítulo CXVI. Cómo otro día de mañana salió Cristóbal de Olid a dar una vista, y de lo que le sucedió
Otro día de mañana salió Cristóbal de Olid con hasta veinte de a caballo y algunas ballesteros y con seis o siete mil tlaxcaltecas a dar una vista a la calzada que está entre México y Eztapalapa, que va a dar a México. Halló muy apercibidos los contrarios, rota la calzada y hechas muchas albarradas. Pelearon con ellos, y los ballesteros hirieron y mataron a algunos, y esto continuaron seis o siete días, que en cada uno de ellos hubo muchos recuentros y escaramuzas, y una noche al medio de ella, llegaron ciertas velas de los de la ciudad a gritar a los de nuestro real. Las velas de los españoles apellidaron luego: «¡Arma!». Salió la gente y no hallaron a los enemigos, porque mucho antes del real habían dado la grita, la cual, como era de noche y todo estaba sosegado, pareció a los nuestros, como la oían tan bien, que estaba cerca. Púsoles algún pavor, por ser cosa tan de repente y ser cosa tan pocas veces usada, y como la gente de los nuestros estaba dividida en tantas partes, los de las guarniciones deseaban la venida de Cortés con los bergantines. Con esta esperanza estuvieron aquellos pocos de días hasta que Cortés llegó, como adelante diré. En estos seis días jamás tarde y mañana faltaron recuentros y notables desafíos, para su modo, entre los unos indios y los otros. Señaláronle mucho los tlaxcaltecas, así porque de antiguo eran más valientes que los mexicanos, como por el ánimo que los nuestros les ponían. Los de a caballo corrían la tierra, y como estaban cerca los unos reales y los otros, alancearon muchos de los enemigos, cogiendo de la sierra todo el maíz que podían para sustentarse a sí y a sus caballos y aun para proveer a los demás.

Es el maíz, como he dicho, trigo de los indios, buen mantenimiento para hombres y caballos y que hace gran ventaja al de que se sustentan los de las Islas.

Capítulo CXVII. La consulta que Guautemucín tuvo en México con los de su reino sobre la guerra, y de una plática que les hizo pidiéndoles su parecer
Viendo el nuevo señor de México, Guautemucín, cómo cada día se le iban muchas gentes a Cortés, que solían, aun de su voluntad, ser del imperio mexicano, y que de lejos tierras le venían mensajeros de muchos señores,

ofreciéndole su amistad, y gente de guerra, y que por otra parte, por su grande esfuerzo y consejo, había conquistado y puesto debajo de su señorío de César, su señor, muchas provincias, todas pacificadas, y que ya tenía los bergantines en el agua, que fue lo que más pena le dio, a tan grande ejército de españoles e indios amigos para sitiar a México, determinó de juntar los capitanes y señores de su reino, para tratar del remedio; y cuando los tuvo a todos juntos, les habló de esta manera:

> Valientes y esforzados capitanes, poderosos señores, que habéis reconocido y reconocéis al imperio mexicano: He querido que nos juntemos hoy todos, para que como hijos de esta gran ciudad nuestra, donde nacimos, demos orden cómo la libremos de la servidumbre y crueles tratamientos de los cristianos, que tienen los negocios puestos en tales términos que nos conviene mirar mucho por lo que de hemos hacer, pues por la una parte veo que está más poderoso Cortés; tiénenos quitada el agua, estamos forzados a hurtarla con canoas, y esto con gran peligro nuestro; acúdele mucha gente de nuestros naturales; ofrécensele muchos señores; su ejército de españoles tiene muy fornido; tiene echados los bergantines al agua, que es la mayor fuerza con que nos puede hacer daño; sítianos por todas partes, para que repartida nuestra gente sea menos fuerte y nosotros no podamos proveernos de mantenimientos y armas sin mucho riesgo. Por otra parte, veo que estamos en nuestra casa, que somos muchos y muy bien aderezados, y que para echarnos de ella, haciendo nosotros el deber, es menester mucha más gente. Nuestra ciudad no es como las otras, porque aliende de que es muy grande y populosa, está toda fundada sobre agua, y aunque entren bergantines, cada casa es una fortaleza; los de caballo no tienen por donde corran; los puentes tenemos rotas, pues cegarlas no pueden sin muchas muertes de ellos. Nuestros dioses, si no resistimos, se volverán contra nosotros. Por nuestra patria, libertad y religión conviene que muramos, y si, lo que no puedo creer, los cristianos pudieren más, con morir defendiéndonos, quedaremos contentos, pues es peor perder la hacienda, honra, libertad y tierra, que la vida, careciendo de estas cosas, que la hacen contenta y ufana; muchos, por no vivir mucho tiempo con alguna grave pena, se matan de su voluntad, por no vivir vida penosa, queriendo perderla, siendo tan amable, de una vez, que morir mucho tiempo viviendo. Yo os he puesto delante de los ojos el pro y

el contra de este negocio, y he dicho a lo que más me inclino. Ahora vosotros decir vuestro parecer, para que escojamos lo que fuere mejor.

Capítulo CXVIII. La respuesta de los capitanes y señores mexicanos y de la diversidad de pareceres que entre ellos hubo
Después que Guautemucín, que con gran cuidado fue oído, acabó su razonamiento, comenzaron todos a hablar muy quedo entre sí, y como su señor les daba libertad para decir su parecer y no todos sintiesen una cosa, comenzaron, hablando recio, a decir lo que sentían, y variando los unos de los otros, porque los que de sí mucho confiaban [y] ya había persuadido la postrera parte del razonamiento, respondieron que la guerra en todas maneras se debía proseguir, para de una vez concluir el negocio, por las razones que Guautemucín había dicho y por otras muchas que se podían decir. Otros, que con más cordura y peso consideraban lo uno y lo otro, deseosos de la salud y bien público, fueron de parecer que no sacrificasen los españoles que tenían presos, sino que los guardasen, para hacer las amistades con los españoles, volviéndoselos sanos y libres. Otros, que no se osaban determinar a la una ni a la otra parte, dijeron que en el entretanto que ni lo uno ni lo otro se hacía, que hechos sus sacrificios, consultasen a sus dioses sobre lo que debían hacer, y que conforme a lo que respondiesen, aquello les parecía se debía hacer.

El rey Guautemucín, aunque, por lo que mostró, parecía inclinarse a la guerra, todavía quisiera paz. Finalmente [pareciendo] bien a todos aquel medio, Guautemucín dijo que tendría su acuerdo con los dioses.

Capítulo CXIX. Cómo Guautemuza sacrificó cuatro españoles y cuatro mil indios, y cómo se determinó de seguir la guerra
Luego otro día por la mañana, sin que en otra cosa se entendiese, mudadas las ropas, el rey Guautemucín con todos los principales de su consejo se fue al templo, a aquella parte de él donde estaban los dioses de la guerra, el cual, aunque mancebo, iba con harto mayor cuidado que su edad demandaba, revolviendo en su pecho grandes cosas e inclinándose, a lo que después de él se entendió, más a hacer algún concierto con Cortés, que a romper con él, temiéndose de lo que después le sucedió; pero por no dar su brazo a torcer,

viendo que los más de los suyos eran de parecer contrario, como entró en el templo, mandó luego sacrificar cuatro españoles que tenía vivos y enjaulados, los cuales murieron como cristianos, dando gracias a Dios que morían por su Fe. Mandó luego, después que los sacerdotes, con gran ceremonia y contento, les hubieron sacado los corazones y ofrecídolos a los ídolos, que se hiciese el acostumbrado sacrificio de indios, donde, según la más común opinión, fueron sacrificados cuatro mil. Hecho este sacrificio, o por mejor decir, carnicería, hizo su oración al demonio, el cual dicen que le respondió que no temiese a los españoles, pues vía cuán pocos eran y tenía entendido ser mortales como él, y que tampoco se le diese nada por los indios que con ellos venían, porque no perseverarían en el cerco, y que al mejor tiempo se irían, que no era creíble que aunque eran sus enemigos, no lo fuesen más de los españoles, que en todo les eran contrarios, y que con grande ánimo saliese a ellos y los esperase, porque él también ayudaría a matarlos, pues le eran tan enemigos.

Con esta repuesta tan falsa y tan mentirosa, como dada por el padre de mentira, Guautemucín salió muy contento; mandó alzar los puentes, hacer albarradas, meter bastimentos, velar la ciudad, armar cinco mil canoas. Con esta determinación y aderezo estaba cuando llegaron Pedro de Alvarado y Cristóbal de Olid a combatir los puentes y a quitar el agua a México, y así confiado en aquella repuesta, no los temió, antes, teniéndolos en poco, los amenazaba, diciendo: «Malos hombres, robadores de lo ajeno; presto perderéis lo ganado y la furia, si porfiáis, en vuestra locura. Con vuestra sangre aplacaremos a nuestros dioses y la beberán nuestras culebras, y de vuestra carne se hartarán nuestros tigres y leones, que ya están cebados con ella»; y a los tlaxcaltecas, que era cosa de reír, decían a unos: «Cornudos, esclavos, putos, gallinas, traidores a vuestra nación y a vuestros dioses, pues sois tan locos que no os arrepentís de vuestro mal propósito, levantándoos contra vuestros señores; aquí moriréis mala muerte, porque, o vos matará la hambre, o nuestras espadas, o vos prenderemos y comeremos, haciendo de vosotros sacrificio, en señal del cual os arrojamos esos brazos y piernas de los vuestros, que por alcanzar victoria sacrificamos, con promesa que os hacemos de no parar hasta ir a vuestra tierra y asolar vuestras casas y no dejar hombre ni mujer en quien reviva vuestra mala casta y linaje».

Capítulo CXX. Lo que los tlaxcaltecas respondieron, y de lo que siente Motolinía acerca de la repuesta de los dioses

Los tlaxcaltecas, que se tenían por más valientes, riéndose de estas bravezas, les respondían: «Más os valdría daros, que porfiar en resistir a los cristianos, que sabéis cuán valientes son, y a nosotros, que tantas veces os hemos vencido, y si porfiáis en vuestra locura, no amenacéis como mujeres, y si sois tan valientes como presumís, haced y no habléis, porque es muy feo blasonar mucho y llevar luego en la cabeza; dejad de injuriarnos y hablar de talanquera y salid al campo y en él veremos si hacéis lo que decís, y estad ciertos que ya es llegado el fin de vuestras maldades y que se acabará muy presto vuestro tiránico señorío, y aun vosotros, con vuestras casas, mujeres e hijos, seréis destruidos y asolados, si con tiempo, como os avisamos, no mudáis de parecer».

Estas y otras muchas palabras pasaron entre los mexicanos y tlaxcaltecas, aunque hubo también obras, por los desafíos y recuentros que entre ellos pasaron, en los cuales las más veces se aventajaban los mexicanos.

Ahora, viniendo a lo del aparecer del demonio, diré lo que Motolinía escribe, que con cuidado de muchos años lo escribió después de haberlo bien inquirido, y yo en esta mi Crónica deseo dar a cada uno lo que es suyo. Dice, pues, y así es probable, que el demonio no aparecía a los indios, o que si les aparecía era muy de tarde en tarde, y que los sacerdotes, por su interese y para atraer a los señores y al pueblo al culto y servicio de sus dioses, fingían que el demonio se les aparecía y hablaban con él, y así nunca decían al pueblo sino cosas de que recibiese contento, para que ofreciese sus ofrendas e intereses, los cuales tienen gran mano en las cosas sagradas, cuanto más en las profanas, de adonde es de creer que los sacerdotes que entonces estaban en el templo, porque no cesase su falsa religión y grande interese, o fingieron que el demonio decía que se hiciese la guerra, o usaron de alguna maña y ardid para que hablando ellos pareciese hablar el demonio, especialmente entendiendo que los más de la ciudad estaban inclinados a que la guerra se hiciese.

Capítulo CXXI. Cómo Xicotencatl, capitán de sesenta mil infantes, se volvió a Tlaxcala, de donde le trajeron; y traído, le mandó Cortés ahorcar

Dicho he cómo la gente de Tlaxcala tardó tres días de entrar en Tezcuco y cómo después que toda estuvo junta, ordenando Cortés las guarniciones que habían de estar en el cerco de México, enviando a Pedro de Alvarado que sitiase la ciudad con treinta mil tlaxcaltecas, cuyo capitán era Xicotencatl, que nunca, hasta que lo pagó todo, anduvo de buen arte, y cómo Gonzalo de Sandoval por la parte de Iztapalapa asimismo fue a poner cerco con muchos indios amigos, y con ellos por capitán Chichimecatl andando para esto la gente española y la índica revueltas, sucedió que por cargar un indio, primo hermano de un señor llamado Piltechtl le descalabraron dos españoles. Apaciguóle Ojeda, con promesa que le hizo de darle licencia que se volviese a Tlaxcala, porque a saberlo Cortés, sin duda los ahorcara o afrentara malamente. Ido, pues, aquel señor a su tierra, Xicotencatl, que estaba con Pedro de Alvarado, supo la ida de aquel señor, y como siempre tuvo el pecho dañado y nunca había hecho cosa que no fuese por fuerza, procurando cuanto podía dañar a los españoles, secretamente una noche, sin que nadie lo supiese, con algunos amigos y criados se descabulló, procurando con su ausencia resfriar las voluntades de los que él tenía a cargo, y que poco a poco se fuesen todos tras de él. Pedro de Alvarado le echó luego menos por la mañana; sintió mal del negocio y escribiólo luego a Cortés, el cual, a la hora, porque también le pareció muy mal, enviando a llamar a Ojeda y a su compañero Juan Márquez, los despachó para Tlaxcala, mandándoles que luego, sin detenerse punto, se partiesen y le trajesen preso a Xicotencatl y a los demás señores que hallasen haberse ausentado del ejército. Ellos se partieron luego a Tlaxcala, a la cual llegados, prendieron a Xicotencatl, y luego él se demudó y turbó, dándole el corazón en lo que había de parar. Díjoles, lo que suelen los que para su culpa no tienen disculpa, que por qué no prendían también a Piltechtl, que también se había venido del ejército. Ojeda le respondió que aquel señor se había venido a curar, y con su licencia, y que él no había tenido para qué venirse; con todo esto, no osaron hacer otra cosa que llevar también a Piltechtl, porque ya estaba sano.

Llegados que fueron a Tezcuco con los presos, Cortés no los quiso ver. Mandólos echar en el cepo, y desde a dos horas mandó que a vista de todos los indios, en una horca alta ahorcasen a Xicotencatl y que el intérprete en voz alta dijese la causa de su muerte y trajese a la memoria las maldades y fieros que en Tlaxcala había hecho cuando los españoles se vieron en tanta necesidad. Murió, aunque era orgulloso y valiente, con poco ánimo, conociendo bien que sus malos pasos le habían traído al punto en que estaba, y así, no acertó a pedir perdón de sus delitos. Ya que estaba muerto, acudieron muchos indios, tanto que sobre ello se herían a tomar de la manta y del mástil, y el que llevaba un pedazo de él, creía que llevaba una gran reliquia.

Atemorizó la muerte de este capitán mucho a todos los indios, así amigos como enemigos, porque era mucho estimada y temida de los unos y de los otros la persona de Xicotencatl. Y porque el lector deseará saber qué es lo que se hizo con Piltechtl, decirlo he en el capítulo siguiente.

Capítulo CXXII. Cómo Cortés quiso ahorcar a Piltechtl y cómo riñó ásperamente a Ojeda cuando supo lo que había pasado
Ahorcado Xicontencatl, que fue gran freno para que de ahí adelante ninguno desamparase su caudillo, por amedrentar más a los indios de su ejército, determinó también de ahorcar a Piltechtl; mandóle sacar del cepo y que le pusiesen dende al otro; pero Ojeda, a quien como cristiano remordía la conciencia, aunque por otra parte temía de Cortés o castigo o ásperas palabras, cuales oyó, le dijo la poca culpa que Piltechtl tenía, porque él había dado licencia para que se fuese a Tlaxcala, por excusar que su Merced no mandase ahorcar a dos soldados españoles que eran de los valientes de su ejército, y que, por tanto, le suplicaba no hiciese justicia de aquel señor. Cortés se halló algo atajado, porque le pesó de haber determinádose de mandar ahorcar a Piltechtl y haberle puesto en aquella aflicción. Enojóse mucho con Ojeda y tratóle ásperamente de palabra, diciendo que fuera bien que luego que trajo los presos, le dijera la poca culpa que Piltechtl tenía, o no le trajera en son de preso, aunque él había mandado que todos los que hallase en Tlaxcala trajese consigo. Ojeda le replicó lo que pudo, y finalmente, Cortés, considerando otros buenos servicios que había hecho, no le castigó, y hablándole algo blandamente, Ojeda le dijo: «Pues ahora sepa vuestra Merced otra cosa; que

Xicotencatl me daba 2.000 ducados porque le soltase, y si me diera cien mil no lo hiciera, porque no osara». Entonces Cortés, sonriéndose, le dijo: «Pues, majadero, ¿por qué no tomasteis los dineros y luego le traíades, que quien había de perder la vida, poco se le diera de dejaros los dineros?». Con esto se despidió Ojeda y se comenzó a entender en dar furia a la guerra.

Capítulo CXXIII. Cómo Cortés se embarcó, y de una notable victoria que en el peñol hubo
En sabiendo que supo Cortés que sus guarniciones estaban en los lugares donde les había mandado asentar, aunque quisiera ir por tierra, para dar orden en los reales, determinó con los trescientos hombres que le quedaban embarcarse, porque en aquel negocio donde se requería gran concierto y cuidado y donde había más riesgo y ventura, y así, otro día después de la fiesta de Corpus Christi, viernes, a las cuatro, del alba, hizo salir de Tezcuco a Gonzalo de Sandoval, alguacil mayor, con su gente, para que se fuese derecho a la ciudad de Iztapalapa, que estaba de allí seis leguas pequeñas. Llegó a ella a poco más de medio día. Comenzó a quemar la ciudad y a pelear con la gente de ella, la cual, como vio el gran poder que Sandoval llevaba, acogióse al agua en sus canoas, y Sandoval se aposentó en la ciudad y estuvo en ella aquel día esperando lo que Cortés le mandaba y lo que le sucedía. Despachado de esta suerte Sandoval, Cortés se metió en los bergantines y se hizo a la vela y al remo, y al tiempo que Sandoval andaba quemando la ciudad, llegó a vista de un muy fuerte y grande peñol que estaba cerca de aquella ciudad, todo rodeado de agua y por lo alto muy fortalecido de albarradas y en ellas mucha gente de guerra que consigo tenían sus mujeres e hijos, determinados de morir primero que de rendirse. Habían concurrido allí de los pueblos de la laguna, porque ya sabían que el primero rencuentro había de ser con los de Iztapalapa y estaban allí para defensa suya y para ofender a los nuestros si pudiesen, y no pudiendo, morir, como lo hicieron; y como vieron llegar la flota, comenzaron a pedir socorro, haciendo grandes ahumadas, porque todas las ciudades de la laguna lo supiesen y estuviesen apercibidos, y aunque el motivo de Cortés era de ir a combatir la ciudad de Iztapalapa por la parte que estaba en el agua, revolvió sobre el cerro, porque le tiraban muchas piedras y flechas. Saltó con ciento y cincuenta compañeros, púsolos en orden, y yendo él adelante, aun-

que era el peñol muy agro y alto, le comenzó a subir con mucha dificultad. Porfió tanto que les ganó las albarradas que en lo alto tenían hechas para su defensa; entró de tal manera que ninguno de los enemigos escapó, excepto las mujeres y niños, a quien mandó que no tocasen. Hiriéronle veinticinco españoles; no murió ninguno, que fue muy gran cosa, y así la victoria fue una de las más señaladas que Cortés alcanzó y que más espanto puso a los enemigos, porque les pareció que aquéllos eran inexpugnables.

Capítulo CXXIV. Otra muy señalada victoria que Cortés hubo de los mexicanos por el agua

Como los de Yztapalapa y del peñol habían hecho ahumadas, luego los de México y de las otras ciudades que están en la laguna conocieron que Cortés entraba ya por la laguna con los bergantines, y de improviso, como los que estaban apercibidos, se juntó una muy gran flota de canoas. Era cosa de ver, que el agua estaba toda casi cubierta, y los cerros, con los fuegos y ahumadas, parecían arder.

Ciertos señores y principales tomaron quinientas canoas de las mayores y más fuertes; adelantáronse para pelear con los nuestros, pensando vencer, y si no, tentar lo que podían navíos de tanta fama. Las demás canoas, que eran muchas, en gentil concierto, iban siguiendo. Cortés, como vio traían su derrota hacia él, a gran furia, con el despojo del peñol, se embarcó con los suyos; mandó a sus capitanes que en ninguna manera fuesen adelante, sino que juntos, en buen concierto, estuviesen quedos para que pasando los enemigos, que de miedo no osaban acometer, acometiesen sin orden ni concierto, y así, acercándose, dieron, como suelen, gran grita, bravoceando y diciendo palabras feas. Con todo esto, no pararon a tiro de arcabuz, esperando que las demás canoas llegasen, porque con las suyas no se atrevían.

Estando así queda la una flota y la otra, deseando Cortés que aquella victoria naval, en la cual había de consistir todo el negocio, fuese muy señalada, porque si no era con los bergantines no se podía alcanzar, quiso Dios que aunque traían sus canoas empavesadas y en tan gran número que no se podían contar, que de improviso sobreviniese un viento terral, por popa de los bergantines, tan favorable a tiempo que parecía milagro. Entonces Cortés, alabando a Dios, dijo a sus capitanes: «¡Ea, caballeros, que Dios es con nosotros, pues tan claramente nos favorece! Tiéndanse las velas, apréstense los remos, y con mucho concierto rompamos por estos enemigos de Dios y nuestros». Hizo señal, y luego todos con gran furia embistieron en las canoas, que con el tiempo contrario comenzaban a huir; deshicieron, con el grande ímpetu que llevaban los bergantines, muchas canoas; echaban otras a fondo, haciendo maravilloso y espantoso estrago; mataron infinita gente; siguieron el alcance, como el viento les era tan favorable, más de tres leguas, hasta encerrarlos en las casas de México; prendieron algunos señores y a muchos caballeros y otra gente. Los muertos no se pudieron contar, más de que la laguna estaba tinta en sangre. Fue causa esta segunda victoria de que de ahí adelante los nuestros fuesen señores del agua y los enemigos perdiesen gran parte del ánimo. Fuéles el viento contrario, y como eran tantas canoas, estorbábanse las unas a las otras.

Capítulo CXXV. Otra tercera victoria que Cortés hubo de los mexicanos

Los de la guarnición de Cuyoacán, que podían mejor que los de Tacuba ver cómo venían los trece bergantines, como vieron el buen tiempo que traían y cómo venían desbaratando todas las canoas de los enemigos, que era, según después dijeron, cosa de ver y de que mayor contento recibieron; y porque también estaban con gran deseo de ver a Cortés, que consigo traía tanto favor, porque los de Cuyoacán y Tacuba estaban entre tanta multitud de enemigos, que milagrosamente Dios los anima[ba] para que no desfalleciesen, y enflaquecía los ánimos de los enemigos para que no se determinasen a acometer a los nuestros en su real, que si lo hicieran, según eran infinitos, no pudieran dejar de perecer los españoles, aunque siempre estaban apercebidos y determinados de morir o ser vencedores, como aquellos que se hallaban muy apartados de toda manera de socorro, salvo de aquel que de Dios esperaban; y así como de la guarnición de Cuyoacán vieron cómo con su flota Cortés seguía las canoas, tomaron su camino hacia México, así los de a pie como los de a caballo, y trabaron una brava pelea con los indios que estaban en la calzada y les ganaron las albarradas que tenían hechas y les tomaron ambas puentes que tenían alzadas, y con el favor de los bergantines, que iban cerca de la calzada, los indios de Tlaxcala seguían bravamente a los enemigos y de ellos mataban y de ellos prendían y otros se echaban al agua, de la otra parte donde no iban los bergantines, y así fueron siguiendo esta victoria más de una gran legua, hasta llegar a la entrada donde Cortés había parado con los bergantines, como después diré.

Capítulo CXXVI. Como Cortés saltó en tierra y sacó tres tiros gruesos, y de lo que con ellos hizo

Como los bergantines anduvieron bien tres leguas, dando caza a las canoas, las cuales escaparon, metiéndose entre las casas de la ciudad, y como era ya después de vísperas, mandó Cortés recoger los bergantines; llegó con ellos a la calzada, y allí determinó de saltar en tierra con treinta hombres, por les ganar unas dos torres de sus ídolos, pequeñas, que estaban cercadas con su cerca baja de cal y canto, de adonde los enemigos pelearon bravamente con los nuestros, por se las defender, pero al fin, aunque con harto peligro y trabajo, se las ganaron, y luego Cortés hizo sacar en tierra tres tiros de hierro gruesos que él traía; y porque lo que restaba de la calzada desde allí a la ciudad, que era media legua, estaba todo lleno de enemigos y de la una parte y de la otra de la calzada, que era agua, todo lleno de canoas, con gente de guerra, hizo asestar el un tiro de aquellos, y después de cebado lo mandó soltar por la calzada adelante. Hizo mucho daño en los enemigos, a causa de estar la calzada cuajada de ellos; atemorizó mucho aquella gente, tanto que por entonces no osaron más pelear, aunque si supieran la desgracia, porfiaran a vengar el daño que el tiro había hecho, porque al dispararle se descuidó el artillero de tal manera que se emprendió toda la pólvora que quedaba, aunque era poca. Tuvo entonces Cortés gran sufrimiento de no tratar mal al artillero, que lo merecía, por no desabrirle y ser persona diestra en aquel menester, y luego esa noche proveyó que fuese un bergantín a Iztapalapa, donde estaba Gonzalo de Sandoval, que era dos leguas de allí, para que trajese toda la pólvora que había; y aunque al principio de este negocio la intención de Cortés había sido, luego que entrase con los bergantines, irse a Cuyoacán y dejar proveído cómo anduviesen a mucho recaudo, haciendo el mayor daño que pudiesen, pero como aquel día había saltado en la calzada y les había ganado aquellas dos torres, determinó de asentar allí real y que los bergantines estuviesen allí junto a las torres y que la mitad de la gente de Cuyoacán y otros cincuenta peones de Sandoval viniesen otro día.

Capítulo CXXVII. Cómo aquella noche, fuera de su costumbre, los enemigos dieron sobre Cortés

Proveído esto, aquella noche estuvo Cortés muy a recaudo con su gente, porque estaban en muy gran peligro, y toda la gente de México acudía allí por la calzada y por el agua. Avino, pues, que a la media noche, fuera de su costumbre y uso, confederados para esto y habiéndolo tratado de antes, pensando que los nuestros dormirían descuidados y que tendrían la caza en las manos, dieron en canoas y por la calzada gran multitud de enemigos sobre Cortés, y como no saben acometer ni toman ánimo sino dando grita, fueron primero sentidos y oídos que pudiesen hacer algún daño, aunque por venir tan sin pensarse, pusieron a los nuestros en gran temor y rebato, porque si no era cuando tenían muchas y grandes victorias y se iban señoreando de sus enemigos, jamás acometían de noche; pero como los nuestros estaban muy apercibidos, comenzaron a pelear con ellos, así por tierra como desde los bergantines, y como cada bergantín traía un tiro pequeño de campo, comenzaron a dispararlos y a tirar los ballesteros y escopeteros, y como estas municiones alcanzaban más que las flechas de los indios y ellos eran tantos, aunque los nuestros tiraban a bulto, por la oscuridad de la noche, hicieron mucho más daño que recibieron, y así los indios tuvieron por bien, hallándose burlados en lo que pensaron, retraerse, no osando ir adelante, porque recibieran mayor daño, y así dejaron a los nuestros lo que quedó de la noche sin acometerlos más. En este sobresalto se vio bien el admirable esfuerzo y reportamiento de Cortés, que, como si fuera de día y estuviera con grandes ventajas, guió el negocio, en el cual se señalaron muchos, y entre ellos Alonso de Ávila y Martín López, que era el que regía la flota, y otros de cuenta, de los cuales en su lugar haré mención.

Capítulo CXXVIII. La brava refriega que otro día Cortés tuvo con los mexicanos, y de cómo les ganó una puente y un albarrada

Otro día en amaneciendo llegaron al real de la calzada donde Cortés estaba quince ballesteros y escopeteros y cincuenta hombres de espada y rodela y siete o ocho de a caballo de los de la guarnición de Cuyoacán, y ya cuando llegaron hallaron que Cortés y los suyos andaban muy a las manos con los enemigos de la ciudad, que venían en canoas, y con los que estaban en la calzada, los cuales eran en tanta multitud que por el agua y por la tierra no veían salvo gente de guerra. Daban tantos gritos y alaridos que parecía hundirse el mundo.

Cortés, que ya tenía los oídos a estas voces, y los ojos a ver millares de hombres, esforzándose para que los suyos no desmayasen, peleó bravamente, poniéndose en la delantera por la calzada adelante; ganóles una puente que tenían quitada y una albarrada que tenían hecha a la entrada. En estos pasos, que eran tan peligrosos y dificultosos, por la gran resistencia que los enemigos hacían, mostraron bien los nuestros su gran esfuerzo y espantoso porfiar, los cuales con los tiros y con los de a caballo hicieron tanto daño en los enemigos, que casi lo encerraron hasta las primeras casas de la ciudad; y porque de la otra parte de la calzada, como los bergantines no podían pasar, andaban muchas canoas, que hacían gran daño con varas y flechas en los nuestros, hizo Cortés romper un pedazo de la calzada, junto a su real, e hizo pasar de la otra parte cuatro bergantines. Fue esta diligencia y aviso de tanta importancia, que como pasaron de la otra parte, se dieron tan buena maña, que encerraron todas las canoas en las casas de la ciudad, de tal manera que por ninguna vía osaban salir a lo largo, y por la otra parte de la calzada los otros bergantines pelearon bravamente con las demás canoas, que eran más y de más gente. Finalmente, después de haber muerto muchos de los enemigos, y deshecho muchas casas de la ciudad, atreviéndose a entrar por las calles, que hasta entonces no lo habían osado hacer, por los muchos bajos y estacas que había, pero como hallaron canales por donde entrar seguros, fueron siguiendo el alcance de las canoas tomando algunas de ellas, quemando algunas casas del arrabal, de donde recibían daño, allanando por allí el camino para proseguir adelante. De esta manera vino la noche, que los despartió.

Capítulo CXXIX. La refriega que Sandoval hubo, y de la industria que Cortés tuvo para que pasase la gente

Estando de esta manera la guerra trabada, sin esperanza alguna de confederación y concierto, otro día Sandoval con la gente que tenía en Iztapalapa, así de españoles como de indios amigos, se partió para Cuyoacán, de adonde hasta la tierra firme viene una calzada que dura casi legua y media. Caminando Sandoval por esta calzada, a obra de un cuarto de legua, llegó a una pequeña ciudad, que también estaba en la laguna, aunque por muchas partes de ella se podía andar a caballo. Los vecinos salieron de allí y comenzaron a trabar batalla con Sandoval. Duró la batalla buena pieza y al cabo los desbarató y mató muchos de ellos, y porque los que quedaban ni sus vecinos no se atreviesen a pelear otra vez con españoles y quedasen de aquello bien escarmentados, les destruyó y quemó toda la ciudad sin dejarles casa donde se meter; y porque Cortés había sabido que los indios habían rompido mucho de la calzada y la gente no podía pasar sin gran dificultad, envióle dos bergantines para que le ayudasen a pasar, de los cuales hicieron puente por donde los peones pasaron, lo cual hicieron con harta contradicción de los enemigos, y desque hubieron pasado, se fueron a aposentar a Cuyoacán, y Sandoval con diez de a caballo tomó el camino de la calzada donde Cortés tenía su real. Hallóle peleando, apeóse luego con sus compañeros y comenzaron a pelear con los de la calzada, con quien los de Cortés andaban revueltos. Allí los enemigos con una vara tostada arrojadiza atravesaron un pie a Sandoval e hirieron muchos de los nuestros, pero con los tiros gruesos y ballestas y escopetas hicieron tanto daño, que ni los de las canoas ni los de la calzada osaban ya llegar con aquel atrevimiento y orgullo que solían.

De esta manera estuvieron los nuestros seis días en continuo combate con los enemigos, ayudando mucho los bergantines, porque iban quemando alrededor de la ciudad todas las casas que podían, y, lo que importó mucho, descubrieron canal por donde podían entrar alrededor y por los arrabales de la ciudad, y llegaron a lo grueso de ella; y esto y el buen pelear de los nuestros hizo por aquellos días que no acudiesen ni con un cuarto de legua las canoas de los enemigos al real de los nuestros, que de antes venían tantas que era espanto.

Capítulo CXXX. Cómo Cortés envió a Sandoval a que acabase de cercar a México, y lo que sobre esto pasó

Otro día Pedro de Alvarado, que estaba por capitán de la guarnición que estaba en Tacuba, hizo saber a Cortés cómo por la parte de Tepeaquilla, por una calzada que iba a unas poblaciones de tierra firme y por otra pequeña que estaba junto a ella, los de México entraban y salían cuando querían, y que creía que viéndose en aprieto se habían de salir todos por allí, aunque Cortés más deseaba esto, que se hiciesen fuertes, porque en tierra firme se podía mejor aprovechar de ellos, donde los caballos se enseñoreaban del campo y las resistencias duraban poco; pero porque estuviesen del todo cercados y no se pudiesen aprovechar en cosa alguna de la tierra firme, proveyéndose, entrando y saliendo, de lo que menester habían, aunque Sandoval estaba herido, le mandó que fuese a asentar su real a un pueblo pequeño adonde iba a salir la una de las dos calzadas, el cual se partió con veinte y tres de a caballo y cien peones y diez y ocho ballesteros, quedando cincuenta peones a Cortés de los que tenía de antes y en llegando que fue otro día, asentó su real donde Cortés le había mandado, y en una calzadilla que estaba a partes quebrada, entre Sandoval y Alvarado, se pusieron Cristóbal Flórez y Jerónimo Ruiz de la Mota con sus dos bergantines, de que eran capitanes, los cuales defendieron la entrada y salida y ofendieron cuanto pudieron. De esta manera quedó cercada por todas partes la muy poderosa y muy fuerte ciudad de México, de modo que sin ser sentido o visto ninguno de los enemigos podía salir ni entrar.

Capítulo CXXXI. Cómo Cortés determinó de entrar por la ciudad adentro, y de las victorias que aquel día alcanzó
Repartidos los ejércitos y tomados sus asientos o hechos fuertes en ellos, como Cortés vio que tenía algo encerrados a los enemigos, y por la otra parte la mucha gente de guerra de amigos que le acudía, determinó de entrar a la ciudad por la calzada, todo lo más que pudiese y que ellos al fin de la una parte y de la otra se estuviesen para hacer espaldas a los nuestros, mandando que algunos de a caballo y peones de los que estaban en Cuyoacán, se viniesen al real, para que entrasen con él. Ordenó asimismo que diez de a caballo se quedasen a la entrada de la calzada, para asegurar las espaldas, así a él como a algunos que quedaban en Cuyoacán, parque los naturales de las ciudades de Xochimilco y Culhuacán, Yztapalapa, Ocholobusco, Mexicalcingo,

Cuitlauac y Mezquique, que estaban en el agua y se habían rebelado, eran en favor de México, y no les hiciesen daño por las espaldas, y quitábales el peligro la provisión de los diez de a caballo que habían de andar en la calzada y otros tantos que había siempre mandado estar en Cuyoacán con más de diez mil indios amigos. Mandó, por consiguiente, a Sandoval y a Pedro de Alvarado que por sus estancias acometiesen aquel día a los de la ciudad, porque él quería por su parte ganarles lo que más pudiese, y así salió por la mañana del real y entró a pie por la calzada adelante con tanto ardid y esfuerzo que a los suyos ponía gran ánimo y a los enemigos temor. Topó luego con los enemigos, que estaban en defensa de una quebradura que tenían hecha en la calzada, tan ancha como una lanza, y otro tanto de hondura, y en ella tenían hecha una albarrada, con que estaban bien fortalecidos. Pelearon allí gran rato los unos y los otros valientemente, habiendo muchos heridos de la una parte y de la otra; pero al cabo los españoles, como canes rabiosos, viendo derramar su sangre, con gran coraje, olvidados del trabajo, se dieron tanta prisa y porfiaron tanto, que ganaron la albarrada y siguieron por la calzada adelante a los enemigos hasta llegar a la entrada de la ciudad, donde, porque hubo otra más notable victoria, la dejaré para el capítulo siguiente.

Capítulo CXXXII. Cómo Cortés ganó una torre y una puente muy fuertes

Prosiguiendo Cortés (según está dicho) por la calzada adelante, llegó a la entrada de la ciudad, donde estaba una torre de ídolos muy fuerte y al pie de ella un puente muy grande levantado, con una muy fuerte albarrada. Por debajo del puente corría con mucho ímpetu gran cantidad de agua que ponía miedo mirarla, y así, luego que llegaron los nuestros, con la dificultad que se les representó, tuvieron alguna desconfianza, la cual perdieron luego que vinieron a las manos, con el valor del pelear. Eran innumerables las flechas y varas y piedras que desde la torre y de la otra parte del puente los enemigos tiraban, y para que hubiese remedio de ganarles aquel paso tan peligroso, dio orden Cortés cómo ocupando los rodeleros y detrás de ellos los escopeteros y ballesteros a los enemigos, los bergantines, que estaban de la una parte y de la otra, se juntasen, y así hubiese lugar de hacer más daño y desde los bergantines saltar en el albarrada, y así, sin peligro y con menos dificultad mucho de la que pensaban, ganaron aquella torre y albarrada, que fuera imposible ganarla sin los bergantines, pues como los enemigos vieron ganado aquel paso, desmayando, comenzaron a desamparar el albarrada. Los de los bergantines salieron luego en tierra, y Cortés con los suyos pasó el agua y también los de Tlaxcala y Guaxocingo, Cholula y Tezcuco, que serían más de ochenta mil hombres, los cuales cegaron con piedras y adobes aquel puente.

Aquí Diego Hernández, aserrador, que se halló en el hacer de los bergantines, trabajó más que mil indios. Era hombre de espantosas fuerzas, porque con una piedra tamaña como una naranja, que él tiraba por medio de los enemigos, no hacía menos daño ni lugar que si la echara un tiro de artillería; tenía grande ánimo, aunque no tanto consejo. Conocíle yo harto viejo y fue mi vecino algunos años, y en aquella edad parecía ser cierto lo que de él algunos de sus compañeros me dijeron.

En el entretanto que esto se hacía, los nuestros, yendo adelante, ganaron otra albarrada que está en la calle más principal y más ancha de toda la ciudad, y como aquélla no tenía agua, fue más fácil de ganar. Siguieron los nuestros el alcance por la calle adelante, hasta llegar a otro puente que tenían alzada, salvo una viga ancha por donde pasaban, y puestos por ella y por el agua en salvo quitáronla luego.

Capítulo CXXXIII. La brava refriega que en este paso hubo, y cómo Cortés ganó otros pasos hasta llegar a la entrada de la plaza
Tenían los enemigos de la otra parte del puente hecha otra grande albarrada de barro y adobes. Los nuestros, como llegaron a ella y no pudieran pasar sin echarse al agua (y esto era muy peligroso), repararon probando su ventura con pelear cuanto pudiesen, que lo habían bien menester, por la gran prisa que los enemigos les daban, porque aliende de que de la una parte y de la otra de la calle había infinitos de ellos, que con mucho coraje peleaban, desde las azoteas, que también estaban cubiertas de ellos, con las piedras y varas hacían gran daño en los nuestros. Estuvieron de esta manera los unos y los otros dos horas, y viendo Cortés que ya se sustentaban los enemigos, defendiéndose más de lo que convenía, mandó asestar dos tiros a la calle y que el artillero los disparase lo más a menudo que pudiese, y que lo mismo hiciesen los ballesteros y escopeteros. Diéronse los unos y los otros tanta

prisa e hicieron tanto daño en los enernigos, que en breve perdieron mucho del ánimo y aflojaron algo. Los nuestros lo conocieron, y así, ciertos de ellos, armados con armas de algodón, que eran bien pesadas, se arrojaron al agua; pasáronla, aunque no sin harto peligro y golpes que de los contrarios recibieron, los cuales, como vieron tan gran atrevimiento y que con él habían salido los nuestros, desampararon la albarrada y azoteas, que por dos horas habían defendido; huyeron bien sin orden; dieron lugar a que el resto del ejército de Cortés pasase sin peligro. Hizo cegar aquel paso con los materiales de la albarrada y con otras cosas que a la mano halló. En el entretanto que esto se hacía, porque era cargo de los indios amigos y de algunos españoles que con ellos iban, los demás con algunos indios tlaxcaltecas prosiguieron el alcance la calle adelante, hasta que a dos tiros de ballesta llegaron a otro puente que ni estaba levantado ni tenía albarrada; estaba junto a una de las principales plazas y aposentos de la ciudad. Estaba este puente de esta suerte así, porque los mexicanos no creyeron ser posible que los nuestros pudiesen ganar tantos puentes ni llegar hasta allí, y así lo pensaron los nuestros, a quien Dios daba más victorias que podían pedir ni pensar.

Vista esta coyuntura y que allí era todo tierra firme, mandó Cortés asestar un tiro en la boca de la plaza, con el cual los enemigos, que eran tantos que no cabían en ella, recibieron gran daño, porque no se disparaba tiro que no matase a muchos e hiciese gran daño. Con todo esto, los nuestros no se osaban determinar de entrar en la plaza, porque, como dicen, estaban en sus casas y eran innumerables; pero Cortés, que ya no temía el agua, porque allí no la había, y le parecía que no era de perder aquella ocasión ni mostrar cobardía a los contrarios, dijo a sus compañeros, que estaban cansados de pelear: «Caballeros, ¿dónde podemos, mejor que aquí, aventurar nuestras personas y dar a entender a estos perros lo mucho que Dios puede y hace por nosotros, pues los tenemos arrinconados siendo tantos, que si esperan, los unos a los otros se estorbarán?». Diciendo estas palabras, sin esperar más repuesta, como el que sabía lo que tenía en los suyos, diciendo: «¡Santiago, y a ellos!», acometió.

Capítulo CXXXIV. Cómo Cortés entró en la plaza y huyeron los enemigos y revolviendo luego sobre los nuestros los hicieron retirar

Acometió Cortés con su gente con tanta furia, que, como los de la ciudad vieron la determinación de los nuestros tan puesta en obra y vieron la gran multitud de sus enemigos y amigos nuestros, aunque de ellos sin los españoles tenían muy poco temor, volvieron las espaldas, y los nuestros y los indios amigos dieron en pos de ellos hasta encerrarlos en el circuito del templo de sus ídolos, el cual estaba cercado de cal y canto y era tan grande como una villa de cuatrocientos vecinos, el cual desampararon luego por la gran prisa que los españoles y los indios amigos les daban. Estuvieron en él y en las torres un buen rato, pero como los mexicanos vieron que no había gente de a caballo, que ellos mucho temían, volvieron sobre los nuestros, y por fuerza los echaron de las torres y de todo el patio y circuito, en que se vieron en muy grande aprieto y peligro, aunque en semejantes trances Cortés los animaba mucho, y como iban más que retrayéndose, hicieron rostro debajo de los portales del patio, y como los enemigos los aquejaban tan reciamente, los desampararon y se retrajeron a la plaza y de allí los echaron por fuerza hasta meterlos por la calle adelante de manera que el tiro que allí estaba desampararon, no pudiendo sufrir la fuerza de los enemigos, y así se retiraron con muy gran peligro, el cual recibieran de hecho, si no acudieran tres de a caballo, los cuales arremetieron con gran furia y grita por la plaza adelante. Como los enemigos los vieron, creyendo ser más, echaron a huir. Los de a caballo mataron algunos de ellos, ganáronles el patio y circuito de donde habían echado a sus compañeros, y haciéndose fuertes diez o doce indios principales es una muy fuerte y alta torre que tenía cien gradas y más hasta lo alto, cuatro o cinco españoles se la subieron por fuerza, y aunque los indios se la defendieron gran rato valientemente, se la ganaron, y sin dejar hombre a vida los mataron a todos, y si no acudieran luego otros cinco o seis de a caballo, los enemigos revolvieran, ya desengañados de que no había más de los tres de a caballo.

Los que acudieron y los tres que estaban echaron una celada en que mataron de una vez más de cuarenta de los enemigos, y como ya era tarde, Cortés mandó hacer señal de recogerse. Su gente lo hizo, y a este tiempo cargó tanta de los enemigos, que a no hacer rostro los de a caballo, fuera imposible no recibir los nuestros muy gran daño, y a no haber antes Cortés prevenido que se cegasen los malos pasos que atrás quedaban, estaba cierta la victoria por parte de los enemigos. Cegáronse tan bien aquellos pasos, que los nuestros pudieron en buen orden retraerse, revolviendo de cuando en cuando los de a caballo, lo cual hicieron cuatro veces o cinco, alanceando a los que quedaban en la retroguarda.

Capítulo CXXXV. Cómo los enemigos fueron siguiendo a Cortés y cómo a otra parte pelearon Sandoval y Alvarado

Con todo esto, los enemigos iban tan emperrados y tan sedientos de la sangre de los nuestros, que aunque siempre recibían daño, los nuestros no los podían detener que no los dejasen de seguir. Todo el día se gastara en esto, si los enemigos, para aventajarse y hacer daño a los nuestros a su salvo, no tomaran ciertas azoteas que salían a la calle, de donde llovían piedras tan espesas como granizo. Los de a caballo sintieron luego que eran muy ofendidos y que si paraban se habían de ver en gran peligro; salieron a toda furia, y tras de ellos los demás españoles, arrodelándose las cabezas, y los indios amigos cubriéndose lo mejor que podían, y así sin peligrar ningún español, aunque hubo hartos heridos, llegaron a su real, dejando puesto fuego a las más y mejores casas de aquella calle, para que cuando otra vez volviesen por allí, de las azoteas no fuesen ofendidos.

En este mismo día Gonzalo de Sandoval y Pedro de Alvarado, cada uno por su parte, con su gente, pelearon valerosamente y acontecieron cosas de notar, de las cuales adelante haré particulares capítulos, porque hubo personas, así de cargos, como particulares, que en este memorable cerco hicieron cosas señaladas, y aunque estaban los reales y sitios de los españoles unos de otros apartados más de legua y media (que tanto por todas partes se extendía la población de la ciudad), era tanta la gente de los enemigos que a todas partes acudía, que parecía que en cada una de ellas estaba el poder del mundo, y así pareció milagro el vencimiento y venganza que de ellos tomó Dios, en castigo y penas de tantas veces y con tan feos pecados como había sido ofendido, por mano de los españoles, a los cuales, como parece por lo dicho y parecerá por lo que se dijere, proveyó de grande esfuerzo, sufrimiento y consejo.

Capítulo CXXXVI. Cómo don Fernando, señor de Tezcuco, acudiendo con mucha gente en favor de Cortés hizo una plática a sus hermanos, y lo que respondió el mayor de ellos
Dicho he mucho atrás cómo don Fernando, señor de Tezcuco, era muy aficionado a los españoles, y que aunque muchacho, procuraba contentarlos, atrayendo, así a los suyos, como a otros, a su amistad, reconociendo bien la merced que Dios le había hecho, por mano de Cortés, en darle tan gran señorío, habiendo otros que no con menor título lo podían pretender, y así, correspondiendo a lo que tan obligado estaba, procuró cuanto pudo cómo todos sus vasallos acudiesen a la parte de Cortés y peleasen con los mexicanos, sus vecinos, amigos antiguos y parientes, y para hacer esto con más autoridad y concordia de todos los de su estado como tenía seis o siete hermanos mancebos, bien dispuestos y valientes y que cada uno tenía muchos amigos, juntándolos a todos, les habló en esta manera:

«Muy queridos y amados hermanos míos, que sois la gloria y fuerza de mi reino y con quien debo comunicar mis pensamientos: Juntado os he en este lugar para deciros lo que todos vosotros habéis visto y entendido de mí, y es, que si me amáis como a hermano y señor vuestro, recibiré extremado contento en que toméis esta guerra en favor del invencible Cortés, contra los mexicanos, por propia vuestra, pues sabéis que los mexicanos han sido siempre tiranos y nos tienen más por vasallos que por amigos, procurando que así nosotros como todos los comarcanos, y aun los que están bien lejos, pierdan su antigua libertad, en que sus antepasados les dejaron. A los cristianos, como tienen razón y son buenos, clementes y piadosos, favorece mucho su Dios, y me parece, a lo que de lo pasado he visto, que este Dios suyo los ha enviado de tan lejas tierras por azote y castigo de estos tiranos y para vengarnos de los agravios que nosotros y otros muchos hemos recibido de ellos, los cuales vencidos y deshechos, como presto lo veréis, nosotros, siendo en favor de Cortés, quedaremos libres y muy señores y más poderosos contra los que se nos atrevieren, que yo sé que han de quedar muy corridos y aun temerosos los que no hubieren favorecido a Cortés. Por tanto, tú, Yztlixuchll, que eres el mayor de tus hermanos y tan valientes y ejercitado en la guerra como todos sabemos ser tan bueno en ella, serás general de todo el ejército y lo repartirás entre tus hermanos, para que todos vayan por capitanes, y Cortés y los mexicanos entiendan el gran poder de Tezcuco y lo que amamos a los unos y aborrecemos a los otros». Dichas estas palabras, callando los demás hermanos, con gran reverencia respondió el mayor así:

> Muy poderoso señor nuestro y muy amado hermano: No hay cosa que tú mandes, que nosotros, los ojos por el suelo, no la hagamos, aunque fuera contra razón, cuanto más habiendo tanta. Yo te beso las manos muchas veces por la merced que me haces y por la confianza que de mí tienes; yo procuraré, juntamente con mis hermanos, darme tan buena maña en este negocio que tú [te] tengas por muy bien servido y Cortés quede muy obligado a siempre conocer la buena obra que le haces.

Era este mozo de veinticinco o veintiséis años, y como dice Motolinía, que le conoció, muy esforzado y un poco alocado. Llamóse después don Fernando, como su hermano; fue muy amado y temido. Salió con cincuenta mil combatientes muy bien aderezados y armados; tomó él los treinta mil para entrar por la calzada por donde Cortés estaba, y los otros veinte mil, partidos igualmente, fueron con sus capitanes a los otros dos reales.

Capítulo CXXXVII. Cómo Cortés recibió al general y a los otros capitanes sus hermanos, y de lo que más pasó

Como este socorro era tan necesario y llegó a tan buen tiempo, Cortés, que muy bien sabía acariciar a sus amigos y honrarlos cuando convenía, no contentándose con salir él a recibir al general, dio con toda presteza aviso a otros capitanes de los dos reales que hiciesen lo mismo que él, y que a los generales y demás personas principales dijesen muy buenas y comedidas razones, agradeciéndoles la venida. Salió, pues, Cortés, acompañado de los más principales caballeros de su real, buen trecho, a recibir al general tezcucano, hermano de don Fernando; abrazáronse con gran amor y voluntad, lo cual después que hubo hecho Cortés con muchos de los otros capitanes y personas señaladas, el general tezcucano le dijo estas palabras:

Invencible capitán de los cristianos, amigos nuestros: Don Fernando, mi rey, señor y hermano, por mí te saluda muchas veces y dice que tu Dios, como él espera, te dé victoria contra estos tiranos que al presente cercanos tienes; ofréscete cincuenta mil combatientes y dice que cuando fueren menester más, te los enviará, porque ya tiene a todos los de su reino tan inclinados a tu servicio y tan contrarios de los mexicanos, que sin mandárselo muchas veces, de su voluntad vendrán a ayudarte. Esto es lo que el rey, mi señor, me mandó que dijese; lo que yo de mí tengo que decirte es que no se ha ofrecido jornada ni empresa de guerra que como ésta me haya dado alegría y contento, porque veo que entre otras muchas causas, hay dos muy principales: la una, ser tú y los tuyos tan buenos y tan valientes; la otra, ser los mexicanos tan malos y habernos hecho malas obras, y así, te doy la Fe y palabra como caballero, hijo de rey y hermano de rey, de no te faltar ni volver de esta guerra hasta quedar muerto o salir vencedor.

Mucho se alegró Cortés con tan buenas palabras, y tornándole a abrazar, tratándole como a príncipe, le respondió así: «Gran señor y valentísimo capitán: Tú seas muy bien llegado a este mi real, donde de mí y de los míos serás como señor y hermano nuestro tratado. Al rey, tu hermano, beso muchas veces las manos por la merced y ayuda que de presente me hace y por la que me ofrece para cuando sea menester. Nunca entendí menos del amor que me tiene, y así, en lo que se ofreciere me hallará tan adelante, que a ninguno tanto, y porque esto ha de parecer por la obra, quiero ahora responderte a ti. En merced grande te tengo la gran voluntad con que a ayudarme has venido, y a ninguno pudiera el rey, tu hermano, como a ti, cometer tan grande empresa, porque aliende que eres de alto linaje, has mostrado tu persona en las batallas que se han ofrecido muy valerosamente, y así, tengo entendido que en ésta, que es la mayor y más importante que hasta hoy se te ha ofrecido, has de ganar inmortal gloria y fama, de suerte que, como espera en Dios, vivo y sano y muy triunfante, volverás al reino de tu hermano».

Acabadas de decir estas palabras, que grandemente alegraron y animaron al general tezcucano, con gran ruido de la una música y de la otra, le llevó a su tienda. Los generales de los otros dos reales recibieron a los tezcucanos cuanto pudieron alegre y honrosamente, donde se ha de considerar el contento y alegría que con tan buen socorro los nuestros recibirían, y el pesar y dolor que sentirían los mexicanos en ver venir contra ellos y con tanta determinación tantos y tan bien apuestos enemigos, a los cuales ellos habían sujetado y tenían por vasallos y por amigos, y aun muchos de ellos, que hacía su dolor más grave, parientes, hermanos, padres e hijos; quebrantándose en esto el vínculo y fuerza de la consanguinidad, que tanto, cerca de todas las naciones, puede.

Capítulo CXXXVIII. Cómo vinieron los de Xochimilco y otros amigos, y de lo que a Cortés dijeron, y él les respondió
Estaban muchos indios a la mira, aguardando a ver a lo que se determinarían los tezcucanos, que eran muchos y poderosos, y como vieron que tantos y con tanta voluntad seguían la parte de Cortés, los vecinos de Xochimilco, ciudad situada en la laguna, que está cuatro leguas de México, y ciertos pueblos otomíes, que es gente serrana y en gran cantidad, esclavos del señor de México, determinaron hacer lo que los tezcucanos, porque tenían más necesidad de ser libertados y redimidos de las grandes vejaciones que, a la continua, de los mexicanos recibían, y como estaban recelosos y aun temerosos de no haberlo hecho antes, probando, como dicen, el vado, los unos y los otros enviaron a Cortés sus embajadores, los cuales, después que le hubieron ofrecido ciertos presentes, como lo tienen de costumbre, le dijeron que los señores de Xochimilco y los pueblos de aquella serranía, que llamaban otomíes, le besaban las manos y que le suplicaban les perdonase el no haberse ofrecido antes a su servicio, y que lo habían dejado de hacer, no por falta de amor que le tuviesen, ni por no estar más necesitados que otros de su favor y amparo, siendo hasta entonces gravemente oprimidos, sino porque esperaban la coyuntura que al presente tenían para mejor servirle y ellos hacerlo sin que los mexicanos y sus amigos les pudiesen ir a la mano; que si les daba licencia, vendría luego los más que pudiesen a servirle en aquella guerra y que también traerían vitualla. Cortés, después que los hubo oído con mucha atención y buena gracia y vio que los negocios de esta manera se iban prósperamente encaminando, tratando muy bien a los embajadores, les dijo que de muy buena voluntad les admitía su disculpa y les agradecía mucho que a tan buen tiempo se hubiesen determinado de venirle a ayudar, porque para ellos sería lo mejor, pues tenía entendido que muy presto, con el ayuda de

Dios, se venían vengados y libres de los agravios y tiranías que habían recibido. Díjoles que luego viniesen, porque de ahí a tres días pensaban combatir la ciudad a fuego y a sangre.

Con esto, muy alegres los embajadores, prometiéndole de volver con toda presteza con los demás sus señores y amigos, se despidieron, los cuales, vista la repuesta tan a su gusto, se aprestaron con tanta diligencia, que otro día entraron por el real de Cortés más de veinte mil hombres de guerra, con mucha vitualla, como lo habían prometido. Fueron recibidos de Cortés con gran contento, porque, como luego diré, proveyeron parte del real y le aseguraron el que estaba en Cuyoacán.

Capítulo CXXXIX. Cómo Cortés repartió los bergantines para el combate de la ciudad, y de la plática que hizo a los suyos antes que la combatiese
Como por el real de la calzada donde Cortés estaba, había quemado con los bergantines muchas casas de los arrabales de la ciudad y no osaba asomar canoa ninguna, por todo aquello, parecióle que para suficiente seguridad de los suyos, bastaba tener en torno de su real siete bergantines, y así, acordó de enviar al real de Sandoval tres bergantines, y otros tantos al de Pedro de Alvarado, encomendando mucho a los capitanes de ellos que porque por la parte de aquellos dos reales los de la ciudad se aprovechaban mucho de la tierra en canoas y metían agua, fruta, maíz y otras vituallas, que corriesen de noche y de día los unos y los otros del un real al otro, y que demás de impedir que no entrase provisión a la ciudad, harían espaldas a las gentes de los reales todas las veces que quisiesen entrar a combatir la ciudad. De esta manera se fueron donde mandó los seis bergantines, que fue cosa bien necesaria y provechosa, porque no se pasaba día ni noche que no se hiciesen muy buenos saltos en los enemigos tomándoles muchas canoas y mucha provisión, haciendo en ellos todo el estrago que podían.

Estando ya todo a punto y proveído lo necesario y acabada de venir toda la gente de los indios amigos que venían en su socorro, juntos todos los españoles que tenía en su real, Cortés les habló de esta suerte:

Caballeros y hermanos míos: Ya veis cómo Dios favorece nuestro negocio, y [por] mejor decir el suyo, haciéndonos merecedores de que seamos instrumento cómo su sacro Evangelio se predique y extienda por este Nuevo Mundo y se desarraigue la falsa y cruel religión de estos idólatras, que tan hondas y tan esparcidas había echado sus raíces. Si Él es con nos, como parece tan claro por la obra, ¿quién será contra nos? Para no perder su ayuda, sin la cual no podemos nada, conviene que de nuestra parte hagamos todo nuestro poder en purificar y limpiar nuestras conciencias, para que seamos dignos de ser favorecidos y amados de Dios, que, sin merecerlo nosotros, tan benigno y clemente se nos muestra, teniendo principalmente los ojos y el corazón puestos en su servicio y en la conversión de estos indios mexicanos, que no han querido admitir ni recibir quien les predique, por la cual razón, ya que otras cesasen, pueden justamente ser conquistados. Tras este motivo, que es en quien habemos de poner todo nuestro pensamiento, se seguirá la prosperidad de bienes temporales, con los cuales los espirituales se sustentan, y pues para venir a esto es necesario venir a las manos con nuestros enemigos, bien será, caballeros y hermanos míos, que no es menester decíroslo, os animéis y esforcéis mucho a resistir y vencer las muchas y grandes dificultades que se han de ofrecer hasta tomar esta ciudad, que después que estuviere en nuestras manos y debajo de nuestro poder, todos los trabajos pasados nos serán suaves y sabrosos con el premio que esperamos; y porque cerca de esto me parece que no es necesario deciros más, os advierto, para que hagáis lo que dicho tengo, que de aquí a dos días comenzaremos a combatir esta ciudad a fuego y a sangre, pues para nuestro fin no tenemos otro medio.

Hecha esta plática, que animó y esforzó tanto a los suyos que ya los dos días que quedaban hasta verse con los enemigos les parecían años, mandó a la lengua o intérprete que dijese a los generales y capitanes y a las demás personas principales que presentes estaban, que se apercibiesen y apercibiesen a los suyos, porque desde a dos días comenzaría el combate de México, donde conocería si lo que hasta entonces les habían dicho conformaba con las obras, y que ya tenían dónde meter las manos para ser muy ricos y vengar sus injurias y mostrar el valor de sus personas, y que tendría gran cuenta con los que más valientemente lo hiciesen, para honrarlos y ponerlos en mayor estado, y que, por el contrario, al que viese cobarde le mataría primero que con su muerte los enemigos se animasen, y que pues en tan cruda y brava guerra no se excusaba el morir y recibir heridas que procurasen morir como valientes, pues de esta manera tendrían cierta la victoria y los muertos quedarían honrados y los vivos ricos y estimados.

Con estas palabras, recibiendo nuevo ánimo y esfuerzo, respondieron que a eso habían venido, o a morir, o salir victoriosos, y que por la obra vería cuán determinados venían de hacer esto, pues entendían cuánto les importaba concluir y acabar este negocio. Con esto se deshizo aquella junta y cada uno procuró apercibirse para el combate lo mejor que pudo.

Capítulo CXL. Cómo pasados los dos días, Cortés comenzó el combate, y de lo que aquel día pasó

Pasados los dos días, el tercero por la mañana Cortés y los suyos con gran devoción oyeron misa, encomendándose a Dios, pidiéndole favor y ayuda y perdón de sus culpas y pecados. Hizo oración el sacerdote, suplicando por la victoria, y vuelto a Cortés y los suyos, les dijo pocas y muy sustanciales razones, trayéndoles en suma a la memoria lo que Cortés poco antes les había dicho, encomendándoles mucho que los unos fuesen bien con los otros, y que su principal intento en aquel combate fuese atraer a los enemigos a paz y conocimiento de su engaño y error. Esto hecho, que mucho inflamó y encendió a los nuestros, salió Cortés de su real con veinte de a caballo y trescientos españoles y con gran muchedumbre de amigos y tres piezas de artillería, y prosiguiendo en gentil orden y concierto por la calzada adelante, a tres tiros de ballesta del real, toparon con los enemigos, que ya los estaban esperando. Rescibiéronlos con los mayores alaridos del mundo, haciendo gran burla de ellos, confiados de la gran fortaleza en que estaban, que ésta siempre da mayor esfuerzo a los que desde ella se defienden, porque como los tres días antes no se les había dado combate, aunque no faltaron algunos rencuentros, habían abierto todo lo que los nuestros habían cegado del agua y teníanlo de tal manera reparado, que estaba muy más fuerte que de antes y muy peligroso de ganar; pero Cortés, a quien estos peligros ni otros no desmayaban, porque estuvo siempre muy entero, mandó repartir los bergantines con mucho concierto, y que juntos, fuesen por la una parte y por la otra de la calzada basta llegar al primer paso, do había gran multitud de enemigos, y que llegados allí los rodeleros arrodelasen a los escopeteros y ballesteros y que hiciesen todo el daño que pudiesen, y él con los tres tiros asestados contra el albarrada comenzó a ofender, y como por tres partes se vieron los enemigos tan aquejados, porque los nuestros, como ellos eran tantos, no perdían tiro y caían como moscas, comenzaron a aflojar, así en los gritos como en la obra, y apretándolos los nuestros, comenzaron a desamparar el fuerte.

Los españoles e indios amigos, ganada aquella albarrada y puente, pasaron de la otra parte, y como iban victoriosos, dieron con gran ánimo en pos de los enemigos, hiriendo y matando en ellos a su placer hasta que se fortalecían en otra puente y albarrada de las muchas que tenían hechas, de las cuales, aunque con más trabajo, ganaron los nuestros algunas. Echaron a los enemigos de toda la calle y de una plaza de unos aposentos muy grandes de la ciudad. Reparó allí Cortés, y como sagaz, para no verse en peligro a la vuelta, mandó que de allí no pasasen los suyos, y él entendió luego en cegar con piedras y adobes todos los pasos que los enemigos habían abierto. Tuvo tanto que hacer en esto, que aunque le ayudaban más de diez mil indios, cuando acabó era ya más de vísperas, y en todo este tiempo los españoles e indios amigos jamás dejaron de pelear, escaramuzando con los de la ciudad y echándoles celadas, en que mataron muchos de ellos. Cortés, de rato en rato, con los de caballo alanzeaba cuantos podía, hasta que los acorraló y retrajo a los aposentos, de manera que no osaban llegar adonde los nuestros estaban.

Capítulo CXLI. Cómo Cortés, por consejo del general de Tezcuco, quemó muchas casas, y de lo que le movió a ello

Porfiando los enemigos en su propósito, fortaleciéndose en las azoteas, de donde hacían gran daño a los nuestros, el general tezcucano dijo a Cortés que nunca se haría cosa buena si, como iban ganando tierra a los enemigos, no les iban derribando las azoteas. Cortés, viendo que los mexicanos estaban muy rebeldes y que mostraban determinación de morir o defenderse, coligiendo de ello cosas, la una, que había poco o nada de la riqueza que al salir de México habían perdido; la otra, que le daban ocasión y aun forzaban a que totalmente los destruyese, aunque de esta postrera tenía más sentimiento en el alma, determinó de tomar el consejo del general, que fue bien seguro, y excusó en el discurso de la guerra muchas heridas y muertes de los nuestros y de los amigos.

Movió a Cortés poner por obra este consejo, como él lo escribió al emperador don Carlos V, el querer atemorizar y espantar, pues por buenas razones no podía, a los mexicanos, para que viendo el daño que de aquella manera comenzaban a recibir, para excusar su destrucción, viniesen en conocimiento de su yerro, y así, comenzó luego a poner fuego a todas las casas y a aquellas grandes de la plaza, de donde la otra vez y de la ciudad echaron a los nuestros, que eran tan grandes, fuertes y espaciosas que cualquier príncipe con más de seiscientas personas de su casa y servicio se podía aposentar en ellas. Quemó asimismo otras casas que junto a ellas estaban, que aunque eran algo menores, eran muy hermosas y frescas y donde Moctezuma tenía todas las diferencias de aves que en estas partes había, y aunque de esto pesaba a Cortés, pesaba mucho más a los enemigos, que grandemente lo mostraron, así los de la ciudad como los otros sus aliados, porque éstos ni otros nunca pensaron ni jamás pudieron entender que fuerzas de hombres, siendo ellos vivos, bastaran a entrar tan adentro de la ciudad y quemar tan grandes y fuertes edificios, lo cual les puso harto miedo y los desmayó mucho.

Cortés, como era ya tarde, recogió su gente, para volver a su real. Los enemigos tenían de la quemazón de las casas tan gran coraje, que viendo que los nuestros se volvían, con grande ímpetu cargaron sobre ellos, dando en la retroguardia; pero como toda la calle estaba buena y para correr, revolvían de cuando en cuando los de a caballo y de cada vuelta alanceaban muchos, aunque con todo esto no dejaban de porfiar, dando grita a las espaldas.

Este día, aliende de la pena que recibieron los mexicanos de ver entrar a los nuestros tan adentro en su ciudad y quemar edificios que ellos tenían en tanto, sintieron gran dolor y afrenta en conocer a los de Chalco, Cuchimilco, otomíes y los de los otros pueblos, que habían sido sus pecheros y tributarios, apellidar cada uno su nombre y derramar la sangre de aquellos a quien como a señores solían respetar y obedecer. Dióles asimismo pena lo que los tlaxcaltecas les decían, mostrándoles los brazos y piernas de los muertos a sus manos, los cuales decían que aquella noche cenarían de sus carnes y que lo que sobrase guardarían para almorzarlo otro día, como de hecho lo hicieron.

De esta manera volvió Cortés a su real con los suyos, sin haber perdido ningún español y pocos de los indios amigos, que fueron los que de codiciosos se cargaron demasiadamente de los despojos que tomaron. Los nuestros llegaron a su fuerte ya que anochecía, cansados, pero contentos, y los enemigos se volvieron tristes, cansados y afrentados, y con todo esto, tanta fue su dureza y pertinacia, que no quisieron pedir paz, aunque la matanza de este día fue muy grande y no menos la quema de las casas, porque, sin las principales que dije, quemaron otras muchas.

Los capitanes de los otros dos reales con los seis bergantines hicieron mucho en divertir los enemigos, para que no se juntasen todos a una parte, porque fuera imposible vencerlos, porque aun así, aunque morían muchos, eran tantos que no parecía que faltaba alguno. Todos, finalmente, se retrajeron a sus reales sin recibir daño ni acaecerles desgracia, que fue gran cosa para haber durado tanto la batalla y haber sido con tantos.

Capítulo CXLII. Cómo Cortés volvió otro día al combate, y del trabajo que pasó en tornar a cegar lo que los enemigos habían abierto

El otro día que se siguió, por la mañana, después de haber Cortés oído misa, que nunca la perdía pudiendo oírla, tornó lo más presto que pudo a combatir la ciudad por la misma orden y con la misma gente que el día pasado, porque los contrarios no tuviesen lugar de abrir las puentes que él había cerrado y hacer las albarradas; mas por bien que Cortés madrugó, madrugaron más los enemigos, pues de las tres partes y calles de agua que atravesaban la calle que iba del real hasta las casas grandes de la plaza, las dos de ellas estaban ya como los días antes y más fortalecidas, porque hubo más cuidado de defenderlas, tanto que muchos de ellos perecieron de cansancio, de hambre y falta de sueño, porque toda la noche ocupaban los que así perecían en rehacer lo que los nuestros deshacían y no podían hacer otra cosa, porque el rey Guautemucín daba gran prisa y lo más de la noche andaba con los obreros. Por esta causa el combate de aquel día fue más recio y de muy mayor peligro y tanto que duró desde las ocho horas de la mañana hasta la una después de mediodía, y como el Sol tomaba a los unos y a los otros sobre cansados, padecieron tan gran trabajo que se encalmaron muchos de los enemigos.

Gastaron los nuestros toda la munición y almacén, de suerte que ni pólvora, ni pelotas, ni saetas les quedaron; quebraron las más de las picas, trajeron casi deshechas las rodelas, abollados los cascos, de las macanas y piedras, y las espadas maltratadas. Con todo esto, ganó Cortés dos puentes y dos albarradas, y como él dice en su Relación, éste y los demás combates fueron más peligrosos que los de otras partes, porque para ganar cualquiera de las albarradas y puentes era forzado echarse a nado los españoles y pasar de la otra parte, y esto no lo podían ni osaban hacer todos, porque era fácil a los enemigos alcanzarlos a cuchilladas, a cuya causa fuera casi imposible la victoria, si por los lados no hubieran quemado los nuestros las azoteas, de donde los que saltaran en tierra recibieran gran daño. Con todas estas dificultades, los españoles, así por tener presente a Cortés, que les daba gran ánimo, como porque ya estaban determinados de morir o vencer, hicieron aquel día maravillas, y las mismas hicieron Alvarado y Sandoval con sus gentes por su parte, porque ganaron otras dos puentes y albarradas.

Con esta victoria se volvió Cortés, dejando cegadas las dos puentes, aunque al retirarse recibió algún daño, porque cargaban los enemigos como si los nuestros fueran huyendo, los cuales venían tan ciegos que no miraban en las celadas que los de caballo les ponían, en que caían y murieron muchos de ellos. Este día, aunque muy cansados y más heridos que el pasado, se recogieron los nuestros más temprano al real.

Capítulo CXLIII. Donde se dice qué fue la causa por qué Cortés, tomadas y cegadas las puentes, no llevaba el real adelante, volviéndose siempre a su puesto

Podrá dudar alguno, y con razón, que hubiere leído los dos combates pasados, qué sea la causa por qué Cortés, como iba ganando tierra, no asentaba luego su real, volviendo de nuevo a un mismo trabajo, ganando con tanta dificultad y riesgo tantas veces unas mismas albarradas y puentes, que parece, como él dice en su Relación, que o era negligente, o no era para sustentar lo que una vez ganaba, y así, no faltaron en aquel tiempo algunos que no lo entendían, que culparon a Cortés porque no iba mudando el real como iba ganando, diciendo que le pudiera poner la primera vez en la plaza. Responde él mismo, como el que tan bien sabía hacer sus negocios, que por dos causas era imposible hacerlo, o que ya que lo hiciese, estaba cierto el perdimiento de todos; la una causa era ser los españoles muy pocos para sustentar y defender de noche las albarradas y puentes, porque todos eran necesarios para pelear el día, y cansados y sin dormir era imposible hacer algo de noche ni de día; la otra, puesto el real en la plaza de la ciudad, aliende de que no tuviera Cortés de dónde se proveer de bastimentos y municiones con la facilidad que donde había asentado, los enemigos eran infinitos, y el cercador (como dice Motolinía) quedara cercado y acorralado para no poderse valer, pues de noche y de día, a todas horas, dieran sobre él los enemigos como hombres que estaban en su casa y tenían dónde se recoger, y de esta manera, habiendo de estar en vela y pelear de noche y de día y a todas horas, no pudiera ser posible sustentarse muchos días, cuanto más conseguir la victoria, y así tuvo Cortés por mejor el ganar muchas veces unas mismas puentes que llevar el ejército adentro de la ciudad, pues estando siempre donde estuvo les quitaba las vituallas y municiones, y con hambre y con guerra, poco a poco, como lo hizo, iba comiendo los enemigos hasta acabarlos.

Capítulo CXLIV. La mucha gente de los pueblos de la laguna, que vino en favor de Cortés, y de cómo formó un grueso ejército de indios amigos, y lo que hicieron
Por todo este tiempo los vecinos de Iztapalapa, Ocholobusco, Mexicalcingo, Mezquique, Cuitlauaca y los naturales de otros pueblos que estaban en la laguna dulce habían estado neutrales, de manera que ni hacían daño a los cristianos ni favorecían a los mexicanos, no determinándose a la una ni a la otra parte hasta ver cómo se ponían los negocios de los cristianos, y como vieron que eran tan poderosos y que todo les sucedía bien, tanto que por ser sus amigos los de Chalco eran poderosos para hacerles mal y daño, determinaron de declararse por amigos de los españoles, así por excusar el inconveniente dicho, como por gozar de la libertad en que veían se habían puesto sus vecinos, y para esto, de conformidad, enviaron sus mensajeros a Cortés, los cuales, en nombre de aquellos pueblos, le suplicaron los perdonase por no haber hecho antes esto y que mandase a los de Chalco y a los otros sus vecinos que no les hiciesen más daño, y que de ahí adelante los podía mandar

como a criados, porque ellos venían con determinación de servirle tan bien como los de Chalco.

Cortés les respondió que él no tenía enojo de ellos, sino solo de los mexicanos, porque porfiaban en no querer ser sus amigos, y que para que él creyese que de veras se le ofrecían, porque era su determinación no levantar el real hasta tomar por paz o por guerra a la ciudad de México y ellos tenían muchas canoas para le ayudar, le hiciesen placer de apercibir todas las que pudiesen con toda la más gente de guerra que en sus pueblos había, para que por el agua, en compañía de los bergantines, anduviesen de ahí adelante en su ayuda. Rogóles asimismo que porque los españoles tenían pocas y ruines chozas donde recoger y cargaban las aguas, que hiciesen en el real todas las más casas que pudiesen, trayendo con las canoas, de las casas más cercanas de la ciudad, adobes y madera.

A lo uno y a lo otro respondieron con muy buena gracia, diciéndole que las canoas de guerra estaban a pique y que las casas las harían luego. Con esto se despidieron, y otro día, que fue bien de ver y que dio harta pena a los mexicanos, vinieron con gran multitud de canoas y piraguas, a su modo muy bien armadas, y así madera y adobes, de los cuales con gran presteza hicieron para los españoles tantas casas de la una parte y de la otra de las dos torres de la calzada do Cortés estaba aposentado, que desde la primera casa hasta la postrera había más trecho que cuatro tiros de ballesta. Había más de dos mil personas con españoles e indios de su servicio en estos aposentos, porque todos los demás, que eran ya casi doscientos mil indios amigos, se aposentaron en Cuyoacán, que estaba legua y media del real y cerca de los otros reales.

También estos indios proveyeron de algunos mantenimientos a los españoles, de que tenían estrecha necesidad, porque ochenta y más días que duró el cerco se mantuvieron con cerezas, de que hay grandísima cantidad y duran más tiempo que las de España, y de tortillas, de las cuales no se hartaban. Fue por algunos días gran regalo algún pescado, de que éstos mismos proveyeron, porque se entienda que no solamente los españoles pelearon con infinidad de enemigos, pero con el hambre y con el frío y calor y otros trabajos, que merecen para sus descendientes gran remuneración.

320

Capítulo CXLV. Cómo Cortés determinó de combatir la ciudad por tres o cuatro partes, para que se les diese de paz, y de lo que sobre esto pasó

Después que ya no quedaba pueblo que algo valiese en la comarca de México, que no se hubiese dado a Cortés, de suerte que libremente los indios de aquellos pueblos entraban y salían de los reales de los españoles, unos por ayudar, otros por comer, otros por robar y por ver y mirar lo que pasaba, a que los hombres suelen ser naturalmente inclinados, Cortés, que dos o tres días arreo había entrado por la parte de su real en la ciudad de México, sin otras tres o cuatro que había acometido, llevando siempre lo mejor y hecho gran estrago en los enemigos, creyendo que de cada hora se movieran a pedir paz y amistad, la cual deseaba como la vida, y viendo que esto no aprovechaba, determinó de ponerlos en más necesidad, por ver si podría hacerlos venir a lo bueno, y así, proponiendo de que no se le pasase día que no combatiese la ciudad, ordenó, con la gente que tenía, entrarles por tres o cuatro partes, y para esto hizo venir todos los hombres de guerra de aquellos pueblos de la laguna con sus canoas, y ya que por la mañana se habían juntado en su real más de cien mil combatientes, diciéndoles por la lengua que los mexicanos, obstinados en su error, no querían paz, que tanto les convenía, sino ser pasados a cuchillo y quemados en sus casas, que pues por bien no querían hacer la razón, que por mal, apretándolos cuanto pudiese, les quería forzar a ella; por tanto, que les rogaba mucho que no apartándose de los bergantines, como él lo ordenaría, hiciesen todo su poder hasta rendir o acabar todos los enemigos. Ellos respondieron con gran ánimo que así lo harían y que no habían venido a otra cosa. Visto esto, Cortés mandó que los cuatro bergantines con la mitad de las canoas y piraguas, que serían hasta mil y quinientas, fuesen por la una parte, y por los otros tres con la otra mitad fuesen por la otra y corriesen todo lo más de la ciudad en torno, quemando y abrasando las casas y haciendo el mayor daño que pudiesen, y él entró por la calle principal adelante; hallóla toda desembarazada; fue hasta las casas grandes de la plaza, porque ninguna de las puentes estaba abierta; pasó adelante a la calle que va a salir a Tacuba, en que había otras seis o siete puentes, y de allí proveyó que Alonso de Ávila entrase por otra calle con sesenta o setenta españoles y que seis de a caballo fuesen a los españoles, para los asegurar. Fueron con ellos diez o doce mil indios amigos. Mandó a Andrés de Tapia que por otra calle hiciese lo mismo, y él con la gente que le quedaba siguió por la calle de Tacuba adelante. Ganaron tres puentes, las cuales cegaron luego y porque ya era tarde se volvieron al real con la victoria que aquel día Dios les había dado, dejando para otro día lo que les quedaba de hacer.

Capítulo CXLVI. La victoria que otro día tuvieron los reales españoles y de la porfía grande de Guautemuza

Deseaba mucho Cortés que toda la calle de Tacuba se ganase, porque la gente del real de Pedro de Alvarado se juntase y comunicase con la suya y pasasen del un real al otro, y que lo mismo hiciesen los bergantines, pues de esta manera tenía entendido que con mayor brevedad concluiría en negocio, y así, el día siguiente volvió a entrar en la ciudad por el orden que el día pasado, y acometió con tan gran denuedo, que por doquiera que iba, como a león furioso, le hacían lugar. retrajéronse este día tanto los enemigos hasta lo interior de la ciudad, que pareció a los nuestros tenerles ganadas las tres cuartas partes de la ciudad. No menos buen suceso tuvieron los del real de Alvarado y Sandoval, porque ganaron muchas puentes y albarradas y se señalaron mucho y recibieron muy poco daño. De aquel día y del pasado tuvo para sí Cortés que resultara el quererse dar de paz los enemigos, la cual él, con victoria y sin ella, la deseaba y procuraba, dando de ello todas las muestras que podía, enviando por momentos, como dicen, recaudos al rey Guautemucín, diciéndole muchas y muy buenas cosas, acariciándole unas veces y amenazándole otras; pero todo era trabajar en balde, porque estaba tan emperrado y tan ciego de ira y enojo, que siempre cerró los oídos al buen consejo, diciendo: «Morir o vencer»; lo cual fue causa de que muchos de los suyos, deseándolo, no se osasen dar. Ganadas, pues, muchas victorias, este día los nuestros se volvieron a sus reales con mucho placer, aunque con pena de ver que los mexicanos estuviesen tan determinados de morir, que no quisiesen salir a ningún partido.

Capítulo CXLVII. La desgracia que a Pedro de Alvarado aconteció por quererse aventajar y señalar

La fortuna, que nunca por mucho tiempo muestra el rostro de una manera, se trocó con Alvarado en la manera siguiente, el cual cebado (que es lo que a los más engaña) con las victorias pasadas y prósperos sucesos, pareciéndole que siempre había de ser así, se descuidó en lo que Cortés, su general, más le había avisado. Como, pues, hubiese ganado muchas puentes y albarradas y para sustentarlas pusiese velas de pie y de caballo, de noche, en ellas, y la otra gente se fuese al real, que estaba tres cuartos de legua de allí, y como este trabajo era insufrible, acordó de pasar el real al cabo de la calzada que va a dar al mercado de México que es una plaza harto mayor que la de Salamanca, toda cercada de portales a la redonda, y para llegar a ella no le faltaba de ganar sino otras dos o tres puentes aunque eran muy anchas y peligrosas, y así estuvo algunos días, que siempre peleaba y había victoria; y como de los días antes había conocido flaqueza en los enemigos, así por la prisa que él les daba, como por los bravos combates con que Cortés los apretaba, determinó de les pasar y ganar una puente de más de sesenta pasos de ancho y de hondo dos estados; pasóla, aunque con gran dificultad, y así por la furia con que acometió, como por lo mucho que los bergantines le ayudaron, ganado este puente, siguió tras de los enemigos, que iban puestos en huída, si no la fingieron para hacer lo que luego hicieron. Dio prisa Alvarado que se cegase aquel paso, pero como no reparó hasta verle bien ciego, como convenía para que los caballos pudiesen entrar y salir, siguiendo la victoria, quedó por cegar, y como los enemigos vieron el peligro que atrás quedaba y que los españoles que habían pasado no eran más de cuarenta o cincuenta con algunos amigos y que los de a caballo no podían pasar, revolvieron sobre ellos tan sin pensar y con tanto ímpetu que les hicieran volver las espaldas y echarse al agua. Tomaron vivos tres o cuatro españoles, que a vista de los nuestros luego sacrificaron. Fue cosa harto lastimosa que, pidiendo favor, no pudiesen ser socorridos. Murieron diciendo palabras de muy cristianos, aunque no les dieron lugar a muchas, porque luego les sacaron los corazones, y así Alvarado perdió esta vez, por adentarse, sin la consideración que convenía. Retrájose a su real, llevando bien aguado el placer que de las victorias pasadas había recibido.

Capítulo CXLVIII. Cómo Cortés supo esta desgracia, y de lo que con Alvarado pasó

Llegado que fue Cortés a su real, supo luego, como estaba ya más cerca del de Alvarado, el desmán que le había sucedido, que fue la cosa de que más le pesó por caer en Alvarado, a quien él mucho quería, y más, como era razón, por haber dado ánimo y esfuerzo a los enemigos, que tan de caída iban, porque como ello fue, volvieron tan sobre sí, que de ahí adelante por muchos días anduvieron muy orgullosos y desvergonzados, de suerte que mofando de los nuestros, los contrahacían y remedaban diciendo: «Manda, capitán», y lo demás no acertaban; otros decían: «¡Ay santa Malía!» (que la r no la pronuncian); otros decían: «Sayo, bonete, zapatos!» y cierto, este desmán pareció ser principio de otros que después sucedieron.

Pasó Cortés bien mohino al real de Alvarado, para informarse mejor de lo que pasaba y reprehenderle, porque unos le culpaban mucho, y otros no tanto. Miró do había pasado su real, y como le halló tan metido dentro de la ciudad y consideró los muchos y malos pasos que había ganado, se maravilló, y viendo cuán valerosamente lo había hecho y que fueran malas gracias reprehenderle, como lo había pensado, alabóle lo que había hecho y con amor y blandura le reprehendió el descuido de no haber cegado por su persona aquel paso sin encomendarlo a nadie, como a muchas veces se lo había dicho. Encargóle encarecidamente tuviese de allí adelante especial cuidado, y comunicó con él otras cosas muy importantes a la conclusión del cerco. Defendióse Alvarado, aunque en algo confesó su descuido, con la gran prisa que los suyos le daban, conocida la flaqueza de los enemigos, a que primero que Cortés ganase el mercado, se aventajase en cosa tan importante de todos los demás que combatían la ciudad, porque ganado el mercado, restaba poco de hacer y lo que quedaba de la ciudad no se podía sustentar, a cuya causa Alvarado, por no contradecir a tantos que así le ahincaban, puso el pecho al negocio, y como tengo dicho, con el gusto de las victorias pasadas y las importunaciones y persuasiones de los que [le] incitaban, no advirtió a lo que tanto convenía, descuidándose con encargarlo a otros.

Esto mismo aconteció a Cortés en su real, que fue muy importunado de todos los de su compañía que tomase el mercado y se metiese cuanto pudiese la ciudad adentro; pero él, que mejor que ellos entendía los negocios, hacía como dicen, orejas de mercader, disimulando unas veces y contemporizando otras, encubriéndoles el porqué no lo hacía, representándoles; algunas veces los grandes inconvenientes que se ofrecían, porque para entrar en el mercado había muchas azoteas, puentes y calzadas rompidas, de tal manera que cada casa por donde había de pasar estaba hecha como isla en mitad del agua, cosa que después puso a los nuestros en grande aprieto.

Capítulo CIL. Algunas entradas que Cortés hizo, y de lo que respondió al tesorero Alderete, que le importunaba se metiese más en la ciudad

Pasado esto, Cortés hizo algunas entradas en la ciudad por las partes que solía. Combatían los bergantines y canoas por dos partes y él en la ciudad por otras cuatro. Mató muchos de los contrarios, porque cada día le venía gente de refresco, señalándose mucho, no solo él y sus capitanes, como en su lugar diré, pero otras personas particulares, de las cuales no se esperaban hazañas tan extrañas. De esta manera pasaron algunos días que Cortés y sus capitanes volvían siempre con victoria, que fue causa que todos los españoles, y entre ellos principalmente el tesorero Alderete, porfiasen importunadamente se metiese la ciudad adentro y tomase el mercado. Dilatábalo Cortés cuanto podía, por dos cosas: la una, por ver si Guautemuza y los suyos mudarían propósito; la otra, porque los enemigos estaban muy juntos y muy fuertes y muy determinados de morir, y que cada casa de ellos, por el agua de que estaba cercada, era un fuerte. Con todo esto, como los españoles por veinte días enteros no habían hecho otra cosa que pelear, y casi siempre se hallaban en un mismo puesto, abriendo los enemigos de noche lo que ellos con tanto trabajo cegaba de día, como la tela de Penélope, sentían esto tanto, por concluir con trabajos tantas veces repetidos, que, no satisfechos de las razones que Cortés les daba, le porfiaron, tomando a poner por intercesor a Alderete, o que les diese otras razones más bastantes, o que hiciese lo que todos le suplicaban. Cortés respondió entonces a Alderete y a otras personas de calidad que con él venían: «Señores: vuestro deseo y propósito es muy bueno, y ninguno de vosotros ni todos juntos lo deseáis tanto como yo, y veo que para importunármelo tenéis razón, y pues tanto me apretáis que me hacéis decir lo que no querría, sabed que lo he dejado de hacer, porque no todos como vosotros pondrán el hombro a este negocio que es tan peligroso y dificultoso, que me recelo que algunos que mucho bravean han de perder y hacernos perder, que es lo que yo mucho sentiría porque en la guerra hace más daño el que huye que provecho el que va venciendo; y si con todo esto os parece que acometamos, como decís, porque no digáis que yo solo me quiero extremar en contradecir lo que todos pedís, veldo bien, que a lo que os determináredes me hallaréis, y acordaos que si vinierdes en ello, os digo que habemos menester bien las manos». Alderete le replicó que todo lo tenían visto y que ninguno había que no estuviese de aquel parecer, y que más querían ponerse a cualquier peligro, por grande que fuese, que trabajar tantas veces sin provecho, y que no había hombre de ellos que no tuviese tragada la muerte, para no dejar por temor de ella de hacer todo lo posible, o para vengarla, o salir con la victoria. Al fin pudieron tanto estas y otras razones, que Cortés respondió: «Sea, pues, así, caballeros; encomendámonos a Dios, que con varones tan determinados doquiera me podré yo arrojar».

Capítulo CL. Cómo otro día Cortés dio orden en lo que se había de hacer para dar el combate
Determinado ya Cortés de echar el negocio a un cabo, llamó a consejo a las personas más principales y de más saber en

las guerras, con las cuales comunicó y trató el cómo se había de dar el combate, para que viniese en ejecución su deseo; y tratado lo hizo saber a Gonzalo de Sandoval y a Pedro de Alvarado, diciéndoles cómo otro día siguiente había de entrar en la ciudad y trabajar cuanto pudiese de llegar al mercado. Escribióles como por vía de instrucción, enviando, para más satisfacción suya, dos criados bien informados, a que Gonzalo de Sandoval por la parte de Tacuba se viniese con diez de a caballo a cien peones y quince ballesteros y escopeteros al real de Pedro de Alvarado, y que en el suyo quedasen otros diez de a caballo, dejando concertado con ellos que otro día que había de ser el combate, se pusiese en celada detrás de unas casas, haciendo que levantaban el real y que huían con el fardaje, porque los de la ciudad saliesen tras de ellos y las celadas les acometiesen por las espaldas; y que con los bergantines que tenían y con los otros tres de Pedro de Alvarado ganase aquel mal paso donde Pedro de Alvarado había sido desbaratado, y que sin apartarse de allí, a toda prisa le cegase; y hecho esto, con gran tiento pasasen adelante, de suerte que en ninguna manera se alejasen ni ganasen paso sin dejarlo primero ciego y aderezado, y que si pudiesen sin mucho riesgo y peligro ganar hasta el mercado lo procurasen, y esto no era menester decírselo, que no deseaban otra cosa, porque él había de hacer lo mismo; pero que supiesen que aunque les enviaba a decir esto, no era para obligarles a que ganasen paso de que les pudiese venir algún desbarato o desmán, y que esto decía porque conocía de sus personas que habían de poner el rostro donde él les dijese, aunque supiesen perder las vidas; y porque ellos habían de combatir por sola una parte y él por muchas, les envió a pedir setenta o ochenta hombres de pie, para que otro día entrasen con él, los cuales vinieron con los criados de Cortés aquella noche a dormir al real, como les había mandado.

Capítulo CLI. El razonamiento que Cortés hizo a los suyos y del orden que dio en el combate

Oída misa, que fue bien de mañana. Estando todos juntos, Cortés les dijo:

> Caballeros y amigos míos: Bien sabéis los que estáis presentes y saben los demás que están en los otros reales, cómo muchas y diversas veces me habéis persuadido, rogado e importunado que nos metamos la ciudad adentro y procuremos tomar el mercado, porque ganado este, la ciudad será nuestra. Yo, como habéis visto, por todas las vías que he podido lo he excusado, por las causas y razones que ya os he dicho; pero al fin habéis podido más que yo y no puedo dejar de hacer lo que me rogáis. Ya está dada la traza de lo que han de hacer Gonzalo de Sandoval y Pedro de Alvarado. Ahora resta que conforme a la que diéremos, pues hemos de combatir por muchas partes, nos dispongamos más que nunca a hacer el deber, de suerte que los capitanes no pasen de lo que se les mandare y los soldados no hagan más de lo que ellos les dijeren, porque por querer aventajarse un capitán o un soldado, no gobernando el ánimo con discreción, muchas o las más veces se pone en peligro de donde no sale, o si sale, con mucha pérdida y a gran riesgo de la compañía y algunas veces de todo el ejército. Lo que intentamos y emprendemos es muy dificultoso; pero después del favor divino, con dos cosas lo alcanzaremos, conviene a saber, con seso y esfuerzo, y es bien que de una vez, estando como estáis determinados, probemos nuestra ventura. Muchos acuden en nuestro favor; armas y municiones no nos faltan; los enemigos aunque están fortalecidos,

están acorralados, y ganado el mercado y algunas casas, siempre valdrán menos. Encomendémonos a Dios y a san Pedro y Santiago, nuestros abogados; sean en nuestra ayuda, que creo si serán, pues de nuestra parte habemos hecho todo lo que ha sido en nosotros. Ahora, si hay algo de que me avisar, haceldo, por que no quede cosa por intentar que convenga.

Ellos, contentos de haberle oído, le respondieron que no quedaba más de que mandase y ordenase lo que se debía hacer, y así ordenó luego Cortés que los otros bergantines guiasen las tres mil canoas y piraguas, como la otra vez, por las calzadas. Repartió la gente de su real en tres compañías, porque para ir a la plaza del Tatelulco, había tres calles; por la una había de entrar el Tesorero y Contador con sesenta españoles y veinte mil indios, ocho caballeros, doce azadoneros y muchos gastadores para cegar las acequias, allanar los puentes y derribar las casas; por la otra calle había de entrar Andrés de Tapia y Jorge de Alvarado con ochenta españoles y más de diez mil indios y ocho de a caballo, y a la boca de esta calle, que era la de Tacuba, habían de quedar dos tiros para asegurarla. Cortés había de ir por la otra calle angosta con cien peones y ocho de a caballo. Entre los peones había veinticinco ballesteros y escopeteros y con infinito número de amigos, avisados los de a caballo, que a la boca de la calle se habían de detener, sin que en ninguna manera le siguiesen hasta que él se lo enviase a mandar.

Capítulo CLII. Cómo Cortés acometió con su gente y del bravo y peligroso combate de aquel día

De esta manera ordenado todo, según dicho es, después que Cortés hubo entrado bien adentro sin hallar resistencia, se apeó del caballo y tomó una rodela, y con los suyos en buen concierto y denuedo acometió a una albarrada bien fuerte y con mucha gente que estaba del cabo de una puente. Asestóle un tiro pequeño y con los ballesteros y escopeteros que llevaba le dio por un buen rato recio combate hasta que la ganó. Pasó adelante por una calzada que tenían rota por dos o tres partes, las cuales estaban todas fortalecidas por los enemigos. Dividió su gente Cortés; combatió todas tres partes; no las defendieron mucho, porque los indios amigos, que eran en gran cantidad, les entraban por las azoteas y por otras partes, que parecía que ya la victoria era por los nuestros, porque como todos entraron a un tiempo y cada cuadrilla por su cabo, hicieron maravillas, matando hombres, deshaciendo albarradas, ganando puentes y destruyendo casas. Los indios amigos siguieron la calle adelante sin hallar quien se lo contradijese. Cortés se quedó con obra de veinte españoles en una isleta que allí se hacía, porque vio que ciertos españoles andaban envueltos con los enemigos, los cuales los retraían algunas veces hasta echarlos en el agua, porque eran muy muchos y les tenían ventaja en el lugar; pero con el favor de Cortés revolvieron sobre ellos hasta echarlos lejos de sí. Demás de esto se detuvo allí Cortés por guardar que por ciertas traviesas de calles los de la ciudad no saliesen a tomar las espaldas a los españoles que habían seguido la calle adelante, los cuales a este punto enviaron a decir a Cortés que habían ganado mucho de la ciudad y que se hallaban cerca de la plaza del mercado, y que en todas maneras querían pasar adelante, porque ya oían el combate que Gonzalo de Sandoval y Pedro de Alvarado, daban por su parte. Cortés les envió a decir que en ninguna manera pasasen adelante sin que primero los puentes que ganasen cegasen muy bien, de manera que si tuviesen necesidad de retraerse, lo pudiesen hacer sin peligro, pues sabían que en aquello consistía el vencer o perderse. Ellos le replicaron que los puentes que habían ganado las tenían cegadas muy bien y que si se quería certificar de ello que viniese a verlo, porque hallaría ser así lo que le decían.

Capítulo CLIII. El gran riesgo y peligro en que Cortés se vio, por no estar bien ciega una puente
Al tiempo que los de Cortés habían pasado un puente que tenía doce pasos en ancho y el agua que por ella pasaba era de hondura de más de dos estados, hinchéronla de madera y cañas de carrizo y poca tierra y adobes, y como pasaban pocos a pocos y con tiento, no se había hundido la madera y cañas, y ellos, con el gusto de la victoria, iban embebecidos, sin atender a lo que tanto les importaba y de que tantas veces, con tanta diligencia les había avisado Cortés. Pensando, pues, que todo quedaba fijo, llegó Cortés a aquel puente, que con justo título, de ahí adelante se pudo llamar el puente desdichado, donde, como diré, murieron tantos españoles. Halló que ya los suyos venían en huída, porque los enemigos entendieron el peligro grande que del mal cegado puente atrás quedaba, los cuales, como perros rabiosos, dieron

en ellos. Cortés, como los vio venir tan desvalidos y tan sin tiento, comenzóles a dar voces diciendo: «¡Tened, tened!, ¡volved, volved el rostro a los enemigos!». Ellos, o porque pensaron que el puente quedaba bien ciego, o porque el miedo no les dio lugar a oír y reparar, dieron consigo en el puente, el cual, como había estado lleno de madera y carrizo, abajóse toda aquella fajina y quedó tan llena de agua como de antes. Ya Cortés llegaba a este lugar, cuando halló que el agua estaba llena de españoles e indios, de manera que parecía no haber echado en ella una paja. Los indios, que más que todos los hombres del mundo se encarnizan en los vencidos (señal grande de ser cobardes), cargaron tanto, que matando en los españoles se echaban al agua tras ellos. Acudieron luego, que fue lo que hizo muy gran daño, gran cantidad de canoas de los enemigos, que tomaban y llevaban vivos a los españoles sin poder por ninguna vía ser socorridos. Cortés, como vio tan súbito tan no pensado desmán, determinó de parar allí y morir peleando, aunque en lo que entonces pudo más aprovechar él y los que con él iban, eran en dar las manos a algunos miserables españoles que se allegaban, para que saliesen afuera. Unos salían heridos, otros medio ahogados, otros sin armas, y otros que acabando de salir expiraban. Envió Cortés a los que podía adelante, mandándoles que no parasen hasta llegar al real.

En esto, sin los que había (que eran muchos) acudieron tantos de los contrarios y cargaron con tanta furia, que cercaron a Cortés y a otros doce o quince españoles que consigo llevaba; y como él y ellos estaban tan embebecieclos en ayudar a los que estaban caídos en el agua (que con grandes voces pedían socorro) no miraron ni advirtieron el gran peligro en que estaban y al daño tan cierto que podían recibir, aunque estaban en la calzada, porque de las canoas habían saltado innumerables enemigos hasta venir a tomar a manos a los nuestros, como luego diré.

Capítulo CLIV. Do se prosigue y dice el peligro que de ser preso o muerto Cortés tuvo, y de cómo Olea murió defendiéndole, y de lo que hizo Cortés sobre esto
Fuéronse los enemigos por todas partes acercando tanto a Cortés, que ciertos de ellos le echaron mano, diciendo a voces: «¡Malinche, Malinche!», y cierto, le llevaran vivo, como él confiesa en su Relación, si no fuera por un

criado suyo, hombre muy valiente, que se decía, Francisco de Olea, que de una cuchillada cortó las manos a un indio que le tenía asido, el cual luego, por darle la vida, perdió allí la suya. Ayudó también (según dice Motolinía), un indio tlaxcalteca que se llamaba Baptista, hombre muy esforzado, que después fue buen cristiano y el primero que recibió el sacramento de la Extremaunción. En su entierro, delante del cuerpo, llevaron sus parientes y deudos una lanza levantada, en memoria de su gran esfuerzo y valentía.

Viendo, pues, Cortés, que habían muerto a Olea y a los que le habían librado, se quiso echar al agua a pelear, y Antonio de Quiñones, capitán de su guarda de cincuenta hombres, le abrazó y por fuerza le volvió atrás, diciendo: «Yo tengo de dar cuenta de vos, Cortés, y no otro». Respondióle Cortés: «Déxame, Quiñones; ¿Dónde puedo yo morir mejor que con los míos, que por darme a mí la vida la perdieron ellos? ¿No veis cómo estos perros matan a los nuestros?». Replicóle Quiñones: «No se puede remediar eso, perdiendo vos la vida; salvemos vuestra persona, pues sabéis que sin ella ninguno de nosotros puede escapar». Con todo esto, no podía con él hasta que medio por fuerza le sacó de allí, y así él y los demás peleando, se vinieron retrayendo. Murieron en este mal paso cuarenta y cinco españoles, las cabezas de los cuales pusieron los enemigos entre unos palos en el sacrificadero, los cuales iban hiriendo en los nuestros con gran furia. Rodelaba Cortés no solo su persona, pero la de otros. Peleó este día por más que diez hombres, como enojado y como el que peleaba, no solamente por su vida, sino por la de los suyos.

En esto llegó un criado suyo a caballo, hizo un poco de lugar; pero luego, desde una azotea baja le dieron una lanzada por la garganta, que le hicieron más que de paso dar la vuelta. Fue este conflicto tan grande, que cayeron en el agua dos yeguas; la una salió nadando, y la otra mataron los indios. Murió allí un Fulano de Guzmán, mayordomo de Cortés, cuya muerte él sintió mucho y todos los del real la lloraron, porque era muy bastante y muy bienquisto.

Esperando Cortés que la gente pasase por aquella calzadilla a ponerse en salvo, y él y los suyos deteniendo a los enemigos, llegó un mozo suyo para que cabalgase, porque era tanto el lodo que había en la calzadilla, de los que entraban y salían por el agua, que no había persona que se pudiese tener, mayormente con los empellones que los unos a los otros se daban por salvarse. Cortés cabalgó, pero no para pelear, porque allí era imposible a pie, cuanto más a caballo, y, si pudiera ser, antes de la calzadilla. En una isleta se habían hallado los ocho españoles de a caballo que Cortés había dejado, que no pudieron hacer otra cosa que volverse, y aun la vuelta fue tan peligrosa, que aquí, como dije, cayeron las dos yeguas en el agua.

En este mismo lugar, dice Cortés en su Relación, que le mataron a Guzmán, viniendo a traerle un caballo para en que se salvase, la muerte del cual, como antes dije, se sintió tanto que Cortés dice [que] hasta hoy está reciente el dolor de los que le conocieron.

Capítulo CLV. Cómo Alvarado y Sandoval pelearon este día, y de lo que sucedió con el bergantín de Flórez, y cuánto ayudó el capitán Mota

Este mismo día, que tan aciago fue para Cortés, Alvarado y Sandoval se hallaron juntos con sus compañías y con dos bergantines, los cuales todos acertaron a estar a la parte del norte que viene de Tacuba al Tlatelulco, y para apartar las muchas canoas que de [la] parte del sur les fatigaban, pasaron el bergantín de Pedro de Briones por cierta abertura de la calzada, que estaba casi ciega. Lleváronle (como eran muchos), como en las manos, los indios amigos. Combatióse muy bien por aquella parte; llegaron muy cerca del mercado y siempre con prosperidad, que jamás le mataron español, como dicen otros. Repararon allí; pelearon bravamente gran parte del día, hasta que vieron sacrificar muchos españoles, y desde a poco espacio les llegaron dos de caballo, que Cortés enviaba, haciéndoles saber su desgracia y que se retrajesen como mejor pudiesen. No fue esto oculto a los indios amigos, porque luego se pusieron en cobro, desamparando el bergantín, que por la mañana había de volver a la otra parte. Los mexicanos, como venían con victoria y dejaban al general y a los de su compañía retirados, cargaron todos sobre los de Sandoval y Alvarado y su gente con tanto ímpetu, que se tomó por remedio que Sandoval con ciertos de a caballo se opusiese a los enemigos, entre el bergantín y la ciudad, corriendo sobre ellos todo el espacio que correr se podía, recibiendo cuando volvían mucho daño de las varas y piedras que les tiraban, y en esto estuvieron hasta casi la noche, que los españoles solos acabaron de pasar el bergantín, que se retruxeron, y Sandoval con los mensajeros que Cortés le había enviado, se fue a ver aquella noche con él.

Los dos bergantines que guardaban la calzada de Tenayuca, anduvieron aquel día juntos y entraron por un canal de agua hasta cerca del templo, do ahora es el monasterio de Santiago, y acaso el capitán Flórez se halló adelante, y pensando que a cuanto más peligro se ponía ganaba más, con su compañero Jerónimo Ruiz de la Mota metió su bergantín por una calle angosta, donde paró por no poder navegar más, dejando a Mota atrás en una como placeta de agua, y así estuvieron hasta casi las tres o las cuatro de la tarde, que vieron sacrificar los españoles en la gran torre de su templo; y de ahí a poco ciertos indios echaron unas calzas y jubón con sus agujetas, de una azotea, en el bergantín de Flórez, que no poco pavor dio a los que en él estaban.

Los indios principales, que habían rompido al general y a los de su compañía, acometieron por mar y tierra con gran braveza y alaridos al bergantín de Flórez, que más cerca tenían, lanzando en él tantas piedras y adobes de lo alto de las casas vecinas, que sufrieron mucho ellos y el bergantín, el cual quisieron sacar ciando, y no pudiendo gobernar, dio en un carrizal, donde cargaron sobre él, como cosa rendida, los indios. Mota, que no menos valiente que sesudo era, por socorrer al temerario compañero, mandó con gran presteza bordar su bergantín contra los enemigos, y como la gente fuese con más espacio que la necesidad pedía, saltó desde la proa en tierra tanto trecho, que fuera de aquel ímpetu y furia con que iba, no lo saltara en dos saltos. Siguióle el Veedor y otros cuatro o cinco, y algunos con ballestas, y como acometieron con gran denuedo y tan de súbito, pusieron turbación en los mexicanos, los cuales dieron lugar a que Flórez y su bergantín saliesen libres, aunque con hartas heridas. Con esto, como ya la noche se acercaba, se retrajeron como quien escapa de las uñas del gavilán, quedando enseñado Flórez de ahí adelante a no ponerse a más de lo que buenamente pudiese.

Capítulo CLVI. Cómo Cortés salió a la calle de Tacuba peleando, y de lo que envió a decir a los otros capitanes de su compañía, y de lo que los enemigos hicieron

Con todos estos trabajos salió Cortés con los que quedaban a la calle de Tacuba, que era bien ancha, y recogida la gente, se quedó en la retroguarda, conocido bien que los enemigos habían de porfiar en su seguimiento, los cuales venían tan furiosos que parecía que no habían de dejar hombre a vida, y retrayéndose lo mejor que pudo, amparando [a] los suyos, envió a decir al Tesorero y al Contador que hiciesen lo mismo a que fuese[n] con mucho concierto hasta recogerse en la plaza. Lo mismo envió a decir a Andrés de Tapia y Jorge de Alvarado, que habían entrado por la calle que iba al mercado. Los unos y los otros pelearon valientemente y ganaron muchas albarradas y puentes que habían muy bien cegado, lo cual fue causa de no recibir daño al retraerse. Puso espanto a algunos, cuando el Tesorero y Contador combatían un albarrada, poco antes que se retrajesen, ver que los de la ciudad, por encima de la misma albarrada, echaron tres cabezas de cristianos, aunque por entonces, según estaban desfiguradas, no supieron si eran del real de Pedro de Alvarado o del de Cortés.

Recogidos todos a la plaza, por todas partes tanta gente de los enemigos sobre los nuestros, que tenían bien que hacer en apartarlos de sí, y llegó su atrevimiento a tanto, que acometían por aquellos lugares y partes donde antes de este desbarato no osaban esperar a tres de a caballo y diez peones. Luego que esto pasó, los sacerdotes de los ídolos se subieron a los templos y torres altas del Tlatelulco, y a su costumbre, como hacían cuando conseguían victoria, encendieron muchos braseros y echaron mucho copal, que se hace de cierta goma que hay en estas partes, que parece mucho al anime, lo cual ofrecieron muy regocijados, como dando gracias a sus ídolos por la victoria que de los nuestros habían alcanzado, y aunque los españoles quisieran mucho estorbárselo, no pudieron, porque ya los más de ellos con la demás gente de amigos se iban hacia el real.

Murieron en este desbarato los españoles que arriba dije, aunque Cortés en su Relación (a quien se debe más crédito) dice que fueron treinta y cinco o cuarenta, a más de mil indios amigos; hirieron más de treinta españoles, y Cortés salió herido en una pierna. Perdióse el tiro pequeño de campo, que había llevado, y muchas ballestas, escopeteros y otras armas, que echaron harto menos después.

Hecha la ceremonia de los sahumerios, por hacer desmayar a Sandoval y Alvarado, que estaban más cerca y frontero de los templos, llevaron los de la ciudad todos los españoles vivos y muertos al Tlatelulco, que es el mercado, y en las torres altas de los templos, para que mejor pudiesen ser vistos, desnudos en carnes los sacrificaron, así a los muertos como a los vivos; abriéndolos por los pechos, les sacaron los corazones, y con grande contento y reverencia los ofrecieron a sus ídolos, lo cual Sandoval y Alvarado y los demás sintieron en las entrañas; púsoles gran tristeza y desmayo, viendo especialmente lo que los vivos hacían, aunque por la gran distancia no los podían oír. retrajéronse a su real, habiendo peleado aquel día cuanto tantos hombres podían contra tanta infinidad de enemigos. Ganaron hasta casi el mercado, el cual se acabara de ganar aquel día si Dios, por sus ocultos juicios, o por los pecados de los nuestros, no permitiera tan gran desmán. Cortés llegó a su real tan triste como cuando la primera vez salió por fuerza de México; lo uno, aunque no fue tan grande esta pérdida, porque le decían que los bergantines, en quien estaba la fuerza y esperanza de vencer, eran perdidos, aunque después supo que no, puesto que, como después se dirá en su lugar, se vieron en grande estrecho; lo otro, porque los enemigos cobraban grande ánimo y se atrevían a lo que nunca habían osado, derramando la victoria que habían habido por toda la tierra. Fue este día, como alegre y regocijado a los enemigos, así triste y lloroso a los nuestros y la noche llena de planto y congoja.

Capítulo CLVII. Las alegrías que los enemigos hicieron y de las palabras que dijeron y recaudos que enviaron a otras provincias
Aquel día y la noche siguiente los de la ciudad celebraron su victoria con el extremo que suelen sus pérdidas y desastres, que en lo uno y en lo otro son demasiadamente alharaquientos. Encendieron muchos y grandes fuegos por todas las torres de los templos, que hacían la noche tan clara como si fuera de día; tocaron tantas bocinas y atabales y otros instrumentos que resuenan mucho, que parecía hundirse la ciudad; saltaron y bailaron, cantando cantares de regocijo y alegría, dando gracias a sus ídolos por la victoria, pidiéndoles favor para adelante, prometiéndoles de hacerles un gran sacrificio de corazones de cristianos y comer con chile en un gran banquete los cuerpos de los tlaxcaltecas. Recontaron las hazañas de sus antepasados, y cotejándolas con la suya decían que nunca sus dioses habían recibido, tan gran servicio, ni sus pasados habían muerto tan valientes y esforzados hombres. Animábanse en los cantares los unos a los otros a que de ahí adelante peleasen valientemente, porque como habían muerto a aquellos cristianos así harían a los demás, y que si así no fuese lo mejor era morir, que venir en poder de extraña gente. Con

esto abrieron todas las calles y puentes del agua, como de antes las tenían, y llegaron a poner sus fuegos y vela de noche a dos tiros de ballesta del real de los nuestros, y como todos salían tan desbaratados y heridos y casi sin armas, había necesidad de que descansasen y se rehiciesen.

En el entretanto que esto hacían los nuestros, los de la ciudad, con gran consejo, se dieron gran prisa a fortalecerse y a enviar sus mensajeros a muchas provincias a ellos sujetas, haciéndoles saber la victoria que de los cristianos habían habido, y como los mensajeros no eran de los que menos hablaban, acrecentaban de tal manera el negocio, que de una mosca hacían elefante, diciendo cómo los mexicanos, señores del mundo, habían muerto muchos cristianos y que presto acabarían los que quedaban; por tanto, que los que de miedo se querían dar a los cristianos, que mudasen parecer, y que los que no tenían pensamiento de rendirse a los nuestros, que se holgasen, porque en breve verían vengados sus corazones y sus dioses más servidos y reverenciados que nunca, y que los unos y los otros no tratasen de paz con los cristianos si no querían que, después de muertos los mexicanos, los destruyesen, y sus hijos, mujeres y casas y heredades diesen a otros; y por que viesen que esto era así, iban mostrando (por dondequiera que iban, diciendo estas palabras) las dos cabezas de los caballos que habían muerto y algunos de los cristianos. Fueron de tanta eficacia estas palabras, juntamente con las claras muestras que veían de lo que decían, que los unos por temor [a que] si venciesen a los mexicanos serían destruidos y asolados, los otros por el odio y enemistad que a los nuestros tenían, estuvieron muy firmes en su contumacia y rebeldía, tratando de ahí adelante de ofender a los nuestros y jamás ayudarlos.

En el entretanto que esto pasaba, después que los nuestros por algún tanto hubieron descansado y aderezándose de armas, porque los de la ciudad no tomasen más orgullo y se ensoberbeciesen, como de menores cosas solían, y para que no sintiesen flaqueza en los nuestros, pues a saberla, con facilidad (según eran muchos y buen aderezados) cumplieran lo que amenazaban, cada día salían algunos españoles de los que más sanos y descansados estaban, así de pie como de a caballo, con muchos de los indios amigos, a pelear con los de la ciudad, aunque nunca podían ganar más de algunas puentes de la primera calle antes de llegar a la plaza.

Capítulo CLVIII. Cómo sabido el desbarato de los españoles por la comarca, los indios de Marinalco y otros se rebelaron, y cómo Cortés envió contra ellos al capitán Andrés de Tapia, el cual los venció, y de la confederación de sus veinte compañeros

No hubieron bien pasado dos días después del desbarato y rompimiento de los españoles, cuando luego (porque el mal vuela) lo supo toda la comarca sujeta al imperio mexicano, y así los vecinos de Marinalco y los pueblos de la provincia de Coisco comenzaron a hacer brava guerra a los indios de la provincia de Cuernauaca, sujetos a la ciudad de México, porque se habían dado por amigos de los cristianos y les ayudaban en lo que se ofrecía, y como ya no podían sufrir las molestias los de Cuernauaca de sus malos vecinos, pues les destruían sus panes y frutales, que cuando a ellos hubiesen muerto darían sobre los cristianos, determinaron enviar sus mensajeros a Cortés, pidiéndole socorro, porque no tanto se tenrían del mal que de presente padecían, cuanto del que se les allegaba, por irse juntando tanta gente contra ellos. Cortés, oído el mensaje, le pesó mucho que en tal tiempo le pidiesen socorro, porque habiendo tan poco antes sucedido aquel desbarato, tenía más necesidad de ser socorrido que de socorrer; pero con todo esto, así por no mostrar flaqueza de que los enemigos habían de recibir nuevo ánimo, como por no faltar a sus amigos, que con tanta voluntad se le habían ofrecido y tanta necesidad tenían de su socorro, determinó, aunque tuvo muchos contradictores, de enviar al capitán Andrés de Tapia, hombre de consejo y esfuerzo, con ochenta españoles de a pie y diez de a caballo, al cual encargó mucha la guerra y la brevedad de ella, dándole no más de diez días de término para ir a volver, representándole la necesidad en que quedaba y la contradicción de muchos. Andrés de Tapia se partió luego, y llegando a una población pequeña, que está entre Marinalco y Cuernauaca, halló que le estaban esperando los enemigos en campo raso, confiados demasiadamente en su poder. El ordenó la gente que llevaba, y con algunos de Cuernanaca les representó la batalla, la cual se trabó bien sangrienta; pero desde a poco rato, como los de a caballo eran señores del campo, los nuestros desbarataron a los enemigos y siguieron el alcance, hiriendo y matando muchos hasta meterlos en Marinalco, que estaba asentado en un cerro muy alto y donde los de a caballo no podían subir, y viendo esto, atacaron y destruyeron cuanto hallaron en el llano, volviendo muy alegres dentro de los diez días con victoria a su real, vengados los de Cuernauaca y perdido el orgullo los de Cuernauaca, digo los de Marinalco, y quitada la esperanza a los demás de rebelarse, como pensaban.

Era Marinalco pueblo grande y de poca agua. Engañóse Gómara en decir que tenía muchas fuentes, porque después acá, por la falta y trabajo de traer el agua, se bajó a lo llano.

Usó Andrés de Tapia en el discurso de la guerra de un muy avisado ardid y consejo para emprender mayores cosas que otro y salir con ellas, y fue que se juramentó con los mayores vínculos y firmezas que él pudo con veinte escogidos soldados de su compañía, los cuales contaré después, en esta manera; que juntos todos acometiesen y ninguno se apartase del lado del otro y que todos muriesen por uno y uno por todos, mirando de tal suerte los unos por los otros que a ninguno dejasen matar sin que todos los demás, con toda fidelidad, hasta librarle, se pusiesen al mismo riesgo, y así los de esta compañía entraban y salían con mucha victoria y acontecíales no solamente ayudarse a sí, pero a los de otras compañías. Cúpole a este capitán la conquista que hoy va de San Francisco a lo alto del Tlatelulco, y la echó por tierra y al principio de ella edificó su casa, que fue de las primeras que se hicieron en México, y así por esto aquella calle en la traza de México se llama la calle de Tapia, el cual dejó hijos y poca renta para lo que sus servicios merecieron.

Capítulo CLIX. Cómo vinieron a Cortés mensajeros de los otomíes, quejándose de los de Matalcinco, y cómo determinó de enviar a ello a Sandoval

En el entretanto que el capitán Andrés de Tapia fue y vino al socorro que Cortés le había enviado, algunos españoles de pie y de a caballo entraban a pelear a la ciudad hasta llegar a las casas grandes que estaban en la plaza, y de allí, aunque llevaban consigo muchos indios amigos, no podían pasar, porque los de la ciudad tenían abierta la calle de agua, que está a la boca de la plaza, que estaba muy honda y ancha, y de la otra parte tenían una muy ancha y fuerte albarrada y allí peleaban los unos con los otros hasta que la noche los despartía, y luego desde a dos días que Andrés de Tapia vino de la guerra de Marinalco, llegaron al real de Cortés diez (y según Motolinía, quince) mensajeros de los otomíes, que eran como esclavos de los mexicanos, a quejarse de los de la provincia de Matalcingo, sus vecinos, de quien recibían grandes daños, por la cruda guerra que les hacían, a causa de haberse dado por amigos de los cristianos y por vasallos del emperador, y que la guerra iba tan adelante que les destruían la tierra y les habían ya quemado un pueblo y llevado alguna gente y que venían destruyendo cuanto podían y con intención de dar en el real de los cristianos, para que saliendo juntamente los mexicanos los acabasen. A los más de esto dio crédito Cortés, porque de pocos días [a] aquella parte todas las veces que los nuestros entraban a pelear a la ciudad, los indios los amenazaban con los de la provincia de Matalcingo, diciéndoles: «Ya, perros cristianos, vendrán presto sobre vosotros los de la provincia de Matalcingo, que son muchos y muy valientes y tan enemigos vuestros como nosotros; tomaros han por las espaldas y nosotros os acometeremos por delante y de esta manera no escapará ninguno de vosotros y haréis con vuestros cuerpos alegres nuestros banquetes; por tanto, si no queréis morir, alzad vuestro real y íos».

Los nuestros, acordándose de palabras y de lo que los mensajeros habían dicho, aunque no tenían mucha noticia de esta provincia, bien sabían que era grande y que estaba veintidós leguas de su real, y entendieron de la queja que los otomíes daban, que pedían favor y ayuda contra aquellos sus vecinos, y aunque le pidieron en tan recio tiempo, Cortés, que en semejantes trances no desmayaba, confiando en la ayuda de Dios, aunque, como antes está dicho, no le faltaban contradictores, se condolió de aquella miserable y perseguida gente, determinando de favorecerlos; les dijo: «Dios, que no nos faltó contra Marinalco, tampoco nos faltará contra Matalcingo, pues hace tuerto y sinrazón». Movióle a esto, aliende de que hacía lo que debía a sus amigos, el deseo que tenía de quebrar en algo las alas a los de la ciudad, que cada día amenazaban con los de esta provincia, mostrando gran esperanza de ser socorridos por los de ella y con su ayuda ejecutar sus amenazas, y este socorro no le podían tener de otra parte que de allí, porque por todas las obras habían de topar primero con provincias y pueblos de los amigos confederados con los cristianos, y así, por no poner el negocio en condición, mandó a Gonzalo de Sandoval, su alguacil mayor, de quien confiaba mucho, que con diez y ocho de caballo y cien peones españoles, en que había un solo ballestero, fuese contra los de Matalcingo y amparase a los otomíes y volviese con toda la presteza que fuese posible, el cual, como no se dormía en cosa, salió otro día bien de mañana con su gente, llevando por delante los mensajeros otomíes, para que diesen aviso a los suyos cómo iba y que con su armas estuviesen a punto.

Capítulo CLX. Lo que los españoles sintieron esta partida, y cómo Sandoval venció

Como Sandoval salió, que era persona de tanta importancia para los negocios, y llevó consigo tantos españoles, los demás lo sintieron mucho y nunca desmayaron tanto como entonces, aunque lo disimularon cuanto pudieron, así porque los enemigos no creciesen en su soberbia y orgullo, como por no dar su brazo a torcer a los indios amigos, que, como dicen, andaban siempre mirando a la boca a los nuestros, los cuales, como españoles y hombres que respondían al antiguo linaje de donde descendían, decían muchas veces enojados de la dilación y estorbos que se ofrecían para conseguir sus deseos: «¡Oh, pluguiese a Dios, que quedando con las vidas solamente, aunque quedásemos en cueros, tomásemos esta ciudad y acabásemos ya de vencer a estos perros emperrados que tan porfiadamente se nos defienden sin dar lugar a buena razón! ¡Oh, si saliésemos ya con esta empresa, aunque ni en la ciudad ni en toda la tierra hallásemos oro ni plata, ni otro interese!». De donde se conocerá claro la extrema necesidad y peligro en que estaban sus personas y vidas y que no era su principal intento, como algunos pensaron, el enriquecer, sino hacer el deber.

Partido, pues, Sandoval, aquel día fue a dormir a un pueblo de los otomíes, y otro día, muy de mañana, salió de allí y llegó a unas estancias de los mismos otomíes, las cuales halló sin gente y mucha parte de ellas quemadas, y acercándose más lo llano, junto a una ribera halló mucha gente de guerra de los enemigos, que habían acabado de quemar otro pueblo, los cuales, como vieron a los nuestros, se pusieron en huída. Siguiólos Sandoval y su gente, y como les daban prisa, dejaban las cargas en el camino, y así casi a cada paso topaban los nuestros con cargas de maíz y muchos niños asados en barbacoa, que traían para su provisión, y otras cosas que ellos habían robado. Pasaron un río y repararon de la otra parte, haciendo rostro, pensando que estaban muy fuertes. Sandoval con los de a caballo pasó el río, rompió por ellos y desbaratólos de tal manera que los puso en huída, corriendo a fortalecerse en su pueblo de Matalcingo, que estaba de allí tres leguas. Por todas duró el alcance sin cansarse los de caballo, hasta encerrar los enemigos en el pueblo, donde Sandoval esperó a los españoles de a pie y a los indios amigos, los cuales venían matando en los que los de a caballo atajaban y en los que de cansados quedaban atrás. Murieron en este alcance más de dos mil de los enemigos.

Llegados los de pie, que parecía que habían venido volando y que, como si fueran inmortales, no venían cansados, lo mismo se puede decir de los indios amigos que pasaban de diez mil, comenzaron todos de ir hacia el pueblo, donde los enemigos hicieron rostro, en tanto que las mujeres, niños y viejos y sus haciendas se ponían en salvo en una fuerza que estaba en un cerro muy alto, cerca del pueblo, pero como los nuestros dieron de golpe sobre ellos, hiciéronlos también retraer a la fuerza que tenían en que era muy agra y fuerte y quemaron y robaron el pueblo (como eran tantos los que acometían) en muy breve tiempo, y como ya era tarde y los nuestros de haber peleado todo aquel día estaban cansados, no quiso Sandoval combatir la fuerza. Los enemigos, como por entonces estaban tan seguros, disimulando su afrenta, o porque así lo tenían de costumbre, todo lo más de la noche ocuparon en dar voces y alaridos, tocando otros a la contina atabales y bocinas con que hicieron grandísimo estruendo, que fue para hacer lo que en el capítulo siguiente se dirá.

Capítulo CLXI. Cómo otro día por la mañana, queriendo Sandoval combatir la fuerza, no halló a nadie, y de lo que más sucedió

Otro día, bien de mañana, creyendo Sandoval que los contrarios estaban en la fuerza y que no podía dejar de ser el combate sangriento y dificultoso, por el gran peligro que había en subir a lo alto, y que a esta causa habían de desmayar algunos de los suyos, juntos todos para que no hiciesen esto, les dijo: «Señores y hermanos míos: Ya sabéis a lo que somos venidos y la gran confianza que de nosotros tiene nuestro general. No será bien que decaigamos de ella, por la dificultad que se nos representa de poder subir por tan áspero peñol, pues somos nosotros mismos los que con otras tan dificultosas cosas y más hemos salido victoriosos; a vencer venimos, o a morir, y pues lo uno o lo otro no se excusa, bien será que al que cayere la suerte de morir, muera como varón, haciendo el deber, honrando su persona, su linaje y nación, volviendo por la Fe que profesamos y en que hemos, para ser salvados, de morir. Ya sabéis lo mucho que el buen ánimo hace y lo mucho que alcanza el bien perseverar; acometamos como españoles, que los que quedáremos vivos volveremos victoriosos, cumpliendo a lo que venimos». Dichas estas palabras, todos le respondieron que ya era tarde para acometer.

Envió Sandoval, ordenada su gente, indios espías, grandes corredores, a ver el orden y fortaleza que tenían los contrarios, los cuales volvieron y dijeron que no había hombre alguno en lo alto, de lo cual pesó mucho a algunos españoles y a muchos de los indios amigos, porque quisieran mostrarse aquel día en negocio tan arduo y peligroso. Sandoval, para certificarse más, envió algunos españoles; volvieron y dijeron lo mismo. Movió con esto Sandoval su real y dio sobre un lugar que estaba de guerra, el señor del cual, como vio la pujanza de los nuestros, dejo las armas, abrió las puertas, recibió a los nuestros con buen semblante, dióse y prometió de traer de paz a los matalcingas y a los de Marinalco, y no, como dice Gómara, a los de Coixco, que estaban de México treinta leguas, y estas poblaciones están diez hacia el occidente.

Cumplió su palabra aquel señor, porque luego los habló y atrajo y después los llevó a Cortés, el cual los perdonó y ellos le sirvieron muy bien en el cerco México y le proveyeron de mucha comida, porque Toluca es abundantísima de maíz, que es la cabeza y tiene mucha tierra y mucha gente; y, según dice Motolinía y otros testigos de vista, Toluca tiene un tan gran valle, que en él hay muchas estancias de vacas, que él dice casi ciento, y pocas menos de ovejas, y en las unas y en las otras grandísimo número de ganado, el cual bebe de un río que corre por medio y de otros muchos arroyos y fuentes. Entra este río por la provincia de Michoacán y hácese muy grande; llámanle el río de la Barranca.

Mucho se sintieron los mexicanos que los de Matalcingo y Marinalco se ofreciesen tan de veras a los cristianos, y desmayaron mucho, porque toda la esperanza de socorro tenían puesta en estas poblaciones, que la una de ellas hacía provincia.

Con esta victoria se volvió Sandoval al real de Cortés; fue recibido como tal varón merecía, y aquel día que él entró algunos españoles estaban peleando en la ciudad, y los mexicanos habían dicho que fuese allá la lengua; éste era Juan Pérez de Artiaga, que de los cristianos ninguno la deprendió tan presto ni tan bien; fue muy provechoso antes y después del cerco. Llamáronle los indios Juan Pérez Malinche, porque fue el primero que entendió a Marina. Llegado la lengua, dijeron los mexicanos que querían hablar sobre la paz, la cual, según pareció, no querían sino con condición que los cristianos dejasen la tierra, y en demandas y respuestas entretuvieron a los nuestros algunos días y se fortalecieron, que lo habían bien menester, aunque nunca jamás se entendió de ellos que tuviesen voluntad de no pelear, y esto pareció bien por un día, que, hablando con ellos Cortés tan cerca que no había en medio más de una puente quitada, diciéndoles que mejor era la paz que la guerra, y que excusasen la hambre que ya comenzaban a padecer, un vicio, de ellos, a vista de todos, sacó de su mochila muy despacio pan y otras cosas, que comió con gran reposo, dando a entender que no tenían necesidad, despidiendo a los nuestros de toda esperanza de paz. Aquel día se pasó en esto y no hubo combate.

Capítulo CLXII. Cómo los tlaxcaltecas, después de venido Sandoval, pelearon sin los españoles con los mexicanos, y de una plática que su general antes hizo, y de cómo los mexicanos acometieron a los nuestros de súbito

Llegado que fue Sandoval, Chichimecatl, uno de los príncipes tlaxcaltecas que siempre estuvo con su gente en el cuartel de Sandoval, viendo que después del desbarato los españoles habían aflojado algo de pelear con los mexicanos, determinando de ganar honra con los unos y con los otros, llamando a los capitanes y personas principales que debajo de su manera tenía, les dijo: «Esforzados y muy valientes capitanes: Ofrecídose ha ocasión en que si, como siempre habéis hecho, lo hacéis, ganemos inmortal gloria para nuestros descendientes, nación y patria, que es lo que los caballeros guerreros suelen siempre procurar. Visto habéis cómo los cristianos después de aquel desbarato, aunque son muy valientes, han aflojado en apretar a estos perros mexicanos, más enemigos nuestros que de otros ningunos. Conviene que ahora mostremos nuestro valor y esfuerzo y que solos, sin los cristianos, los combatamos hoy, para que estos perros entiendan que sin ayuda de los cristianos, somos, como habemos sido, más poderosos que ellos, aunque ellos muchos más que nosotros, y los cristianos conozcan que también sin ellos podemos pelear y vencer; por tanto, salgamos en buen concierto, como los hacen los cristianos, y queden cuatrocientos flecheros en nuestra retroguarda, para que cuando nos retrajéremos, peleando de refreseco, detengan la furia de los enemigos, y así cerca de esto me podéis dar vuestro parecer y decir lo que sentís, porque pareciéndome tal, lo haré».

Hecho este breve razonamiento, dos de los más ancianos de aquellos capitanes le dijeron en nombre de los demás: «Valentísimo príncipe y general nuestro, debajo de cuya dichosa bandera militamos: No se puede decir el contento que todos hemos recibido, y así creemos que nuestros buenos dioses te lo han inspirado, en que hoy, entre otras muchas buenas cosas que has dicho muy acertadas, digas ésta, que tanto al honor de nosotros importa. No hay que te responder más de que mandes y ordenes lo que luego se ha de hacer, porque nosotros donde tú murieres moriremos, y donde peleares pelearemos». Chichimecatl luego sin más detenerse, concertó su gente, dejando, como dije, cuatrocientos flecheros de esta parte de un puente abierto de agua; pasóla con la demás gente, que para cazarle allí, al retraerse los mexicanos, no la defendieron mucho, y acometió luego con mucha grita otro puente, apellidando su linaje y ciudad, donde hubo un bravo rencuentro.

Aquí dice Motolinía que dejó los cuatrocientos flecheros. Ganóla, aunque no sin mucha sangre de los uno y de los otros. Siguió los enemigos, que de industria, para cogerle a la vuelta, huían, y ya cuando le tuvieron buen trecho apartado del puente, revolvieron sobre él. Trabóse una muy gentil escaramuza, porque los unos y los otros, como eran de una nación, aunque no de un apellido y linaje, peleaban bravamente; los mexicanos por defender su ciudad, y los tlaxcaltecas por echarlos de ella. Hubo muchos heridos y muchos muertos, y lo que fue más de ver las pláticas, desafíos, amenazas y denuestos que de la una parte a la otra había, porque se decían cosas muy extrañas y nuevas a los oídos de los españoles; y ya que se hacía tarde, los tlaxcaltecas, que habían llevado lo mejor, se comenzaron a retraer. Cargaron sobre ellos, que así lo hacen, aunque sean vencidos, muy de golpe, los mexicanos, pensando, como dicen, que los tenían en el garlito, porque al pasar de otro puente como aquel habían sido desbaratados los españoles. Pasó Chichimecatl con todos los suyos casi sin perder ninguno, por la gran resistencia que los cuatrocientos flecheros hicieron.

Perdieron este día mucha honra los mexicanos, quedaron muy corridos y espantados de una no vista osadía de los tlaxcaltecas, aunque al fin entendieron que con las espaldas que los cristianos les hacían se podían poner a más que aquello, y fue así que españoles hubo para socorrerlos si en algún trabajo los vieran; pero con todo esto los nuestros honraron mucho aquel día a los tlaxcaltecas y alabaron el ardid y destreza de su general. Los mexicanos, como los nuestros no peleaban como solían, pensando que de cobardes o enfermos lo hacían, o por falta de bastimentos, otro día al cuarto del alba dieron en el real de Alvarado un buen rebato. Sintiéronlo las velas, dieron al arma, salieron los de dentro, de pie y de a caballo, y a lanzadas los hicieron huir. Ahogáronse muchos de ellos, y otros muchos volvieron bien heridos, y todos conocieron por experiencia que a ningún tiempo se descuidaban los cristianos, antes estaban apercibidos.

Capítulo CLXIII. El peligro en que se vieron algunos bergantines y de lo bien que lo hizo Martín López, y de la muerte del capitán Pedro Barba

Después que los españoles que estaban heridos convalecieron a los que estaban cansados tomaron algún aliento, volvieron como de antes al combate, hallando a los enemigos no menos porfiados e indignados que de antes. Tomáronles los nuestros otra vez las entradas y salidas, de que recibieron tanta mohina y enojo, que desesperados juntaron gran cantidad de canoas y piraguas y por aquella parte donde Cortés estaba, acometieron con muy gran furia a los bergantines, que estaban los unos de los otros apartados. Fue tan grande el ímpetu con que acometieron y pelearon tan como rabiosos, que los nuestros pensaron que aquel día les ganaran los bergantines, que fuera el mayor desastre que en aquel tiempo les pudiera suceder. Zabordó la fusta capitana en un madero grueso, acudieron muchos de los enemigos, y el capitán de ella, Juan Rodríguez de Villafuerte, la desamparó y se pasó a otra, pensando de no poder escapar en la suya. Martín López, que regía y gobernaba toda la flota e iba en la capitana a manera de piloto mayor, dióse con los demás compañeros tan buena maña, que como muy valientes y esforzado la defendió y sacó fuera. Echó al agua dos españoles, porque quisieron desamparar la capitana e hirió a ocho porque como pusilánimes y cobardes se metían debajo del tendal. Hizo aquel día maravillas, porque era hombre de grandes fuerzas y mucho ánimo y muy membrudo y de gran persona. Mató a un indio capitán, que era después de Guautemuza el principal, el cual defendía un paso que era la llave de la ciudad, por donde los nuestros habían de pasar. Quitóle un plumaje y una rodela toda de oro; mató asimismo otros capitanes y señores; pero la muerte de aquél hizo gran daño a los mexicanos y fue causa de que más en breve se tomase la ciudad. Hízole Cortés y con muy gran razón capitán de la capitana, y públicamente le hizo grandes favores.

    Mandó, visto lo que había pasado aquel día, que los bergantines anduviesen de cuatro en cuatro. Movióle a esto aunque antes lo tenía mandado, el peligro en que también cerca de Tepeaquilla se vio el bergantín o fusta de que era capitán Cristóbal Flórez, que a no acudir el bergantín en que iba por capitán Jerónimo Ruiz de la Mota, se lo llevaran los enemigos en las uñas, porque ya le tenían tomados los remos, rompida la vela, y dentro muchos de los enemigos a cercado por todas partes de más de doscientas canoas, aunque Flórez defendía su parte muy como valiente. Rompieron los dos capitanes, después de librado Flórez del peligro en que se había visto, por dos lados por las canoas, y piraguas, dieron a fondo con muchas de ellas, trabóse una brava batalla naval, que duró más de tres horas, porque pelearon los unos y los otros valientemente. Quitaron los nuestros los remos a los enemigos y con ellos hicieron harto estrago. Finalmente, aunque bien cansados y heridos, salieron los nuestros vencedores. Este mismo día, que tuvo de todo, apretaron tanto los enemigos a otro bergantín, cuyo capitán era Pedro Barba, que el defenderle como caballero le costó la vida, porque ocupado en pelear con un montante en las manos, de una azotea le arrojaron una tan gran piedra sobre la cabeza, que luego cayó muerto, pero no vencido, porque los suyos vengaron bien su muerte, saliendo de aquel aprieto con victoria, aunque con pérdida de tan buen capitán, la cual lloró Cortés y los otros capitanes y personas principales tan tiernamente que por muchos días duró el sentimiento de ella, y al contrario, como tenían ojo en él los enemigos, la regocijaron diciendo palabras y haciendo con los cuerpos meneos y señales de gran contento o menosprecio de los nuestros, de manera que por la obra viene a ser cierto lo que dijo aquel filósofo: «De lo que tú te ríes, llora otro».

Capítulo CLXIV. Cómo estando la guerra en estos términos Cortés envió a Ojeda y a Juan Márquez a Tlaxcala por bastimentos, y del gran Peligro en que se vieron al salir de México

Padecían los reales de Cortés gran necesidad de bastimentos, porque, como he dicho, apenas se hartaban de cerezas de la tierra y algunas tortillas, que comían a deseo, a causa de la infinidad de gente que al cerco acudió, y así, para algún proveimiento, determinó Cortés de enviar a los dos compañeros, Ojeda y Juan Márquez a Tlaxcala, a que trajesen todo el más maíz que pudiesen y juntamente los bienes de Xicotencatl, el que ahorcó en Tezcuco. Partieron estos dos diligentes y atrevidos compañeros luego por la tarde del día que se les mandó, atravesaron por una calzadilla que sale hacia Chapultepec, fueron aquella noche al real de Alvarado, donde estuvieron dos o tres horas, y a la media noche salieron de aquel real con solos veinte indios tlaxcaltecas, rodearon gran parte de la laguna, porque por otra parte no podían tomar el camino, y entre Tepeaquilla y otro pueblo donde Sandoval tenía asentado su real, sintieron un mormullo de mucha cantidad de gente, que como abejones hacían ruido. Agacháronse cuanto pudieron, para ver qué sería, y vieron luego descender de la sierra más de cuatro mil hombres cargados de armas y de mantenimientos, y en el agua, entre los carrizales, metidas más de tres mil canoas, recibiendo y cargando armas y bastimentos para socorro de la ciudad. Los dos amigos y los demás indios a gatas por el suelo se fueron encubriendo hasta meterse en unas matas, donde estuvieron con harto miedo, esperando la muerte por momentos, porque los del agua y los de la tierra eran más de diez mil hombres, pero como era de noche y no clara y andaban embebecidos en aquel socorro, y Dios que no permitió que entonces muriesen, no fueron sentidos ni vistos, y así se estuvieron quedos hasta que todos se acabaron de embarcar, que sería media hora antes que amaneciese, y cuando los dos compañeros vieron que ya no había gente ni ruido de ella, atravesando, llegaron a Tepeaquilla, donde estaba el real de Sandoval, el cual andaba a caballo y con él un Fulano de Rojas, y como los vio, que sería una hora o poco más después del Sol salido, les dijo: «¿Qué buena venida es ésta?». Ellos le respondieron a lo que iban y le contaron lo que les había acaecido. Holgóse Sandoval del aviso del socorro, porque luego, proveyó cómo siete u ocho de a caballo guardasen aquella entrada para que de allí adelante, como fue, no entrase bastimento en la ciudad. Espantóse de la buena ventura que habían tenido en no ser sentidos.

Partiéronse de ahí a poco, despidiéndose de Sandoval, y llegaron aquella noche a Oculma, y partiendo otro día de madrugada durmieron en Gualipán, y otro día entraron en la ciudad de Tlaxcala, donde fueron muy bien recibidos. Recogieron los bastimentos que pudieron, que fueron quince mil cargas de maíz y mil cargas de gallinas y más de trescientas de tasajos de venados, juntamente con los bienes de Xicotencatl, que estaban aplicados al rey, en que había buena cantidad de oro, pumajes ricos, chalechuitles y mucha ropa rica, treinta mujeres entre hijas, sobrinas y criadas suyas. Partieron de Tlaxcala y llegaron con todo esto a Tezcuco, bien acompañados de gente de guerra, sin sucederles desmán alguno. Entregaron lo más del bastimento a Pedro Sánchez Farfán y a María de Estrada, que allí estaban por mandado de Cortés, y lo demás llevaron a Cuyoacán, y de allí fueron a ver a Cortés, el cual por extremo se alegró con el buen recaudo que traían.

Capítulo CLXV. Cómo prosiguiéndose el combate, una Isabel Rodríguez curaba, y de lo que aconteció a un Antonio Peinado

Prosiguiéndose el combate, como eran tan continuas las refriegas, salían de la una parte y de la otra muchos heridos, de tal manera que no había día que, especialmente de los indios amigos, no saliesen cien heridos, a los cuales una mujer española, que se decía Isabel Rodríguez, lo mejor que ella podía les ataba las heridas y se las santiguaba «en el nombre del Padre y del Hijo y del Espíritu Santo, un solo Dios verdadero, el cual te cure y sane», y esto no lo hacía arriba de dos veces, y muchas veces no más de una, y acontecía que aunque tuviesen pasados los muslos, iban sanos otro día a pelear, argumento grande y prueba de que Dios era con los nuestros, pues por mano de aquella mujer daba salud y esfuerzo a tantos heridos, y porque es cosa que de muchos la supe y de todos conforme, me pareció cosa de no dejarla pasar en silencio. También aconteció con españoles llevar abiertos los cascos y ponerles un poco de aceite y sanar en breve, porque no había otras medicinas, y aun con agua sola sanaron algunos, que todo esto da bien a entender lo mucho que Dios favorecía este negocio, para que su sacro Evangelio fuese de gentes en gentes.

Solían los mexicanos, como he dicho, aunque fuesen vencidos, el retraerse los nuestros, volver con gran furia sobre ellos, y para esto usaban de celadas y emboscadas los nuestros, quedándose entre las casas, saliendo al disparar de una escopeta; esto se hizo muchas veces, hasta que ya, por el daño que recibían, cayeron los indios en la cuenta, y así, al tiempo que los nuestros se retiraban, aunque no dejaban de acometer, venían dando saltos como cuervos, descubriendo lo que había por las casas y paredones; y un día, al retraerse la capitanía de Andrés de Tapia, deteniéndose los ballesteros, apretando la necesidad de proveerse a un soldado que se decía Antonio Peinado, se metió en una casa, y ya que la capitanía se había retraído buen trecho, salió a la puerta y como se vio perdido, aunque no de consejo y buen juicio, comenzó a dar gritos y golpes en la rodela con el espada, volviendo la cabeza hacia la casa, haciendo señas que saliesen los que dentro estaban. Los enemigos, pensando que, como las otras veces, era celada de españoles, se echaron todos al agua, no confiándose de correr por la calzada. A la grita volvió el capitán Andrés de Tapia, mató con su gente más de sesenta de los contrarios y guareció a Peinado que aquel día no le peinasen, y si no fuera por buenos terceros y porque en tanto aprieto estuvo tan en sí, corriera riesgo de que Cortés le mandara azotar.

Capítulo CLXVI. La muerte de Magallanes y de lo que sucedió al Tesorero Alderete, y del ánimo y esfuerzo de Beatriz de Palacios
Estando un día peleando los nuestros cerca de la casa de Guautemucín, sería a hora de misa, el tesorero Alderete se apeó del caballo, el cual dio a Ojeda y mandó a un paje que se llamaba Campito le armase la ballesta. Tiró a ciertos indios principales que estaban en las azoteas, que daban bien que hacer a los nuestros, por las muchas varas y flechas que les tiraban, con que les hacían daño. Empleó todas las xaras hasta gastar cuanta munición tenía; mató muchos e hizo aquel día mucho. Ojeda cabalgó en el caballo y no paró en él mucho por los corcovos y vueltas que echaba alrededor, desatinado de una piedra que desmandada le había dado en la cabeza. Apeóse de presto y

aseguró el caballo. Subió en él el Tesorero, y como si tuviera entendimiento, furioso con el dolor de la pedrada, peleaba más que su amo, mordiendo y tirando coces a los enemigos. A estas vueltas vino también una vara desmandada, dio por la garganta y un muy valiente y diestro soldado que se decía Magallanes, la cual le degolló y forzó a que se bajase de unos paredones, derramando mucha sangre por la herida. Llegó adonde estaba el cuerpo del real; echóse en los brazos de aquella piadosa mujer, Isabel Rodríguez, y diciendo: «A Dios me encomiendo y al capitán», dio el ánima a Dios. Pesó mucho a Cortés y a los otros capitanes de la muerte de este soldado, la cual vengó luego otro, que se decía Diego Castellanos, muy certero en tirar piedra, ballesta y escopeta. Asestó a un indio muy valiente, que le pareció que había muerto a Magallanes, dio con él muerto de la azotea abajo. Viendo esto los contrarios, embraveciéronse tanto, por vengar la muerte de aquel indio, que debía de ser capitán, que apretaron de tal manera a los nuestros, que pocas veces lo habían hecho tanto, de manera que los españoles se animaban unos a otros, diciendo: «Tened, señores, tened, que no nos monta nada retraernos, antes es dar más ánimo a los enemigos, y si hemos de morir, muramos peleando y no huyendo». De esta manera hicieron rostro y pelearon valerosamente hasta que fue hora de retraerse para el real, que entonces era cuando en más trabajo se veían, como ya tengo dicho.

 Ayudó grandemente, así cuando Cortés estuvo la primera vez en México, como cuando después le cercó, una mujer mulata que se decía Beatriz de Palacios, la cual era casada con un español llamado Pedro de Escobar. Dióse tan buena maña en servir a su marido y a los de su camarada, que muchas veces, estando él cansado de pelear el día y cabiéndole a la noche la vela, la hacía ella por él, no con menos ánimo y cuidado que su marido, y cuando dejaba las armas salía al campo a coger bledos y los tenía cocidos y aderezados para su marido y para los demás compañeros. Curaba los heridos, ensillaba los caballos y hacía otras cosas como cualquier soldado, y ésta y otras, algunas de las cuales diré adelante, fueron las que curaron e hicieron vestir de lienzo de la tierra a Cortés y a sus compañeros cuando llegaron destrozados a Tlaxcala, y las que, como Macedonas, diciéndoles Cortés que se quedasen a descansar en Tlaxcala, le respondieron: «No es bien, señor capitán, que mujeres españolas dejen a sus maridos yendo a la guerra; donde ellos murieren moriremos nosotras, y es razón que los indios entiendan que son tan valientes los españoles que hasta sus mujeres saben pelear, y queremos, pues para la cura de nuestros maridos y de los demás somos necesarias, tener parte en tan buenos trabajos, para ganar algún renombre como los demás soldados»; palabras, cierto, de más que mujeres, de donde se entenderá que en todo tiempo ha habido mujeres de varonil ánimo y consejo. Fueron éstas Beatriz de Palacios, María de Estrada, Joana Martín, Isabel Rodríguez y otra que después se llamó doña Joana, mujer de Alonso Valiente, y otras, de las cuales en particular, como lo merecen, hará mención.

Capítulo CLXVII. Lo que otro día sucedió, y del desafío de un indio y de cómo le mató Hernando de Osma
Otro día volvieron los nuestros al combate y dieron sobre las mismas casas de Guautemuza, e hiciéronlo tan bien, aunque los mexicanos se defendían bravamente, que las desampararon y los nuestros tuvieron lugar de derribar parte de ellas. Arrinconáronlos, que había hartos días que no lo habían hecho; tomaron lo mejor de la ciudad, porque llegaron al patio del templo de Uchilobos, viendo lo cual los mexicanos y que si las rasas de Guautemucín y el templo se acababan de tomar les quedaba poco reparo y defensa, comenzaron a hacer tablados en el agua, en la cual entraban más de una braza, y sobre ella tenían de alto dos paredes y de allí se defendían y ofendían. Aprovechóles mucho, aunque no para más de entretenerse en su porfía algunos días más.

Estando la guerra de esta manera, dice Ojeda en la Relación que me dio, que estando Cortés sentado en una silla mirando cómo los suyos daban el combate, subió un indio en una azotea algo más alta que las otras, muy dispuesto y membrudo, vestido todo de verde, con un plumaje que le salía de las espaldas, alto, sobre la cabeza una vara también verde, con más de seiscientas plumas, llenas todas de argentería, el más bello que hasta aquel tiempo se había visto. Comenzó con gran denuedo a jugar de la espada y rodela; la espada era de las nuestras, que argüía mayor valentía en él. Dijo, que las lenguas lo pudiesen entender: «¡Ah, perros cristianos! ¿Hay alguno entre vosotros que sea tan valiente que ose salir aquí conmigo en desafío? Venga, que aquí lo espero, que yo le mataré con esta espada que vosotros, de cobardes, perdisteis, y sabed que no me iré de aquí hasta que uno a uno mate muchos de vosotros, o muera yo en la demanda». Dichas estas bravosas palabras, hizo señal con la rodela de que saliese el que quisiese de los cristianos, y aunque entre ellos había muchos que lo pudieran hacer, como se halló más cerca un soldado que se decía Hernando de Osma, no lo pudo sufrir sin que luego, yendo de azotea en azotea, llegase do el indio estaba. Echaron ambos mano, y el indio le tiró un altibajo que Osma recibió en la rodela, que fue con tanta fuerza (aunque no con destreza), que la hendió hasta la manija, y recibiendo este golpe el soldado le tiró por abajo una estocada que le pasó un palmo de espada de la otra parte del cuerpo. Cayó luego el indio muerto y Osma le tomó el plumaje y el espada española, pareciéndole que arma de gente tan valiente no había de quedar en poder de hombres que tan mal sabían usar de ella. Volvió como había ido, pero cargó tanta gente que temió mucho Cortés no le llevasen vivo los enemigos, y así dio muy grandes voces y a muy gran prisa mandó que los ballesteros y otros compañeros que arriba estaban, le socorriesen. Hizo maravillas, como venía con victoria, con los que le seguían, sin perder el plumaje y la otra espada, que fue más mucho que lo que antes había hecho, a lo cual le animó mucho ver que su general le estaba mirando y que ya otros venían en su ayuda. Llegó do Cortés estaba, ofrecióle el plumaje, diciéndole que tan rica pieza no era digna de otro que de él. Cortés le abrazó y tomando el plumaje en las manos se lo volvió, diciendo: «Vos le ganasteis muy como valiente y buen soldado y vos le merecéis, y a mí me pesa en las entrañas de no haberos conocido tan bien como ahora, porque os hubiera honrado mucho, como de aquí adelante lo haré, y no os hubiera ofendido con el rigor y severidad militar».

Esto dijo Cortés porque por cierta cosa que había hecho, le había mandado afrentar, lo cual de allí adelante recompensó bien, haciéndole muchos favores, aunque él siempre se hizo digno de más, porque aprobó muy bien en lo que restó de la guerra.

Capítulo CLXVIII. Cómo la guerra andaba tan encendida que hasta los niños y mujeres de los mexicanos peleaban y de lo que pasaron con Castañeda y Cristóbal de Olid, y del esfuerzo de Cristóbal Corral, alférez

Andaba la guerra tan trabada y tan encendida, especialmente por parte de los mexicanos, que cuanto peor les iba, tanto más porfiaban, de manera que hasta las viejas que casi no se podían menear, barrían las azoteas, echando la tierra y polvo hacia nosotros por cegarlos; decían cosas en su lengua muy de viejas y muy donosas. Los niños y los muchachos tenían concebido contra los españoles tan grande odio, mamado en los pechos de sus madres y enseñado de las palabras y obras de sus padres, que, como podían, tiraban piedras y varas, y los que más no podían, terrones, diciendo las palabras que oían a sus padres, no teniendo cuenta con la muerte, aunque caían algunos de ellos queriendo matar los españoles a sus padres.

Tuvieron cuenta muy grande los mexicanos con Rodrigo de Castañeda, que fue uno de los que mejor deprendieron la lengua, y como en la viveza y orgullo parecía mucho a Xicotencatl y traía un plumaje a manera de los indios, decíanle muchos denuestos, llamándole «Xicotencatl cuilone». El sonreíase y decíales gracias, y de esta manera los aseguraba y entretenía y de rato en rato disparaba la ballesta, no errando tiro, derrocando como pájaros muchos de los enemigos. Esto hizo muchas veces hasta que ellos se desengañaron y desabobaron, desviándose de él cuanto podían, diciendo que sabía muchas ruindades y que era bellaco, que con palabras graciosas les quitaba las vidas, que no los burlaría más.

Otros muchachos y mujeres que, o por estar cojos o mancos, no podían andar por las azoteas, no entendían en otro que en hacer piedras de manos y para las hondas, que tiraban con mucha fuerza. No dejaban los enemigos de usar todos los ardides que podían para amedrentar a los nuestros y ponerles desconfianza, porque conociendo a Cristóbal de Olid, a quien por su gran valentía tenían en mucho, le llamaron por su nombre, y respondiéndoles, le dijeron en la lengua que si quería comer, y diciéndoles que sí, bajó uno y trájole unas tortillas y unas cerezas, dando claro a entender que pues ofrecían comida, que les debía de sobrar. Cristóbal de Olid se apeó, tomó las tortillas, y haciendo burla del presente y dándoles a entender lo que de ellos querían que él entendiese, con menosprecio las dio a un su criado, y asentándose en una parte donde no podía ser ofendido, hizo que comía de las tortillas y cerezas y después que estuvo un poco sentado, levantándose, alcanzando las faldas del sayo, motejándolos de putos y de lo poco en que los tenía, les mostró las nalgas, aunque cubiertas con las calzas. No lo hubo hecho, cuando los enemigos, muy afrentados, le tiraron muchas piedras y varas que parecían que llovían, y de nuevo se tornó a trabar otra escaramuza tan brava que parecía que se abrasaban, porfiando los mexicanos en morir, que otro partido no querían; y como gente rabiosa, aquel día hicieron daño en los nuestros, aunque lo recibieron mayor, abriendo los puentes y cegándolas con palos, pajas y otras cosas livianas, para que los nuestros cayesen como en trampa.

Llevaba entonces la bandera Cristóbal Corral, un muy valiente soldado, el cual, entrando descuidadamente en un puente, cayó. Acudieron los enemigos, y como era hombre muy reportado, a los primeros que llegaron despachó con una daga, y así tuvo lugar, estribando en un madero, de dar un recio salto hacia atrás, que para él fue bien adelante; púsose sobre la calzada y de allí avisó a los que le seguían, campeando la bandera, aunque estaba bien mojada. Espantáronse los enemigos que un hombre se hubiese dado tan gran maña que se librase de un tan gran peligro. Confesaron y dijeron los que entre ellos llaman tiacanes (que quiere decir «valientes»), que más quisieran tomarle la bandera que matarle a él, porque como entre ellos, perdiéndose la bandera y no teniéndola a ojo, todos desmayan y huyen, así tenían entendido que habían de hacer los españoles.

Capítulo CLXIX. Cómo viniendo los españoles huyendo, Beatriz Bermúdez salió a ellos y los avergonzó, y volviendo, vencieron

No es digno de pasar en silencio, pues de semejantes cosas se adornan y ennoblecen las historias, el hecho de una mujer española y de noble linaje, llamada Beatriz Bermúdez de Velasco, mujer de Francisco de Olmos, conquistador, pues estando los mexicanos, por los españoles, que por mar y tierra les daban recio combate, como desesperados y que les parecía que para vencer o morir de presto no les quedaba otro remedio sino como perros rabiosos meterse de tropel con los españoles, hiriendo y matando cuantos pudiesen, lo cual hicieron de común consentimiento, y así revolvieron con tanta furia sobre dos o tres capitanías, que les hicieron afrentosamente volver las espaldas, y ya que, más que retrayéndose, volvían hacia su real, Beatriz Bermúdez, que entonces acababa de llegar de otro real, viendo así españoles como indios amigos todos revueltos, que venían huyendo, saliendo a ellos en medio de la calzada con una rodela de indios y una espada española y con una celada en la, armado el cuerpo con un escaupil, les dijo: «¡Vergüenza, vergüenza, españoles, empacho, empacho! ¿Qué es esto que vengáis huyendo de una gente tan vil, a quien tantas veces habéis vencido? Volved, volved a ayudar y socorrer a vuestros compañeros que quedan peleando, haciendo lo que deben; y si no, por Dios os prometo de no dejar pasar a hombre de vosotros que no le mate; que los que de tan ruin gente vienen huyendo, merecen que mueran a manos de una flaca mujer como yo». Avergonzáronse tanto con estas tan avergonzantes palabras los nuestros, que volviendo sobre sí como quien despierta de un sueño, dieron la vuelta sobre los enemigos ya victoriosos, que en breve se trabó una brava batalla; los mexicanos, por no volver artás, y los españoles por ir adelante y volver por su honra, que de tanto por tanto fue la más sangrienta y reñida que jamás hasta entonces se había visto. Finalmente, al cabo de gran espacio, los españoles vencieron, poniendo en huida a los enemigos, siguiendo el alcance hasta donde los compañeros estaban peleando, a los cuales ayudaron de tal manera que todos salieron aquel día vencedores, de donde se entenderá lo mucho que una mujer tan valerosa como ésta hizo y puede hacer con hombres que tienen más cuenta con la honra que con la vida, cuales entre todas las naciones suelen ser los españoles.

Capítulo CLXX. Cómo los mexicanos tomaron a un español, y de lo que hicieron con él y con otros, y de la batalla que se trabó por tomar el cuerpo de un señor que Martín López mató

Los diversos sucesos, así prósperos como adversos, que en este cerco tan largo acontecieron, no podrán en esta historia llevar el orden del día y tiempo en que sucedieron, así por no poner opiniones contrarias, como por no ser prolijo y tratar demasiadas menudencias y porque de lo que pasó en los tres reales no pudo tan claro entenderse, por no poder ser testigos los unos de los otros. Un día, pues, de los siniestros y desgraciados que Cortés tuvo, porque la fortuna nunca estuvo en un ser, teniendo necesidad de un caballo, porque le habían muerto el que tenía, llamó a un Maestresala suyo, que se decía Guzmán (dicen algunos que éste fue el que en la gran refriega pasada murió), el cual no se atreviendo a entrar, Cortés le dijo que no era Guzmán, sino vil y cobarde, pues estando a caballo no osaba entrar do él estaba a pie.

Corrido de esto el Guzmán, bajando la cabeza y dando de espuelas al caballo, dijo: «La vida me ha de costar, pero no me dirán otra vez cobarde», y así entró donde le mataron luego a él y al caballo, y como era persona de cuenta, en la grita que los enemigos daban y burla que de los nuestros hacían, decían: «Guzmán, Guzmán». Los nuestros creyeron que lo tenían vivo, pues tantas veces lo nombraban, y después se supo muy de cierto que muerto el caballo le llevaron vivo y guardaron con otro caballero que vivo habían tomado, que se decía Saavedra, y por hacer burla de ellos y de los nuestros, los hacían bailar y servir en las cosas más viles que ellos podían. No los guardaron así mucho, que de ahí a poco los sacrificaron.

En este día, o según otros antes de él, mató Martín López un señor y capitán mexicano en una plaza; acudieron luego suyos a llevarle, viéronlo los españoles, que ya se retiraban, dieron mandado a Martín López, el cual con sus diez compañeros aguijó a quitárselo, y tras de él indios amigos. Trabóse de esta suerte, los unos por llevarlo, y los otros por quitárselo, una tan reñida pendencia, que de la una parte y de la otra murieron más de cien indios y de los españoles salieron algunos descalabrados. Echaron a Martín López desde una azotea una galga o losa sobre la cabeza, de que cayó luego en tierra, y a no llevar una muy buena celada le hacían pedazos la cabeza; con todo esto, le llevaron bien descalabrado y sin sentido; sanó de esta herida. De ahí a ciertos días le dieron unas calenturas que le tuvieron en cama; sangróle un ballestero con una punta de un cuchillo, y aquel día estuvo en punto de perderse la flota, por la falta que él hacía con su ausencia. Cortés fue a su aposento, importunóle y rogóle mucho entrase en la capitana; respondióle Martín López que cómo podía entrar estando sangrando y con tanta brava calentura. Cortés le replicó que no quería que pelease, que bien vía que no estaba para ello, sino que rigiese y gobernase la flota. Húbolo de hacer Martín López, por la necesidad que le pareció que había, teniendo por mejor morir él solo, que permitir que por su falta sucediese algún desmán.

Capítulo CLXXI. Cómo Cortés, hecha consulta con ciertos capitanes, por muchas partes acometió la ciudad, y de cómo se señalaron algunos de ellos

Aquel día les sucedió bien a los nuestros, porque salieron pocos heridos y mataron muchos de los enemigos, aunque no ganaron tanto de la ciudad cuanto pensaron; y así, viendo Cortés que la toma de aquella ciudad se le dilataba, de que estaba bien mohino, llamó a todos los capitanes de los tres reales, así los de tierra como los del agua, a los cuales, teniendo juntos, dijo:

> Para lo que, señores, os he llamado es que ya tenéis entendido los muchos días que ha que estamos sobre esta ciudad sin haberla podido tomar, y que habiéndonos puesto a ello, aunque no sea sino por los comarcanos, estamos obligados o a morir todos, o acabar este negocio; y pues los medios que hasta ahora hemos tenido en la manera de dar el combate no han bastado, soy de parecer, si así, señores, os pareciere, que todos nosotros con los indios que nos caben, así por mar como por tierra, por todas las partes que pudieren ser combatidos, demos a estos obstinados y empedernidos un repentino y no pensado combate, porque derramándose y acudiendo a diversas partes, serán menos en cada una y podrán menos y será imposible que no hallemos alguna parte flaca, por donde algún capitán entre y tome lo más fuerte de la ciudad, y porque todos podamos acudir a una, saldremos cuando yo mandare disparar un tiro.

Pareció muy bien a todos los capitanes lo que Cortés quería hacer, porque no menos que él estaban ya mohinos y aun casi corridos de que aquel cerco hubiese durado tanto, y así, cada uno con su compañía, se pusieron por tal orden y concierto que rodearon toda la ciudad, la cual acometieron con gran ímpetu y furia luego que oyeron disparar el tiro, y como los enemigos no dormían y todavía eran muchos, acudieron a todas las partes por donde eran acometidos, y como los que peleaban por su vida, patria y libertad y estaban determinados de morir primero que rendirse, hubo aquel día bravísimo combate, pues en él pensaron los nuestros de concluir y no tener más que hacer. Señalóse entre otros el capitán Pedro Dircio, que con algunos compañeros, a pesar de los enemigos y con trabajo suyo, echándose al agua, les ganó tres o cuatro puentes. Señalóse asimismo Juan de Limpias Carvajal, que entonces iba por capitán de un bergantín, en compañía de otros bergantines, y yendo hacia una calzada que va a Tenayuca topó con unas torres de ídolos, do estaba mucha gente de guerra en guarda de otra mucha gente que hacía munición y siempre allí la habían hecho para contra los nuestros. Dióles batería, púsoles en aprieto y tomara las torres si no acudiera luego gran socorro, y haciéndose a lo largo dos bergantines, dejando la gente en tierra, él, como muy valiente, esperó con su bergantín y recogió toda la otra gente en él, y a no hacer esto, murieran allí todos. Salió herido y no menos los que esperaron, aunque mataron muchos de los enemigos. Señaláronse Alonso de Ávila, Pedro de Alvarado, Gonzalo de Sandoval, porque cada uno en su puesto ganaron a los enemigos algunos puentes y pelearon muy valerosamente, metiéndose en el agua muchas veces hasta los pechos. Mataron ciertos capitanes mexicanos que hicieron a los suyos gran falta.

Señalóse mucho Andrés de Tapia con su compañía, porque aliende de que ganó puentes y pasos peligrosos, por su persona mató muchos indios y defendió a dos de sus compañeros que estaban en gran riesgo y peligro. Jorge de Alvarado hizo maravillas este día, porque era muy diestro y muy valiente, y aunque Martín López no estaba bien sano, por la parte donde él gobernaba los bergantines, lo hizo como siempre solía. Cortés en la parte que cayó, que fue en una calzada ancha, así a pie como a caballo, porque todo lo hizo aquel día, gobernó y peleó cuanto un hombre valentísimo y muy sabio podía; ganó dos puentes y albarradas muy fuertes. Y, finalmente, aunque todos este día hicieron más que nunca y entraron más en la ciudad, sin acabar lo que pensaban, por la gran defensa que hallaron, se volvieron a sus reales.

Capítulo CLXXII. Cómo determinó Cortés de combatir otro día la ciudad por dos partes, y de lo que también este día se señalaron algunos capitanes
Con todo esto, Cortés no paraba, buscando nuevos medios cómo salir con su intento, y viendo que el pasado no le había aprovechado, tornando a hacer junta de sus capitanes, les dijo cómo determinaba de que por solas dos partes, dividido el ejército igualmente, se diese el combate otro día, porque así podría ser que hiciesen más hacienda, y que lo que a esto le movía era no dejar cosa por intentar, para que en ningún tiempo, pues la peor queja es de sí propio, les pasase de no haberlo probado todo.

Concertado así esto y repartido los bergantines en dos partes, quedando él en la una como general, y en la otra Pedro de Alvarado, porque a Gonzalo de Sandoval, Andrés de Tapia, Cristóbal de Olid y otros tomó consigo, mandando que Pedro Dircio y Alonso de Ávila y Jorge de Alvarado y otros quedasen con Pedro de Alvarado, y que así puestos todos y ordenados, en haciendo la señal, acometiesen con la mayor furia que pudiesen, y concertado así esto y hecha la señal, acometieron con tanta furia que parecía que ya se llevaban en las manos la ciudad; pero los enemigos estaban tan fortificados, así con las torres como con los tablados que habían hecho, que dieron bien que hacer a los nuestros, y tanto que parecía que entonces comenzaban a pelear. Ardíase la ciudad a voces y gritos, y los españoles, por concluir, se pusieron a grandes peligros, y los contrarios, por morir defendiéndose, como leones, se venían a los nuestros. Murieron este día más de veinte mil indios y ellos prendieron ochenta y dos españoles, y a los vivos sacrificaron a vista de los nuestros.

Este día Pedro Dircio, antes que la señal se hiciese, dijo al capitán de un bergantín que estuviese presto allí, a par de él, para cuando fuese menester, y así, en oyendo la señal, saltó en el bergantín con su alférez, diciendo al capitán de él que embistiese hacia una torrecilla donde estaban más fuertes los enemigos, el cual lo hizo así; y como los contrarios estaban en alto tiráronle tantas flechas y varas, que parecía que llovían del cielo, de tal manera que él y los suyos por un gran rato no se ocuparon en otra cosa que en guardar los ojos hasta que los de la torre hubieron gastado la mayor parte de la munición; y aunque él y los suyos estaban por muchas partes del cuerpo heridos y molidos de los palazos, peleó tan bravamente que desde el bergantín saltó en la torre, siguiéndole su alférez y los demás. Mataron muchos de los que se defendían, y los demás desampararon la torre, y así fue peleando hasta ganar otra que estaba sobre un puente, que no faltaba ya otra para llegar a la gran torre y fortaleza de Uchilobos. Ganárase aquel día esta fortaleza si por la parte donde Pedro de Alvarado estaba y otros capitanes, los enemigos no los desbarataran, por haberse metido por una parte angosta, donde los unos no podían valer a los otros, recibiendo de las casas gran daño, y aquí fue donde de los españoles muertos y presos murieron los más. Prosiguiendo hacia un lado, Pedro de Ircio vio gran cantidad de los contrarios en una isleta donde se hacían fuertes y de donde notablemente hacían gran daño a los nuestros; acometió hacia allí con algunos de los suyos, que eran hombres escogidos, saltó en el agua, que le daba a los pechos, y recibiendo muchos flechazos y golpes de macanas, les tomó la isleta, mató muchos y echó los otros al agua.

Capítulo CLXXIII. Do se prosigue lo que Cortés hizo y cómo se señalaron algunos otros capitanes

Cortés por su parte peleó cuanto pudo, y aunque pudo mucho, porque ganó muchos puentes, no pudo, por la gran resistencia de los enemigos, que concluyese el negocio y dejase él y muchos de los que con él estaban, de salir heridos. Gonzalo de Sandoval, a quien aquel día había tomado por compañero, peleó valientemente, quitando a algunos de los españoles de las manos de los indios. Señalóse también Cristóbal Martín de Gamboa, que por hallarse a caballo y ser muy animoso, aunque sacó muchas heridas, defendió a Cortés que no le llevasen, que ya le tenían cercado, más de cien indios, y fuérales fácil, porque estaba cansado y los compañeros se habían apartado algo, teniendo todos las manos llenas, y como los enemigos le traían sobre ojo ninguna cosa tanto procuraban, aunque fuese a costa de las vidas de muchos, que matarle y tomarle a manos pretendían, porque de esta manera tenían entendido, como ello fuera, que habiendo división entre los españoles, los acabaran todos presto y quedaran vengados y tiranos como de antes, porque como al principio de esta historia dije, vinieron de fuera, echando a los otomíes de su casa.

Señalóse, aunque persona particular, un soldado de un bergantín, que se decía Alonso Nortes, el cual, por la mucha prisa que los enemigos daban, viendo que el capitán y otros le desampararon, determinando de morir primero que hacer tal fealdad, se quedó con muy pocos y defendió el bergantín por gran pieza hasta que llegaron indios amigos. Salió con siete heridas y una mortal, y después de estar curado, aunque tan herido, salió a socorrer dos bergantines que estaban a punto de perderse, y por saltar del suyo en uno de los otros, cayó en el agua, donde cargaron luego muchas canoas de enemigos y, cierto, le matarán si a somorgujo no se escapara de la furia de los enemigos, porque era gran nadador, y con todo esto, revolvió sobre la calzada e hizo harto provecho, aunque él no recibió ninguno mojándosele las heridas acabadas de curar.

Casi por esta misma manera se señaló grandemente otro soldado que se decía Andrés Núñez, el cual, huyendo a tierra el capitán del bergantín donde él iba, quedando él, peleó tan valientemente que venció y desbarató los enemigos que a su capitán habían hecho huir; y luego, después de esta victoria, llevando ya de vencida los enemigos dos bergantines y tomados ciertos españoles, arremetió con el suyo con tanto ánimo y esfuerzo que desbarató los enemigos y guareció dos españoles, que se decían el uno Domingo García y el otro Castillo, y después, volviendo su capitán al bergantín, no le quiso recibir, diciéndole: «Pues al peligro os fuisteis, no es razón que ya que salí de él, seáis vos mi capitán, no mereciendo ser soldado; y si otra cosa os parece, íos a quejar al general, que cuando él sepa la verdad, dará por bien hecho lo que yo ahora hago; y si por fuerza queréis serlo, aquí estamos para ver quién llevará el gato al agua, que quien no quiso pelear con indios, bien sé que no se osará tomar conmigo». Volvióse el otro harto avergonzado, y aunque él no quiso, sabiendo Cortés lo que había pasado, confirmó en la capitanía al Andrés Núñez, el cual en otra refriega que hubo, con su bergantín desbarató más de tres mil de los enemigos y fue harta parte para que con más brevedad se tomase la ciudad.

Señalóse Francisco Montaño, de quien en lo de la pólvora trataré bien largo, que siendo alférez de Pedro de Alvarado subió con la bandera a una torre o cu muy alto y le ganó, y así le trae hoy por armas, y fue causa este hecho de que con más facilidad Pedro de Alvarado ganase después el Tlatelulco.

Capítulo CLXXIV. Cómo Cortés se retiró y de lo que hizo Pedro Dircio y de lo que Andrés de Tapia trabajó

Ya que los unos y los otros estaban cansados de pelear y Cortés vio que aquel día había habido de todo, porque aunque había entrado bien adentro de la ciudad, había perdido algunos españoles y volvían muchos heridos, mandó hacer señal de recogerse, y porque le habían dicho que por la parte de Pedro de Alvarado habían hecho más daño los enemigos, retrayéndose, pues, con el mejor concierto que pudo, por no perder su costumbre, los enemigos dieron sobre él. Salía a ellos de rato en rato, hasta que todos los nuestros se recogieron al real, y de camino hizo Pedro Dircio una cosa bien digna de poner en memoria, y fue que hallando un bergantín atravesado en un puente de agua y que los que en él estaban no le podían sacar, y que a acudir los enemigos se lo llevaban o lo quemaban (que fuera, para lo que entonces importaban los bergantines, muy gran daño), aunque estaba muy herido y harto cansado, se metió en el agua, y como era hombre de grandes fuerzas y de buena maña, ayudándole algunos de los suyos, que eran pocos, puso el hombro al bergantín con tanto ímpetu que lo sacó en peso hasta ponerlo de la otra parte de la puente. Ya a este tiempo habían acudido muchos contrarios, y aunque le fatigaron bien, no quiso salir del agua hasta poner en salvo el navío, como lo hizo.

Trabajó grandemente este día y otros muchos antes Andrés de Tapia, porque estando una vez Alvarado temeroso de que por aquella parte donde él estaba los enemigos lo habían de fatigar demasiadamente y que podría ser le rompiesen, que era lo que podía oscurecer lo mucho que había trabajado, envió a suplicar a Cortés le enviase algún socorro, el cual le envió a Andrés de Tapia con su fuerte y señalada compañía, y en solos dos días que con él estuvo, hizo retraer los enemigos muy gran espacio, tanto que pudiera el postrero día [entrar] en el Tlatelulco, y por no arriesgar y poner en condición el negocio, dejó de hacerlo, y así, dándose Alvarado por seguro, se volvió, y en el camino había más puentes de ganar que por ninguna otra parte y el agua más honda que en otro lugar alguno de la ciudad. Hiciéronle desde las canoas los enemigos gran guerra, y con todo esto les cegó muchos puentes, y al cegarlas este día y otro, aliende de lo que por su persona peleaba, que era su mucho, para hacer que sus compañeros se pusiesen a todo, tomaba el azadón y trabajaba con él, tanto que muchas veces le corría sangre de las manos, de suerte que de dolor no podía algunas veces apretar la espada, forzado por esto a traerla con fiador atado a la muñeca. Fue siempre a los peligros y trabajos uno de los primeros.

De estas y otras cosas hicieron muchas en este cerco personas de gran valor y esfuerzo, cuyos hijos y descendientes padecen hoy harta necesidad.

Cortés, después que se hubo recogido y visto los heridos, que de esto tenía gran cuidado, estuvo por buen rato imaginando qué modo y traza tendría para acabar de salir con lo que en las manos tenía, y así, comunicándolo con sus capitanes y con los capitanes tlaxcaltecas que en guerra contra indios tenían parecer y le podían dar, se determinó de volver al combate y no ganar puente sin que primero quemasen y echasen por el suelo las casas cercanas, para que de esta manera los enemigos no tuviesen de dónde ofender ni defenderse.

Capítulo CLXXV. Cómo Cortés determinó de asolar la ciudad y del socorro que para esto le vino

A esta sazón aportó un navío de Juan Ponce de León a la Villa Rica, que habían desbaratado en la tierra de La Florida, el cual vino a tan buen tiempo que más no se pudiera pensar, porque traía pólvora y ballestas y otras municiones de que Cortés tenía extrema necesidad, y como recibió las cartas de esto al tiempo que él había determinado de aventurarlo todo para salir con lo que había intentado, fue grande su contento y dijo a los capitanes: «Gran cuidado tiene Dios, caballeros, de hacer nuestro negocio, o, por mejor decir, el suyo, pues a tan buen tiempo nos provee de lo que tenemos tanta necesidad. La comarca toda está en nuestro favor, no podemos dejar de tener gran esperanza de la victoria, pues, a lo que yo puedo alcanzar, hemos hecho todo nuestro deber. Estos están tan rebeldes que ahora, que pueden menos, están con mayor determinación de morir que nunca, ni sé yo de lo que he leído y oído que haya en el mundo, generación tan empedernida y porfiada. Todos los medios que he podido, como, señores, habéis visto, he buscado para quitarnos a nosotros de peligro y a ellos de no destruirlos y acabarlos; no ha aprovechado decirles que no levantaremos los reales, ni los bergantines cesarán de darles guerra, y que destruimos a los de Matalcingo y Marinalco, de donde pensaban ser socorridos, y que ya no tienen de dónde les pueda venir socorro ni de do proveerse de maíz, carne, frutas ni aun agua; y cuanto más de estas cosas les decimos, menos muestras vemos en ellos de flaqueza, antes, en el pelear y en todos sus ardides los hallamos con más ánimo que nunca. Siendo, pues, esto así y que nuestro negocio va muy a la larga y que ha más de cuarenta y ocho días que estamos en este cerco, abriendo los enemigos de noche lo que nosotros cegamos de día, y que a cabo de tantos días no hemos hecho más que trabajar y derramar nuestra sangre y perder nuestros compañeros, que es lo que más siento, determino, como ya con vosotros, señores, y con los capitanes tlaxcaltecas, tengo acordado, de no dar paso sin que por la una parte o por la otra asolemos las casas, haciendo de lo que es agua tierra firme, y dure lo que durare, que peor es, no haciendo nada, consumirnos y acabarnos, y para esto llamaré a todos los señores y principales nuestros amigos; decirles he que luego hagan venir mucha gente de sus labradores y que traigan sus coas (coas son unos palos que sirven de azadones) para que derrocando las casas, echen la tierra y adobes en las acequias, dejando rasas las calzadas, para que los caballos puedan correr».

Pareció por extremo bien a todos los capitanes con quien comunicó este negocio, el ardid e industria que Cortés tenía pensado, y le dijeron que aquél era el postrer remedio y que si aquél no, no se podía imaginar otro, y que luego les parecía que enviase a llamar a los señores y principales tlaxcaltecas y a los otros amigos, para que con toda brevedad previniesen a los labradores que habían de servir de azadoneros. Hízolo así luego Cortés, y juntos que fueron aquellos señores, les dijo lo que tenía pensado y cuánto importaba, para que del despojo, quedasen ricos y con grande honra, y volviesen a sus tierras y dejasen más de trabajar; que con toda presteza llamasen los más labradores, que pudiesen, de sus tierras, para que cegasen las acequias con las coas, de la tierra y adobes que ellos derrocasen de las casas. Oído esto, como llevaba tanto camino y razón, se espantaron, diciéndole que su Dios le había avisado de cosa tan buena, y que sin más decirle iban luego a mandar lo que tan bien a todos estaba.

Capítulo CLXXVI. Cómo pasados cuatro días de esta determinación, combatió Cortés la ciudad, y de cómo se entretenían los mexicanos, y del ardid que usaron
En el entretanto que los gastadores venían y se concertaban otras cosas, pasaron cuatro días que los nuestros no salieron al combate, de donde entendieron bien los contrarios que debían de reposar parea dar mayor asalto, ordenando algunos ardides y celadas para mejor hacer su hecho, y así ellos, como después pareció, se desvelaron en hacer nuevos reparos para su defensa, y lo que ellos sospecharon de los nuestros, los nuestros sospecharon de ellos. Concertadas, pues, todas las cosas, después de haber oído misa, Cortés ordenó toda la gente, así la que tenía designada para combatir por el agua, como la que había de combatir por la tierra; dijo a los capitanes pocas palabras y trájoles a la memoria lo que estaba concertado, y así tomó el camino para la ciudad, y en llegando al paso del agua y albarrada que estaba

cabo las casas grandes de la plaza, queriéndola combatir, los de la ciudad dijeron que estuviesen quedos, porque querían paz. Cortés, que no deseaba cosa tanto, mandó a la gente que no pelease y dijo a los mexicanos que hiciesen venir allí a Guautemucín, su señor, para que con él se diese asiento en todo y la paz fuese perpetua. Respondiéronle que la iban a llamar, y de esta manera le detuvieron más de una hora, y a la verdad ellos no querían paz, porque luego, estando los nuestros quedos como ellos pedían, comenzaron con gran furia a tirar flechas, varas y piedras. Viendo esto Cortés, comenzó muy enojado a combatir la albarrada; peleó por diez hombres aquel día, aunque halló gran resistencia; ganósela, entró por la plaza, hallóla toda sembrada de piedras, por que los caballos no pudiesen correr; halló una calle cerrada con piedra seca y otra también llena de piedras, a fin que los nuestros en manera alguna se pudiesen aprovechar de los caballos, y con todo este estorbo se hizo bien la guerra aquel día, porque cegaron los nuestros aquella calle del agua, que salía a la plaza, de tal manera que nunca después los de la ciudad la pudieron abrir, y de allí adelante los nuestros comenzaron a asolar poco a poco las casas y cerrar y cegar muy bien lo que tenían ganado, y como aquel día Cortés llevaba más de ciento y cincuenta mil hombres y gran cantidad de gastadores, hizo mucha cosa y gran principio, de donde se podía colegir el próspero y deseado fin que después tuvo. Los bergantines también hicieron mayor daño en los enemigos que nunca, y así todos muy contentos, a buena hora, se volvieron a reposar al real.

En este día, entre otras cosas señaladas que sucedieron, hubo un desafío no digno de poner en olvido, porque salió un indio capitán muy valiente, así de cuerpo como de ánimo, con una espada y rodela de Castilla y con muchos y ricos plumajes, y haciendo señal de que todos se sosegasen, por la lengua pidió a Cortés le diese el más valiente capitán o soldado que tenía, con quien se matase, porque, muriendo o viviendo, quería por su persona ganar honra para siempre. Cortés le respondió, muy como entonces convenía, que viniese con diez como él y que entonces les daría un soldado que matase a todos. Replicó el indio: «Tan valiente soy yo como ese que tú puedes dar; por tanto, mándale salir». Entonces Cortés le tornó a decir: «Bien porfías tu muerte, y por que veas que los muchachos de los españoles son poderosos para matar a ti y a otros tan valientes capitanes como tú, saldrá este muchacho, paje mío (que, como ve, no le ha apuntado el bozo) y que te mate, pues no quieres venir con diez». Llamábase este paje Juan Núñez Mercado, que después mató otro capitán. Aceptó el indio el campo, aunque enojado; salieron los dos a la calzada; hubieron su batalla a vista de un mundo de gente, y aunque el indio era de grandes fuerzas y muy osado (pero no diestro) a poco rato dio el paje con el indio en tierra, de una estocada; matóle y tomóle las armas y plumajes, las cuales trajo consigo hasta donde Cortés estaba, el cual y los demás capitanes de ahí adelante le hicieron grande honra.

Quedaron de esto muy afrentados y corridos los mexicanos, y aun para lo de adelante lo tuvieron por ruin agüero, viendo que un muchacho hubiese muerto un capitán en quien ellos tenían tanta confianza.

Capítulo CLXXVII. Cómo otro día tornó Cortés a combatir la ciudad y se subió a una torre para que los enemigos le viesen, y de un hazañoso hecho que hizo Hernando de Osma

Otro día siguiente, con la misma orden, entró Cortés por su parte y Pedro de Alvarado por la suya, y llegadoes [a] aquel circuito y patio grande donde estaban las torres de los ídolos, mandó Cortés a los capitanes que con su gente no hiciesen otra cosa que cegar las calles de agua y allanar los pasos malos que tenían ganados, y que los amigos de ellos quemasen y allanasen las casas y otros fuesen a pelear por las partes que solían y que los de caballo guardasen a todos las espaldas, y él se subió a una torre la más alta de aquéllas, por que los enemigos le viesen y recibiesen pesar de ello, que, cierto, lo recibieron muy grande. Desde allí animaba a los suyos y a los indios amigos, y como lo veía todo, enviaba socorro a los unos y a los otros, porque como peleaban a la continua, a veces los contrarios se retraían, y a veces los nuestros, los cuales luego eran socorridos con tres o cuatro de a caballo, que les ponían gran ánimo para revolver sobre los enemigos, y de esta manera y por esta orden entró Cortés cinco o seis días arreo, y siempre al retraerse echaba los indios amigos delante, haciendo que algunos de los españoles se metiesen en celada en algunas casas y que los de a caballo quedasen atrás, haciendo que se retiraban, por sacar a los contrarios a la plaza. Con esto y con las celadas de los peones, cada tarde alanceaban los nuestros muchos de los enemigos.

Un día De éstos hubo en la plaza siete u ocho de a caballo; estuvieron esperando que los enemigos saliesen, y como vieron que tardaban en salir, sospechando que se recelaban, hicieron que se volvían, pero ellos, con miedo que a la vuelta serían alanceados, como solían, se pusieron por las paredes y azoteas de las casas, el número de los cuales era infinito, y como los de a caballo revolvían a los enemigos, tenían de lo alto tomada la boca de la calle, y de esta causa no podían seguir a los enemigos, porque desde lo alto les hacían mucho daño y de esta manera fueron forzados a retraerse, de que los enemigos tomaron grande ánimo para encarnizarse en ellos, aunque iban tan sobre aviso, que cuando revolvían los de a caballo, se acogían adonde no recibían daño, el cual, como recibían grande los de a caballo, desde lo alto, se vinieron retrayendo más que despacio, llevando heridos dos caballos, lo cual dio ocasión a Cortés a que, como después diré, les armase una brava celada.

En el entretanto, no quiero callar lo que en este día hizo Hernando de Osma, el cual, estando confrontados los indios tlaxcaltecas con los mexicanos, yendo los unos contra los otros, sobre los terrados de las casas, que estaban muy juntas, y viendo que los mexicanos hacían retraer a los tlaxcaltecas, diciéndoles palabras afrentosas, no pudiéndolo sufrir, se salió de entre los españoles, que estaban en la calzada peleando con los demás, sin que fuese sentido ni haber dado de ello noticia al general. Pasó a nado, armado, una acequia bien honda, y metiéndose en una casa, por el humero de ella, que salió bien tiznado, salió arriba; topó luego con un capitán mexicano, que traía espada y rodela; hubo con él su batalla, a vista del ejército español, sin poderle socorrer ninguno de los nuestros; hirióle tres o cuatro veces, y al cabo le mató de una estocada, que era la que ellos no sabían tirar. Con esto los tlaxcaltecas tomaron grande ánimo, revolvieron sobre los mexicanos, yendo por capitán delante de ellos Hernando de Osma, el cual fue causa que aquel cuartel de los tlaxcaltecas venciese a los mexicanos y que se les aguase el contento que habían recibido de haber retirado los de caballo y herirles los caballos. Maravilláronse mucho, y con razón, estando una acequia tan honda en medio, ver tan de repente español sobre sus azoteas, y así decían que aunque morían los cristianos como ellos, que parecían más espíritus que hombres.

Capítulo CLXXVIII. Lo que otro día hizo Cortés, poniendo celada a los enemigos, y de lo que hallaron los españoles en una sepultura, y de lo mucho que la celada atemorizó a los mexicanos

Vuelto Cortés a su real, quedando los enemigos en alguna manera ufanos de lo pasado, para urdirles una celada, hizo luego mensajero a Gonzalo de Sandoval, para que antes del día viniese donde él estaba, con quince de a caballo de los que entre él y Pedro de Alvarado tenían. Sandoval vino antes que amaneciese con los de a caballo, y Cortés tenía ya de los de Cuyoacán veinticinco, que por todos hacían cuarenta. A los diez de ellos mandó que luego por la mañana saliesen con toda la otra gente y que ellos y los bergantines fuesen por la orden pasada a combatir, derrocar y ganar todo la que pudiesen, y que él, cuando fuese tiempo de retraerse, iría allá con los treinta de a caballo. Díjoles que pues sabían que estaba gran parte de la ciudad ganada, que cuanto pudiesen siguiesen de tropel a los enemigos hasta encerrarlos en sus fuerzas y calles de agua, y que allí se detuviesen peleando con ellos hasta que fuese hora de retraerse, y que él y los treinta de a caballo pudiesen, sin ser vistos, meterse en celada en unas casas grandes de la plaza. Los españoles lo hicieron así; pelearon muy como tales, retrayendo a los enemigos hasta do Cortés les había dicho, y allí peleando los entretuvieron.

Cortés salió de su real poco después de la una de mediodía, entró en la ciudad, puso los treinta de a caballo en aquella casa, y él, para asegurar el negocio, se subió en la torre alta, como solía, y en el entretanto que se hacía tiempo de darles señal, algunos de los españoles abrieron una sepultura. Hallaron en ella, en cosas de oro, más de 1.500 castellanos.

Venida la hora de retraerse, Cortés mandó a los suyos que muy reportados y con mucho concierto lo hiciesen y que los de caballo se estuviesen retraídos en la plaza; hiciesen que acometían y que no osaban llegar, y que esto hiciesen cuando viesen que había mucha gente alrededor de la plaza y en ella. Los de la celada estaban ya deseando que se llegase la hora, porque tenían deseo de señalarse y eran todas personas de cuenta y estaban ya cansados de esperar. Cortés se metió con ellos, por gozar de tan buena caza, y ya se venían retrayendo por la plaza los españoles de pie y de caballo y los indios amigos, que habían entendido la balada.

Los enemigos venían con tantos alaridos, como si ya fueran señores de la victoria, que parecía que hundían el mundo. Los de a caballo hicieron que arremetían tras ellos por la plaza adelante, y por cebarlos mejor de golpe se tornaron luego a retraer. Hicieron esto dos veces, de que los enemigos tomaron tanto ánimo que en las ancas de los caballos les venían dando con las macanas, y así con toda furia se metieron en el matadero, porque gran número de ellos entró por la calle donde estaba la celada. Entonces Cortés y los compañeros, como vieron pasar tanta gente y luego oyeron disparar una escopeta, que tenían por señal, salieron con gran furia, apellidando: «¡Santiago, y a ellos!», y como tan de súbito se vieron los enemigos salteados de tantos de caballo, embazaron. Cortés y los suyos alancearon muchos principales, derrocaron y atajaron infinitos, para que los indios amigos que estaban avisados los tomasen.

Hicieron, así los nuestros como los tlaxcaltecas, grande estrago en los mexicanos, porque los tenían en la plaza, la parte donde mejor podían andar los caballos y donde acorralados estaban.

Fue esta montería muy de ver a los que de alto la miraban, y muy provechosa a los indios amigos, porque ninguno fue sin un brazo o una pierna al hombro, para cenar aquella noche. Murieron en esta celada más de seiscientos de los enemigos, los más principales, esforzados y valientes. Fue tan grande el espanto y admiración de los que quedaron vivos y de los demás que lo vieron o no pudieron socorrer, que en toda aquella tarde no alzaron cabeza, enmudeciendo como si no tuvieran lengua, ni se osaron asomar en la calle ni en azotea donde no estuviesen muy seguros.

Capítulo CLXXIX. Cómo primero que los nuestros se retrajesen, los enemigos enviaron espías y los nuestros las tomaron, y de lo que se supo de una señora muy principal que Juan Rodríguez Bejarano prendió, y lo que de ciertos indios se entendió

Ya que era casi de noche, que los nuestros con esta victoria se iban retrayendo, los principales de la ciudad mandaron a ciertos esclavos suyos, que lo más disimuladamente que pudiesen mirasen si los nuestros se retraían o qué hacían, y como se asomaron por una calle, barruntando los nuestros lo que era, arremetieron diez o doce de a caballo y siguiéronlos de manera que ninguno se les escapó, de que los de la ciudad quedaron muy corridos y escarmentados de no enviar a otros, y de lo uno y de lo otro cobraron tanto temor que nunca más, en todo el tiempo que duró la guerra, no osaron entrar en la plaza para ir en alcance contra los de pie o contra los de a caballo, ni cuando se retiraban ni cuando hacían que huían, aunque fuese uno solo el que viesen, ni jamás osaron salir a los indios amigos, creyendo que de entre los pies se les había de levantar otra celada; y esta de este día con tanta victoria y buen suceso fue bien principal causa para que la ciudad más presto se ganase, porque los naturales de ella recibieron mucho desmayo, y los nuestros y sus amigos doblado ánimo, especialmente con lo que de una señora muy principal supieron, que Juan Rodríguez Bejarano, peleando muy como valiente, entrando por fuerza en una casa fuerte de un señor, sacó del patio principal de ella, y trayéndola a Cortés, haciéndole él todo regalo y buen tratamiento, porque luego se supo que era muy principal, le dijo que no tuviese miedo, ni estuviese con pesar, porque los españoles trataban muy bien a las mujeres, aunque fuesen madres o hijas de sus enemigos, o casadas con ellos, porque el hombre que en mujer ponía las manos era más afeminado que la mujer, y que pues era señora, y a la calidad de su persona no era dado mentir, debajo de todo secreto le pedía le descubriese qué pensamiento tenía Guautemuza y los demás principales de su ciudad, y qué manera tendría si no quisiesen darse y venir en amistad con él, para acabarlos de vencer, y que si le decía lo que acerca de esto sentía y sabía, le haría toda merced y la pondría en libertad, para que si quisiese se volviese a la ciudad, o después de tomada, la casaría con algún español y que haría todo lo que ella le pidiese.

Ella, como era señora, y estando presa vio el regalo con que Cortés la trataba y la honra que le hacía y que no le había dicho amenazas, bajados los ojos, sacando del pecho un templado suspiro, le dijo: «Gran señor, no puedo, aunque parezca que ofendo a mi patria, dejar de agradecerte mucho la honra que me haces, pudiéndome tener por tu esclava; en reconocimiento de lo cual, te diré todo lo que siento y he visto, para que veas lo que te conviene hacer, y si te fuere bien de ello, acordarte has de hacerme las mercedes que te pidiere. Muchos y los más han estado y están de parecer de dársete, aunque con algunos buenos sucesos le han mudado, pero Guautemuza y sus deudos y otros principales, por no desagradarle, han estado y están muy duros, determinados de morir primero que rendirse. Ya muchos pelean contra su voluntad y todos comienzan a padecer gran necesidad de comida; vales faltando la munición, y otrosí, están discordes entre sí. Conviene, si no se te dieren, que creo no darán, les aprietes sin cesar por todas partes y tengas tomados todos los pasos por donde de comida o de agua o de munición se puedan proveer. Han levantado casas de madera, porque les vas asolando las de tierra; pegarles has fuego, o cortarás los palos sobre que se fundan, y aunque no duermas, de día ni de noche los fatiga, porque con el hambre, que ya comienzan a padecer, y con los sobresaltos de noche, no dormirán y de esta suerte no se podrán defender. Hete dicho lo que siento, así como porque soy señora y no tengo de mentir, como porque veo la poca razón de Guautemuza y que los de mi linaje son contrarios de su parecer.

Mucho se holgó Cortés con esta repuesta. Regalóla y acaricióla mucho, mandando que todos la tratasen con mucho respeto y se le diese lo que hubiese menester, encargando a las mujeres españolas que hiciesen lo mismo y la tuviesen consigo, de que ella recibió gran contento, y vino después a decir otras muchas cosas que sabía. Tomó Cortés su consejo y aprovechó mucho, porque quiso Dios, para que su nombre fuese conocido de gente tan ciega, que del monte (como dicen) saliese quien el monte quemase. Y porque este capítulo no sea más largo que los otros, diré en el siguiente lo que resta.

Capítulo CLXXX. Do se prosigue lo que resta del pasado
En este día, aunque hubo tanta victoria, no hubo desmán notable con que se aguase, excepto que al tiempo que los de la celada salían se encontraron dos de a caballo y cayó el uno de una yegua en que iba, la cual se fue derecha a los enemigos y ellos la flecharon, y muy herida, como vio la mala obra que le hacían, se volvió a los nuestros y aquella noche murió. El caballero caído peleó muy como diestro en aquel menester, aunque pesó mucho a los nuestros por la muerte de la yegua, porque los caballos y yeguas eran los que daban la vida, por lo mucho que con ellos se hacía, aunque el pesar no fue tan grande porque murió entre los nuestros, pues se pensó muriera en poder de los enemigos, por haberse ido a ellos, los cuales como de cualquiera cosa pequeña, cuanto más de esta, haciendo fiesta y regocijo, dieran pena a los nuestros.

Los bergantines y las canoas de los amigos hicieron grande estrago, rompiendo por las canoas y piraguas de los enemigos, y mataron tantos de ellos sin recibir daño notable, que mucha del agua estaba tinta en sangre.

Con este suceso tan próspero, bien alegres, como era razón, se recogió Cortés a su real, y pasada una hora de la noche, las centinelas tomaron dos indios de poca suerte, que de su voluntad se venían al real a que los tomasen; lleváronlos delante de Cortés, el cual los amedrentó, preguntándoles si eran espías. Ellos le dijeron que no, sino que eran unos pobres hombres que salían de noche a pescar por entre las casas de la ciudad y que andaban por la parte que de ella los cristianos tenían cegada, buscando leña, hierba y raíces que comer. Cortés, así por lo que la señora había dicho, como por la manera de hablar De éstos, entendió que no venían con malicia; preguntóles si tenían hambre; respondiéronle que muy grande y que ella los había forzado a meterse por entre sus enemigos; de adonde dijo bien el Cómico: «Dura espada es la necesidad». Cortés les mandó dar luego de comer, aunque ni a él no a los suyos sobraba. Mirábanse el uno al otro, como maravillados de que el capitán de sus enemigos les hiciesen tan buena obra cual ellos a sus amigos apenas hicieran. Preguntóles Cortés cómo estaban los de la ciudad; respondiéronle que con muy gran necesidad de comida, pero que muy determinados de morir primero que darse, y que por horas iban creciendo la hambre.

Pesó mucho a Cortés de que teniendo los de la ciudad dentro de su casa un tan bravo enemigo, quisiesen también tener por enemigos los españoles, poniéndolos el enemigo de casa en tanta flaqueza, que no pudiesen pelear con los de fuera: tanto puede una ciega porfía y obstinación.

Entendido esto, Cortés mandó llamar a los capitanes con quien principalmente consultaba los negocios de guerra; díjoles lo que con los indios había pasado y cómo conformaba con lo que aquella señora había dicho. Espantáronse mucho de la ciega determinación de los mexicanos, y aunque quisieran que conocieran cuán bien les estaba el mudar parecer, viendo que era ya por demás, dijeron a Cortés que no perdiese punto de apretarlos cuanto fuese posible, pues lo más estaba hecho, hasta acabarlos o ponerlos en término que, aunque les pesase, se diesen. Cortés, viendo que no podía hacer otra cosa y que no era razón de perder más tiempo, dejó ordenado aquella noche lo que luego de mañana se había de hacer.

Capítulo CLXXXI. Cómo Cortés al cuarto del alba dio sobre los enemigos, poniendo primero espías, y cómo derrocó con los bergantines muchos de los tablados que tenían hechos

Con esta determinación, siguiendo el parecer de aquella señora, acordó Cortés de entrar al cuarto del alba y hacer todo el daño que pudiese y que los bergantines saliesen antes del día. Cortés con quince de a caballo y ciertos peones españoles y algunos amigos entró de golpe, habiendo puesto primero ciertas espías, las cuales, siendo de día, estando puesto él y los suyos en celada, le hablan de hacer señal de salir, y fue así que, viendo la señal, dio sobre infinita gente, pero como eran de aquellos miserables que salían a buscar de comer, los más venían desarmados, y entre ellos algunas mujeres y muchachos, pero con todo esto, sin poderlo evitar, se hizo gran daño en ellos, y el mismo por doquiera que iba de la ciudad, tanto que de presos y muertos pasaron de ochocientas personas. Hacía Cortés esto por ver si apretándolos tanto, vendrían a lo bueno.

Los bergantines, como entonces soplaba el viento y era hora desacostumbrada, hicieron más daño, porque como iban a vela y remo, con la furia y ímpetu grande rompían por los tablados, dando con ellos en el agua, donde, con la pesadumbre de la madera y con el acudir de los bergantines que atrás venían, se ahogaban los más. En éstos no hubo cuenta, porque como quedaban debajo del agua, no se podían contar. Tomaron otra gente mucha y muchas canoas que andaban pescando, en las cuales hicieron grande estrago los capitanes y las otras personas principales de la ciudad. Viendo andar a los nuestros a hora tan desacostumbrada, quedaron tan espantados como de la celada pasada, diciendo que los cristianos, aunque comían y bebían como ellos, no se sabían cansar ni debían de dormir, pues al tiempo que todos los hombres del mundo reposan, velaban y trabajaban ellos, y así ninguno osó salir a pelear, y de esta manera los nuestros todos se volvieron al real con mucha presa y mantenimiento para los indios amigos.

Capítulo CLXXXII. Cómo Cortés tornó otro día al combate y cómo se acabó de ganar la calle de Tacuba, y quemó las casas de Guatemuza y lo demás

Otro día de mañana tornó Cortés a entrar en la ciudad, y como ya los indios amigos veían la buena orden que Cortés y los suyos llevaban, y como el negocio estaba ya puesto en términos de que, según lo que habían visto, no podía dejar de suceder prósperamente, acudieron de los de fuera tantos en favor y ayuda de Cortés, que no se podían contar, y de cada día venían casi sin cuento, de suerte que casi ya estorbaban [más] que ayudaban: tanto era el odio y enemistad que a la tiranía del imperio mexicano tenían; y con verse así los mexicanos oprimir y que ninguno venía que no fuese su enemigo, porfiaron tanto que hasta ser asolados no dieron muestra de arrepentimiento de su porfía y endurecimiento, diciendo que rindiéndose a los españoles, perdían su libertad (y de esto parece ahora lo contrario) y que dándose a los tlaxcaltecas y a otros, de esta suerte hacían gran vileza y poquedad, y que más querían que después de muertos en la guerra, o de hambre, sus enemigos los comiesen, pues no lo habían de sentir, que verse vivos en poder de aquellos a los cuales ellos mandaban y de los cuales habían tan reconocidos y respectados.

Finalmente, aquel día acabó Cortés de ganar toda la calle de Tacuba y de aderezar los malos pasos de ella en tal manera que los del real de Alvarado se podían comunicar por la ciudad con los del real de Cortés. Ganáronse otras dos puentes en la calle principal que iba al mercado; cegóse muy bien el agua y quemó Cortés las casas del rey y señor Guautemuza, sucesor de Moctezuma, y quemándolas, según eran grandes y reales (aunque convenía así) recibió Cortés y muchos de los suyos gran pena, porque arruinaron el más bravo y soberbio edificio que había en este Nuevo Mundo.

Era Guautemuza entonces de edad de diez y ocho años hasta veinte, de donde se entenderá el invencible ánimo que en tan tierna edad tenía y el poco que en tanta prosperidad Moctezuma mostró, aunque algunos lo atribuyen a prudencia, ofreciéndosele casos en que si la pusilanimidad y flaqueza de ánimo no fueran naturales, fuera prudencia mostrar ánimo y coraje, efectos de fortaleza.

Eran las casas no menos fuertes que grandes y hermosas, porque estaban cercadas de agua y las murallas eran muy gruesas y fuertes, y así se hizo mucho y fue de grande efecto ganarlas, porque en ellas se fortalecían mucho los enemigos y de ellas habían hecho gran daño.

Ganáronse otros dos puentes de otras calles que iban cerca de esta del mercado; cegáronlas muy bien, y así cegaron otros muchos pasos, de manera que de cuatro partes de la ciudad, ya los nuestros tenían ganadas las tres, y así los enemigos no hacían sino retraerse hacia lo más fuerte, que era las casas que les quedaban en el agua, porque los tablados no los hallaban tan buenos, por la gran fuerza con que los bergantines los derrocaban. Con todo esto, viéndose los enemigos ir de vencida y que cada día se apocaban, o con la rabia de la muerte, o por las causas que tengo dichas, sacando fuerzas de flaqueza, se defendían bravamente, contra los cuales se señalaron en este día casi todos los capitanes, así los del agua, como los de tierra, creo que porque ya veían la presa en las manos, y que por no dejarla les convenía, aunque quedasen algunos allí (que no quedaron) hacer todo su deber, dando buen fin y remate a lo que hasta entonces habían trabajado.

Capítulo CLXXXIII. Cómo otro día Cortés ganó a los enemigos una gran calle y de cómo revolvieron sobre Cortés y de lo que decían a los indios amigos
Otro día siguiente, que fue día del Apóstol Santiago, tornó Cortés a entrar en la ciudad por la orden que antes, siguió por la calle grande que iba a dar al mercado, ganó una calle muy ancha, de agua, en que los enemigos tenían gran confianza y pensaban tener toda seguridad, y así se tardó gran rato en ganar y no con poco peligro y sin pocas heridas de la una parte y de la otra, y como era tan ancha no se pudo acabar de cegar, de manera que los de a caballo pudiesen pasar de la otra parte, y como estaban todos a pie y los de la ciudad vieron que los de a caballo no habían pasado, vinieron de refresco con gran furia sobre los nuestros muchos de ellos y muy lucidos (que aún no habían acabado de perder su antigua gallardía). Hiciéronles rostro los nuestros, que tenían consigo copia de ballesteros, y como los indios vieron tanta resistencia y que les iba mal en la refriega, dieron vuelta a sus albarradas y fuerzas, donde se hicieron fuertes, aunque muchos de ellos primero que a ellas llegasen, cayeron muertos con las xaras que llevaban en el cuerpo. Fueron de gran provecho en esta refriega y en otras las picas que los españoles de pie llevaban, las cuales Cortés había mandado hacer después que lo desbarataron, porque

como los que las jugaban eran diestros de ellas, hacían a veces más daño que los escopeteros.

Aquel día lo que restó del pelear se empleó todo en quemar y allanar las casas que de la una parte y de la otra había, cosa (como tengo dicho, y Cortés escribe en su Relación) lastimosa de ver, pues en pocos días, con grande estrago de sus moradores, se vio quemada y asolada, y lo que era agua hecho tierra, la más grande, la más insigne y poblada ciudad de este Nuevo Mundo, pero no se podía hacer otra cosa, aunque con todo este tan grande estrago, estaban en su obstinación, tan porfiados y duros, que animándose los unos a los otros, decían a los indios amigos y mortales enemigos suyos: «Quemad, talad y destruid edificios y casas de tantos años, que nosotros os haremos que las tornéis a hacer de nuevo y mejores, porque si nosotros vencemos ya vosotros sabéis que esto ha de ser así, pues lo tenéis entendido del imperio y sujeción que sobre vosotros hemos tenido, y si los cristianos vencieren también las habéis de hacer para ellos», y de esto postrero plugo a Dios que saliesen verdaderos, aunque los mexicanos han sido los que principalmente las han edificado con harto provecho y adelantamiento suyo, pagándoles su trabajo.

Otro día, luego de mañana, volvió Cortés a la ciudad, y llegado a la calle del agua que había cegado el día antes, hallóla de la manera que la había dejado. Pasó adelante dos tiros de ballesta, ganó dos acequias grandes de agua, que tenían los enemigos rompidas en lo sano de la misma calle, y llegó a una torre pequeña de sus ídolos, y en ella halló ciertas cabezas de los cristianos que habían muerto y sacrificado, que pusieron harta lástima a los nuestros, porque allí muchos conocieron a sus amigos y se les refrescaron las llagas. Desde aquella torre iba la calle derecha, que era la misma donde Cortés estaba, a dar a la calzada del real de Sandoval, y por la mano izquierda iba otra calle a dar al mercado, en la cual ya no había agua, excepto una que defendían los enemigos, y aquel día no pasó Cortés de allí, pero él y los suyos pelearon mucho, aunque los enemigos llevaron lo peor.

Volvióse Cortés con esto, sin hacer otra cosa, porque la noche sobrevenía, aunque habían peleado tanto que aunque volvieran más temprano lo habían bien menester.

Capítulo CLXXXIV. Cómo Alvarado ganó ciertas torres cerca del mercado, y el peligro en que se vieron los de a caballo, y lo que Cortés hizo
El otro día siguiente, estando Cortés apercibiéndose para entrar en la ciudad, a las nueve horas del día, vio desde su real que salía humo de dos torres muy altas que estaban en el Tlatelulco o mercado de la ciudad. El humo era mucho y mayor harto del que solía salir cuando los indios incensaban a sus dioses y les hacían sacrificios. No podía Cortés pensar qué fuese, y así estuvo vacilando un rato y echando diversos juicios con los que con él estaban. Les pareció a todos (y fue así) que Pedro de Alvarado y su gente debía de haber subido a aquellas torres; y cierto, aquel día Pedro de Alvarado y los suyos se señalaron grandemente, porque parece que pelearon más que por hombres, pues quedaban muchos puentes y albarradas por ganar, y siempre acudía a los defender toda la mayor parte de la ciudad, y como vio Alvarado que por la parte de Cortés los españoles iban estrechando a los enemigos, trabajó cuanto pudo por aventajarse y entrar al mercado, donde tenían toda su fuerza, diciendo a los suyos que en aquel día y de aquella vez habían de ganar todos inmortal fama y nombre si de tal manera ponían el pecho al negocio, que, o quedasen muertos, o saliesen con él, y que era muy justo que, pudiendo, se aventajasen a los de Cortés, pues querer y procurar exceder a otros en virtud y valentía era cosa loable. Con haber, pues, hecho más que nunca, no pudo llegar más de a vista del mercado y ganarles aquellas torres y otras muchas que estaban junto al mismo mercado. En lo alto de las dos mandó hacer fuego, para que Cortés y los suyos entendiesen adónde había llegado, y para dar dolor y pesar a los de la ciudad y desmayarlos para no proseguir más en su defensa.

Los de caballo en esta victoria, aunque pelearon como Cides, se vieron en gran aprieto y trabajo, tanto que les fue forzado retirarse, y al retraerse les hirieron tres caballos, y con tanto se volvieron, y Alvarado con ellos a su real.

Peleó Cortés como siempre, ganó algunos pasos y no quiso aquel día ganar un puente y calle de agua que solamente quedaban para llegar al mercado, ocupándose tan solamente en cegar y allanar los malos pasos, diciendo que jamás le acaecería otra como la pasada, y que, a trueco de un día más, quería asegurar el juego, llevando las espaldas seguras con dejar todo lo de atrás fijo, como convenía. Al retraerse, le apretaron reciamente los enemigos, aunque fue bien a su costa, porque mataron muchos de ellos. Despartiólos la noche, que venía, porque todavía estaban tan emperrados, que las muertes de los primeros no fueran parte para hacer volver las espaldas a los segundos: tanto ciega el rencor y deseo de venganza.

Capítulo CLXXXV. Cómo Cortés entró en la plaza y Alvarado, por otro camino, vino a ella, y del placer que los unos con los otros recibieron, y cómo Cortés, de piedad, entretuvo el combate
Otro día entraron los capitanes lo más de mañana que pudieron en la ciudad, y como no había por la parte que Cortés iba qué ganar, sino una traviesa de calle con agua, con su albarrada, que estaba junto a una torrecilla, comenzóla a combatir, y un su alférez y otros dos españoles se echaron al agua, y hallando poca resistencia, pasaron de la otra parte porque los contrarios desampararon aquel fuerte, que pudieran por buena pieza defender, y se retiraron la ciudad adentro. Cortés se detuvo en cegar aquel paso de su espacio, y aderezarle de manera que los de a caballo pudiesen salir y entrar por él a su salvo. Estando haciendo esto, llegó Pedro de Alvarado por la misma calle con cuatro de a caballo. No se puede decir (y así lo escribió Cortés) el placer que los unos con los otros recibieron, así por haber hallado camino, sin pensarlo, cómo el un real se comunicase con el otro, como porque aquel camino era el más breve y más seguro para acabar de dar conclusión en la guerra y a negocio tan importante y tan bien porfiado. Dejó Pedro de Alvarado recaudo de gente a las espaldas y lados, así para su defensa, como para conservar lo ganado, y como luego se aderezó el pasó, Cortés, con algunos de a caballo, se fue a ver el mercado, mandando a la gente de su real que en ninguna manera pasase adelante hasta que él de ello diese aviso, y después que hubo un rato andádose paseando por la plaza con algunos de a caballo, mirando los portales de ella, los cuales por lo bajo estaban tan vacíos como llenos por lo alto, porque no cabían de los enemigos, los cuales, como la plaza era muy grande y veían que los de a caballo eran señores de ella, no osaron bajar ni desde lo alto acometer, mirándose los unos a los otros, como esto vio Cortés, se subió a una torre grande que estaba junto al mercado, y en ella y en otras halló cabezas de cristianos y de indios tlaxcaltecas, ofrecidas y puestas ante sus ídolos. Rogaron allí él y los suyos por ellos, que de esto

entre los nuestros se tenía gran cuidado. Miró Cortés desde aquella torre o cu que Pedro de Alvarado ganó, lo que tenían ganado de la ciudad, que era de ocho partes las siete.

Era esta torre o cu la principal de lo que se dice el Tlatelulco, y en la otra Francisco Montaño, alférez de Pedro de Alvarado, con gran peligro de su persona, subió la bandera, con que grandemente animó a los que le siguieron, y así fue parte para que luego Alvarado ganase el Tlatelulco.

Viendo, pues, Cortés que tanto número de enemigos no era posible sufrirse en tanta angostura, especialmente que aquellas casas que les quedaban eran pequeñas y puestas cada una de ellas en el agua, y que por las calles y en el agua había montones de cuerpos muertos, sin infinitos que en sus casas tenían escondidos, cuyo hedor fue tan pestilencial que mató a muchos, y que el hambre que padecían era insufrible, porque por las calles hallaban los españoles roídas las raíces y cortezas de los árboles, determinó de no combatirlos aquel día ni aun otros y ofrecerles partido por donde no pereciese tanta multitud de gente.

Capítulo CLXXXVI. Lo que Cortés envió a decir a los de la ciudad y de lo que ellos respondieron

Muchas veces (según parece de lo dicho) había Cortés convidado con la paz y con otros muchos medios para tenerla con los mexicanos, y aunque todas ellas se las negaron, siempre deseó y procuró de buscar medios nuevos para no ponerlos en el estrecho y trabajo en que ya los tenía, el cual ellos procuraron por sus manos, pues a sabiendas y como desesperados, siendo tan amable la vida y tan aborrecible la muerte, querían más morir que vivir. Ya, pues, que por su culpa los tenía puestos en tanta estrechez, que en ninguna manera podían dejar, o de morir a cuchillo, o de hambre, o venir las manos puestas pidiendo perdón, y pareciéndole que si no eran más indómitos y fieros que tigres, la gran necesidad en que estaban los había de compeler a mudar propósito, les envió los mensajeros más elocuentes y facundos que pudo hallar, para que, aunque la verdad desnuda pudiera moverlos, adornada de elegantes palabras y modo de decir, los moviese más fácilmente.

Llegados los mensajeros, saludaron al rey Guautemucín y a los otros señores principales, que con él estaban. Suplicáronles que pues venían a tratar con ellos negocio de gran peso y el mayor que se les podía ofrecer, que los oyesen con muy gran atención y cuidado y que no respondiesen luego hasta que hubiesen pensado bien la repuesta, pues de ella, siendo buena, o mala, pendía el no volver ellos más con otra embajada.

La suma de lo que dijeron, prometiendo Guautemucín de oírlos, fue la que se sigue, porque, como son verbosos, decirlo todo daría fastidio.

Gran señor, en quien el imperio mexicano ha sucedido, y vosotros, príncipes, señores y caballeros de la Corte imperial de Culhúa: En nombre del invencible y bien afortunado Cortés, os saludamos. Díceos por nosotros que ya sabéis las muchas veces que con la paz os ha rogado, y que como siempre la habéis negado, así os ha ido de mal en peor, hasta casi estar vuestra ciudad echada por el suelo, vuestros innumerables vecinos muertos y vosotros puestos en tan gran aprieto, que, porfiando, o de hambre, que ya padecéis estrechísima, o de la furia y saña de vuestros contrarios los cristianos, no podéis escapar vivos. Ruégaos mucho, condoleciéndose de vuestro trabajo, que volváis sobre vosotros, y que pues tenéis tiempo, uséis de él, pues no es valentía, sino temeridad, faltando toda esperanza de vencer, porfiar los hombres en querer morir. Dice Cortés que si ahora os dais, que os tratará, no como a sus enemigos y tantas veces rebeldes, sino como a muy queridos amigos y de quien hubiese recibido muy buenas obras; y que si no hallardes esto ser así, podréis, como hombres libres, rebelaros contra él y hacer de nuevo la guerra, pues estáis en vuestra tierra y casas. Dice más: que no querría ya ensangrentar su espada en vosotros, que estáis más para pedir perdón de lo hecho, que para pelear y tomar armas, y que pues en esto no habéis de perder honra, pues habéis hecho todo lo que ha sido en vosotros, y que todo lo demás que justo sea os lo concederá, ruégaos una y muchas veces que no echéis, como dicen, la soga tras el caldero, queriendo morir como fieras y no como hombres que usan de razón, y que él con esto cumple con su Dios, con su rey, con vosotros y con sus amigos y vuestros, y que si así no lo quisierdes hacer, él no puede dejar de acabaros hasta que ninguno quede vivo. A esto, si os parece, como al principio os suplicamos, responderéis mañana.

Guautemucín, que muy mozo y orgulloso era, aunque había estado bien atento, no dando lugar a más dilación ni a que los otros señores le contradijesen, que había muchos que lo hicieran, respondió muy enojado y dijo:

> Diréis a Cortés que no hable en amistad ni la espere jamás de nosotros, porque estamos tan determinados de ver el fin de este negocio, peleando, que aunque no quede más de uno, ha morir haciendo esto. Perdido hemos lo más; que perdamos lo menos, no es mucho. No queremos vida sin libertad y sin la conversación y compañía de nuestros amigos y deudos que en esta guerra hemos perdido. Si muriésemos, para eso nacimos e iremos más presto y gozarnos con ellos, diciéndoles que los imitamos e hicimos lo que ellos; y también le diréis que primero que esto sea, todo nuestro tesoro y riquezas echaremos en el agua, donde jamás parezca (y así lo hicieron), porque no queremos que perdiendo nosotros las vidas, él y los suyos se huelguen con nuestras haciendas. Con tanto, os podéis ir para no volver jamás, porque será excusado pensar que hayamos de hacer otra cosa.

Bien mohinos y aun corridos volvieron a Cortés con la repuesta los mensajeros, de la cual, aunque mucho pesó a Cortés, viendo que no podía hacer otra cosa, determinó de proseguir el combate.

Capítulo CLXXXVII. Cómo Cortés mandó hacer un trabuco por falta de pólvora y cómo se erró, y de lo que pasó con los mexicanos

Cortés entretuvo algunos días la guerra, ocupado en hacer un trabuco, por la falta de pólvora que tenía para los tiros y escopetas, y aunque había quince días antes tratado de ello, quiso entonces ponerlo por obra, así porque la necesidad de pólvora la apretaba, como porque los enemigos estaban tales que aunque dejase de combatirlos no podían hacerle daño. Llamó los carpinteros, y como no le habían hecho, cada uno hablaba diferentemente del otro, y aunque Cortés entendió lo que después fue, como le porfiaron que no se perdería nada en probarlo, consintió que se hiciese. Tardó en hacerse cuatro días, que fueron los que se dieron más de larga a los de la ciudad, para que aunque cesase el combate, el hambre más los afligiese.

Hecho el trabuco, le llevaron a la plaza del mercado; sentáronle en uno como teatro, que estaba en medio de ella hecho de cal y canto cuadrado, de altura de dos estados y medio; tenía de esquina a esquina casi treinta pasos. Hacíanse en este asiento las fiestas y juegos de los mexicanos, para que los representadores de ellas fuesen vistos a placer de toda la demás gente del mercado, que era infinita.

Puesto, pues, allí el trabuco, que tardó en asentarse tres días, salió tan mal acertado que espantaba los de fuera y mataba los de dentro, despidiendo la piedra hacia atrás, habiendo de echarla adelante. Esta falta, así los indios amigos, como los españoles, disimularon tan bien, que asentándose el trabuco y después de asentado, los indios amigos amenazaban a los de la ciudad, diciéndoles: «¡Ah, perros, pues queréis morir como venados, con este ingenio que veis os mataremos a todos y acabaremos de asolar esas pocas casas en que os hacéis fuertes! ¡Ea, pues, no porfiéis tanto en vuestra necedad; acabad, daos; que mejor es vivir que morir!». Los de la ciudad respondían lo que siempre, aunque el ingenio les puso harto miedo y aun por él creyó Cortés que se dieran, y en todo se engañó, porque ni él ni los carpinteros salieron con lo que porfiaron, ni los de la ciudad, aunque tenían temor, movieron partido alguno ni salieron a los que les ofrecían; y diciendo ellos al cabo de dos o tres días: «¿Cómo no nos matáis con ese ingenio?»; respondían los indios amigos por boca de los españoles: «Porque os tenemos lástima y deseamos que con tiempo miréis por vosotros». Replicaban a esto ellos lo que otras veces decían: «Morir o vencer».

Pasados estos días volvió Cortés a combatir la ciudad, y como había cuatro días que no lo había hecho, halló las calles por donde iba (cosa, cierto, de lástima) llenas de mujeres y niños y otra gente miserable, que se morían de hambre y salían traspasados y, como dicen, en los huesos, a buscar de comer. Cortés, que muy piadoso era, mandó a los indios amigos que no les tocasen, diciéndoles que no era valentía en gente tan flaca ejecutar su saña. Hiciéronlo así, que no hicieran si no oyeran estas palabras.

La gente de guerra no salió a pelear, antes se estuvo queda donde no podía recibir daño, porque se subieron a las azoteas de sus casas, donde se estuvieron quedos, cubiertos con sus mantas y sin armas. Cortés entonces, con las lenguas y con un escribano y muchos testigos, les requirió con la paz, los cuales respondían con disimulaciones, ni diciendo sí, ni diciendo no, gastando el día en falsos entretenimientos, lo cual, como vio Cortés, muy enojado, les envió a decir que pues eran tan malos y tan falsos y mentirosos, que él los quería combatir; por tanto, que hiciesen retraer aquella miserable gente, si no, que daría licencia a los indios amigos para que los matasen.

Capítulo CLXXXVIII. Lo que los mexicanos respondieron y del bravo combate que les dieron Cortés y Alvarado
Los indios mexicanos, con el doblez y engaño que solían, respondieron se detuviese y no hiciese mal a aquella pobre gente, que ya querían paz. Cortés, como escarmentado de tantas, les replicó que él no veía allí a su rey y señor, con quien la paz se había de tratar; que le llamasen, y que venido, haría todo lo que más conviniese a la paz y quietud de ellos, los cuales hicieron como que enviaban a llamar, y muy deprisa, a Guautemucín, pero como era burla, se pareció presto, porque todos estaban apercibidos para pelear, y así fueron los primeros que acometieron; enojado Cortés de lo cual, mandó a Pedro de Alvarado que con toda su gente entrase por la parte de un gran barrio que los enemigos tenían, en que había más de mil casas, y él entró a pie por otra, porque no había espacio donde los caballos anduviesen. Dijo a los suyos: «¡Ea, amigos, acabemos ya con estos perros, que tantas nos han hecho y con quien, como fieras, no vale razón! Echemos ya este negocio a un cabo o acabemos aquí todos, que ya no hay quien lo sufra». Fue el intento de Cortés estrechar a los enemigos cuanto pudiese, para hacerlos venir, si posible fuese, a que todos no acabasen.

Hubo por la una parte y por la otra tan bravo y recio combate y tan gran resistencia en los contrarios, que por muchas horas, duró más que otro alguno, con tanto derramamiento de sangre y tantas muertes, especialmente de los mexicanos, que a porfía se metían por las espadas, que las calles y el agua, todo, nadaba en sangre.

Señaláronse este día muchos de los españoles y muchos de los tlaxcaltecas, que no parecían hombres, sino iras del cielo. Ganaron los nuestros todo aquel barrio, aunque con gran trabajo y muchas heridas, porque peleaban con desesperados y con hombres que no deseaban más que morir, vengando cuanto pudiesen sus muertes. Cortés, por su parte, los arrinconó mucho, haciendo en ellos horrible y espanto estrago. Finalmente, fue tan grande la mortandad que se hizo en ellos, que muertos y presos, pasaron de doce mil hombres, con los cuales los tlaxcaltecas y los otros indios amigos usaron de tanta crueldad, que por ninguna vía, a ninguna suerte de persona, mujer, niño o viejo, daban la vida, aunque Cortés y los otros capitanes más los reprehendiesen y castigasen, respondiendo que aquéllos eran sus mortales y antiguos enemigos y que mataban a todos porque ni hubiese mujeres de ellos que pariesen ni criasen, ni que en ninguna manera pudiesen ser provechosas, y que los niños no habían de crecer ni vivir para ser tan malos como sus padres, y que los viejos no hacían menos mal con los consejos que los mozos con las armas, y que por esto era bien que de ellos no quedase memoria, y cierto, aunque decían esto, la causa principal era su condición natural ser tan vengativos y tan poco inclinados a perdonar, que por muy pequeñas causas hay entre ellos mortales enemistades, no condoleciéndose los unos de los otros, aunque los vean en extrema necesidad, bastante prueba, dejada la ley cristiana, que a lo contrario nos obliga, de mujeril y afeminado ánimo, vil y ajeno de toda grandeza y nobleza de hombres dignos de tal nombre.

Capítulo CLXXXIX. Cómo otro día Cortés volvió a la ciudad y de cómo los enemigos le llamaron, y de lo que le dijeron

Otro día siguiente tornó Cortés a la ciudad; mandó a los suyos que en ninguna manera peleasen ni hiciesen mal a los mexicanos, los cuales, como vieron tan gran multitud de gente sobre sí y conocieron que sus mismos vasallos a quien ellos solían mandar los venían a matar, y los habían puesto y ponían en tan estrecha necesidad cuanta mayor no podía ser, pues asolada ya casi toda su ciudad, no tenían donde poner los pies, sino sobre los cuerpos muertos de los suyos, decían y clamaban: «Habed ya, cristianos, y vosotros, nuestros naturales (aunque mortales enemigos) misericordia de nosotros; despenadnos ya y sacadnos de tanta desventura; acabadnos ya; quitadnos la vida, porque la muerte es mejor que ella».

Dichas estas palabras, ciertos principales de ellos a mucha prisa rogaron a ciertos españoles que más cerca estaban que en todas maneras les llamasen a Cortés, porque le querían hablar, y como todos los españoles deseaban que ya aquella guerra se concluyese y tenían gran lástima del mal que aquéllos padecían, holgaron mucho de ir a llamar a Cortés, pensando que ya querían paz.

Llegados los españoles do Cortés estaba, con mucho contento le rogaron e importunaron se llegase a una albarrada donde estaban ciertos principales que con grande ansia le deseaban hablar, el cual, aunque sabía que había de aprovechar poco su ida, determinó de ir, así por complacer a los que se lo importunaban, como porque no dijesen que no hacía todo lo que era en sí para atraer a sus contrarios, aunque estaba cierto que en el señor y en otros tres o cuatro principales estaba y había de estar la endurecida porfía, porque la otra gente, muertos o vivos, deseaban ya verse fuera de allí.

Llegado, pues, a la albarrada, dijéronle los indios principales, que pues ellos le tenían por hijo del Sol, y el Sol con tanta brevedad como era un día y una noche daba vuelta a todo el mundo, que por qué él así, brevemente, no los acababa de matar y los despenaba, porque aunque la muerte siempre la habían huido, como a cosa tan aborrecible y temerosa, ahora la amaban y deseaban mucho mas que la vida cuando estaban en su prosperidad, y que ya entendían que podía ser tan mala la vida que fuese peor la muerte, y que pues ellos viviendo morían, le suplicaban, si como decían era clemente y piadoso, que en todo caso muy presto los acabase, porque ellos se querían ir al cielo con su dios Uchilobus (este era el principal ídolo que ellos adoraban) que los estaba allá esperando para darles descanso y agradecerles mucho haber muerto en su servicio, ceguera, cierto, lastimosa y digna de llorar.

Cortés a estas palabras les respondió muchas cosas, desengañándolos del error en que estaban; ofrecióles mucha amistad, gran tratamiento y la libertad que quisiesen; y ninguna cosa aprovechó, tanto puede el demonio, viendo en los nuestros más muestras y señales de paz que jamás ningunos vencidos mostraron, con ser ellos, por la bondad de Dios, siempre vencedores.

Capítulo CXC. Cómo Cortés envió un principal mexicano que tenía preso a la ciudad, y de lo que le dijo, que hiciese, y cómo los suyos le sacrificaron

Puestos, pues, los enemigos en el extremo que tengo dicho, como estaban tan determinados de morir, imaginaba Cortés cómo podría apartarlos de tan mal propósito, y así, revolviendo consigo muchas cosas, halló que era bien enviarles una persona muy principal que dos o tres días antes había preso en el combate, un tío de don Fernando, señor de Tezcuco, para que éste, como persona tan señalada y a quien respectarían y darían todo crédito, les persuadiese a que mudasen parecer, y así como lo pensó, lo llamó, al cual dijo:

> Yo sé que tú eres caballero y de los más principales de la ciudad; estás mal herido; hante curado por mi mandado, porque así lo tenemos los cristianos de costumbre, especialmente con las personas tan principales como tú; en mi poder estás, para hacer de ti lo que quisiere; yo quiero, por que veas que no pretendemos más que vuestra amistad, que tú escojas lo que más quisieres, o estarte con nosotros en la libertad y autoridad que tenías en tu ciudad, o, aunque no estás bien sano, volverte a ella con algunas cosas que yo te daré; y si esto último quieres, hasme de dar la palabra, como caballero, de hacer lo que yo te rogare.

El prisionero se alegró mucho con lo que Cortés le dijo, y como el amor de la patria puede tanto, le dijo que la una merced y la otra eran muy grandes y que cada una de ellas le obligaban a morir por él, cuanto más a hacer lo que le mandase, y que pues le daba a escoger, que él quería volver a la ciudad con los suyos, donde había nacido, y que en lo demás le daba su palabra, como caballero, y por sus dioses inmortales prometía, de hacer con toda fidelidad lo que le mandase.

Entendido esto por Cortés, le dijo:

> Lo que te ruego mucho que hagas es que cuando te veas con Guautemucín le digas el tratamiento que yo te he hecho, y pues ves que no pueden escapar de morir, si no se dan por nuestros amigos, le persuadas cuanto pudieres se deje de porfiar más, porque yo le dejaré tan gran señor como ahora es, porque yo no pretendo más que su amistad. Cata aquí ropas ricas y plumajes que lleves, para que con verdad puedas decir lo bien que contigo lo he hecho, e irán contigo de mis soldados hasta ponerte donde Guautemucín está.

Tornó a replicar el prisionero que aquello él lo haría, por lo bien que les estaba y porque él se lo mandaba, y que antes de dos días después de él llegado sabría la fidelidad con que él lo hacía. Con esto se despidió bien alegre y bien acompañado.

Los españoles le entregaron a los de la ciudad, los cuales lo recibieron con mucho acatamiento, como a persona tan señalada; lleváronle luego delante de Guautemucín, su señor, y como en su presencia comenzó a tratar el buen tratamiento que había recibido y a decir cuán bien sería que se tratase de paz, Guautemucín, muy enojado, no dejándole pasar adelante con su razón, le mandó luego sacrificar; de manera que él, que quiso más volver a su patria y tan herido, que quedar con tan buen tratamiento entre los extraños, murió por hacer el deber, queriendo lo que no quisiera, si supiera lo que escogía. Con esto, la respuesta que dieron fue venir con grandes alaridos, diciendo que no querían sino morir, tirando contra los nuestros muchas varas, piedras y flechas, peleando tan bravamente que mataron un caballo con un dalle que uno traía, hecho de una espada de las nuestras, pero, al cabo, les costó caro, porque murieron muchos de ellos.

Capítulo CXCI. Cómo otro día entró Cortés en la ciudad, y de lo que dijo a ciertos principales de ella y de lo que ellos, llorando, le respondieron
Otro día Cortés tornó a entrar en la ciudad, y ya estaban los enemigos tales, que a los indios amigos no se les daba nada de quedarse a dormir en la ciudad. Llegado, pues, Cortés a vista de los enemigos, no quiso pelear con ellos, sino andarse paseando por la ciudad, porque tenía creído que cada hora se habían de salir de ella y venirse donde los nuestros estaban, y por más inclinarlos a ello, se llegó cabalgando cabo una albarrada que tenían bien fuerte. Llamó a ciertos principales que estaban detrás, a los cuales él conocía; díjoles que pues se veían tan perdidos y conocían que, si él quisiese, en una hora no quedaría ninguno vivo de ellos, que por qué no venía a hablarle Guautemucín, su señor, que él prometía de no hacerle mal ninguno, y que queriendo él y ellos venir de paz, que serían de él muy bien tratados y que cobrarían todo lo que por su culpa habían perdido, y que estuviesen ciertos que esto sería así, porque era costumbre muy antigua entre los capitanes españoles cumplir la palabra que diesen, y que pues el señor, como ellos decían, su enemigo, tenía tanta lástima de ellos, que era más razón que ellos la tuviesen de sí, pues con

solo querer paz (que no solamente los hombres, pero los brutos animales, en su género, siempre conservan), vendrían a tener todo lo que deseaban. Estas y otras muchas razones les dijo Cortés, con que los provocó a muchas lágrimas, y así, llorando, le respondieron que bien conocían su yerro y perdición y que ellos querían ir a hablar a su señor; que no se fuese de allí, porque presto volverían con la repuesta.

Cortés holgó mucho de esto, aunque quedó dudoso si Guautemucín vendría o no. Los indios volvieron desde a un rato; dijéronle que porque ya era tarde su señor no venía, pero que otro día a mediodía vendría, sin duda, a hablarle en la plaza del mercado. Creyólo Cortés, porque se lo dijeron con gran vehemencia, mostrando gran contento a venir con aquella respuesta.

Volvióse Cortés con los suyos al real, y para que Guautemucín y aquellos señores entendiesen lo mucho que deseaba su amistad y lo mucho en que los tenía y deseaba honrar, proveyó luego que para otro día, que en aquel cuadrado alto que estaba en medio de la plaza donde se puso el trabuco, se aderezase un estrado el más suntuoso que ser pudiese, como los indios señores lo acostumbraban, donde Guautemucín y los otros señores se asentasen, y por que no faltase nada, entendiendo que no les había sobrado la comida, mandó se aderezase muy bien de comer. Hízose todo, para en aquel tiempo bien espléndidamente.

Capítulo CXCII. Cómo Cortés salió a lo puesto y Guautemucín no vino, y de lo que envió a decir y Cortés respondió, y de las demás cosas que pasaron
Otro día de mañana fue Cortés a la ciudad, avisando primero a la gente que estuviese apercibida, porque si los de la ciudad tuviesen tratada alguna traición, debajo de paces, no los tomasen descuidados, y lo mismo mandó avisar a Pedro de Alvarado, que todos habían de ir juntos, aunque por diferente partes, a dar asiento en aquel negocio.

Como Cortés llegó al mercado envió a decir a Guautemucín cómo él estaba esperando, el cual, como inconstante y mudable (como los más de su nación), aunque rey, había mudado propósito, determinando de no ir, pero por no hacer clara fealdad, envió a Cortés cinco muy principales señores, que Cortés de nombre y comunicación bien conocía, los cuales, de parte de

Guautemucín, le dijeron que en todas maneras le perdonase porque no venía, que tenía mucho miedo y empacho (palabras naturales de los indios) de parecer delante de él, y que también estaba mal dispuesto, y que ellos estaban allí. Esto dijeron aquellos señores de su parte, que viese lo que mandaba, porque ellos lo harían con toda voluntad; y aunque el señor no vino, holgó mucho Cortés que aquellos señores viniesen, porque pareció que habría camino de dar presto conclusión a lo que él tanto deseaba.

Recibiólos con muy alegre semblante, honrólos mucho, mandólos sentar en aquel estrado, hízoles dar luego de comer y beber, en lo cual mostraron bien el deseo y necesidad que de ello tenían; y después de haber comido les dijo que hablasen a su señor y le dijesen que pues a ellos había recibido con tanta voluntad y se había holgado con ellos, que qué haría con él; por tanto, que no se excusase con decir que tenía temor, porque él le prometía de no hacerle ningún enojo, ni decirle cosa que le pesase, sino antes darle todo contento y placer, y que pues sin su presencia no se podía dar asiento en cosa, que le porfiasen a que viniese. Acabado de decir esto, les mandó dar algunas cosas de refresco que llevasen para comer, los cuales se despidieron de Cortés, haciéndole grandes promesas de procurar que en todas maneras su señor viniese.

Contaron a Guautemucín todo lo que había pasado, diéronle el refresco que llevaban; volvieron desde a dos horas, trajeron a Cortés ciertas mantas de algodón ricas y dijéronle que en ninguna manera Guautemucín su seño vendría ni pensaba venir y que era excusado hablar más en ello.

Cortés, replicando, dijo que él no sabía la causa por qué Guautemucín tanto se recelaba de venir ante él, pues vía que a ellos, que él sabía haber sido los principales causadores de la guerra y que la habían sustentado, les hacía tan buen tratamiento, dejándolos ir y venir tan seguros y sin recibir enojo; por tanto, les rogaba tornasen a hablar a Guautemucín y cargasen mucho la mano en suplicarle de su parte viniese y como rey cumpliese su palabra, pues a él y a ellos les convenía y les iba el todo en hacerlo y él no alineaba por otra cosa que por su provecho. Ellos le respondieron que así lo harían y que de suyo le dirían otras muchas cosas y que otro día volverían con la repuesta, y así se fueron y también Cortés a su real.

Capítulo CXCIII. Cómo, volviendo, aquellos señores, dijeron a Cortés se viniese a ver con Guautemucín, y de cómo volvió a faltar, y cómo Cortés combatió unas albarradas y de la gran matanza que en los enemigos hizo

Otro día, bien de mañana, aquellos señores vinieron al real de Cortés; dijéronle que se fuese a la plaza del mercado de la ciudad, porque su señor quería venir a hablarle allí. Cortés, aunque tantas veces burlado, engañándose con el gran deseo que tenía de verse con Guautemucín, creyendo que fuera así, cabalgó para allá. Estúvole esperando más de cuatro horas y nunca quiso venir ni parecer ante él, y como vio la burla y que ya se hacía tarde y que ni los señores de Guautemucín, venían, envió a llamar a los indios amigos, que habían quedado a la entrada de la ciudad, casi una legua de donde él estaba. Habíales mandado que no pasasen de allí, porque los de la ciudad le habían pedido que para hablar en las paces no querían que ninguno de ellos estuviese dentro, y como estaban a pique, hechos ya a la presa, no tardaron nada, ni tampoco los del real de Alvarado, y como todos llegaron, díjoles Cortés: «¡Ea, tiacanes (que quiere decir "valientes"), pues estos perros no quieren paz, démosles guerra!». Con esto comenzó a combatir unas albarradas y calles de agua que tenían, porque ya no les quedaba otra mayor fuerza. Entróles Cortés y los indios amigos, y al tiempo que Cortés salió de su real, dejó proveído que Gonzalo de Sandoval entrase con los bergantines por la otra parte de las casas donde los enemigos se hacían fuertes, por manera que estuviesen cercados, y habíale avisado que no los combatiese hasta que viese que él los combatía.

Comenzado el combate, estando los enemigos así cercados y apretados, no tenían paso por donde andar, sino por encima de los muertos y por las azoteas que les quedaban, y a esta causa, ni tenían ni hallaban flechas, ni varas ni piedras con que ofender a los nuestros. Andaban los indios amigos con espadas y rodelas entre los nuestros, y como estaban favorecidos, hacían maravillas.

Fue tanta la mortandad que en los enemigos los nuestros y ellos hicieron, así por el agua como por la tierra, que aquel día pasaron de más de cuarenta mil hombres los muertos y presos, y era tanta la grita y lloro de los niños y mujeres, que no había persona a quien no quebrasen el corazón, especialmente a los nuestros españoles, que entre todas las naciones, de su natural condición, son más clementes y piadosos, y así tenían más que hacer en estorbar a los indios amigos que no matasen ni fuesen tan crueles, que no en pelear.

Estaban los indios amigos tan encarnizados que fue más de fieras que de hombres su crueldad, tanto que por ninguna vía podían ser estorbados, antes como sangrientos leones, mataban y despedazaban a los mexicanos, que eran sus naturales y de su ley y nación, y así, escribiendo esto Cortés, dice que en ninguna generación se vio crueldad tan fuera de toda orden de naturaleza.

Hubieron este día gran despojo, en que los nuestros tampoco fueron parte para estorbárselo, porque ellos eran más de ciento y cincuenta mil hombres y los nuestros hasta novecientos, y así no bastó ningún recaudo ni diligencia para estorbarles que no robasen, aunque los nuestros hicieron todo lo posible, y una de las cosas por qué Cortés los días antes había rehusado de venir en rompimiento con los de la ciudad, era porque, tomándolos por fuerza, habían de echar, como lo hicieron, toda su riqueza en el agua, y donde hasta hoy nunca ha parecido, que fue, según algunos dijeron, increíble, y por el estrago que los indios amigos, por robar, habían de hacer en ellos, que son a hurtar tan inclinados, que a cualquier cosa, por chica que sea, se abalanzan; y porque ya era tarde y los nuestros no podían sufrir el mal olor de los muertos (que era pestilencial), se fueron a sus reales, pesándoles de no haber hallado voluntad en Guautemucín para que aquel estrago tan grande, que ellos no habían podido evitar, se excusase.

Aquella tarde, que volvió temprano, proveyó Cortés que para el día siguiente que había de entrar en la ciudad se aparejasen tres tiros gruesos para llevarlos por delante, porque temió que como los enemigos estaban tan juntos y no tenían por donde se rodear, queriéndoles entrar por fuerza, podrían entre sí ahogar a los españoles, y quería desde afuera con los tiros hacerles algún daño para provocarlos a salir de allí contra los nuestros. Proveyó asimismo que Sandoval entrase con los bergantines por un lago de agua grande que se hacía entre unas casas adonde estaban todas las canoas de la ciudad recogidas, y ya tenían tan pocas casas donde poder estar, que el señor de la ciudad andaba en una canoa con ciertos señores y principales, que no sabía qué hacer de sí.

Capítulo CXCIV. Cómo otro día Cortés volvió a la ciudad, como lo tenía ordenado, y cómo un gran señor que se decía Ciguacoacín hablé a Cortés, y de lo que él proveyó para que los indios amigos no hiciesen estrago en los que se daban

Siendo ya de día hizo Cortés, según tenía ordenado, apercibir toda la gente y llevar los tiros gruesos, enviando a mandar a Pedro de Alvarado que le esperase en la plaza del mercado y no diese combate hasta que él llegase, y estando ya todos juntos y los bergantines apercibidos, fue en buen orden con todos ellos por detrás de las casas del agua, donde estaban los enemigos. Mandó que en oyendo soltar una escopeta, entrasen por una pequeña parte que estaba por ganar y echasen los enemigos al agua hacia donde los bergantines habían de estar a punto, avisándoles mirasen mucho por Guautemucín y trabajasen de lo tomar vivo, porque de aquello pendía cesar la guerra y venirse de paz otras muchas provincias.

Cortés se subió en una azotea, y antes del combate habló con algunos principales de la ciudad, que conocía. Díjoles con palabras muy amorosas y con que mostraba condolecerse mucho de su miseria y aflicción, que por qué causa Guautemucín no quería venir y estaba tan rebelde en lo que a él y a los suyos tanto convenía; que les rogaba que antes que a todos los destruyese, pues se veían casi sin armas y de todas partes cercados, que le trajesen a Guautemucín, y de su parte le dijesen que ningún temor hubiese de parecer delante de él, porque le trataría muy como a señor, y que donde no, que mirase por sí, pues no podía vivo o muerto escapar de sus manos.

Movieron mucho estas palabras aquellos principales, dos de los cuales, sin responder palabra, pareció que lo iban a llamar, y desde a poco volvió con ellos uno de los más principales de todos ellos, que se llamaba Ciguacoacín, capitán y gobernador de todos ellos, por cuyo consejo se seguían todas las cosas de la guerra. Cortés le mostró muy buen rostro, para que se asegurase y no tuviese temor de decir lo que quisiese, y al fin, después de muchas razones comedidas, dijo que en ninguna manera Guautemucín vendría ante su persona, porque tenía determinado de morir primero que hacer otra cosa, y que a él le pesaba mucho de esto, porque no podía alcanzar otra cosa de su señor; por tanto, que hiciese lo que quisiese.

Cortés, como vio esto, enojado, y con razón, le replicó: «Ahora, pues sois tan malos, tan rebeldes y tan sin juicio, apercibíos, que yo os quiero luego combatir y no dejar hombre de vosotros a vida; volveos y decid esto a Guautemucín». Ellos se fueron, y como en estos conciertos pasaron más de cinco horas, y los de la ciudad estaban todos encima de los muertos y otros en el agua, y otros nadando y otros ahogándose en aquel lago donde estaban las canoas, que era espacioso, era tan grande la pena, miseria y trabajo que padecían, que los nuestros, sin gran tristeza, no los podían mirar, y así, no pudiendo sufrir el terrible hedor y el verse acabar, sin respecto ni miramiento del señor, por momentos salía infinito número de hombres y mujeres, niños y viejos hacia los nuestros, y por darse prisa a salir, unos a otros se cebaban en el agua y se ahogaban entre aquellos cuerpos muertos, los cuales, por haber bebido agua salada y padecido tan gran hambre y atosigados con el pestilencial hedor de los que primero morían, vinieron a ser tantos que pasaron de sesenta mil, y porque los nuestros no entendiesen la necesidad en que estaban, ni echaban los cuerpos muertos al agua, porque los bergantines no topasen con ellos, ni los sacaban fuera de sus casas, porque los nuestros no los viesen en las calles, fue causa de que entre ellos hubiese mayor mortandad; y así, no pudiendo ya disimular el negocio, vinieron los nuestros a hallar por las calles montones de cuerpos muertos, y lo mismo dentro de las casas, de manera que los nuestros no tenían dónde poner los pies, sino sobre cuerpos muertos, y como se salía tanta gente, proveyó Cortés, como hombre tan piadoso y cristiano que era, que por todas las calles estuviesen españoles de guarda para estorbar que los indios amigos no se encruelesciesen y encarnizasen, como solían, en aquellos miserables. Lo mismo mandó a todos los capitanes de los indios amigos, y no se pudo tanto estorbar, como eran tantos los unos y los otros, que aquel día no matasen y sacrificasen más de quince mil.

Capítulo CXCV. Cómo Cortés, vista la rebeldía de los mexicanos, los combatió, y cómo Garci Holguín prendió a Guautemucín y al gobernador y de lo que más pasó
En esto, todavía los principales y gente de guerra de la ciudad se estaban arrinconados en las azoteas y casas que les quedaban, que eran bien pocas, donde ya no les aprovechaba la disimulación ni había ya lugar de inventar

ardides con que, estando flacos, fingiesen fortaleza, porque ya su perdición y flaqueza estaba clara, y con todo esto, como se venía la tarde y ellos no se querían dar, hizo Cortes asestar los dos tiros gruesos hacia ellos, para ver si se darían. Hizo esto por dos causas: la una por espantarlos y amedrentarlos; la otra, por hacerles menos daño, que le recibieran muy grande, dando licencia a los indios amigos que les entrasen.

Hicieron los tiros algún daño, pero como tan poco aprovechó, mandó disparar la escopeta, y en disparándola fueron acometidos por los nuestros y tomaron y ganaron aquel rincón que tenían y echaron al agua los que en él estaban, y otros que quedaban sin pelear se rindieron, y los bergantines entraron de golpe por aquel lago, rompiendo con gran furia por medio de la flota de las canoas, y la gente de guerra que en ella estaba, turbada, confusa y desfallecida, no sabía dónde estaba ni levantaba las manos a tomar armas, y así los de los bergantines no hicieron más de rendirlos.

En esta victoria fue grande la ventura de un capitán que se decía Garci Holguín, el cual, viendo que una canoa, en la cual le pareció que iba mucha gente de manera, y que a toda furia huía de entre las otras canoas, aguijó con su bergantín, que iba a vela y remos, y acercándose, como llevaba en la proa del bergantín dos o tres ballesteros, mandó que encarasen contra los de la canoa, los cuales hicieron luego señal que no tirasen, porque estaba allí Guautemucín. Saltó de presto Garci Holguín en la canoa y luego tras de él dos o tres compañeros; prendió a Guautemucín y a Ciguacoacín y al señor de Tacuba y a otros principales que con él iban.

Estuvo muy en sí Guautemucín, mostrando semblante de muy valiente príncipe, contento, como después diré, de haber hecho todo lo que pudo. Tratóle Garci Holguín con mucho comedimiento, costumbre de los españoles cuando rinden a sus contrarios, porque conocen (como ello es) ser varia la fortuna de la guerra y que el que hoy vence puede mañana ser vencido, lo que muchos, ciegos con la prosperidad presente, no consideran.

Capítulo CXCVI. Cómo Garci Holguín llevó preso a Guautemucín a Cortés y de lo que entre los dos pasó
Muy alegre, como era razón, y muy acompañado, así de indios amigos como de españoles, Garci Holguín llevó a Guautemucín delante de Cortés a un azo-

tea donde estaba, que era junto al lago. Iban con Guautemucín otros señores muy principales presos, que en su rostro y semblante mostraban más pesar de ver a su señor preso que de irlo ellos.

Cortés le recibió con alegre rostro, no mostrándole rigüridad de vencedor. Mandóle asentar a par de sí, y primero que le hablase palabra, levantándose Guautemucín, le dijo muy reportado y con gran ánimo: «Invencible y muy venturoso capitán: Hasta este punto yo he hecho todo lo que de mi parte era obligado para defender a mí y a los míos contra su gran poder. Si mis dioses o mi fortuna, o tu Dios, que debe ser muy poderoso, me han sido contrarios, no tengo yo la culpa, de que estoy muy contento. En tu poder me tienes; tu prisionero soy; haz de mí a tu voluntad», y poniendo la mano en un puñal que Cortés traía, le dijo que la mayor merced que le podría hacer sería matarle con aquel puñal, porque él iría muy descansado donde estaban sus dioses, a recibir de ellos la honra y gloria que su firmeza merecía, especialmente habiendo muerto a manos de un tan famoso capitán.

Cortés, que tan piadoso era como sabio, disimulando el sentimiento que de la mudanza de fortuna con tan gran señor en su pecho sentía, le dijo: «Muy valiente y poderoso rey: No es de fuertes y valerosos capitanes, cuando son vencidos por otros, pedir la muerte, que tanto, no solamente los hombres, pero los brutos animales procuran evitar, y entonces los valientes caballeros le han de tener en poco cuando, o no la pueden excusar, o, viviendo, quedan afrentados. Tú has hecho el deber y no tienes tú culpa, sino tu fortuna, y así, no te tendré yo en menos, siendo vencido, que si fueras vencedor. Por tanto, alégrate y no desmayes, que más te quiero vivo que muerto y el tiempo te dirá lo bien que yo te he querido».

Mucho se alegró Guautemucín con estas palabras, porque mostró luego otro semblante, y como así le vio Cortés, le rogó que desde aquella azotea hiciese señal a los suyos que se diesen. Él lo hizo con mucha voluntad, y ellos, que serían hasta setenta mil, dejaron las armas, aunque ya estaban tales, según tengo dicho, que poco o nada se podían aprovechar de ellas; y así preso este tan gran señor, cesó luego la guerra de México, con grande espanto de los de la ciudad y maravilla de todos los de la comarca.

Capítulo CXCVII. En qué día se tomó México y cuánto duró el cerco de ella, y de la memoria que hoy se hace de su victoria, y de otras cosas

Tomóse México martes, día de san Hipólito, 13 de agosto del año de 1521. Duró el cerco hasta este día, que fue (según escribe Cortés) desde 30 de mayo del mismo año, setenta y cinco días, y muchos conquistadores dicen que pasaron más de ochenta. Sea lo uno o lo otro, lo que consta y está claro de lo pasado, es el gran trabajo que los nuestros tuvieron, los peligros y desaventuras que tuvieron, la porfía y tesón que hubo en los unos y en los otros, donde los españoles mostraron sus personas tan aventajadamente como atrás queda dicho, aunque en la antigua España no faltaron émulos, como los tienen todos los claros hechos, que dijeron no haber hecho mucho Cortés y los suyos en haber conquistado hombres desnudos; y vino a tanto la envidia De éstos, que dijeron haber peleado con gallos de papada, habiendo hecho la más memorable y hazañosa hazaña que tantos por tantos hicieron en el mundo, porque decir, aliende de otros grandes bienes, el que hicieron en abrir puerta para dar a la Corona Real de Castilla tantos reinos y señoríos como hay en las tres partes del antiguo mundo, sería nunca acabar.

Edificaron luego los nuestros una iglesia, en memoria y conmemoración de aquella tan insigne y nunca oída victoria, a san Hipólito, en aquella parte y lugar donde saliendo los nuestros de México, murieron de ellos más de seiscientos, a la mano derecha de la calzada, saliendo de la ciudad, aunque, como tengo atrás dicho, donde los más murieron, que es un poco antes en la misma calzada, un conquistador edificó una ermita. Ambos templos están hoy en pie, aunque mal reparados.

Acostumbra casi desde entonces el Regimiento y Cabildo de esta ciudad sacar el estandarte la víspera de este Santo y el día siguiente por la mañana, con la mayor pompa y autoridad que puede; sácanle los regidores por su orden, aunque por merced particular de alférez, le sacó una vez Rodrigo de Castañeda. Acompáñanle el virrey, Audiencia, arzobispo y obispos que al presente se hallan, con todas las demás personas principales de la ciudad. Sácanle de las casas de Cabildo y vuélvenle a ellas. Hay misa cantada y sermón aquel día, y yo he predicado algunas veces.

Tuvo Cortés sobre México, cuando menos, doscientos mil hombres de indios amigos, y de españoles cuando más novecientos, ochenta caballos, diez y siete tiros de artillería, trece bergantines y seis mil canoas. Murieron de los españoles hasta cincuenta, y seis caballos, y de los indios amigos, para ser tan grande el número, no muchos. De los contrarios murieron más de doscientos mil, porque no había cuento con los que mató el hambre y pestilencia.

Notaron los nuestros una cosa no digna de olvidar, que los recién muertos hedían y después no hacían gusanos, tanto que como carne momia se enjugaban en muy breve, de manera que tomando a uno por el pie le levantaron entero, como si fuera hecho de cañahexas. La causa de esto se cree que era el comer poca carne o ninguna, sino era la que de cuando en cuando comían de los que sacrificaban, porque de la de los suyos siempre se abstuvieron; su cotidiana comida era tortillas y ají, comida muy enjuta y que engendraba pocos humores, y caer los cuerpos sobre tierra salitrosa. Murieron muchos nobles, porque fueron los que más porfiaron. Bebían ruin agua, mas no de la salada, porque es peor que la de la mar. Dormían entre los muertos, de cuyo hedor inficcionados morían luego, inficcionando a otros.

No menos que ellos porfiaron las mujeres, queriendo morir con sus maridos y padres, teniendo en poco la muerte, después de haber trabajado en servir los enfermos, curar los heridos, hacer hondas y labrar piedras para tirar. Peleaban como romanas, desde las azoteas, tirando tan recias pedradas como sus padres y maridos.

Mandó Cortés que así españoles como indios saqueasen la ciudad. Los españoles tomaron el oro, plata y plumas, y los indios la otra ropa y despojo, que fue en gran cantidad, y mandó en lugar de luminarias, señal de pública alegría, hacer grandes fuegos en las calles y plazas, y fueron tan grandes que estaba la ciudad tan clara como de día.

Aprovecharon mucho tantos y tan grandes fuegos para purificar el aire, que con el hedor de tantos muertos encalabrinaba a los nuestros. Enterraron los muertos como mejor pudieron, herraron algunos hombres y mujeres por esclavos con el hierro del rey; en México fueron pocos, y asimismo en todo el tiempo que Cortés gobernó, porque volviendo Montejo de España con el hierro del rey, hizo junta en San Francisco, de letrados, y cuanto pudo estorbó no se hiciesen esclavos, y a esto (como escribe) se halló presente fray Toribio Motolinía.

Capítulo CXCVIII. Cómo Cortés mandó guardar los bergantines, y de los pronósticos que precedieron de la destrucción de México
Hecho esto, mandó Cortés varar los bergantines en tierra, poniendo en guardia de ellos a Villafuerte con ochenta españoles para que indios no los quemasen, y a toda prisa mandó hacer unas atarazanas donde hasta hoy día están guardados y tan buenos y tan enteros como entonces.

Tiene hoy la tenencia de estas atarazanas y fuerza el Alcaide Bernardino de Albornoz, que también es regidor de México, y en estas y otras cosas se detuvo Cortés cuatro o cinco días, y después pasó el real a Cuyoacán. Allí acudieron los señores y principales de las provincias que se habían hallado en el cerco y toma de México; vinieron muy de fiesta, dieron la enhorabuena a Cortés, alegrándose con su buen suceso; dijéronle muchas palabras de amor, ofreciéndose para cuando en otra cosa fuesen menester.

Cortés, que muy alegre estaba (que cierto no hay cosa que más contento haga al capitán que la victoria de sus enemigos) los abrazó uno a uno, y después a todos juntos les dijo que les tenía en gran merced, así lo que por él habían hecho, como la voluntad con que de nuevo se le ofrecían, y que así él miraría de ahí adelante por sus personas y estados como por sus cosas propias, y que estuviesen ciertos de que procuraría cuanto en él fuese con el emperador y rey, su señor, de favorecerlos, para que señores y vasallos, todos de ahí adelante viviesen muy contentos, libres de toda opresión y tiranía. Con esto les dijo que se fuesen a sus tierras, pues al presente no había en qué le pudiesen ayudar, porque la guerra era acabada, y que cuando la hubiese los enviaría a llamar. Con tanto, se despidieron casi todos muy contentos de lo que Cortés les había dicho y porque también iban ricos del despojo y ufanos en haber destruido a México, que tan aborrecible les era.

No son de callar los pronósticos que uno o dos años antes predecieron de la ruina y destrucción de tan grande y tan temida ciudad, prueba grande de la variedad e inconstancia de la fortuna, que jamás sabe [estar] mucho tiempo en un ser.

En aquel año que México se ganó oyeron aquellos vecinos de él algunas noches gemir y llorar con muy grandes suspiros y gritos, y esto de la media noche abajo. Despertaban los vecinos despavoridos y oían las voces lamentables y no hallaran a quien las daba, de que tenía gran congoja y gran recelo de lo que después sucedió. Vieron en el mismo año muchas cometas en el cielo, que venían de hacia oriente y gran cantidad de mariposas, langostas y palomas torcazas que pasaban de vuelo hacia el occidente, cosa bien nueva a los mexicanos; y en este mismo año parece que, por remate y fin de esta tan dañada religión, hubo más sacrificios que muchos años de los de atrás. Sucedió asimismo, que es lo más horrible y espantoso, que, viniendo unos indios, grandes hechiceros, de hacia la costa de la mar Océano que se dice Guatusco, hicieron delante de Moctezuma muchas maneras de juegos nunca vistas, y entre otras se cortaban los pies y las manos, que parecía muy claro correr la sangre y estar apartados los miembros cortados de los otros, y los juntaban luego como si nunca los hubieran cortado, y Moctezuma, por ver si era ilusión o que realmente era lo que parecía, mandó luego tomar de aquellos miembros y echarlos a cocer en agua hirviendo y que luego se los diesen, para ver sí los juntaban como de antes. De esto se enojaron y agraviaron mucho, diciendo que les daba mal pago por los servicios que le habían hecho, mas que ellos se verían vengados por gente extraña y nunca vista y que él perdería el imperio y cuando menos catase vería la laguna tinta en sangre y sus casas quemadas y asoladas; con esto se fueron. Rióse Moctezuma, pero levantándose una mañana, trayéndole agua a manos, desde un corredorcillo donde se solía lavar, vio la laguna y acequias coloradas como la sangre y muchas cabezas, manos, pies y brazos cortados de indios; temorizóse mucho, acordándose de lo que los hechiceros le habían dicho, y con grande espanto y voces llamó a la gente de su guardia para que viesen lo que él había visto y vía, y venido no vieron nada más de a su señor extrañamente turbado y con mayor pena que antes, en que no viesen los demás lo que él había visto. Quedó tal de allí adelante que de ninguna cosa recibía contento; envió a llamar a toda furia a los hechiceros; excusáronse cuanto pudieron, creyendo que Moctezuma los mandara matar, pero al fin porfiados y asegurados con buenas palabras y dones, vinieron, y aunque quisieran darle algún contento, no pudieron, por ser las señales de suyo tan horrendo y espantosas. dijéronle que en aquel año habría grandes guerras en su ciudad, con gentes nuevas, de extraño traje y vestidura, y que de la una parte y de la otra se derramaría mucha sangre, y por no desconsolarle y desmayarle más, callaron el triste suceso que este pronóstico mostraba. Mandóles Moctezuma por esto relevar los tributos que pagaban por toda su vida y hízoles mercedes de mucha cantidad de ropa y joyas ricas, con que ellos fueron tan alegres como él quedó triste y congojoso.

Libro VI

Capítulo I. Un extraño caso que a Moctezuma acaeció estando determinado de salirse de México

Como Moctezuma andaba ya con tan gran cuidado y tan sin contento por lo que había visto, entendiendo que en él se había de acabar el imperio mexicano, trataba consigo mismo muchas cosas, unas contrarias de otras, persuadiéndose unas veces que aquellos pronósticos habían de ser en su favor, y como el corazón le daba siempre lo contrario, desmayaba, y para no verse en tan grandes males, determinó de ausentarse, y para hacerlo de manera que de nadie fuese conocido ni sentido, a la media noche se metió en una recámara donde tenía todas sus riquezas. Desnudóse sus ropas y vistióse un cuero de hombre, que ellos solían curar para vestirse (los que habían sido valientes y hecho cosas señaladas) en sus areitos y bailes; púsose un collar de oro con mucha pedrería, y tomó un báculo de palo, con ciertos cascabeles al cabo, que solían traer sus papas, y un incensario en la otra mano, con brasas e incienso (que llaman copal). De esta manera salió sin ser sentido, tomando el camino de la calzada de Chapultepeque; no se sabe para do iba, más de que iba llorando y dando grandes suspiros, volviendo el rostro de rato en rato hacia la ciudad de México, sintiendo grandemente los males en que se había de ver.

En el entretanto el demonio, que no quería que Moctezuma se ausentase de la ciudad, acordó de aparecerse a un indio, pobre pescador, que andaba con una canoa pequeña buscando mariscos, y estando cansado de andar en este ejercicio, se echó a dormir sobre la misma calzada, y a media noche lo comenzó el demonio a llamar por su nombre, Quahutín; díjole que dejase de dormir y viniese luego a su llamado. Despertó el indio, y como oía la voz y no veía quién le llamaba, temió mucho y no osaba levantarse ni ir hacia donde le llamaban; el demonio le tornó a llamar más recio, diciéndole no temiese, que era uno de sus dioses y el gran dios y su señor, y que si no venía le mataría luego. El indio se animó; fue hacia do el demonio estaba; no se sabe qué figura tomó, mas de que le dijo:

Yo te tengo escogido para que me hagas un gran servicio; por tanto, sé hombre para ello, que yo te haré grandes mercedes. Moctezuma ha de venir por aquí disfrazado y solo, que no le conocerás; abrázate con él, llámale por su nombre y dile que adónde va, y procura de hacer que se vuelva diciéndole que Uchilobos está muy enojado y te mandó que cuando de su voluntad no volviese, le volvieses por fuerza, y dieses mandado a los mexicanos.

El indio dijo que así lo haría. El demonio se despidió, y de ahí a poco, aunque hacía grande oscuridad, el indio divisó a Moctezuma, y ya que llegaba donde él tenía la canoa, le salió al camino; abrazólo fuertemente y díjole:

¿Dónde vas, Moctezuma, que dejas la ciudad desamparada, huyendo como cobarde?; vuélvete, que el rey y emperador como tú no ha de hacer tan gran vileza; no dejes a los tuyos, pues ellos no te dejan a ti; ten corazón y no hayas miedo de las gentes extrañas que vienen, que en tu casa y reino estás; espera y anima a los tuyos, que placiendo a nuestros dioses, tendrás victoria.

Moctezuma se espantó mucho, porque yendo tan desconocido le conociesen y llamasen por su propio nombre y dijesen su pensamiento. Rogó al indio le dijese cómo se llamaba y quién le había dicho su nombre y pensamiento. El indio no curó de responderle a esto; porfióle se volviese a su casa y que en ella le diría lo que pasaba; finalmente, pudo tanto, aunque resistía mucho Moctezuma, que le hizo volver, y metidos en la recámara, le contó muy por extenso lo que el demonio le había dicho y mandado. Moctezuma, viendo que por ninguna otra vía podía ser conocido y que era aquella la voluntad de Uchilobos, determinó de esperar lo que viniese; dio al indio las joyas y plumas que llevaba, mandándole que otro día volviese a su casa, y que, so pena de la vida, de lo que había pasado, no diese cuenta a nadie, porque luego sería descubierto, pues lo había sido él saliendo más secreto. El indio calló por muchos días.

Volvió luego otro día a casa de Moctezuma, hablóle a solas, llamándole primero Moctezuma, porque le conoció; cargóle de mucha ropa, y de pobre hombre le hizo caballero rico. De éste descienden hasta hoy ciertos indios principales que viven en el barrio de San Juan de México.

Capítulo II. La diligencia que puso Cortés en saber del tesoro de México, y de otras cosas

Tomada la ciudad (según dicho es) y cumplidos los pronósticos de su destrucción, Cortés y los suyos con toda diligencia procuraron saber, así del tesoro, y que valía más de 700.000 ducados, que a la sazón que salieron de México habían perdido, como del que Moctezuma y otros señores y los ídolos tenían; y fue cosa muy de notar que siendo el un tesoro y el otro tan grandes, con cuanta diligencia los nuestros pusieron, no pudieron hallar rastro de ellos; y como Cortés y los suyos deseaban quedar ricos, en premio de sus largos y grandes trabajos, y enviar al emperador de su quinto gran cantidad de oro y plata y joyas, para que entendiese la prosperidad de la tierra y el gran servicio que le habían hecho, a instancia de los Oficiales de la Real Hacienda, mandó Cortés dar tormento a un señor, vasallo de Guautemucín, y al mismo Guautemucín, el uno puesto frontero del otro. Era el tormento de fuego, y apretando más al vasallo que a Guautemucín, no le pudieron hacer confesar dónde el tesoro estaba, o porque no sabía de él (que esto no es muy creíble) o porque (que esto es más cierto) tienen tan gran fidelidad y lealtad los vasallos y criados a sus reyes y señores, que primero se dejan matar que descubrir secreto que sus señores les confían; pero como el fuego le iba siempre fatigando más, volvió los ojos dos o tres veces a Guautemucín como dándole entender le diese licencia de descubrir lo que sabía, y no permitiese que acabase la vida con tan rabiosa muerte. Guautemucín, que le entendió, le miró con rostro airado y le dijo:

> Caballero vil, apocado e inconstante, ¿qué me miras, como si yo estuviese en algún baño o en otro algún deleite?; haz lo que yo, pues soy tu señor.

Pudieron tanto estas palabras, que el caballero sin descubrir cosa ninguna, con gran esfuerzo y constancia acabó la vida; y pareciéndole a Cortés que era gran crueldad poner en los mismos términos a Guautemucín, le mandó quitar del tormento. Fue después Cortés acusado de esta muerte en su residencia, y descargóse bastantemente con probar que el Tesorero Julián de Alderete se lo había requerido, y porque pareciese la verdad, porque muchos de los compañeros de Cortés afirmaban que él tenía usurpado el tesoro.

Finalmente, después de hechas grandes diligencias y buscándole por muchas partes, no pudieron hallar más de una gran rueda de buen oro y ciertas rodelas también de oro, con algunas piezas de artillería de las que los indios habían tomado a los nuestros con lo demás a la salida de México, que hallaron en una acequia que estaba junto a las casas de Guautemucín. Lo demás, que dicen ser de increíble precio y estima, hasta hoy nunca ha parecido, ni se cree parecerá; de donde se colige que siendo tanto, y que no podían dejar de saberlo muchas personas, ser espantoso el secreto que estos bárbaros guardaron, pues, ni aun muriendo, lo quisieron descubrir a sus hijos.

Capítulo III. Lo que se hubo del despojo de México, y de lo que cupo al emperador de su quinto

Pasó Cortés a la ciudad de Cuyoacán después de haber descansado en su real cuatro o cinco días, dando orden en muchas cosas que convenían, y después que tuvo recogido el despojo de oro y plata, con parecer de los Oficiales del rey, lo mandó fundir. Hecho esto y pesado, montó 130.000 castellanos. Repartiólos Cortés entre los que habían servido, según la calidad y méritos de cada uno. Cupieron al rey de quinto 26.000 castellanos, sin los esclavos y otras cosas muchas de plumajes, joyas, mantas de algodón ricas y algunas piedras, aunque no de mucho valor, aliende de una vajilla de oro, labrada con piedras, en que había tazas, jarros, platos, escudillas, ollas y otras piezas de vaciadizo, harto extrañas de ver, unas como aves, otras como peces y como animales y otras como fruta y flores, todas tan al vivo, que parecían naturales, sin otras muchas joyas de hombres y mujeres y algunos ídolos y cebratanas de oro y plata, todo lo cual valía 150.000 castellanos, aunque otros dicen que dos tantos. Cupiéronle asimismo muchas máscaras musaicas de pedrecitas turquesas, que ni son de tumbo ni de mucho precio; tenían algunas puntas razonables con las orejas de oro y los ojos de espejos y los dientes de hombres, sacados de algunas calavernas, muchas ropas de diversas maneras y colores, tejidas de algodón y de pelos de conejo, que es del pelo de las liebres, de la barriga, que en estas partes son grandes y berrendas, aunque también de la misma parte pelan algunos conejos.

Enviaron con esto huesos de grandes gigantes, de los cuales después acá se han visto algunos, especialmente una calaverna en que cupo más de dos arrobas de agua, y aun dicen muchos (que yo no la vi) que cuatro. Enviaron tres tigres, uno de los cuales se soltó y mató dos hombres e hirió seis y se echó a la mar; mataron los otros, por excusar otro daño como el pasado.

Muchos enviaron dineros a sus parientes, y Cortés envió 4.000 ducados a sus padres con Juan de Ribera, su secretario.

Llevaron esta riqueza Alonso de Ávila y Antonio de Quiñones, Procuradores generales de México y de todo lo conquistado, en tres carabelas, los dos de las cuales que llevaban el tesoro, tomó, por gran ventaja que llevaba, un cosario francés llamado Florín, y esto más allá de las islas de los Azores, el cual casi en el mismo tiempo tomó también otra nao que iba de las islas con 72.000 ducados, seiscientos marcos de aljófal y perlas y dos mil arrobas de azúcar.

Capítulo IV. Lo que con los procuradores escribió Cortés al emperador, y de lo que de Cortés le escribió el Cabildo de México

Con este presente (muestra clara de la fertilidad y grandeza de la tierra que había conquistado), aliende de la Relación que enviaba, escribió Cortés una muy avisada y cristiana carta al emperador, la cual, entre otras muchas cosas que contenía (que sería largo decir) principalmente trató dos cosas: la una, de que fuese servido que, porque aquella tan fértil y populosa tierra parecía a España, fuese servido se llamase (como hoy día se llama) Nueva España; aunque, como muy bien dice Motolinía, tomando la denominación de más atrás, con mejor título se pudiera llamar la Nueva Hesperia, a imitación de este nombre que la antigua España en sus primeros tiempos tuvo, por una estrella que en esta tierra sale al occidente, que se llama Esper. La otra cosa (y en que principalmente, como era razón, hacía grande estribo) era que Su Majestad le enviase obispos, clérigos y frailes letrados, para el asiento y conversión de los naturales y para que con más presteza se fundase en estas partes la nueva iglesia que, por la bondad de Dios, en tan pocos años como ha que esta tierra se fundó, especialmente la iglesia mexicana, de donde todas las demás han tomado dechado, ha venido en tanto aumento, que parece a la más antigua que en Europa se ha fundado.

Vinieron luego que esto escribió Cortés doce frailes Franciscos, que por su gran bondad, vida, letra y ejemplo, los nuestros los llamaron los doce Apóstoles. Hicieron gran fruto, y así los que después de su Orden y de las otras vinieron, entre los cuales, así de Prelados como de ministros, ha habido y hay notables personas, y en las iglesias catedrales muchos prebendados de grandes letras y ejemplo, de todos los cuales, así frailes como clérigos, acabado de concluir la historia de estas partes, si viniere al estado de la pacificación, hablaré más particularmente, porque no menos bien merecen los que sustentan lo conquistado, que los que de nuevo lo adquirieron.

Escribió también (con lo que tengo dicho) Cortés, y muy largo y con muy encarecidas palabras, el gran servicio que sus vasallos españoles en la conquista de este Nuevo Mundo le habían hecho, lo mucho que merecían, la fidelidad que habían guardado, los grandes trabajos que habían padecido, la sangre que habían derramado, la firmeza y constancia que habían tenido, y cómo con el favor de Dios habían hecho más que hombres, y que por esto y por otras muchas razones eran merecedores de que Su Majestad los ennobleciese mucho, honrase y perpetuase en parte de lo que habían ganado.

No fue oculto lo que Cortés escribía a los Cabildos de las Villas que ya estaban fundadas, que por no ser desagradecidos a su caudillo y Justicia mayor, despacharon luego con los mismos Procuradores cartas para el emperador, suplicándole mandase dar asiento en tierra tan buena, de suerte que los grandes servicios de Cortés y los suyos fuesen remunerados, afirmando, como ello era, que ningún capitán griego ni romano había ganado tanta ni tan populosa tierra como Cortés, ni ennoblecido e ilustrado tanto su tierra y nación. Estas cartas y las que Cortés escribió, como iban duplicadas, aunque el cosario tomó los dos navíos, llegaron a España; pusieron en gran admiración a los que las leyeron y oyeron, y así movieron a muchos a que dejadas sus tierras, se viniesen a ésta, donde los que han trabajado y vivido virtuosamente se han aventajado de como estaban en las suyas.

Capítulo V. Cómo fue preso Alonso de Ávila y llevado a Francia, y del gran ánimo que tuvo un año entero con una fantasma que de noche se echaba en su cama

Memorable cosa es y digna de la grandeza de esta historia referir lo que a Alonso de Ávila, que iba por sí apartado de su compañero, por si algo sucediese, como sucedió, le aconteció, el cual apartado del otro navío, topó, saliendo de las islas de los Azores, con Florín, francés, cosario, de quien atrás tengo hecha mención, el cual, como venía a robar traía gente y artillería con que aventajarse a los que iba a buscar. Dijo luego (como el que iba con ventaja) a Alonso de Ávila, que amainase y se rindiese. Alonso de Ávila, como era valeroso, aunque conoció la ventaja, se puso en defensa; peleó gran rato, matáronle los contrarios cinco o seis de los compañeros, que pocos o ninguno quedaron con él, y aun dicen por más cierto que solo un criado suyo. Entró el cosario en el navío, haciendo Alonso de Ávila en defensa de él todo lo que pudo y era obligado, y como era hombre de muy buena persona e iba bien tratado, pretendiendo el cosario más su rescate que su muerte, no le mató, como pudiera, antes le hizo buen tratamiento, diciéndole que era usanza de guerra que el capitán vencedor vendiese al capitán vencido, porque hoy era la victoria de uno y mañana de otro, y como vio luego la gran riqueza que en el navío había, creyendo ser de Alonso de Ávila, no contentándose (según es grande la codicia humana) con lo que presente vía, teniendo ojo al gran rescate que por hombre tan principal podía pedir, se volvió luego a Francia, donde dijo que traía un gran señor preso. El rey lo mandó poner en una fortaleza a gran recaudo, donde no solían estar presos sino señores, y pensando ser tal, pidieron por él 400.000 ducados.

 Estuvo tres años enteros preso en aquella fortaleza, aunque bien tratado, pero guardado con gran diligencia, por que no se fuese; y el primer año, casi desde el primero día que en aquella fortaleza entró, todas las noches sin faltar ninguna, después de apagadas las velas, de ahí a poco, sentía abrir la cortina de su cama y echarse a su lado una cosa que, al parecer del andar y abrir la cama, parecía persona; procuró las primeras noches de abrazarse con ella, y como no hallaba cuerpo, entendió ser fantasma. Háblola, díjola muchas cosas y conjuróla muchas veces, y como no le respondió, determinó de callar y no dar cuenta al Alcaide ni pedirle otro aposento, porque no entendiese que hombre español y caballero había de tener miedo.

 Pasados ya muchos días que, sin faltar noche, le aconteció esto, estando una tarde sentado en una silla, muy triste y pensativo, se sintió abrazar por las espaldas, echándole los brazos por los pechos; le dijo la fantasma: «Mosiur, ¿por qué estás triste?». Oyó la voz y no pudo ver más de los brazos, que le parecieron muy blancos, y volviendo la cabeza a ver el rostro, se desapareció.

A cabo de un año que esto pasaba, viendo el Alcaide por la conversación que con él y con otros caballeros tenía, que podía fiarse ya algo de él, consintió que un clérigo que mucha se había aficionado a Alonso de Ávila, quedase a gran instancia suya a dormir aquella noche en el aposento, donde hecha la cama, frontero de la de Alonso de Ávila, apagadas las velas y cansados ya de hablar, ya que el clérigo se quería dormir, sintiendo que persona, abriendo las puertas, entraba por el aposento, habiéndolas él cerrado por sus manos, y que abría la cortina y se echaba en la cama, despavorido y espantado de esto, levantándose con gran presteza, abrió las puertas y salió dando grandes voces; alteró la fortaleza; despertó al Alcaide, el cual acudió con la gente de guarda, pensando que Alonso de Ávila se huía. Llegado el Alcaide, el clérigo pidió lumbre, diciendo que el demonio andaba en aquel aposento. Metida un hacha encendida, no se halló cosa más de a Alonso de Ávila en su cama, el cual, sonriéndose, contó lo que le había pasado un año continuo, y la causa por qué había callado. Maravillóse mucho el Alcaide y los que con él venían, y tuvieron de ahí adelante en más su persona, y así miraban por él con menos recato.

Capítulo VI. Lo que más sucedió, y cómo Alonso de Ávila fue rescatado

Mucho pesó después a Alonso de Ávila de haber descubierto lo que había pasado, porque jamás sintió la fantasma, y como le había abrazado y hablado tan amorosamente, pensó que a no haber descubierto el secreto, le dijera alguna cosa en lo tocante a su prisión, en la cual estuvo dos años después, porque no había tanto dinero como el que pedían para ser rescatado y no se querían los franceses acabar de desengañar, creyendo siempre que era algún gran señor y no un particular caballero. Salió algunas veces con licencia del rey a ejercicios de guerra, donde se señaló mucho; tenía muchos amigos por su gran bondad y valor, aunque también no le faltaban émulos, que de los unos y de los otros (según halla los pechos) suele ser causadora la virtud. Supo bien la lengua francesa, y de ninguna cosa le pesaba más en su prisión que de no tener que gastar, en lo cual le parece harto su sucesor y sobrino Alonso de Ávila, regidor de esta ciudad.

Pasados casi tres años de su prisión, sucediendo entre españoles y franceses aquella memorable batalla de Pavía, donde rotos los franceses, su rey Francisco de Valois con muchos señores y caballeros fue preso, y así, por concierto y conveniencia fueron rescatados caballeros franceses por caballeros españoles, de esta manera salió de la prisión Alonso de Ávila.

Vino a España, hízole el emperador mucho favor, volvió por su mandado a la Nueva España, y como ya México y las demás provincias a ellas comarcanas estaban ya pacíficas y de paz, apeteciendo mayores cosas, renunció los pueblos que tenía en encomienda por sus servicios, en su hermano Gil González de Ávila; y como entonces era tan señalada la conquista de Guatemala, aunque estaba muy lejos, fue a ella, donde se señaló como siempre mucho, donde después de pacificada se le dio repartimiento de indios.

Capítulo VII. Cómo ganada México, no teniendo Cortés pólvora para conquistar las demás provincias, envió diversas personas por azufre, y de lo que con Montaño y Mesa pasó

Ganado ya México y despachados los procuradores, como está dicho, Cortés se retiró a Cuyoacán, donde se comenzó a informar de los reinos y provincias que quedaban por conquistar, y como para tan alto y engrandecido pensamiento, era menester pólvora, sin la cual no se podía hacer la guerra, porque la que había traído y la que le había venido se había acabado, pensaba, como el que tan gran máquina traía sobre sus hombros, qué modo tendría para socorrer a tan estrecha necesidad; y así, parte por la necesidad (que es maestra de ingenios), como porque era muy sagaz, dio en que no podía dejar de haber azufre en el volcán, que está doce leguas de México, de que atrás tenemos hecha mucha mención, por el grande humo y fuego que de él vía salir muchas veces; y como el principal material para la pólvora era el azufre, llamó a algunas personas de quien para aquel efecto tenía crédito; rogóles subiesen al volcán, y díjoles que si le trajesen azufre, serían de él muy bien galardonados, los cuales fueron, y como la subida era tan agria y tan larga, se volvieron sin hacer nada, desconfiados de que ellos ni otros podrían subir. Fue cosa que a

Cortés dio gran pesar, pero como la necesidad le forzaba a no dejar cosa por probar, llamó a Montaño y a Mesa, su artillero, a los cuales dijo así:

> Amigos y hermanos míos: Ya sabéis que no tenemos pólvora, y que sin ella ni nos podemos defender, ni conquistar un mundo, nuevo que nos queda, de que podamos ser señores, y nuestros descendientes para siempre queden ennoblecidos; temo en gran manera que los indios, así amigos como enemigos, sepan la falta que de pólvora tenemos, porque a sola el artillería y los caballos temen como furia del cielo. También sabéis los muchos hombres que he enviado a que suban al volcán, para traer azufre, que no puede dejar de haberlo, que no solamente no han hecho nada, pero desmayan a mí y a los demás, como si hubiese cosa en el mundo tan dificultosa que hombres de seso y esfuerzo no la puedan acabar. Quien no hace más que otro, no merece más que otro. Disponeos, os ruego, a este negocio, que el ánimo me da que habéis de salir con él y que habéis de ser confusión de los que han ido y de los que los han creído y, lo que tengo en más, que habéis de ser instrumento para que por vuestra industria, Dios mediante, salgamos con el mayor negocio que españoles han emprendido. Visto os habéis en grandes peligros, y mayores son los que nos quedan si nos falta la pólvora, porque los amigos y enemigos se volverán contra nosotros, sabiendo que con la artillería y escopetas no los podemos ofender. En vosotros, después de Dios, está conservar lo ganado y el adquirir grandes reinos y señoríos; por tan grandes premios, bien se sufre aventurar las vidas, que no podemos dejar de perder si vosotros con gran firmeza, no aventuráis las vuestras, que volviendo con ellas (como espero en Dios) y trayendo recaudo, yo os mejoraré entre todos los demás, como tan notable servicio merecerá.

Dichas estas palabras, con las cuales encendió los pechos de los dos, respondiendo Montaño por ambos, le dijo: «Señor: Visto tenemos lo que nos habéis dicho, y nosotros de nuestra voluntad nos queríamos ofrecer a ello, y aunque otros han ido tan bastantes y más que nosotros, estad cierto que estamos determinados de tomar este negocio tan a pechos, que o habemos de traer recaudo, o quedar allá muertos, porque donde tanto va, como, señor, habéis dicho, y nosotros entendemos, bien se emplearán las vidas».

Cortés no lo dejó pasar adelante; abrazólos con gran regocijo, agradeciéndoles mucho el ofrecimiento y prometiéndoles grandes mercedes. Movió a Cortés llamar a Montaño saber que había subido en la isla de Tenerife al volcán que en ella hay, que se llama el Pico de Teida, y que había dicho que en él había gran cantidad de azufre, y que pues se había atrevido sin interese alguno a subir allí, que mejor lo haría acá, donde tanto a él y a los demás importaba.

Capítulo VIII. Cómo Montaño y Mesa y otros compañeros se aderezaron para subir al volcán, y de lo que al principio les sucedió
Luego con toda presteza se aderezaron los dos para la partida, llevando consigo tres compañeros, uno de los cuales se decía Peñalosa, capitán de peones, y el otro Juan Larios. Tomaron treinta y seis brazas de guindalesa en dos pedazos, que pesaban dos arrobas, y un balso de cáñamo para entrar en el volcán, y cuatro costales de anjeo, aforrados en cuero de venado curtido, en que se trajese el azufre. Fuése Cortés con ellos hablando hasta salir de la ciudad de Cuyoacán, donde estaba asentado el real; díjoles muchas y buenas palabras, viendo en ellos la buena gana y determinación con que iban. Llegaron aquel día antes que anocheciese, a la provincia de Chalco; hicieron noche en un pueblo que se dice Amecameca, que está dos leguas de la halda del volcán, y otro día partieron para ir encima del puerto, porque desde él comienza la subida para el volcán. Fueron con ellos muchos señores y principales de aquellas provincias, acompañados de más de cuarenta mil hombres, por ver si eran otros de los que antes habían pasado y vuelto sin hacer nada, y como vieron que eran otros, determinaron de hacer sus ranchos alrededor del volcán, para ver si aquellos españoles eran tan valientes que hiciesen lo que todos los otros no habían hecho, ni ellos jamás, habían visto ni oído.

Montaño y los otros sus compañeros, acordando de subir aquel mismo día, anduvieron mirando por donde mejor podrían subir, y siendo poco más de mediodía, encomendándose de todo corazón a Dios, llevando a cuestas las dos guindalesas, el balso y costales y una manta de pluma, que los indios llaman pelón, para cubrirse con ella donde la noche los tomase, comenzaron a subir mirándolos infinidad de indios, abobados y suspensos, diciendo entre sí diversas cosas, desconfiando los unos y teniendo confianza los otros. En esto, y habiendo subido la cuarta parte del volcán con muy gran trabajo, aunque con muy gran ánimo, les tomó la noche, y como en aquel tiempo y en aquella altura era tan grande el frío que no se podía sufrir, pensando si se volverían a bajar a tener la noche en lo más bajo del volcán, acordaron de abrir el arena y hacer un hoyo donde todos cupiesen, y tendidos y cubiertos con la manta pudiesen defenderse y del frío, y así, a una, desviando el arena hasta en hondura de dos palmos, y dieron luego en la peña, de que es todo el volcán; salió luego tan gran calor y con él tan gran hedor de azufre, que era cosa espantosa, pero como era más insufrible el frío que el calor y hedor que salían, tendiéndose todos juntos, tapando las narices, calentaron, y no pudiendo ya más sufrir el calor y el hedor, levantándose a la media noche, acordaron de proseguir la subida, que era tan dificultosa que a cada paso iban ofrecidos a la muerte.

Capítulo IX. Cómo prosiguiendo la subida del volcán, uno de los compañeros cayó en un ramblazo, y cómo otro de ellos se quedó en el camino desmayado, y cómo esperaron allí hasta que vino el día

Y así como iban a oscuras y los hielos eran grandes, deslizando uno de los compañeros, cayó en un ramblazo, más de ocho estados en alto, y vino a encajarse en medio de unos grandes hielos de carámbanos tan duros como acero, que a quebrarse fuera rodando más de dos mil estados abajo; dióse muchas heridas, comenzó a dar grandes voces a los compañeros, rogándoles que le ayudasen. Los compañeros acudieron con harto riesgo de caer; echáronle la guindalesa con una lazada corrediza, que con mucha dificultad metió por debajo de los brazos y con muy mayor, ayudándose con los pies y las manos y diciendo que tirasen, lo pudieron sacar, lleno de muchas heridas. Viéndose así, de esta manera, casi perdidos, no sabiendo qué hacerse, porque de cansados no se podían menear, encomendándose a Dios, determinaron de no pasar adelante, sino esperar que amaneciese, que a tardar algunas horas más de salir el Sol, no quedara hombre vivo, según ya estaban helados del grandísimo frío que hacía. En el entretanto, vueltos los rostros los unos a los otros, con el vaho de la boca calentaban las manos, haciéndose calor los unos a los otros, teniendo los pies y piernas tales que no los sentían de frío.

Salido el Sol, esforzándose lo mejor que pudieron, comenzaron a proseguir la subida, y a cabo de media hora poco más salió gran humareda del volcán, envuelta con gran fuego; despidió de sí una piedra encendida, del tamaño de una botija de una cuartilla; vino rodando a parar donde ellos estaban, que pareció enviársela Dios para aquel efecto; pesaba muy poco, porque con la manta la detuvieron, que a tener peso, según la furia que llevaba, llevara tras sí al que la detuviera. Calentáronse a ella de tal manera que volvieron en sí; tomando nuevo esfuerzo y aliento (como suelen españoles con pequeño socorro) prosiguieron la subida, animándose y ayudándose unos a otros, y no pudieron tanto perseverar en el trabajo, que el uno de ellos de ahí a media hora no desmayase. Es de creer que debía de ser el que cayó. Dejáronle allí los demás, diciéndole que se esforzase, que a la vuelta volverían por él, el cual, encomendándose a Dios, porque le parecía que ya no tenía otro remedio, les dijo que hiciesen el deber, que poco iba que negocio tan importante costase la vida a alguno. Ellos fueron subiendo, aunque con pena, por dejar al compañero, y a obra de las diez del día llegaron a lo alto del volcán, desde lo alto de la boca del cual descubrieron el suelo, que estaba ardiendo, a manera de fuego natural, cosa bien espantosa de ver.

Habrá desde la boca hasta donde el fuego parece ciento y cincuenta estados. Dieron vuelta alrededor, para ver por dónde se podría entrar mejor, y por todas partes hallaron tan espantosa y peligrosa la entrada, que cada uno quisiera no haber subido, porque estaban obligados a morir, según habían prometido, o no volver donde Cortés estaba; y como en los hombres de vergüenza puede más el no hacer cosa fea, que el peligro, por grande que sea, determinaron, por no echar la carga los unos a los otros, de echar suertes cuál de ellos entraría primero. Cúpole la suerte a Montaño, lo cual, cómo entró y lo que hizo, se dirá en el capítulo que se sigue.

Capítulo X. Cómo Montaño entró siete veces en el volcán, y la cantidad de azufre que sacó, y cómo entró otro y asimismo sacó azufre, y cómo el Montaño anduvo buscando por dónde pudiesen todos descender

Entró, pues, Montaño, colgado de una guindalesa, en un balso de cáñamo, con un costal de anjeo, aforrado en cuero de venado, catorce estados dentro del volcán; sacó de la primera vez casi lleno el costal de azufre, y de esta manera entró siete veces hasta que sacó ocho arrobas y media de azufre. Entró luego otro compañero, y de seis veces que entró sacó cuatro arrobas poco más, de manera que por todas eran doce arrobas, que les pareció que bastaban para hacer buena cantidad de pólvora, y así determinaron de no entrar más, porque, según me dijo Montaño, era cosa espantosa volver los ojos hacia abajo, porque aliende de la gran profundidad que desvanecía la cabeza, espantaba el fuego y la humareda que con piedras encendidas, de rato en rato, aquel fuego infernal despedía, y con esto, al que entraba, para aumento de su temor, le parecía que o los de arriba se habían de descuidar, o quebrarse la guindalesa, o caer del balso, o otros siniestros casos, que siempre trae consigo el demasiado temor.

Estaban todos muy contentos, porque, libres de este miedo, se apercibían para descender, pero luego se les recreció otro grave cuidado, acompañado de harto temor, que era buscar la bajada, la cual era muy peligrosa (aunque no hubieran de bajar cargados). Para esto entraron en su acuerdo y determinóse Montaño de dar una vuelta a la boca del volcán en el entretanto que los compañeros hacían los costales, y andando con gran cuidado, de ahí a poco volvió a los compañeros; visto que no había senda ni bajada cierta, les dijo que para descender con menos peligro, lo mejor era bajar rodeando el volcán, aunque de esta manera se detendrían mucho más. Parecióles bien a todos, y así cada uno se cargó de lo que pudo llevar, sin dejar cosa alguna; descendieron con gran tiento, porque casi a cada paso había despeñaderos, dejándose ir de espaldas muchas veces, con la carga sobre los pechos, deslizándose hasta topar donde parasen con los pies. Anduvieron de esta manera gran espacio, viendo muchas veces la muerte a los ojos, por los pasos peligrosísimos que de rato en rato topaban, reparando y tratando por dónde sería mejor descender, y algunas veces eran forzados dar la vuelta atrás o hacerse a un lado o a otro, porque de otra manera estaba la muerte cierta.

Capítulo XI. Cómo por gran ventura toparon con el compañero, que había quedado desmayado, y del gran contento que él y

ellos en toparse recibieron, y cómo acabaron de descender, y del espanto de los indios

Andando aquellos atrevidos hombres en estos términos, vinieron a parar adonde habían dejado el compañero desmayado, el cual, aunque ya estaba desconfiado de la vida, ocupado solamente en pedir a Dios perdón de sus pecados, en el ruido y habla de los compañeros, no creyendo que era verdad, sino que lo soñaba, les dijo primero que ellos le hablasen: «¿Son mis compañeros los que vienen?», respondiéndole ellos: «Somos», replicó él: «Bendito sea Dios, que hoy he nacido». Pararon todos un rato, y cierto, con grande alegría, dando gracias a Dios que así los había guiado. De esta manera prosiguieron su embajada, ayudándole los compañeros a veces, que lo había bien menester, por que no tenía fuerzas para más que alegrarse, por verse entre sus compañeros. Fue tan grande el espanto que aquella noche recibió de cosas que o las veía o las imaginaba (tanto puede la imaginación), que en muchos días después (según Montaño me dijo), no acabó de volver en sí.

De esta manera, a las cuatro horas de la tarde, siendo mirados de gran multitud de indios que los estaban esperando, llegaron al pie del volcán. Corrieron a ellos con muy grande alegría los caciques y la demás gente que con ellos estaba; diéronles allí luego de comer, porque desde el día antes por la tarde hasta entonces no habían comido bocado. Acabado que hubieron de comer, a cada uno pusieron en unas andas, y los costales de azufre dieron a los indios de carga. Lleváronlos en hombros, como acostumbraban a los grandes señores, acompañándolos por la una parte y por la otra muchos indios, que algunas veces tropezaban y caían unos sobre otros por irlos mirando a la cara, espantados de que hubiese hombres de la figura y faición de ellos, que hubiesen hecho una cosa tan espantosa, nunca hasta entonces jamás vista ni oída, y así lo sería ahora, porque nadie ha llegado más de hasta la mitad del volcán.

Anduvieron seis leguas hasta llegar a un embarcadero, donde se metieron en canoas con gran cantidad de ellas, que los acompañaban. Vinieron a amanecer a la ciudad de Cuyoacán, donde el general tenía asentado su campo, el cual ya tenía nueva por muchos mensajeros que los señores le habían hecho, del buen recaudo que los suyos traían y de lo mucho que habían trabajado, y como el que sabía (para animar a otros) agradecer los trabajos, saliólos a recibir fuera de la ciudad. Abrazólos, agradecióles mucho lo menos que habían hecho, prometióles de gratificárselo muy bien diciéndoles que habían hecho mucho más de lo que pensaba, porque habían sido causa, así de dar a entender a los indios amigos y enemigos que no había cosa imposible a los españoles, como del quitarles el atrevimiento y osadía en que estaban ya puestos de levantarse contra los nuestros, por la falta de la pólvora, con que principalmente se había de hacer la guerra y sustentar lo ganado. Ellos, como victoriosos, entendiendo de su capitán que su servicio y trabajo era tan grato, dando por bien empleado lo que habían padecido, olvidados (como las que paren) del peligro pasado, se ofrecieron de nuevo a otro que tan grande o mayor fuese (que esta es la condición y propiedad del ánimo español). Cortés los tornó a abrazar, admirado de que no habiendo acabado de descansar, se ofreciesen a nuevos trabajos.

Con estas pláticas y otras, alegres y regocijadas (cuales suelen tratarse de negocios peligrosos que tienen dichosos y bien afortunados fines) llegaron a la ciudad de Cuyoacán, donde, así de los demás españoles que en su guarda quedaron, como de los indios, fueron alegremente recibidos, mirados y tratados, como hombres que habían hecho lo que apenas de hombres se podía esperar. Mandó Cortés les diesen de cenar y que se les hiciese para en aquel tiempo todo el regalo posible. Mandó apurar y afinar el azufre; quedó en diez arrobas y media; hízose de él tanta cantidad de pólvora que bastó para acabar de ganar la mayor parte de las provincias de la Nueva España, porque en el entretanto acudió provisión de esta munición y de otras.

Díjome Montaño muchas veces que le parecía que por todo el tesoro del mundo no se pusiera otra vez a subir al volcán y sacar azufre, porque hasta aquella primera vez le parecía que Dios le había dado seso y esfuerzo, y que tornar sería tentarle; y así, hasta hoy jamás hombre alguno ha intentado a hacer otro tanto, de donde, como otras veces tengo dicho, se puede bien entender haber sido la conquista de este Nuevo Mundo milagrosa, y por esto los que le conquistaron dignos de gran premio y de otro cronista de mayor facundia que la mía.

Capítulo XII. La orden y diligencia que Cortés tuvo y puso para asegurar lo que había ganado, y saber lo que quedaba por ganar

Hecho Cortés señor de México y seguro que ya no le podía faltar pólvora, por la mucha cantidad que del azufre se había hecho, no ensoberbeciéndose nada por la gran victoria que había alcanzado, porque suele ser antigua querella de la próspera fortuna mudar la condición a los que favorece, antes se dio tan buena maña que a los que más le temían, viéndole ya tan señor, hizo mejor tratamiento y aventajó en mercedes, porque sabía que para dar el vuelo que pretendió y consiguió, le era necesario estribar sobre los hombros de sus compañeros, y fuele tan natural el hacer bien esto, que con los indios amigos y enemigos se hubo de la misma manera, y así entre los amigos que le habían ayudado repartió gran cantidad de cacao, mantas y otros bastimentos, y a los capitanes y a los que como valientes se señalaron dio ricas rodelas, plumajes, brazaletes y otras joyas con que mucho los obligó, y por asegurar su juego, a los que tenía presos, hizo mercedes y envió a sus tierras, haciendo mensajeros a los pueblos que no le habían sido muy amigos, diciendo a los señores que ya él, en nombre del gran señor de los cristianos, el emperador, había conquistado y ganado la gran ciudad de México, cabeza del imperio índico, y que los más de los pueblos comarcanos le obedecían y servían, y que haciendo ellos esto, los tratarían como a hermanos, donde no, que supiesen que para no ser asolados no tenían defensa y que sin que él hiciese más que mandarlo, sus mismos vecinos los destruirían.

No fueron menester mucho estos mensajeros, porque con la nueva de la victoria, los más de los señores de las provincias y pueblos enviaron sus mensajeros, y algunos de ellos vinieron ofreciendo amistad y suplicando a Cortés se sirviese de sus personas y haciendas contra los que no le obedeciesen. Cortés los recibió alegremente y dio de las cosas que tenía, para más atraerlos a sí y asegurar lo mucho que había hecho y lo mucho que pensaba hacer. Repartió entre sus soldados, a cada uno conforme a la calidad de sus servicios y persona, muchas preseas, oro y plata, con que los más quedaron muy contentos, aunque nunca le faltaron quejosos, o porque pedían más de lo que merecían, o porque un hombre, por bastante que sea, no puede contentar a todos (que esto trae consigo la fragilidad humana).

Repartió Cortés sus capitanes y gente; mandóles poblar ciertas villas y él no quiso (porque era la fuerza de todo el resto) salir de México, de donde regía, gobernaba y proveía lo que convenía hacerse; trató de enviar capitanes, como adelante diré, a provincias remotas, como a Pánuco, a Guatemala y Honduras, con instrucciones muy católicas, cuyo principal motivo era que gentes tan bárbaras conociesen un solo y verdadero Dios. Despachó mercaderes indios que, como mensajeros, iban seguros por donderiera que entraban, para que le trajesen razón de las provincias y reinos que viesen, de los cuales supo poco, o porque no volvían, o porque no acertaban a entrar por donde había poblaciones, aunque supo de ciertos indios que hacia el Norte había grandes poblaciones; quisieron decir lo que ahora se va descubriendo de la provincia de Copala o de la tierra de la Florida, de quien tantas cosas se han dicho y tan pocas se han visto; de cuyo descubrimiento y conquistas diré en su lugar.

Supo de una provincia que se dice Zacatecas, que tenía gentes extrañas y que muchos negros de los que de los españoles se habían huido estaban entre ellos y que habían puesto cruces; pero esto y lo de Copala no pudo ser luego que Cortés ganó a México, porque entonces no había negros, ni aún habían acudido españoles. Y porque así de Copala como de Zacatecas pienso hablar muy largo en su tiempo y lugar, continuaré lo que Cortés, con ánimo invencible, fue haciendo; el cual, viendo que los indios mercaderes le habían traído poca razón, envió a un español que se llamaba Villadiego, que sabía la lengua medianamente, con algunos indios amigos, para que con las cosas de rescate que llevasen, fuesen descubriendo tierras y conociendo gentes, para volver con la razón de lo que viesen, dándoles por instrucción que topando con alguna nueva gente no pasasen adelante, sino que viendo bien su tierra, trato y comunicación, le diesen luego nueva de ello; pero ellos hicieron la ida del cuervo, porque jamás volvieron ni se supo de ellos, como si nunca fueran. Créese, por la grande enemistad que los indios tenían a nuestra nación, que los mismos que acompañaron al Villadiego le mataron, y que ellos por no poder dar buena cuenta de él, se metieron la tierra adentro, donde nunca más parecieron.

Capítulo XIII. Cómo un español acaso descubrió la provincia de Michoacán, y de cómo Cortés envió a Montaña con otros españoles allá

Antes de esto, o muy poco después, queriéndolo así la buenaventura de Cortés, yendo un español con ciertos indios amigos a recoger gallinas para proveer el ejército (llámase el español Porrillas), hombre gracioso y de buen ánimo, muy querido de los indios, los moradores del pueblo de Matalcingo, poco a poco le llevaron, recogiendo gallinas, hasta llegar a la raya de la provincia de Michoacán, adonde ningún español había llegado, porque por muchos días después de ganado México ninguno salió de la ciudad más de hasta Chapultepec, porque así convenía, hasta tener noticia de alguna provincia. Los de aquella raya holgaron mucho de ver al español; miráronle con gran cuidado, tocándole con las manos, como a cosa nunca vista, representándoseles que muchos como aquel eran bastantes para vencer y sujetar mayores ciudades que las de México, y por señas y por la lengua le preguntaron muchas cosas, a las cuales él respondió, poniéndolos en gran admiración. Él les preguntó qué tierra era la que tenían atrás y qué gente la moraba, y después que hubo sabido muchas cosas, les preguntó si tenían plata y oro, y ellos, en testimonio de que la tenían, le dieron alguna labrada, y para que viesen más por extenso lo que el español les había dicho le dieron dos indios, prometiendo él que los trataría muy bien y que volverían muy presto. Los indios fueron muy contentos.

Llegado que fue con ellos donde Cortés estaba, fue muy bien recibido, porque con la relación de lo que él tanto deseaba, traía consigo hombres de aquella tierra, a los cuales él mandó tratar muy bien y que los trajesen por todo el real, para que viesen la gente, armas, artillería y caballos, mandando que delante de ellos escaramuzasen algunos de caballo y disparasen dos o tres escopetas, de que ellos no poco se espantaron. Finalmente, hechas estas diligencias, les dio muchas cosas de rescate, y por la lengua les dijo que como los cristianos eran muy valientes y espantosos contra sus enemigos, así amaban y querían mucho a los que se les daban por amigos, defendiéndolos y amparándolos en sus peligros y necesidades, y que así haría con todos los de su nación y que presto los iría a ver y enseñar cuán errados habían vivido los que adoraban dioses y sacrificaban hombres, y que con esto se podían ir en buen hora a su tierra y que hasta allá irían con ellos algunos indios mexicanos o los que ellos quisiesen, si éstos, por ser generales enemigos de todas las provincias, no los querían. Ellos, por extremo alegres de lo que habían visto, y del tratamiento que habían recibido, le besaron las manos, diciendo que no querían mexicanos; tomaron tlaxcaltecas en su compañía. De estos dos indios supo el Cazonci, señor de Michoacán y mortal enemigo de Moctezuma, el discurso de lo pasado, lo cual fue causa de que, como diré, enviase a Cortés sus embajadores. Cortés, con la nueva que tuvo de aquellos dos indios, determinó de enviar a llamar a Montaño y sus compañeros, como hombres que tenían ya en el negocio pasado tan bien probado su intención; díjoles que él los quería enviar a que descubriesen la provincia de Michoacán y la de las Amazonas, que los indios llaman Ciguatlán, y que les daría veinte señores indios con un intérprete que sabía tres lenguas, mexicana, otomí y tarasca, que ésta era y es la que los indios de aquella provincia hablan; dióles muchas cosas de rescate, para que con ellas tuviesen entrada en aquella tierra; rogóles que procurasen ver y hablar al señor de ella y tratar con él amistad y ver disimuladamente la multitud de la gente, las armas, fuerzas, contrataciones, fertilidad y disposición de la tierra, y que pudiendo hablar despacio con el señor, le diesen razón de quién era el emperador de los cristianos y el Sumo Pontífice, y de que él venía, a hacer bien y no mal y desengañarlos de muchas cosas en que estaban ciegos y que, por no haber querido los mexicanos recibir tanto bien, había querido el gran Dios de los cristianos destruirlos y asolarlos, como haría con todos los que los imitasen. Prometió con esto a Montaño y a sus compañeros, si traían buen recaudo, de hacerles grandes mercedes, y luego, delante de ellos por la lengua dijo muchas cosas a los veinte señores, y entre otras lo que principalmente les rogó y encargó fue que yendo con aquellos cristianos, que eran muy valientes y hermanos suyos, los sirviesen y guardasen y que nunca los dejasen, porque de esto recibiría él gran contento y le pondrían en obligación de que, volviendo, los haría mayores señores, y como para aquel negocio el intérprete era tan importante, aunque era hombre de baja suerte, le encargó mucho que en las demandas y repuestas dijese y tratase toda verdad, y que si se viese con el señor de aquella provincia, como testigo de vista le contase el poder de los cristianos y cuán bien le estaría darse por vasallo del emperador de ellos. Después de haberle instruido en esto y otras cosas (viendo lo que acerca de todos los hombres el premio mueve), le prometió de hacerlo caballero y señor de un pueblo (como después lo hizo).

Capítulo XIV. Lo que Montaño y los demás respondieron a Cortés, y cómo se despacharon y partieron

Montaño y sus compañeros, como habían hecho lo que era más, muy contentos de hacer lo que era menos, por obligar más a Cortés (o por mejor decir, al emperador) respondieron diciendo que no solamente aquello, pero todo lo demás que se ofreciese en servicio de Dios y de su rey lo harían hasta perder la vida; que les diese cosas de rescate y que luego se querían partir, porque en la tardanza no hubiese riesgo. Cortés los abrazó y se lo agradeció mucho, tornándoles a decir que tan buenos servicios no perderían galardón; dióles luego cosas de rescate y esperó lo que los veinte señores responderían, de los cuales el más anciano, que siempre se tuvo entre ellos este respecto, respondiendo por sí y por los demás, aunque dijo muchas cosas (que en esto son prolijos), la suma fue que todo, como lo mandaba, harían y cumplirían sin discrepar en cosa, y porque la obra lo manifestaría, no le querían encarecer de presente el amor grande que ellos le tenían y lo mucho que lo deseaban servir, y que por el ofrecimiento que les hacía, que volviendo los adelantaría en mayores estados, le besaban los pies, y que sin tan gran merced estaban obligados a servirle en cosas muy mayores y de más peligro que aquella que les mandaba.

Cortés les agradeció mucho la buena repuesta, y por enviarlos más contentos les dio algunas cosas, y lo mismo hizo al intérprete, el cual, agradeciendo la merced presente (que era prueba de la que esperaba) respondiendo a lo que Cortés con tanto cuidado le había encargado, le dijo: «Señor, son tan buenas las obras que nos haces, que aunque yo no tuviera gana de servirte, me obligas y fuerzas a que no pase de cosa que mandares el secreto y fidelidad que debo guardar en declarar lo que me dijeren y responder lo que tus compañeros mandaren; miraré con tanto cuidado y diligencia, como si mis dioses me lo mandasen y por quebrantar cualquiera cosa hubieran de abrasarme vivo, enviando fuego del cielo, y así por ellos te prometo que en breve por las obras veas cómo no he sido largo en las palabras». Cortés, tornando a repetir lo que le había prometido, le dijo que él estaba muy cierto de aquello, y que así lo fuese él, que en volviendo sería señor de un muy buen pueblo, y que de vasallo y pechero le haría señor de vasallos y pecheros a quien mandase, porque no todos los señores heredaban señoríos sino que muchas veces muchos los venían a alcanzar y conseguir por el gran valor de sus personas y por notables hechos que en servicio de sus reyes hubiesen hecho, y que esta era la mejor entrada para conseguir honra y estado para sí y para sus descendientes, al revés de lo que a algunos sucedía, que de grandes estados, por sus vicios y maldades, vinieron a perderlos y dejarlos apocados y a sus hijos con ellos.

Todas estas palabras pareció a Cortés que convenía decir [a] aquel intérprete, porque era de buen entendimiento y había entendido de él que aspiraba a mayores cosas, y con esto lo encendió con ofrecimiento tan debido y con palabras que tanto le animasen, a lo cual todo replicó el intérprete que no tenía más que decir que lo dicho, y que ya se le hacía tarde para ir a cumplir lo que su Merced le mandaba.

Aprestados, pues, todos, salieron los cuatro cristianos, los veinte señores y el intérprete otro día por la mañana, juntos, muy alegres y contentos, del real; salió Cortés con ellos y algunos de los suyos, hasta dejarlos puestos en el camino, donde al despedir dijo a los veinte señores y al intérprete que allí los saldría a recibir cuando volviesen, y que les encomendaba mucho hiciesen lo que les tenía rogado, porque así haría él lo que les tenía prometido.

Capítulo XV. Cómo a cabo de cuatro días llegaron a un pueblo que se dice Taximaroa, en la raya de Michoacán y de la cerca del pueblo, y del recibimiento que los de él les hicieron, y de la matanza que en un tiempo los de Michoacán en él hicieron en los mexicanos

Caminaron cuatro días los españoles e indios juntos, sin apartarse los unos de los otros; no les sucedió cosa de que hacer memoria. Llegaron cerca de aquel pueblo que dice ser raya de Michoacán, el cual se llamaba Taximaroa, y como el señor y los vecinos de él tenían tan buena relación de los cristianos, por lo que los dos indios habían dicho, determinaron salir de paz a recibirlos; fue mucha la gente, porque aun hoy el pueblo es muy grande y muy poblado. El señor y gobernador de él con muchos principales que le acompañaban, abrazó primero a los cristianos; dióles (como tienen de costumbre) rosas o ramilletes, que en esta historia llamo súcheles, y luego abrazó a aquellos indios señores. Pararon un rato, y por la lengua que los nuestros llevaban, el señor de Taximaroa dio la bienvenida a los españoles, diciéndoles que se holgaba mucho que a su ciudad y casa hubiesen llegado tan buenos huéspedes; que se holgasen, porque él los serviría y regalaría cuanto pudiese, y que estuviesen ciertos de que él deseaba mucho conocer a su capitán y por él ser criado, y vasallo del señor de los cristianos, porque vía que su poder era tan grande, que estando su persona tan lejos de México, con pocos criados y vasallos suyos hubiese sujetado la más fuerte ciudad que en estas partes había, y que así tenía entendido que harían todos los demás reinos y provincias, y que supiesen que desde aquel pueblo adelante comenzaba el reino y provincia de Michoacán, sujeta a un gran señor, que se decía el Cazonci, capital enemigo de los mexicanos, y que la tierra era grande y fértil y muy poblada de hombres valientes y muy diestros en el flechear, y que tenía entendido que aquel gran señor enviaría presto sus embajadores a Cortés, ofreciéndole su persona, casa y reino. De esto los españoles recibieron gran contento, porque vieron que de tales muestras no se podía seguir sino próspero y alegre suceso; dijéronle que con el tiempo vería el gran valor de Cortés y que por él y por sus compañeros conocería el gran poder del emperador de los cristianos, y que presto, comunicándose todos, se desengañarían de los errores en que estaban.

En estas y otras pláticas, todos muy alegres, aunque harto más los españoles, dieron la vuelta hacia la ciudad, de la cual será bien decir algo, por ser extrañamente murada; la causa era la guerra que con los mexicanos tenían. Estaba, aunque era muy grande, cercada de una cerca de trozos muy gruesos de encina, cortados a mano; tenía de alto dos estados y uno de ancho; parecía muy antigua; renovábase cada día, sacando los trozos muy secos y metiendo otros recién cortados, para lo cual había maestros y peones diputados que en ninguna otra cosa se ocupaban, salariados para esto del dinero de la república. Por lo alto y por el lienzo de afuera y de dentro iba tan igual y tan tupida la cerca, que no pudiera ser mejor labrada de cantería. Acostumbraban desde su principio, por las victorias que contra los mexicanos tenían, de no quemar la leña vieja y seca que sacaban, sino en sacrificio de sus dioses, haciendo ciertas ceremonias cuando metían la nueva, como significando que con su favor se haría aquel muro tan fuerte que sus enemigos nunca entrarían por él y que de él saldrían los vecinos y volverían victoriosos.

Entrados que fueron en el pueblo los nuestros, los de la ciudad les trajeron mucha comida y les hicieron grandes regalos y tan buen tratamiento que ellos quedaron espantados, pero con todo esto aquella noche se velaron por sus cuartos, como hombres de guerra que querían estar seguros, pues muchas veces, debajo de muestras de muy mayor amor que aquel, está encubierta la muerte de los que neciamente se confían, como en un tiempo acaeció a los mexicanos, teniendo guerra con los mechuacanenses o tarascos; que yendo un grueso ejército de ellos, por mandado de Moctezuma, sobre el reino y provincia de Michoacán, pensando que de aquella vez le destruirían, llegando a este pueblo y poniendo su real sobre la guarnición del Cazonci, que en esta frontera estaba, fingió que huía, dejando en la ciudad mucha ropa, muchos bastimentos y gran cantidad de vino. Los mexicanos entraron, pensando que les huían, y como era dos horas antes que el Sol se pusiese, dieron saco a la ciudad, y en lo que más metieron la mano fue en el comer y beber, que hartos y borrachos cayeron casi todos sin sentido, y cuando estaban en lo más profundo del sueño, hacia la media noche dieron con gran furia los enemigos sobre ellos, y como no hallaron resistencia en pocas horas hicieron tan gran matanza que apenas escapó hombre de ellos, y otro día, porque no hediesen en la ciudad, los echaron en el campo, cuyos huesos cubrieron la tierra y casi hasta hoy hay grandísima cantidad de ellos. Puso este estrago de ahí adelante tanto miedo a los mexicanos, que jamás después osaron asomar a la raya de Michoacán.

Otro día bien de mañana los nuestros, hicieron mensajeros a Cortés, escribiéndole lo que pasaba, de lo cual recibió extraño contento, diciendo a muchos de los principales de su ejército, que al leer de la carta se hallaron presentes:

¡Bendito sea Dios, caballeros, que tan bien encamina nuestros negocios! Yo espero en Su Majestad Divina que ha de ser muy servido en estas partes.

Mucho regocijaron aquellos caballeros la buena nueva hasta buena parte de la noche.

Capítulo XVI. Cómo aquel día los cuarto españoles con la demás gente se partieron en demanda de la ciudad de Michoacán, y cómo en ella fueron recibidos

En este mismo día Montaño y sus compañeros se partieron en demanda de la ciudad de Michoacán; tardaron en llegar seis días sin sucederles cosa que de contar sea, más de que cada día los acompañaban más gente de la provincia, que de los pueblos comarcanos al camino salían a ver los cristianos, que tan gran negocio habían acabado con sus enemigos los mexicanos. De la llegada de los nuestros a Taximaroca, el gobernador de ella, que era vasallo del Cazonci, le hizo muchos mensajeros, y lo mismo los gobernadores de los otros pueblos por donde pasaban, hasta enviarle pintados los españoles, cómo iban, cómo comían, cómo dormían, las armas y vestidos que llevaban; y ya que llegaban media legua pequeña de la ciudad de Michoacán, aquel gran señor, que por momentos estaba avisado para mostrar su poder y la voluntad que a los nuestros tenía, mandó salir ochocientos señores vestidos de fiesta, que cada uno tenía a diez y a doce mil vasallos; salieron con ellos tantos de los suyos y del gran señor, que cubrían los campos, juntándose con los nuestros, y abrazándose. Uno de ellos, que parecía tener más edad y más autoridad, dándoles primero unas rosas, les dijo:

> El Cazonci, gran señor nuestro, cuyos todos los que aquí estamos (siendo señores) somos vasallos, nos mandó os saliésemos a recibir y que os dijésemos fuésedes muy bien venido, y que así por particulares mensajeros, desde que llegasteis a Taximaroa, hasta llegar donde ahora estáis, os ha enviado a visitar, significándoos el contento que con vuestra venida tiene; díjonos que entrando en su gran ciudad seréis tratados como en la vuestra, donde os ruega reposéis y descanséis y que os hace saber que de lo que deseáis entender y saber os dirá gran parte, a que así recibirá gran merced de que de Cortés y del muy gran señor suyo el emperador le deis copiosas nuevas, pues desea mucho ser amigo del uno y vasallo del otro.

Los españoles, que gran deseo llevaban de ver y hablar al Cazonci, holgando por extremo de este mensaje, no reposando, respondieron pocas palabras, aunque muy amorosas, no viendo la hora que verse con aquel gran señor. Lleváronlos a unos aposentos muy grandes y extrañamente labrados, que bien parecían ser de tan gran príncipe; aposentáronlos allí, trayéndoles con grandes ceremonias de crianza y reverencia gran variedad de manjares que para aquel tiempo tenían aderezados; tocaron sus instrumentos músicos, que son muchos y muy sonoros, y luego que hubieron comido, el gran señor los fue a ver, aunque dice Montaño en su Relación, que antes que les trajesen de comer salió con gran majestad a verlos el Cazonci, y haciéndoles señal de paz, no consintiéndolos llegar a él, les dijo que reposasen, y que volvería luego a hablarles despacio; y de lo que pasó dirá el capítulo siguiente.

Capítulo XVII. Cómo el Cazonci salió otra vez a ver a los nuestros y ellos lo salieran a recibir, y de lo que les dijo y ellos respondieron

De ahí a dos horas que los nuestros hubieron comido, el Cazonci, que por instigación del demonio, que tanto perdía en la conversión de aquellos indios, no teniendo el pecho sano, tornó a salir a ver los españoles; esto sería a las diez de la mañana, y como antes (aunque ellos le salieron a recibir), no consintiéndolos llegar a él, les dijo por la lengua con gran severidad:

«¿Quién sois? ¿De dónde venís? ¿Qué buscáis?; que tales hombres como vosotros ni los hemos oído ni visto hasta ahora. ¿Para qué venís de tan lejos? ¿Por ventura en la tierra donde nacisteis no tenéis de comer y beber, sin que vengáis a ver y conocer gentes extrañas? ¿Qué os hicieron los mexicanos, que estando en su ciudad los destruisteis? ¿Pensáis hacer lo mismo conmigo?; pues yo tan valiente y poderoso soy, que no lo consentiré, aunque he tenido siempre guerra con los mexicanos y han sido grandes enemigos míos.

Los españoles no se holgaron nada con estas palabras, y aunque se alteraron y no poco, uno de ellos por la lengua le respondió:

Gran señor, a quien tus dioses prosperen y en mayores reinos adelanten: No hay por qué te receles, que tus servidores somos, enviados por el capitán Cortés no a otra cosa que a servirte y que le conozcas y tengas por amigo, que le hallarás tan en todo lo que se ofreciere a ti y a los tuyos; y pues en pocas palabras nos has preguntado muchas cosas a que no te podemos responder sino despacio, suplicámoste que con benignidad nos oyas, que después que lo hayas hecho no te pesará.

Nosotros somos cristianos, nacidos en una tierra que se llama España. Venimos por mandado de un muy gran señor, que se dice el emperador de los cristianos, a quien nuestro Dios puso en corazón que viniésemos a ver estas tierras nuevas, no porque en la nuestra nos falta lo que hemos menester, que antes nos sobra para pasar la vida humana; venimos, después que tuvimos noticia de las tierras que hemos descubierto, a dos cosas principalmente; la una a comunicaros y teneros por amigos, dándoos de lo que nosotros tenemos que vosotros no tenéis acá, recibiendo nosotros, por vía de contratación y amistad, de vosotros lo que nosotros en nuestra tierra no tenemos, como se hace y usa en todas las tierras del mundo y vosotros, según hemos entendido, usáis los de un reino con los de otro, lo cual es causa que los reinos se ennoblezcan; pero la segunda cosa es la que más importa, que resulta del trato y comunicación que con vosotros deseamos tener, que es el desengañaros de una gran ceguedad y error en que el diablo os tiene metidos, haciéndoos adorar dioses falsos y quebrantar en muchas cosas la ley natural, que acerca de todos los hombres tanta fuerza tiene; y aunque al principio os parezca esto áspero, por la costumbre que en vuestro error tenéis, cuando nos hayáis comunicado se os hará fácil y sabroso; y si hicimos guerra y destruimos a los mexicanos, fue porque nos quebrantaron muchas veces el amistad, y por traición y maldad nos quisieran matar, y por castigar las injurias y tiranías que contra muchas naciones que nos pidieron socorro y ayuda habían usado, y así, aunque eran muchos y muy poderosos y puestos en ciudad tan fuerte, no fueran parte para defenderse ni para ofendernos, porque nuestro Dios, que es uno y solo poderoso, peleaba contra ellos y contra sus dioses o, por mejor decir, diablos perseguidores crueles de los hombres; y si quieres, gran señor, más claro saber cómo no deseamos ni procuramos hacer mal a nadie, infórmate de cuán buenos amigos y favorecedores hemos sido de los que se nos han encomendado y dado por amigos, y así entenderán, que queriéndolo tú ser nuestro, como lo has enviado a decir, te holgarás mucho con nuestra amistad, y no hay para que des oídos a los demonios ni a otros malos consejeros, para que hagas otra cosa de lo que debes a tu real persona, que nosotros en lo dicho te hemos tratado toda verdad, y si no, pues tienes intérpretes mexicanos, pregúntalo aparte a estos señores que con nosotros vienen, que ellos te lo dirán, aunque no son de nuestro linaje ni nuestros amigos.

Muy atento estuvo el Cazonci, revolviendo en su pecho grandes cosas, porque de las que había oído en la repuesta de aquellos españoles, unas le daban contento y otras le ponían en temor y alteración, y así, reparando un poco, como pensando en alguna cosa, les respondió que se holgaba de haberlos oído y que reposasen y se holgasen, que él daría la repuesta cuando le pareciese y fuese su voluntad, y diría lo que debían hacer; y con esto, sin haberse sentado, se despidió de ellos, los cuales, aunque no quedaron nada contentos ni seguros de tal repuesta y amistad, no mostraron punto de flaqueza, por no caer de una gran opinión en que estaban puestos, que era tenerlos por inmortales e hijos del Sol; que muchas veces por descuidos y atrevimientos demasiados de los nuestros, se desengañaron. Comenzaron a tratar entre sí qué harían, y, finalmente, como los que no podían salir a parte ninguna de noche ni de día que no fuesen sentidos, vistos y presos, determinaron (encomendándose a Dios) de estar a lo que les sucediese, lo cual fue bien notable, como luego diré.

Capítulo XVIII. Cómo el Cazonci mandó guardar a los nuestros de noche y de día y con dos señores les envió a decir no saliesen sin su mandado, y del temor que tuvieron de ser muertos

Poco después que el Cazonci se fue su aposento, proveyendo desde el principio, que lo tenía pensado, que ochocientos hombres principales, no sin armas secretas, de noche y de día, estuviesen en guarda de los españoles en el patio, disimulando la guarda asentados en asientos de madera labrados y pintados, como hoy los tienen, mandó a dos caballeros de los más señalados de su casa que, haciendo una raya a la puerta de la entrada por donde habían entrado, dijesen a los españoles que el gran señor Cazonci les mandaba que en ninguna manera, de noche ni de día, por ninguna causa ni razón, pasasen ni atravesasen aquella raya sin su licencia.

Mucho se alteraron de esto aquellos españoles, porque les pareció que eran palabras pesadas y sangrientas y que amenazaban muerte, pero disimulando lo mejor que pudieron el temor, el uno de ellos con rostro muy alegre y palabras muy comedidas dijo:

> Decid a Su Alteza que en su casa y en su reino estamos y que mensajeros somos y que con voluntad de servirle venimos, y que así no discreparemos punto de lo que Su Alteza manda y que si quiere que no salgamos de este aposento lo haremos con tanta voluntad como lo que ahora nos manda.

Con esta repuesta, bien contentos los mensajeros volvieron a su señor, el cual a hora de vísperas comenzó a hacer grandes fiestas por toda la ciudad y en los cúes encender muchos fuegos y quemar muchas cosas olorosas, sacrificando en ellos a sus ídolos gran cantidad de hombres, mujeres, muchachos, muchachas, niños y niñas, con gran estruendo y ruido de cornetas y caracoles, con continuos bailes y danzas de noche y de día, con canciones tan tristes y pavorosas que parecían del infierno. Duraron estas fiestas y sacrificios diez y ocho días. Hízolas el Cazonci con pensamiento y voluntad que a cabo de los veinte sacrificaría a los españoles y vería si eran mortales o no; pero como Dios quería que ya comenzase a cesar el cruel y sangriento señorío que el demonio en aquellas partes tenía, queriendo guardar aquellos españoles y a otros que habían de ser instrumento del remedio de aquellos infieles, puso en el corazón de un gran señor, viejo de sesenta años, que por el Cazonci gobernaba todos sus estados y le era muy acepto y por cuyo consejo se regía, que una noche, al cabo de los diez y ocho días, le dijese:

> Gran señor, a quien los dioses inmortales han puesto en tan alto estado, que muerto Moctezuma y deshecho su imperio, tú solo eres el mayor señor de este Nuevo Mundo: Bien será que con mucho acuerdo pienses primero lo que intentas hacer, que es cosa cruel y no digna de tan gran rey como tú, que quieras matar a los que te vienen a visitar y conocer, sin que primero estés muy cierto si vienen con buen ánimo o malo. Mira que estos hombres y los que quedan con su capitán Cortés son muy valientes, pues siendo tan pocos han vencido infinitos indios; cierto, su Dios (que dicen que no tienen más que uno) debe ser muy poderoso, pues ha quemado y destruido los dioses de México y aquel gran dios (llamado Uchilobos) que con tanta reverencia los mexicanos adoraban. Cierto, yo creo que estos cristianos deben ser hijos del Sol, y por tanto, contra sus enemigos han sido tan poderosos; mi parecer es (que pues siempre, por me hacer merced, has seguido mi consejo, que te detengas y antes hables bien a esto, cristianos que les hagas mal, porque de esto no se te puede seguir daño alguno, antes asegurarás tus negocios para ver lo que te convenga, y no habiendo razón por qué, no hagas enemigos a los que te podrían ayudar y favorecer).

Mucho contentaron estas palabras al Cazonci, porque eran muy verdaderas y de mucho peso y dichas por un hombre de tanta autoridad y de quien él tanto se fiaba y así, agradeciéndole con muy buen semblante el consejo, mandó luego que cesasen las fiestas y que los sacrificios no pasasen adelante, enviando a cuatro principales al aposento donde los españoles estaban, diciéndoles que luego le enviasen cuatro de aquellos principales indios que entre los veinte consigo habían traído, porque los quería hablar e informarse de ellos de ciertas cosas que mucho convenían. Los españoles, no menos congojados de esto que de lo pasado, como vieron que no podían hacer otra cosa, dijeron a los mensajeros que de ahí a poco se los enviarían, porque quería escoger los que más sabios fuesen, para dar relación a Su Alteza de lo que quería saber de ellos; y aunque días había que estaban industriados de lo que debían decir, apartando a los cuatro que les parecieron ser más avisados y desenvueltos y tener más afición a los cristianos, les dijeron lo siguiente:

Capítulo XIX. Cómo aquellas españoles industriaron a los indios, y del recelo con que en el entretanto quedaron

Hermanos nuestros que tan verdaderos amigos nos habéis sido, así en nuestros trabajos, como en nuestras prosperidades: Muchas veces por el camino y después acá en este aposento donde estamos os hemos advertido de lo que debéis de hacer y decir cuando os veáis con el Cazonci. Ahora, según vemos, lo que habíades de hacer por nosotros, es forzoso lo hagáis por vosotros, si queréis vivir, porque, a lo que entendemos, el Cazonci ha querido o quiere sacrificarnos, y así será bien que cuando os pregunte por nosotros le representéis la manera de pelear nuestra, las armas, los caballos, los tiros, las escopetas y ballestas, y cómo un cristiano con cualquier arma de éstas puede más y es más valiente que diez mil indios. Decirle heis (porque os preguntará cómo destruimos a México) que por mucho que porfió y resistió, que con un tiro muchas veces morían cien indios, y cómo los caballos no pelean menos que los caballeros, y el gran destrozo que los perros hacen en los indios enemigos de los cristianos, y decirle heis cómo somos de tal propiedad y calidad los cristianos, que no nos sabemos cansar en la guerra, pasándonos sin comer y beber dos y tres días, y que no sabemos dormir cuando es menester, y cómo en las cosas de la guerra somos tan industriosos y venturosos que jamás (como habéis visto) hemos sido vencidos, sino siempre vencedores. Diréis con esto, que hasta vencer a nuestros enemigos, a fuego y a sangre los asolamos, pero después que piden misericordia y paz, se la damos y guardamos, no menos que si fuesen nuestros hermanos, defendiéndolos y amparándolos de sus enemigos como a nosotros propios. Diréisle también cómo el emperador de los cristianos, que envió a nuestro capitán con la gente que hoy tiene, cada día le envía armas de las de aquella tierra y muchos y muy esforzados caballeros, para que ningún rey ni señor, por poderoso que sea, ni muchos juntos, se atrevan a ofenderlos, y cómo ninguno ha intentado esto, que no haya sido muerto o haya perdido su estado, y, finalmente, pues sois testigos de vista, le persuadiréis procure el amistad de Cortés, si quiere conservarse en su estado y señorío y que no haga cosa de que después se arrepienta. Estas y otras cosas que se ofrecerán le diréis para ponerle miedo y espanto, y si todavía vierdes que está de mal propósito, diréisle que nosotros cuatro somos bastantes para matar a todos los que nos tiene puestos por guarda y a otros más que vengan, aliende de que nuestro capitán vendrá luego y le matará y destruirá su reino. Con esto id con Dios y hablad con grande ánimo y no tengáis pena, que aquí estamos nosotros.

Con esto se fueron los cuatro indios con los que habían venido por ellos. Entraron do el Cazonci estaba, al cual, a su modo, no menos que a los dioses, hicieron reverencia y acatamiento, y luego, llamados los intérpretes, delante de algunos de su consejo y de aquel prudente y buen gobernador, les preguntó muchas cosas, a las cuales ellos respondieron tan bien y con tanto esfuerzo y libertad como si Cortés estuviera con su ejército a la puerta.

Mucho se espantó el Cazonci y aquellos señores de lo que los indios dijeron, y creyéronlo todo, porque de mucho de ello tenían larga relación, y en especial aquel gobernador se holgó más, por haber sido causa de que el Cazonci no hiciese tan gran desatino como pensaba, y volviéndose a su señor, le dijo: «¿Qué te parece, gran señor, si te aconsejé bien y cuánto lo hubieras errado si de otra manera lo hicieras?». El Cazonci le alabó el consejo y tuvo en más su persona y mandó luego tratar bien aquellos indios, porque le dijeron que eran señores, diciéndoles por dos o tres lenguas lo mucho que se había holgado de hablar con ellos y de estar cierto de lo que estaba dudoso, y que se estuviesen en su palacio hasta que él mandase se fuesen con los cristianos. En el entretanto, los españoles, como había pasado día y medio que sus indios no volvían, estaban muy temerosos de morir, aunque, como españoles, conjurados y determinados de vengar de tal suerte primero sus muertes, que el Cazonci y los suyos, cuando se desengañasen de ser inmortales, entendiesen cuán caro les costaba la muerte de cada uno de ellos, sin lo que después al Cazonci costaría, viniendo Cortés a vengarlos; pero al tiempo que más ocupados estaban en hacer estas consideraciones, cuando no se cataron, vieron entrar sus indios por la puerta del aposento muy alegres y contentos, que les parecieron, como debía de ser así en aquella sazón, ángeles y no hombres. Abrazáronlos, no vieron la hora que preguntarles qué nuevas había, a lo cual dijeron:

> Muy buenas, que espantado dejamos al Cazonci y [a] aquellos señores con lo que a sus preguntas respondimos, y tenemos por cierto que presto, y aun con ricos presentes, nos enviará a nuestro general, queriendo procurando su amistad más que él la de ellos.

Capítulo XX. Cómo de allí a tres horas, viniendo de montería el Cazonci, fue a visitar aquellos españoles y cómo les dio la caza, y de lo que por la lengua les dijo

De ahí a tres horas que esto pasó, vino el Cazonci con cuarenta o cincuenta señores, y por pajes diez o doce mancebos muy bien dispuestos, y en seguimiento suyo más de veinte mil hombres, todos con arcos y flechas y enramados, llenos de guirnaldas, con una grita como gente vencedora. Los españoles no las tuvieron todas consigo, creyendo que por ceremonia venían de aquella manera, para matarlos y sacrificarlos a sus ídolos. Apercibiéronse disimuladamente, y el uno de ellos tuvo de tralla un lebrel muy bravo, cebado en indios, con determinación, si acometían, de soltarle, pero avínoles muy de otra manera de lo que temieron, porque entró el Cazonci por el patio hacia donde ellos estaban con muy buen semblante y con otro rostro del que hasta entonces les había mostrado. Llevaba su arco en la mano, todo lleno de engastes de esmeraldas, y a las espaldas una aljaba de oro, cuajada de pedrería, que con el Sol el arco y aljaba relumbraban mucho, y solo, yendo algo apartados de él por los lados y espaldas aquellos señores sus más privados, entró por los aposentos donde los españoles estaban, los cuales no osaron salir a recibirle más adelante de adonde la raya estaba hecha. Hiciéronle grande acatamiento con rostros muy alegres, y él, recibiéndolos así, se apartó a un cabo, mandando poner por orden gran cantidad de venados muertos y vivos y gran cantidad de conejos, codornices y aves de otras muchas suertes, muertas y vivas, que pusieron a los nuestros gran admiración porque era la montería y caza mejor que en toda su vida habían visto ni oído.

Estando todavía en pie, llamando a las lenguas y mirando a nuestros españoles, les hizo un razonamiento; otros dicen que por la majestad suya, le hizo a su capitán general, y el capitán lo declaró al intérprete de los españoles, y esto es lo más cierto. Lo que contenía el razonamiento en suma era pedir perdón a los nuestros por haberlos detenido tantos días y que la causa había sido haber estado aquel tiempo ocupado en las fiestas y sacrificios de sus dioses, que cada año acostumbraba hacer en aquel mismo mes, y que en lo que tocaba a pasar ellos adelante, a ver la tierra de las Amazonas, que no lo consentiría ni permitiría por vía alguna, porque si algo les sucediese en que fuesen heridos o muertos, no querría él ser la causa, sino enviarlos tan sanos y tan buenos a su capitán como habían venido, al cual les rogaba dijesen que él le era muy aficionado y deseaba servir en todo y ser vasallo y criado del emperador de los cristianos, que tan poderoso señor era, pues enviaba tal capitán y tales hombres que más parecían dioses que hombres, pues siendo tan pocos, según había oído, en tan breve tiempo se habían hecho señores de todo el imperio mexicano, que tantos reinos y provincias tenía sujetas, y que porque era costumbre de los reyes de Michoacán no enviar vacíos a los mensajeros que los venían a visitar, que otro día por la mañana los despacharía con dones para ellos y presente para su capitán, al cual besaba las manos y suplicaba recibiese lo que enviaría, más por prenda y señal de amistad, que por el valor, porque todo su reino era poco para quien tanto merecía, y que lo más presto que pudiese iría a besarle las manos y darle la obediencia en nombre del emperador; y en el entretanto quería enviar con ellos ciertos señores. Hecha esta plática, les dio toda la caza y les dijo que a su voluntad la repartiesen.

No se puede decir el contento que de esto los españoles recibieron, porque, esperando morir, verse libres y tan regalados, les parecía sueño más que verdad; y así le respondieron, aunque no con muchas palabras, con muestras de grande agradecimiento, diciéndole que besaban los pies a Su Alteza y

433

que en todo había mostrado quién era, lo cual más largamente contarían a su capitán, y que de esto serían buenos testigos los señores que con ellos enviase, cuando volviesen con la respuesta de la embajada. De esta manera se despidieron, y el Cazonci mandó que les trajesen gran cantidad de comida guisada que había para cuatrocientos hombres, enviándoles a decir que se holgasen, porque sin duda otro día los despecharía sin haber más dilación, y que él quedaba escogiendo los señores de su reino que con ellos habían de ir, los cuales irían con el aderezo de comida que para todos convenía hasta llegar a México, y que para su contento irían cazadores.

Los españoles, aunque no se les cocía el pan hasta verse fuera de aquel reino, porque siempre estuvieron con recelo, respondieron que besaban las manos a Su Alteza por la merced que de nuevo les hacía, y que estando en su real casa no podían dejar de holgarse. Con este entretenimiento pasaron el resto de aquel día y la noche, esperando el tan deseado suceso de que estaban dudosos.

Capítulo XXI. Cómo otro día muy de mañana vinieron muchos señores, y del gran presente que trajeron, y de lo que a los nuestros dijeron cerca del tratamiento de los señores que con ellos iban

Luego venido el día, vinieron muchos señores principales; traían consigo muchos indios cargados, y como el patio era grande y cuadrado, mandaron descargar por partes iguales en los cuatro ángulos del patio toda la ropa que traían. Había en cada parte veinte cargas de ropa de la muy estimada y veinte asientos de madera, por maravilla bien labrados, y cinco cargas de calzado que ellos usan de muy lindo cuero de venado, de blanco y amarillo y colorado, y cincuenta marcos de joyas de platea y oro bajo. En el medio de los cuatro montones pusieron muchas esteras, que los indios llaman petates, muy ricas y delgadas, arrolladas, y muchas mantas blancas, muy ricas, sobre las cuales pusieron tanta cantidad de piezas de plata y oro bajo y fino, que valdrían 100.000 castellanos.

A este tiempo ya había venido el Cazonci, el cual, por su capitán general y el capitán general por otro privado suyo y el privado por el intérprete, dijo a los españoles que la ropa y joyas que estaban en las cuatro partes del patio el gran señor Cazonci les hacía merced de ella, y que la que estaba en medio del patio la diesen a Cortés su capitán, y le dijesen que le suplicaba que tuviese más cuenta con la voluntad y amor que le enviaba aquel presente, que no con lo poco que valía, y que como tenía prometido, él en persona, cuando más lugar tuviese, iría a besarle las manos. Dichas estas palabras, tomó a ocho señores de los que allí estaban, y apartándolos de los otros, mandóles que fuesen a ver y visitar aquel gran capitán de los cristianos, y los entregó a los cuatro españoles, diciéndoles por el intérprete, que aunque tenía entendido que ellos tenían tan buen corazón que no era menester encomendarles aquellos ocho señores, que eran de los más queridos y favorecidos de su casa, que todavía, por lo que él debía a su persona y a lo que [a] aquellos señores quera, les encargaba y encargaba muchos los tratasen muy bien por el camino, y que después que hubiesen llegado donde su capitán estaba, le suplicaba mucho de su parte se los tornase a enviar sin hacerles mal alguno ni desabrimiento, sino que cuando ellos se quisiesen volver, pudiesen libremente, y que desde aquella hora quedaba por su amigo y vasallo del emperador, y que vueltos que fuesen aquellos señores, él mismo, como tantas veces había dicho, iría a besarle las manos.

A esto, con mucho comedimiento y reverencia, porque aún no creían lo que veían, todos cuatro con muestras de grande alegría, respondieron que no eran ellos tan malos que, habiendo recibido tantas mercedes en su casa, y a la postre haberlos dado tantas y tan buenas joyas, no mirasen por aquellos señores, como estaban obligados, como si fueran sus hermanos, y que llegados que fuesen donde su capitán estaba, verían el buen tratamiento y las cosas que les daba, porque no sabía recibir sin luego gratificar, y que vueltos que fuesen a su casa real, le dirían con verdad haber ellos en este prometimiento quedado cortos, y Su Alteza se holgaría de haberlos enviado y se arrepentiría de no haber ido luego. El Cazonci delante de los españoles dijo pocas y muy graves palabras al despedirse de aquellos señores; en suma, fueron: «Mi autoridad y crédito lleváis para visitar a ese hijo del Sol; hacerlo heis con mucha cordura, dándole a entender lo que otras veces os he dicho, que le soy servidor y amigo y que así me hallará cuando menester sea, y miraréis bien en su persona y tratamiento, para que a la vuelta me deis cuenta».

A los señores se les arrasaron los ojos de agua, y el Cazonci, sin decir palabra, con buen semblante, a los españoles, haciéndoles con la cabeza cierta manera de inclinación, se despidió de ellos y se fue a su aposento, reprimiendo la alteración que en enviar aquellos señores recibió. Mandó luego ir ochocientos hombres para que llevasen las cargas y la comida, los cuales, como hoy también usan, en cargándose, salieron luego de la casa real, uno en pos de otro, como cigüeñas, sin ir dos juntos, por aquellos llanos, que hacían un hilo tan largo que no se acababa de divisar.

Capítulo XXII. Cómo ya que los españoles querían salir, el Cazonci les envió a pedir el lebrel, y lo que pasó en dárselo, y cómo lo sacrificó
Estando en esto, ya que los españoles queran salir al patio, el Cazonci envió ciertos señores a mucha prisa, rogando con muy gran instancia a los españoles que, por cuanto aquel lebrel que tenían le había parecido el más hermoso animal que jamás había visto, le hiciesen tan gran placer de se le dar, que por él enviaría todo el oro y plata que le pidiesen, porque animal tan valiente y que había venido en compañía de tan fuertes y valerosos hombres, no podía dejar de ser muy bueno para la defensa y guarda de su persona y casa y que a ellos no les faltara otro como aquél que él sabía que en el ejército de Cortés había muchos que peleaban, y que en ninguna manera le dijesen de no, porque le pesaría mucho de ello.

Mucho pesó a los españoles de este mensaje, porque era tan bueno el lebrel, que en aquel tiempo no tenía precio, por ser muy grande, muy animoso y muy diestro en la guerra, y tan temido de los indios, que en soltándole, aunque hubiese diez mil indios delante, no osaban para, y era con esto tan presto y tan ligero y tan cebado en los indios, que lo primero que hacía era derrocar todos los que topaba y después que vía que se le alejaban mucho los que iban delante, revolvían sobre los que se levantaban, haciendo siempre presa en la garganta. Y como el ruego del señor sea mando y fuerza, estuvieron dudando qué harían, y Peñalosa, que así se llamaba el dueño del lebrel, estuvo gran rato más firme y duro que su nombre en darle, aunque mucho se lo porfiaban sus compañeros, temiendo (como ello fuera) que si no le dieran, fueran todos presos y sacrificados. Con todo esto, estuvo muy porfiado

Peñalosa, diciendo que más quería morir que darle; pero como era hombre de razón, al cabo le vinieron a convencer aquellos señores indios que sacaron de México, diciéndole que, sin duda, el Cazonci tenía enojados a sus dioses, por no haber sacrificado en aquellas fiestas aquellos hombres extraños, tan grandes enemigos suyos, y que por aplacarlos quería sacrificar aquel lebrel, por matar cosa que fuese de los cristianos, y que tenían entendido que si no daba el lebrel, que todos morirían y también el lebrel, y que para esto mejor era que a costa del lebrel, pues era un animal, se salvasen todos ellos. Peñalosa dio el perro muy contra su voluntad, pudiendo más (como era razón) el temor de la muerte, que su excusada porfía; y porque no estaba para responder, uno de aquellos otros sus compañeros dijo a los señores que venían por el lebrel:

> Decid a Su Alteza que aunque este animal es el más preciado que teníamos, que de muy buena gana le servimos con él, para que tenga alguna prenda nuestra y se acuerde de nosotros, y que si de lo que tenemos le parece otra cosa bien, se sirva de ella, pues le debemos mucho más,

y que en lo que decía que enviaría oro o plata, que harto les había dado y que no eran hombres que a quien tanto debían de vender aquel lebrel; el cual aquellos señores llevaron con muy gran contento; y en el entretanto que el lebrel no los vio, salieron los nuestros de aquel patio como hombres encarcelados, no viendo la hora que verse fuera; y fue causa haber dejado el lebrel, que por todo el camino fuesen temerosos, creyendo que ya que el Cazonci le tenía en su poder, enviaría por ellos para sacrificarlos; acrecentóles este miedo saber por cosa cierta, al cabo de dos días que habían salido, que el Cazonci había hechos unas solemnes fiestas, en las cuales, con grandes ceremonias, pidiendo perdón a sus dioses, había sacrificado al lebrel, al cual sacrificio concurrieron de otros pueblos comarcanos infinitos hombres y mujeres, diciendo que iban a ver cómo moría aquel animal tan bravo que tantos indios había muerto.

Hicieron este sacrificio particularmente los sacerdotes, con nuevas ceremonias, diciendo al perro, como si los entendiera:

437

Ahora con tu muerte pagarás las muertes de muchos; cesarán las de los que más mataras, y nuestros dioses perderán la saña que contra los nuestros tenían por no haber sacrificado a los cristianos que en nuestro poder teníamos.

Dicho esto, tendiéndole (como hacían a los hombres) de espaldas sobre las gradas del templo, tentándole el lado del corazón, con gran destreza, con una navaja de piedra, se lo abrieron, y sacándole el corazón, untaron los rostros de sus ídolos, haciendo luego un baile y cantando, como solían, tan tristemente como en las tristes muertes de los que no eran en culpa de ellas solían hacer, cosa, cierto, espantosa y que la razón natural rehuye contarla, cuanto más verla y hacerla.

Capítulo XXIII. Cómo hasta llegar do Cortés estaba, los españoles se velaban cada noche, y de cómo le escribieron y de cómo los salió a recibir, y de lo que pasó con ellos

Los españoles prosiguieron su camino, y aunque se veían fuera de la cárcel, que tal lo era aquella casa real de Cazonci, estaban tan cuidadosos y la barba tan sobre el hombro, que no pudieron gozar del pasatiempo del camino y de los servicios que los indios del Cazonci les hacían, pensando que todo aquello era falso, y para llamarlos cuando menos pensasen, o para que descuidándose aquellos ocho señores mechuacasenses los matasen, pues llevaban consigo, sin los de carga, más de ochocientos hombres, y a esta causa, de día iban con cuidado, sin apartarse uno de otro, y de noche se velaban.

De esta manera acabaron su jornada hasta llegar a cuatro leguas de Cuyoacán, donde Cortés estaba, al cual escribieron, en suma, lo que les había pasado y cómo traían consigo ocho señores, criados del Cazonci, a los cuales convenía hiciese todo regalo y buen tratamiento, porque conformase con lo que ellos al Cazonci habían dicho, y que la gente que habían visto era mucha y muy buena y la tierra muy fértil y espaciosa, y que de lo demás cuando llegasen le darían muy particular cuenta.

Grandísimo contento dio esta carta a Cortés y a todos los de su real, porque tenían ya por muertos aquellos españoles, y saber que fuesen vivos, siendo tan necesarios, y que viniesen sin pensarlo, aumentaba su alegría (aliende de la mucha que recibieron con las buenas nuevas que enviaban y por la buena maña que se habían dado). Cortés les envió al camino cuatro hombres de a caballo, con algún refresco de lo que él tenía (que era bien poco). Topáronlos en la mitad del camino, apeáronse los de a caballo y abrazáronse los unos a los otros con tan grande amor (porque, a la verdad, Cortés les envió los más amigos) que por un gran rato, de alegría y contento, estuvieron llorando, cosa que los españoles, por ser más duros de corazón que las otras naciones, en los casos y negocios muy tristes pocas veces suelen hacer, y aunque las más veces el dolor y pesar suele ser causa de lágrimas, la terneza del amor, con el contento de verse los que bien se quieren, también las causan, y más, como digo, en los españoles, por la firmeza y constancia grande que con sus amigos tienen. Hablaron los de a caballo a los señores mechuacanenses, abrazáronlos, diéronles la bienvenida, preguntáronles por su señor, con la repuesta de los cuales y con otras pláticas, entre los españoles bien suaves y sabrosas, llegaron cerca de Cuyoacán, de donde a tiro de arcabuz salió Cortés con algunos caballeros a recibirlos; abrazólos tan entrañablemente como si los hubiera engendrado, y entre él y ellos fueron muchas las lágrimas, aunque él, como tan valeroso, las procuraba reprimir. Díjoles, abrazándolos: «Seáis muy bien venidos, amigos del corazón, que cierto os tenía por tan muertos como a los que están enterrados; huélgome tanto de veros y deseaba tanto saber de vosotros, que me parece que sueño lo que veo, porque ha más de treinta días que no sabía de vosotros, y como cosa no esperada ni pensada me distes una tan grande y repentina alegría que me alteró tanto que no me maravillo de los que con súbito placer han muerto o enfermado; tenía determinado y jurado, sabiendo que érades muertos, vengar tan cruelmente vuestras muertes cuales jamás otras fueron vengadas, y pues Dios os ha hecho tanta merced de traeros vivos y sanos y con tan buenas nuevas a nuestro real, y a mí ha dado tanto contento que vivos os vea, en nombre del emperador, nuestro señor a quien tan notable servicio habéis hecho, yo os haré muy grandes y crecidas mercedes». Con estas tan buenas, tan amorosas y tan favorables palabras, dieron aquellos españoles por muy bien empleados los trabajos, peligros y temores que habían padecido, tomando con ellas nuevo esfuerzo y ánimo para ponerse en otros mayores, que, cierto, el buen capitán no menos anima y esfuerza con tales palabras, que con grandes y crecidas dádivas, y así, le respondieron que aunque de sus trabajos no tuviesen otra paga más de haberlos recibido con tanto amor y dicho tan favorables palabras, quedaban obligados a servirle en mayores peligros que los pasados. Pasado esto, Cortés recibió muy bien a los embajadores y dijoles que en su casa, porque venían cansados, más despacio le darían la embajada del Cazonci, su señor.

Capítulo XXIV. Lo que más pasé con aquellos españoles y de la alegría que con su venida hubo en el real, y de la embajada de aquellos señores, y cómo Cortés les respondió

Y así, después que hubo recibido el gran presente y tratado muy particularmente con Montaño y sus compañeros lo que les había parecido de la tierra y de la gente y cómo el Cazonci los había querido sacrificar y cómo había pedido el lebrel y por qué, y todo lo demás que arriba queda dicho y lo que sobre esto se había de hacer y cuánto convenía recibir bien aquellos señores y tratarlos con afabilidad, y hechos grandes regocijos en el real, como tan buena nueva y sucesos demandaban, ya que entendió que habrían descansado, los envió a llamar, y para representar el autoridad que entre los suyos tenía (porque esto hacía mucho al caso, para con aquella gente) púsose una ropa larga de terciopelo, sentóse en una silla de espaldas y mandó que por toda la sala donde él estaba todos los españoles estuviesen en pie y de estocados, con las gorras en las manos, y estando de esta suerte con esta representación de autoridad, entraron los embajadores de dos en dos, uno en pos de otro; hicieron a la entrada de la sala un muy gran comedimiento y a la mitad de ella asimismo, y cuando llegaron donde Cortés estaba, él se levantó a ellos, y uno a uno, con muy buena gracia, los les dijo dijesen a lo que venían. Entonces uno de ellos, que de más edad y autoridad parecía, haciendo a su modo y costumbre cierta manera de representación de ceremonia, que a una también hicieron los demás, habló de esta manera:

> Inmortal e invencible capitán, hijo, a lo que pensamos, del Sol: El Cazonci, gran rey de Michoacán y sus sujetos, muy amado y querido señor nuestro, por nosotros te besa las manos y dice que por la gran fama de tus maravillosos hechos, que por todo este mundo vuela, te es tan aficionado que no hay cosa que tanto desee como verte y serte amigo y servidor y criado y vasallo del emperador de los cristianos, cuyo vasallo y criado tú eres, y dice que no es mucho que sea tan poderoso

emperador teniendo tales vasallos y criados como tú, y que así le ha espantado mucho que con tan poca gente de cristianos hayáis vencido y asolado la más fuerte y poderosa ciudad del mundo, donde sus moradores estaban tan soberbios que les parecía, que el poder de sus dioses no bastaba a humillarlos, de adonde vinieron, casi no hallando contradicción, sino fue en el Cazonci, nuestro rey y señor, por tiranías, a dilatar tanto su imperio, que algunas partes se extendía más de doscientas leguas. Dice también que lo más presto que pueda te vendrá a besar las manos y a ofrecerte su persona, reino y amigos, que tiene muchos y muy buenos, y que de la comunicación y amistad que contigo tendrá resultará el entender lo que acerca de su religión le conviene hacer, y porque de los cristianos que le enviaste y en su casa tuvo te informarán más largo de la voluntad y amor que te tiene, cerca de esto no decimos más, suplicándote nos respondas y despaches cuando te parezca.

Cortés a esta embajada, con la gracia a él posible, agradeció a ellos la venida, diciéndoles que se holgaba mucho que tales caballeros como ellos criados y vasallos de tan gran señor, hubiesen venido a su real, para pagar en parte lo mucho que al Cazonci debía por el buen tratamiento que a sus españoles hizo y por el presente que le envía, y que así le rogaba que aunque podían irse cuando quisiesen, descansasen algunos días y viesen despacio el asiento de su real, las armas, los caballos y los ejercicios de guerra, y que en lo demás deseaba por extremo ver personalmente a tan gran señor, que tan poderoso fue contra el imperio mexicano, y que de haber venido no le pesaría, porque sabría y entendería cosas que a él y a su reino mucho conviniesen, y que en el ofrecerse por amigo suyo y vasallo y criado del emperador de los cristianos hacía más de lo que pensaba, porque por este veía sería más poderoso señor que nunca, y que en prendas de amistad, como él decía, le enviaría algunas cosas de la tierra de España, que aunque no fuesen muy ricas, por su novedad y extrañeza le darían gran contento. Respondiéndoles de esta manera, mandó luego hacer una escaramuza de a caballo y otra de a pie y disparar algunos tiros y escopetas, que fueron cosas espantosas y extrañas para aquellos señores, que con muy gran cuidado y atención las miraban. Esto hizo Cortés, como otras veces, para poner espanto a los que venían de fuera, y para que contándolo a sus señores les pusiesen tan gran temor que no osasen emprender cosa que contra el poder de los cristianos fuese. De ahí a poco, recibidas las joyas que Cortés enviaba y saliendo con ellos algunos españoles, despidió Cortés muy contentos a aquellos señores, los cuales fueron causa de que el Cazonci enviase a un su hermano a ver a Cortés, como luego diré.

Capítulo XXV. Cómo Cortés hizo señor del pueblo de Xocotitlán al indio intérprete para tenerle grato en las cosas de Michoacán, y de cómo un hermano del Cazonci vino a ver a Cortés y de lo que pasó con él
Despachados los embajadores del Cazonci, con quien dice Motolínea que envió Cortés dos españoles, a que tomasen lengua de la mar del Sur, que es al poniente de México, determinó de cumplir la palabra que al intérprete había dado, y así, en nombre del emperador, le hizo gobernador y cacique del pueblo de Xocotitlán, así porque lo había muy bien merecido por la verdad y fidelidad que en negocio tan importante había tenido, como por animarle para en lo que en el reino de Michoacán pudiese suceder. Juntóse a esto el contento grande que de ello recibieron todos los que de los indios eran amigos de Cortés, entendiendo de aquella liberalidad que a cualquiera que de los señores en su amistad perseverase le haría mayores mercedes, y así esta merced tan bien debida fue causa que muchos, contra su natural condición, perseverasen en la palabra que tenían dada.

Los embajadores del Cazonci, que en el entretanto llegaron donde su señor estaba, le dijeron tantas y tan grandes cosas en honra y alabanza de Cortés, que le pusieron en grande admiración; preguntóles muy particularmente por todo lo que habían visto, y como ellos no habían ido a otra cosa, diéronle tan particular cuenta, como si hubieran estado muchos meses, y así quiso venir luego a ver a Cortés si no se lo estorbaran los de su consejo, porque haciendo llamamiento de ellos, hecho primero cierto sacrificio para que con voluntad de los dioses fuese su partida, los más de ellos y de los que él más crédito tenía, fueron de parecer que un tan gran señor como él, se hubiese de ir, no fuese tan presto, sin que primero, por los que él enviase, entendiese Cortés el señorío y majestad suya, y aunque hubo otros que porfiaron en que fuese luego, por haberlo enviado a decir tantas veces, pudo más, como acaece en todas las consultas, el parecer de los más, aunque todos vinieron en que el

Cazonci enviase a un hermano suyo, que se llamaba Uchichilci, capitán general del ejército, el cual después fue con Cortés a Honduras.

Envió el Cazonci con su hermano más de mil personas de servicio y muchos caballeros, que para su servicio también llevaron más de otras mil personas. Dióle para que presentase a Cortés mucha ropa de pluma y algodón, 5.000 pesos de oro bajo, y 1.000 marcos de plata revuelta con cobre, todo esto en piezas de aparador, y joyas de cuerpo. díjole muchas cosas en público y otras en secreto; créese las de secreto debían de ser mirase con cuidado si era tanto, lo que de Cortés se decía, como sus embajadores le habían contado, para ver si podía él ser parte, ya que el imperio mexicano estaba deshecho, a estarse en su reino sin reconocer a nadie y apoderarse de otras ciudades, haciéndose mayor señor.

Con esto salió Uchichilci de la ciudad de Michoacán, no sin ceremonias y sacrificios que primero se hiciesen a los ídolos. Acompañóle el Cazonci, su hermano, con grandísima cantidad de caballeros; despidióle con muchos abrazos un razonable trecho de la ciudad. Era este capitán muy valiente y muy discreto, y como llevaba gran voluntad de ver a un hombre tan valiente y sabio como Cortés, dióse la mayor prisa que pudo hasta llegar do estaba; el cual, como tuvo nueva de su venida, envió caballeros españoles con el intérprete a recibirle y darle la bienvenida, y él, por guardar su autoridad, se estuvo en su palacio hasta que supo que entraba por él. Salióle a recibir a la primera sala; abrazólo y hízole grandes caricias, y tomándole por la mano, le asentó cerca de sí y le mandó traer de comer y beber. Mostró al vino buen rostro, porque no hay nación en el mundo, que aunque no lo haya bebido no le sepa bien, y después que hubo algún tanto descansado, Cortés por la lengua le dijo que aunque deseaba mucho ver a su hermano el Cazonci, como él se lo había prometido, que se holgaba mucho, con su venida, pues era su hermano y tenía gran noticia del valor y esfuerzo de su persona y de cuán bien se había habido en las cosas de la guerra, especialmente contra los mexicanos. El se holgó mucho con esto; besó las manos a Cortés por ello, diciéndole que delante de él no había ningún valiente, pero que con su persona y con todo cuanto tenía le serviría todas las veces que se lo mandase, y que le suplicaba le oyese lo que de parte de Cazonci su hermano y señor le venía a decir, suplicándole primero recibiese aquel presente que allí lo traía. Recibido y dádole las gracias

Cortés, él le habló de esta manera, teniendo en el modo de su decir la autoridad y reposo que su hermano y otro mayor señor pudiera tener:

> Muy poderoso e invencible capitán Cortés: Muchos días ha, después que tus españoles fueron a aquella nuestra tierra, que el Cazonci mi señor y yo te hemos deseado ver y hablar, por los maravillosos y espantosos hechos que de tu persona y de los tuyos se cuentan. Él viniera luego si no le estorbaran ciertos negocios muy importantes de su reino, pero vendrá, a lo que entiendo, muy presto, y te hago cierto que te es tan servidor y te será tan buen amigo, que en lo que se te ofreciere, los tlaxcaltecas, de quien has conocido tanta voluntad, no le harán ventaja. De mí, lo que te puedo decir es que me has parecido tan bien, que juntamente con lo que de ti he oído, no habrá cosa en que tanta merced reciba como en que me mandes y te sirvas de mí, porque para acá entre los de mi nación yo te podré hacer algún servicio como los capitanes tlaxcaltecas; y porque los embajadores que mi hermano te envió contaron extrañas cosas de las armas y manera de pelear de vosotros los cristianos, recibiré gran merced me lo mandes mostrar todo y aquellas grandes canoas con que combatiste la gran ciudad de México.

Cortés, que no deseaba otra cosa, después de haberle con muy buenas palabras dado a entender lo mucho en que tenía su ofrecimiento, le dijo que el día siguiente, después que hubiese descansado, le mostraría todo lo que deseaba, y así mandó luego apercibir sus capitanes para que otro día hiciesen una trabada escaramuza de pie y de caballo y una salva de artillería, que aunque parte de esto solía hacer con otros embajadores, más de propósito lo quiso hacer con este capitán general, por el motivo y razón que ya tengo dicho.

Capítulo XXVI. Lo que otro día se hizo y de cómo Cortés mostró a este capitán los bergantines y la destrucción de México, y lo mucho que de ello se espantó

El día siguiente, luego por la mañana, como la gente toda estaba apercibida, Cortés envió a llamar [a] aquel capitán general, y llevándole consigo a una plaza muy grande, desde un pretil mandó que se comenzase la escaramuza de caballo, la cual se hizo tan reñida como si de veras fuera. Mucho se maravilló y aun espantó el hermano del Cazonci, porque los de caballo con la furia y grita que traían le ponían pavor, pareciéndole que aun allí donde estaba no estaba seguro. Luego la infantería, hecha una muy linda roseña, se partió en dos partes, ambas con sus tambores y pífaros; rompieron una batalla con tanto ardid y destreza, con tanto ruido de los tambores y pífaros, que muy bobo y como atónito estaba aquel capitán, tras de lo cual se siguió luego una fingida batería, donde con gran ruido de los tambores arremetieron a un alto, como si fuera castillo, donde estaban otros españoles en defensa, y dieron el asalto, que fue cosa muy de ver para aquel que jamás lo había visto. Dispararon desde lo llano la artillería gruesa, cuyo ruido hacía estremecer el lugar donde Cortés estaba con el hermano del Cazonci, el cual, como discreto, disimuló el pavor, aunque no dejó de alterarse, como en cosa que de suyo era tan espantosa, especialmente para el que jamás se había visto en ello.

Acabado todo esto, de lo cual concibió en su pecho mayor opinión de los cristianos de la que había oído (aunque era muy grande), Cortés se metió con aquel capitán en una canoa entoldada y muchos de sus caballeros en otras, con gran música de trompetas, y por una acequia muy grande vino a México, donde Cortés, mostrándole el grandísimo sitio de la ciudad y las casi infinitas casas y cúes quemados y deshechos y los muchos puentes que había cegado y cómo habían quedado tan pocos vecinos que apenas había quien pareciese por la ciudad, pareció que no fuerzas de hombres, sino furia del cielo, había hecho tan grande estrago. Dicen que con tan miserable espectáculo el hermano del Cazonci no pudo contener las lágrimas, considerando la vuelta de la fortuna, y viendo que aquella ciudad, cabeza y conquistadora de este Nuevo Mundo, tan poderosa tantos años atrás, estuviese tan caída, y siendo tan poblada que parecía que el agua y tierra producía hombres, estuviese tan asolada, tan destruida y desamparada de favor; ofreciósele, según se puede creer, aquella antigua soberbia, grandeza y pujanza de aquella ciudad, que tan grandes emperadores había tenido, la grande e increíble riqueza, los triunfos y victorias habidos de tantos reinos y señoríos y la gran prosperidad en que tantos años se había sustentado; que todo esto viniese a acabarse en poco más de ochenta días, cosa, cierto, miserable y que, cierto, al que lo oyere, cuanto más al que lo viera, pusiera gran lástima y dolor, de donde vino a entender lo que los muy poderosos príncipes debían considerar que los imperios señoríos que con injurias, agravios y tiranías se amplían, extienden y engrandecen, cuando no se catan, por justicia divina, como los edificios muy grandes mal fundados, que su gran pesadumbre los ayuda a caer, vienen de tal manera a ser destruidos, que aun las reliquias, para la memoria de su destrucción, no quedan; y así debía de considerar aquel capitán que, pues contra tan gran poder había sido poderoso Cortés, que sería bien que su hermano no ignorase esto, para que no se pusiese en defensa.

Cortés, como le vio en alguna manera afligido y tan espantado, le dijo por la lengua: «No te maravilles, esforzado capitán, de la ruina y caída de esta tan gran ciudad, que sus maldades y pecados lo han merecido, que ya el Dios verdadero, a quien los cristianos adoramos, aunque por tantos años los disimuló, no lo pudo más sufrir, y como has visto, a nuestras personas, armas y manera de pelear pocos son los que en el mundo pueden resistir, especialmente cuando tenemos razón y tratamos negocio que toca a nuestro Dios. Muy muchas veces convidé con la paz a los mexicanos y estuvieron siempre tan porfiados, que hasta que los destruí no quisieron volver sobre sí, y tengo entendido que era porque no quedasen sin el castigo que sus grandes maldades y tiranías merecían. Ahora vamos a ver las grandes canoas, o acales, que vosotros decís que yo mandé hacer para pelear por el agua, en que tanto los mexicanos con la infinidad de sus canoas confiaban». Mostróle los trece bergantines, las velas y remos; hizo entrar en uno de ellos cuarenta o cincuenta soldados, y en poco espacio aquel capitán vio y entendió la poca parte que podrían ser muchas canoas contra un bergantín, así en fuerza como en ligereza, y con cuánta facilidad con todos los que topase por delante podía echar a fondo. Paseóse por uno de aquellos bergantines, mirólos todos con mucho cuidado y no hizo más de maravillarse y espantarse. Con esto se volvieron todos.

Ahora diremos cómo este capitán general, más espantado que los embajadores de su hermano, se despidió de Cortés, y lo que pasó con el Cazonci, siendo causa que luego viniese a ver a Cortés.

Capítulo XXVII. Cómo el hermano del Cazonci se despidió de Cortés y llegado do su hermano estaba, contándole lo que había visto, le hizo venir

De ahí a pocos días el hermano del Cazonci determinó volverse, solo por hacer que su hermano viniese y se hiciese amigo y servidor de un tan valeroso hombre como Cortés, a quien él cada día se iba más aficionando, lo cual le forzó que al despedirse de Cortés, con juramento hecho a sus dioses, le prometiese de volver con su hermano y quedarse en su servicio (como Motolinía dice que lo hizo). Cortés le dio algunas cosas para enviarle más grato; salió con él hasta sacarle de la ciudad; caminó hasta llegar a Michoacán lo más que pudo, despachando cada día desde que salió mensajeros a su hermano el Cazonci, el cual le salió a recibir con toda su corte cerca de la ciudad de Michoacán, donde, a su costumbre y uso, hubo muchos bailes y danzas. El hermano, hecha cierta reverencia, que en tales recibimientos a su rey y señor (aunque hermano) debía hacer, le abrazó luego; en suma, yendo hablando el capitán general hasta entrar en la ciudad, fue diciendo al Cazonci grandes maravillas e increíbles cosas para lo de acá de Cortés y su gente, a las cuales el Cazonci estaba muy atento y no con poco placer de haber dejado de sacrificar a aquellos españoles, cuyas muertes fueran causa de su total destrucción.

Otro día, después de llegado este capitán general, el Cazonci hizo llamar a todos sus consejeros, los cuales sentados por su orden y antigüedad sentado cerca de él el capitán general su hermano, les dijo:

> Ya señores, sabéis cómo queriendo yo ir a ver a Cortés, capitán de los cristianos, los más de vosotros me lo estorbasteis, diciendo que no convenía que un tan gran señor como yo fuese a ver un hombre extraño, sin estar primero muy cierto del valor y ser de su persona, aunque bastante prueba era de lo mucho que vale, tener nuevas tan ciertas de la destrucción de México, hecha por sus manos; y fuisteis de parecer que, para que en todo me sanease, mi hermano, que presente está, fuese a visitarle y ver con mucho cuidado la manera de su persona y la de los suyos, la suerte de armas y la manera de pelear; y viene tan espantado que por todo mi reino no quisiera (como tenía pensado) haber sacrificado a aquellos cuatro cristianos, porque soy cierto (según son poderosos y valientes los cristianos), que Cortés no dejara hombre vivo de nosotros; por tanto, yo estoy determinado, si a vosotros os parece, de irle a ver y ofrecer mi persona y reino, y por que veáis cuánto nos conviene, ruego que oigáis a mi hermano algo de lo mucho que a mí me ha dicho.

Ellos, que no deseaban cosa tanto, estándole muy atentos, dijo el capitán general: «Yo, como sabéis, señores, fui a ver a Cortés solo por entender lo que al rey nuestro señor ya todos nos convenía, y cierto, aunque había oído cosas espantosas, las que vi me espantaron tanto que no sé cómo os lo decir, porque en todo son los cristianos tan diferentes de nosotros, que el menos valiente de ellos, según son animosos y diestros en el pelear (y con armas que en mucho hacen ventaja a las nuestras) puede pelear con cien valientes capitanes de los nuestros y salir vencedor. Las armas son de muchas maneras, pero hay unas muy espantosas que cuando dan un gran tronido matan muchos indios. Esto decía porque no sabía cómo se llamaban las escopetas y los tiros. Fuera de esto suben sobre unos animales muy mayores que ciervos y tan ligeros como ellos, que hacen todo cuanto mandan los que van encima. Tienen también muchos animales de la suerte de aquel que trajeron los cuatro cristianos, que nosotros, por aplacar a los dioses, sacrificamos. Vi la manera de pelear suya, que pone gran miedo mirarla, y después vi trece grandes acales, que en el menor de ellos cupieran doscientos de nosotros. Con éstos Cortés venció y conquistó los mexicanos, que tan fuertes estaban con su laguna. Por otra parte miré mucho en ello que siendo tan valientes los cristianos, son muy nobles, muy humanos, muy liberales y dadivosos, de donde entiendo que son buenos para amigos y malos para enemigos; y así, soy de parecer que el Cazonci mi hermano vaya lo más presto que pudiere a visitar a tal hombre y tenerle por amigo».

Todos, oídas estas palabras, que tuvieron gran crédito, fueron de parecer que el Cazonci se aderezase luego con toda la majestad posible para la jornada y llevase grandes presentes, de que nada pesó a los nuestros. Salidos con esta determinación de aquella junta, el Cazonci mandó aderezar para el camino todo lo necesario, dejando en el entretanto quien gobernase su reino.

Capítulo XXVIII. Cómo el Cazonci fue a ver a Cortés y cómo de él fue recibido, y de su muerte algunos años después

No se pudo el Cazonci dar tanta prisa para aderezarse, que no se detuviese algunos días, aunque fueron pocos, en comparación del aderezo y aparato con que partió. Vino por sus jornadas con toda la majestad a él posible, enviando cada día, de donde llegaba a hacer noche, sus mensajeros a

Cortés, diciéndole cómo ya iba y adónde quedaba, y otras palabras de mucho comedimiento, y así, llegando cerca del real de los nuestros, Cortés con los principales de su ejército, determinó salirlo a recibir; llevó consigo la música que tenía, porque sabía que el Cazonci traía la suya. Salió Cortés poco más de media legua, y cuando los unos reconocieron a los otros, fue cosa muy de ver la salva que con la música se hicieron, no cesando hasta que Cortés y el Cazonci se vinieron a juntar, y entonces, habiendo gran silencio, como si hombre no estuviera en el campo, el Cazonci se humilló mucho a Cortés, y Cortés le abrazó y mostró gran amor, y luego por los intérpretes el Cazonci le dijo:

> Muy valiente y muy esforzado caballero, capitán y caudillo de muy valientes y esforzados caballeros, enviado por el mayor señor que jamás he oído: Suplícote cuanto puedo perdones mi tardanza en no haberte venido a ver cuando prometí, por que, cierto, muchas veces (como te habrá acontecido) los hombres (especialmente que gobiernan) piensan uno y hacen otro. Yo vengo a servirte y a ser vasallo, como tú lo eres, del emperador de los cristianos, tu rey y señor, y así, puedes mandarme de hoy en adelante en todo lo que se ofreciere, que toque al servicio del gran emperador de los cristianos, y porque de lo que te ofrezco han de dar testimonio las obras, en prueba de que corresponderán a mis palabras, recibirás hoy ciertos presentes de oro, plata, joyas y otras cosas que en mi reino hay, para que entiendas que ofreciéndote mi persona, es lo menos servirte con mi hacienda.

Cortés, tan alegre de las palabras y obras del Cazonci como era razón, le tornó a abrazar, y por los intérpretes respondió que no se maravillaba de que no pudiese haber venido antes a verle, aunque lo hubiese prometido, por la razón que él decía que era muy justa y muy cierta, y que cada día solía suceder, y que de esto no tuviese pena, porque él con su venida estaba tan alegre y regocijado, que no querría que le hablase en aquello y que le besaba las manos y tenía en mucho así el ofrecimiento como las obras, y que el emperador y rey, su señor, le haría muy grandes mercedes, y que por la comunicación que adelante tendrían con los cristianos vería y conocería el gran bien que a él y a los suyos de ello redundaría, porque se desengañaría de grandes y perversos errores en que el demonio por tantos años los tenía engañados.

En estas y otras pláticas volvieron hacia los aposentos de Cuyoacán con mucha música y regocijo; aposentóle Cortés todo lo mejor que pudo y hízole toda la fiesta que su posibilidad y aquella tierra sufrían; mandó a todos los españoles principales que en lo que pudiesen diesen gusto y contento a los señores y deudos que con el Cazonci venían, para que todos con el buen tratamiento se aficionasen a la conversación y amistad de los cristianos, con los cuales ellos en todo o en lo más tenían gran semejanza.

Comía el Cazonci y algunos de los más principales deudos y señores con Cortés; sabíanles bien las comidas de Castilla y más el vino, a que hasta hoy son todos tan aficionados que es menester gran rigor para que no se emborrachen. Mandó Cortés (como lo había hecho con su hermano) en aquellos días que allí estuvo el Cazonci [que] hubiese escaramuzas de los nuestros de a pie y a caballo y algunas salvas de artillería y escopetería, que no menos que a su hermano le pusieron pavor, aunque (como luego diré) vuelto a su tierra, instigándole los suyos y el demonio, que hacía la mayor guerra, no estuvo con aquella firmeza y fidelidad que había prometido. Dice Motolínea que se bautizó y que él lo vio.

Pasados después algunos años, viniendo a gobernar Nuño de Guzmán, presidente del Audiencia real de México, en la revolución y rebelión del reino de Jalisco, que por otro nombre dicen la Nueva Galicia, prendió al Cazonci con intento, según muchos dicen, de sacarle oro y plata, fingiendo que había muerto veintidós españoles y que con los cueros de ellos hacía areitos y que con su sangre, revuelta con muchas semillas, a su costumbre, había hecho un ídolo, que con gran reverencia, alegría y contento él y los suyos adoraban; y como vio que no le podía sacar el dinero que quería, le mandó quemar, debajo de lo que dicho tengo, el cual, dicen, que cuando vio que le querían quemar y que ya no tenía remedio su vida, dijo a sus criados: «Después que yo esté hecho polvos, os encargo muy y mando como señor vuestro, los llevéis a mi casa y los ofrezcáis a mis ídolos». Los cristianos que a su muerte se hallaron, sabido esto, por no dar lugar a aquella idolatría, barriendo muy bien el suelo, echaron los polvos en un río. Fue después por esta muerte preso Nuño de Guzmán y en España muy fatigado, porque pareció haber hecho gran crueldad, aunque dio los descargos que pudo. Dejó el Cazonci dos hijos, los cuales aprendieron Gramática y nuestra lengua castellana, y el mayor, habiendo tenido el señorío de su padre algún tiempo, murió sin dejar hijos y sucedióle el segundo, que se decía don Antonio, a quien yo muy familiarmente traté. Era grande amigo de españoles, muy querido y obedecido de los suyos, muy bien enseñado en la Fe católica; preciábase de tener muchos libros latinos, los cuales entendía muy bien. Era muy gentil escribano y especialmente en castellano escribía con mucho aviso una carta, y no menos en latín. Y porque de las cosas de Michoacán hablaré más largo cuando tenga recogidas las Memorias y papeles de aquella provincia, cerca del Cazonci por ahora no diré más, viniendo a las provincias que Gonzalo de Sandoval conquistó y pobló.

Capítulo XXIX. Las provincias que Gonzalo de Sandoval conquistó y pobló

Al tiempo que los mexicanos echaron a los españoles de su ciudad con el estrago y matanza que en su lugar dije, los pueblos y provincias sujetas a México y las con él confederadas hicieron gran daño en los españoles que por la tierra toda estaban derramados buscando minas de oro y plata. Y porque no es razón dejar de contar algunas grandes crueldades que a su costumbre (como hombres muy vengativos) hicieron en los nuestros, diré algunas, para que se entienda la razón que de castigarlos tuvo Cortés.

En Tututepec, que es a la costa de la mar del Sur, juntándose gran cantidad de indios, de súbito dieron sobre ciertos españoles, y presos, los desnudaron en carnes y metieron en un patio cercado de un pretil almenado, de un estado en alto, y poniéndose alrededor más de dos mil indios, como a toros, con varas tostadas los comenzaron a agarrochear, y como es tan terrible la muerte, que no hay animal que no la huya, procurando los miserables escaparse, se abrazaban con las almenas, procurando salir fuera, no haciendo otro fruto que dejarlas ensangrentadas, para memoria de su miserable muerte y ferina, crueldad de sus enemigos. Finalmente, viendo que no podían dejar de morir y que no teniendo otras armas que las manos heridas y ensangrentadas, guardándolas para mejor menester, hincándose todos de rodillas, levantándolas al cielo y animándose unos a otros, acabaron la vida muy como cristianos.

En otros pueblos, como no andaban los españoles tan juntos, a los que asían pensaban (como sedientos de nuestra sangre) con qué novedad de tormentos los podrían acabar, y así, a unos tenían muchos días en lo más secreto de una casa fuerte encerrados, sin darles de comer dos o tres días, y después, cortándoles un miembro de su cuerpo, cocido o asado se lo daban a comer: tanta era la sed de su más que mujeril venganza. A otros asaban vivos a poco fuego, por que más durase el tormento. A otros desollaban vivos (como en nuestro tiempo hacen los chichimecas) que han hecho gran daño en el camino de México a los Zacatecas. Finalmente, como toda crueldad sea más de fieras que de hombres, y el ánimo generoso las aborrezca, por no indignar al lector y yo por no enternecerme, dejando las demás bestiales crueldades, proseguiré lo que cerca de esto Cortés ordenó, el cual en el año de 1521, en fin de octubre, desde Cuyoacán envió a Gonzalo de Sandoval con doscientos españoles de a pie y treinta y cinco de a caballo, con muchos indios amigos, a Tututepec y a Guatuxco (que eran los pueblos más culpados), los cuales, como en la destrucción y huída de México se habían (como dicho tengo) ensoberbecido y encruelecido, así, vista la mudanza de fortuna y el poder que los nuestros tenían, asolado México, le salieron a recibir, puestas las manos, rindiéndosele, pidiéndole perdón de las cosas pasadas, jurando de ser de ahí adelante muy obedientes, diciendo que en lo pasado los había engañado el demonio. Sandoval los recibió con buen rostro, castigando a los que notoriamente halló culpados, representando a los demás (como dicen) el pan y el palo, diciéndoles el bien que se les seguiría de ser buenos de ahí adelante y el mal que les vendría de hacer lo contrario.

Fue Tututepec una muy gran población, a do Moctezuma tenía una gran guarnición de gente para la seguridad de muchos pueblos y provincias ricas que hay en aquella comarca, aunque en Tututepec no hay hoy con mucho tanta gente como entonces, a causa de la guarnición que entonces a la continua allí residía. Está de México cerca de ochenta leguas, y no ciento y veinte, como otros dicen; y donde se pobló Medellín es más abajo y no muy lejos de la Veracruz, porque el año de 1525 se pasó Medellín a la Veracruz. De Tututepec pasó a poblar a Guazaqualco, creyendo que los de aquel río estaban en la amistad de Cortés, como con toda solemnidad de juramento tenían prometido a Diego de Ordás cuando fue allá en vida de Moctezuma. No halló Sandoval el acogimiento que pensó; díjoles que los iba a visitar de parte de Cortés y a saber si habían menester algo. Ellos, no aplaciéndoles estos comedimientos (como al enfermo de cólera le amarga la miel) con gran desabrimiento le respondieron que no tenían necesidad de su gente ni de su amistad y que volviesen con Dios y no estuviesen más allí. Sandoval con toda blandura les replicó se acordasen de la palabra que habían dado a Diego de Ordás, trayéndoles a la memoria cuánto les convenía tener amistad con los cristianos y salir de la falsa religión en que vivían, ofreciéndoles paz, la cual ellos no quisieron, armándose y amenazando a Sandoval y a los suyos que si luego no salían los matarían cruelmente.

Capítulo XXX. Cómo Gonzalo de Sandoval salteó de noche un pueblo y prendió una señora, y de cómo ganó y conquistó otras provincias

Sandoval, como vio que buenas razones ni comedimientos no bastaban, salteó de noche un pueblo, poniendo más pavor que haciendo daño, que este era su intento, donde prendió una señora, que fue gran parte para que los nuestros llegasen al río sin contraste y se apoderasen de Guazaqualco y sus riberas. Pobló Sandoval cuatro leguas de la mar una villa que llamó del Espíritu santo, que hoy está poblada, aunque de muy pocos vecinos, porque los indios se han ido apocando. Aportan allí algunos navíos y hallan refrigerio.

Atrajo Sandoval a su amistad a Quechullán, Ciuatlán, Quezaltepec y Tabasco, que duraron poco en la amistad, porque vueltas las espaldas los nuestros, se rebelaron con otros muchos pueblos que se habían encomendado en los pobladores del Espíritu Santo por cédulas de Cortés.

Casi en este mismo tiempo envió Cortés a Francisco de Orozco, hermano de Villaseñor, con treinta de caballo y ochenta peones de a pie, acompañado de muchos indios amigos, a conquistar la provincia de Guajaca con su hermoso valle, del cual después tomó el título de marqués el capitán general, con la cual confina la muy rica provincia de la Misteca, con otras provincias, que todas, por la excelencia de la Misteca, se llaman así, aunque cada una tenía su nombre, Mixtecapan, porque daban guerra, no como algunos dicen a Tepeaca, que está muy lejos, sino a otros indios amigos.

Halló el capitán Orozco en Guajaca una muy gran guarnición de indios mexicanos con sus casas, mujeres e hijos, que sojuzgaba y oprimía todas aquellas provincias. Fortificáronse cuando los españoles llegaron, en un peñol que tenía una cerca de cal y canto, de una legua en torno; tenían dentro, como forzados de galera, más de mil mistecas, no para otro oficio sino para dar grita de noche en la vela y en las batallas, pues, cierto, perturbaba mucho al que no estaba acostumbrado a ella. Túvolos cercados Orozco ocho días arreo, dándoles de noche y de día combate, quitándoles el agua, y con todo esto no se querían dar, hasta que Orozco, según unos dicen, envió mensajeros a Cortés, los cuales volvieron al fin de los ocho días, y de parte de Cortés, hablando a los cercados que se diesen, porque así se lo rogaba el capitán general, y así ellos, queriendo ganar aquella honra (aunque ya no podían al hacer) se dieron en ausencia a Cortés, viéronse en tan gran aprieto, especialmente de sed, que bebían lo que orinaban, y así cuando bajaron al río a darse, bebiendo murieron muchos.

Pocos días antes que esta victoria consiguiese Orozco, Miguel Díaz de Aux, muy valiente soldado y hombre de mucho punto, pareciéndole que estaba afrentado debajo de la bandera de Orozco, habiendo él sido antes capitán de Francisco de Garay, intentó de levantarse contra Francisco de Orozco y alzarse con la capitanía, pareciéndole que en ella se diera mejor maña que Orozco, el cual luego, como lo entendió, le echó grillos y envió con una hamaca con guarda de españoles a Cortés, el cual disimuló el delito, porque la persona de Miguel Díaz era bastante para cualquier negocio de guerra. Era bien determinado, murió en esta ciudad muy viejo, y de allí adelante Cortés jamás le apartó de consigo y hallóse muy bien con él.

Motolinía dice que Sandoval tuvo tres encuentros con estos indios, en los cuales murieron de ellos muchos primero que se diesen ni consintiesen a los españoles poblar en su tierra; todo pudo ser, pero Orozco los halló, como dicho tengo, empeñolados. Asentó por entonces aquella tierra y volvió con mucha honra donde su general estaba, enviándole él a llamar.

Capítulo XXXI. Cómo Cortés envió a descubrir la mar del Sur por otro camino, y tenida relación envió a Pedro de Alvarado, y de cómo se dio de paz el señor de Teguantepec
Gran deseo tenía Cortés de descubrir la mar del Sur por el grande interese (como diré) que pretendía, y así, aunque había enviado por otra parte cuatro españoles a descubrirla, teniendo de nuevo noticia que no estaba muy lejos de allí, envió otros cuatro españoles con indios mexicanos; los dos fueron

a Zacatula, cien leguas de México; los otros dos a Teguantepec, que dista ciento y veinte leguas, aunque por otras partes, entonces ocultas, estaba más cerca la mar del Sur, por la cual Cortés pensaba descubrir islas muy ricas de oro y piedras preciosas, especias y otras grandes riquezas y traer por aquel viaje a la Nueva España la especería de los Malucos, como después lo intentó en el año de 1527, enviando tres navíos bien aderezados, de los cuales el uno volvía muy rico, cargado de especería, y por no saber la navegación para volver, no pudo navegar y tornó a arribar a los Malucos, de do había salido.

Llegados, pues, los españoles, aunque tomaron posesión, pusieron cruces, pidieron oro y otras cosas que traer a Cortés; trajeron indios de aquella costa, que Cortés recibió y trató muy bien, y después de algunos días, dándoles cosillas de rescate, se volvieron muy alegres a sus tierras, llevando como todos los demás, por doquiera que iban, buenas nuevas de Cortés. El uno de los españoles que volvió más rico, que vive hoy en Guajaca, se dice Román López, el cual perdió un ojo por llevar (como suceden las cosas humanas) su prosperidad bien aguada.

El señor de Teguantepec, que ya de las buenas nuevas de Cortés estaba bien informado, viendo los dos españoles, se holgó mucho con ellos. Preguntóles muchas particularidades de Cortés, dióles un gran presente de oro, pluma, algodón y armas, que en su nombre ofreciesen a Cortés y le dijesen que él con su persona, casa y señorío quedaba muy a su servicio y que desde luego se daba por vasallo del emperador de los cristianos, su rey y señor, y que como tal le suplicaba le enviase socorro de españoles y caballos contra los de Tututepec que le hacían guerra, y la causa era porque habían sentido de él que tenía afición y amor a los cristianos. Cortés, que no poco holgó con el presente y la embajada, despachó luego a Pedro de Alvarado con doscientos españoles, cuarenta de a caballo y dos tiros de campo, y por la instrucción que llevaba se fue por Guajaca, que ya tenía Orozco pacificada, aunque halló algunos pueblos que le resistieron, pero no mucho, y pasando adelante llegó a Tutepeque, el señor del cual le recibió muy bien, con muestras de grande amor. Quísole aposentar dentro de la ciudad en unas casas suyas grandes y buenas, pero cubiertas de paja, con intento de quemar [a] los españoles aquella noche al primer sueño; pero Alvarado, o porque lo sospechó o porque le avisaron, no quiso quedar allí, diciendo que no era bueno para sus caballos, y así, se aposentó en lo bajo de la ciudad y detuvo al señor y a un su hijo presos, los cuales se rescataron después en 25.000 pesos de oro, porque es tierra rica de minas.

Pobló Alvarado hacia la costa de la mar en Tututepec una villa que llamó Segura de la Frontera, con el mismo regimiento que había en la otra Segura de la Frontera, que estaba en Guajaca, y así la villa de Segura se mudó tres veces: la primera se puso en Tepeaca: la segunda, en Guajaca, y la tercera en Tututepec, y después de Tututepec volvió a Guajaca, donde ahora está. No tuvo Alvarado dicha de asegurar a Segura en Tututepec, porque los vecinos se mudaron, como luego diré.

Capítulo XXXII. Cómo Alvarado se volvió y los vecinos se mudaron, y Cortés envió a Diego de Ocampo, y de lo que aconteció a la vuelta a Pedro de Alvarado con un señor de indios chontales

Vuelto Pedro de Alvarado, estuvo la villa poblada con el mismo regimiento que antes casi seis meses. La ocasión que los vecinos tuvieron de despoblarla fue que habiéndoles Alvarado repartido la tierra, Cortés hizo novedad, tomando para sí (según algunos se quejaban) lo mejor. Fue el que principalmente a esto los indujo un regidor que se decía Hernán Ruiz. Y por que se entienda lo poco que entonces los naturales entendían, no quiero pasar por una cosa donosa, y es que estando en aquel pueblo Pedro de Alvarado mal dispuesto de un ojo (o por mejor decir de codicia) le preguntó el señor qué medicina sería menester para aquella su enfermedad y respondiéndole Alvarado que tejuelos de oro, el señor, por más de quince días, le trajo cada día cinco o seis tejuelos, que pesaban a ciento y treinta castellanos, unos más y otros menos, y él poniéndoselos sobre el ojo, decía al señor que ya iba mejorando. Dióle asimismo una cadena que pesó 7.500 castellanos, la cual Alvarado echó al cuello de su caballo, porque él no la podía sufrir en el suyo, ni aun el caballo mucho tiempo, y así la guardó do no se la hurtaron.

Envió luego Cortés a Diego de Ocampo, su alcalde mayor, por pesquisidor contra los que habían despoblado la villa; condenó a uno a muerte; créese fue el regidor que dije, porque fue la principal parte. Apelló, en grado de apelación se presentó ante Cortés, el cual le mudó la muerte en destierro.

En este comedio murió el señor de Tututepec, por cuya muerte se rebelaron algunos pueblos de la comarca. Dice Motolínea que tornó a ella Pedro de Alvarado, y después de algunas muertes de españoles, los redujo como antes estaban, pero Segura (como dije) no se pobló más hasta que Nuño de Guzmán le mandó poblar y llamar Antequera. Alvarado a esta vuelta envió a Francisco Flórez y a Diego de Coria a visitar aquella tierra, y yendo por Guajaca, visitando hasta Teguantepeque, volvieron por la costa, y en un pueblo antes de llegar a Teguantepeque, que se dice Tecquecistlán, que es de chontales, queriéndolo visitar, procuraron matarlos, y reprehendiéndolos y amenazándolos por esto con el Tonatio, que es «hijo del Sol», que así llamaron los indios a Pedro de Alvarado, como a Cortés llamaban Malinche, respondió el señor de ellos muy enojado: «¿Qué diablos, Tonatio, Tonatio, teutes, teutes, sois los españoles, que nuestros dioses no fornican, ni quieren oro, ni ropa, ni comen ni beben, aunque solamente beben sangre de corazones? Venga el Tonatio, que en el campo me hallará con cuarenta mil hombres»; y así lo cumplió, porque dende a dos meses vino sobre él Pedro de Alvarado con ciento y cincuenta españoles y cuarenta de caballo, donde le halló en la delantera. Resistió al principio con gran furia; derramóse mucha sangre, aunque más de los enemigos, y finalmente, después de muy bien reñida aquella batalla, quedando vencido aquel señor, los suyos con él, perdiendo el brío que tenían, conociendo por la obra lo que de palabra habían oído, quedaron pacíficos.

Capítulo XXXIII. Cómo Cortés envió a la mar del Sur a hacer dos bergantines y cómo envió a Juan Rodríguez de Villafuerte, y Sandoval fue a Upilcingo y a Zacatula y de lo que más pasó

Fin de la obra

Libros a la carta

A la carta es un servicio especializado para
empresas,
librerías,
bibliotecas,
editoriales
y centros de enseñanza;
y permite confeccionar libros que, por su formato y concepción, sirven a los propósitos más específicos de estas instituciones.

Las empresas nos encargan ediciones personalizadas para marketing editorial o para regalos institucionales. Y los interesados solicitan, a título personal, ediciones antiguas, o no disponibles en el mercado; y las acompañan con notas y comentarios críticos.

Las ediciones tienen como apoyo un libro de estilo con todo tipo de referencias sobre los criterios de tratamiento tipográfico aplicados a nuestros libros que puede ser consultado en Linkgua-ediciones.com.

Linkgua edita por encargo diferentes versiones de una misma obra con distintos tratamientos ortotipográficos (actualizaciones de carácter divulgativo de un clásico, o versiones estrictamente fieles a la edición original de referencia).

Este servicio de ediciones a la carta le permitirá, si usted se dedica a la enseñanza, tener una forma de hacer pública su interpretación de un texto y, sobre una versión digitalizada «base», usted podrá introducir interpretaciones del texto fuente. Es un tópico que los profesores denuncien en clase los desmanes de una edición, o vayan comentando errores de interpretación de un texto y esta es una solución útil a esa necesidad del mundo académico.

Asimismo publicamos de manera sistemática, en un mismo catálogo, tesis doctorales y actas de congresos académicos, que son distribuidas a través de nuestra Web.

El servicio de «Libros a la carta» funciona de dos formas.

1. Tenemos un fondo de libros digitalizados que usted puede personalizar en tiradas de al menos cinco ejemplares. Estas personalizaciones pueden ser de todo tipo: añadir notas de clase para uso de un grupo de estudiantes, introducir logos corporativos para uso con fines de marketing empresarial, etc. etc.

2. Buscamos libros descatalogados de otras editoriales y los reeditamos en tiradas cortas a petición de un cliente.

www.ingramcontent.com/pod-product-compliance
Lightning Source LLC
Chambersburg PA
CBHW031425160426
43195CB00010BB/615